中國民間故事史
清代篇

祁連休——著

目次

清代的民間故事

清代是中國古代社會的最後一個朝代，歷時近三百年。清代前期，興利除弊，重視農業生產，社會經濟有了顯著發展，文化進一步繁榮，百姓生活得到較大改善，出現了古代社會的又一個高峰，史稱「康乾盛世」。然而，清代中期以後，吏治腐敗，政治黑暗，內憂外患不斷加深，清政權日漸衰落。自1840年鴉片戰爭後，竟淪為半封建半殖民地社會，使這個專制王朝最終被推翻。

清代的社會現實生活以及廣大民眾的感受和願望，在民間故事裡面得到了比較充分的反映。清代的民間故事，在明代民間故事的基礎上有了較大的發展，呈現出全面繁榮的景象。這個時期，幻想故事、寫實故事、民間笑話、民間寓言四大民間故事門類都有了較為充分的發展；其中，幻想故事、寫實故事的發展尤其突出。

清代記載民間故事的書籍繁多，其豐富程度超過以往的任何一個朝代，重要和比較重要的書籍有屈大均撰《廣東新語》，佟世思撰《耳書》，阮葵生撰《茶餘客話》，張貴勝纂輯《遣愁集》，東軒主人撰《述異記》，鈕鏽撰《觚賸》，王士禎撰《池北偶談》、《香祖筆記》、《皇華紀聞》，褚人穫纂輯《堅瓠集》，陸次雲撰《湖壖雜記》，張潮輯錄《虞初新志》，劉獻廷撰《廣陽雜記》，趙吉士輯《寄園寄所寄》，徐慶撰《信征錄》，王逋撰《蚓庵瑣語》，吳陳琰撰《曠園雜誌》，佚名撰《客窗涉筆》，蒲松齡撰《聊齋誌異》，徐岳撰《見聞錄》，徐芳撰《諾皋廣志》，董潮撰《東皋雜鈔》，陳皋謨纂輯《笑倒》，趙恬養撰《增訂解人頤新集》，施閏章撰《矩齋雜記》，趙翼撰《簷曝雜記》，石成金撰《笑得好》，黃圖珌撰《看山閣閒筆》，陳尚古撰《簪雲樓雜說》，王椷撰《秋燈叢話》，徐崑撰《遁齋偶筆》，袁枚撰《子不語》，遊戲主人輯《新鐫笑林廣記》，吳雷發撰《天香談藪》，長白浩歌子撰《螢窗異草》，和邦額撰《夜譚隨錄》，沈起鳳撰《諧鐸》，清涼道人撰《聽雨軒筆記》，樂鈞撰《耳食錄》，曾衍東撰《小豆棚》，金捧閶撰《客窗筆記》、《守一齋筆記》，趙彪詔撰《談虎》，紀昀撰《閱微草堂筆記》，方元鵾撰《涼棚夜話》，管世灝撰《影譚》，胡承譜撰《只塵譚》，俞蛟撰《夢廠雜著》，婁東羽衣客撰《鏡花水月》，胡式鈺撰《竇存》，慵訥居士撰《咫聞錄》，青城子撰《誌異續編》、《亦復如是》，焦循撰《憶書》，許仲元撰《三異筆談》，吳雷發撰《天香談藪》，朱象賢撰《聞見偶錄》，張元賡撰《張氏卮言》，景星杓撰《山齋客譚》，繆艮撰《塗說》，高承勳撰《松筠閣鈔異》，俞夢蕉撰《蕉軒摭錄》，楊復吉撰《夢闌瑣筆》，錢泳撰《履園叢話》，余金輯《熙朝新語》，顧公燮撰《丹午筆記》、《消夏閑記摘抄》，李調元撰《蔗尾叢談》，梁章鉅撰《浪跡叢談》，潘綸恩撰《道聽塗說》，姚元之撰《竹葉亭雜記》，諸聯撰《明齋小識》，俞超撰《見聞近錄》，朱梅叔撰《埋憂集》、湯用中撰《翼駉稗編》，梁恭辰輯《北東園筆錄》，吳薌厈撰《客窗閒話》，張培仁輯《妙香室叢話》，許秋垞撰《聞見異辭》，朱克敬編《雨窗消意錄》，朱克敬撰《暝庵雜識》，王韜撰《瀛壖雜誌》，高繼衍撰《蝶階外史》，齊學裘撰《見聞隨筆》，毛祥麟撰《墨餘錄》，黃鈞宰撰《金壺七墨》，金宗楚撰《豁意軒錄聞》，陳元其撰《庸閑齋筆記》，許奉恩撰《里乘》，陸長春撰《香飲樓賓談》，無名氏輯《記聞類編》，采蘅子撰《蟲鳴漫錄》，劉世馨撰《粵屑》，宣鼎撰《夜雨秋燈錄》，施山撰《姜露庵雜記》，鄒弢撰《三借廬筆談》、《澆愁集》，方飛鴻撰《廣談助》，獨逸窩退士輯《笑笑錄》，小石道人輯《嘻談錄》，金捧閶撰《守一齋筆記》，退一步居散人撰《衹可自怡》，薛福成撰《庸庵筆記》，李光庭撰《鄉言解頤》，程世爵輯《笑林廣記》，黃協塤撰《鋤經書舍零墨》，俞樾撰《右台仙館筆記》、《耳郵》、《俞樓雜纂》，俞樾輯《薈蕞編》，百一居士撰《壺天錄》，程趾祥撰《此中人語》，李元伯撰《南亭筆記》、《南亭四話》，李慶辰撰《醉茶志怪》，歐陽昱撰《見聞瑣錄》，無名氏編《後聊齋誌異》，泖濱野客撰《野客譋語》，老人南山撰《香草談薈》，戴蓮芬撰《鸝砭軒質言》，夏芝庭撰《雪窗新語》，管同撰《七經紀聞》，程畹撰《驚喜集》，玉冊道人撰《珊海餘訣》，丁治棠撰《仕隱齋涉筆》，雷瑨撰《清代官場百怪錄》，吳沃堯撰《我佛山人筆記》、《趼廛筆記》、《趼廛剩墨》、《中國偵探案》、《劄記小說》、《俏皮話》、《新笑史》，孫靜庵撰《棲霞閣野乘》，王浩撰《拍案驚異》，星珊撰《慧因室雜綴》，楊鳳輝撰《南皋筆記》，雷瑨撰《騙術奇談》以及小橫香室主人編《清朝野史大觀》以及近人徐珂編《清稗類鈔》人，梁溪坐觀老人編述《清代野史》，李鐸撰《破涕錄》，楊汝泉編纂《滑稽故事類編》，纂輯《笑林博記》等。

第一章　清代的鬼魂故事（上）

清代的幻想故事藝術成就甚高，無論鬼魅故事，神異故事，還是精怪故事，都得到了很大的發展，內容十分豐富，異彩紛呈。

清代的鬼魅故事是中國故事史上鬼魅故事發展的高峰。這個時期的鬼魅故事，能夠充分展示清代幻想故事空前繁榮的態勢和特徵；概括起來講，主要有體現在如下幾個方面：一、這個時期的鬼魅故事作品數量大，門類多，涉及面廣，超過以往任何一個時期的同類故事；二、這個時期收錄、記載鬼魅故事的書籍數量之多，遠超過以往任何一個時期，並且有蒙古族、藏族以及某些西南少數民族的鬼魅故事被錄寫下來；三、這個時期的鬼魅故事，故事性強，藝術品質較高，優秀作品屢見不鮮，而且還出現一些反映晚清社會生活的鬼魅故事，值得珍視；四、這個時期不但原有與鬼魅故事相關的古代民間故事類型增加了許多新的作品，在很大程度上拓展了這一批民間故事類型的容量，而且新出現不少有關鬼魅題材的民間故事類型，使中國古代的民間故事類型更為充實，更加光彩奪目。

清代的鬼魅故事，豐富多彩，包括人鬼婚戀、人鬼友情、人鬼親情、鬼魂懲惡警世、鬼魂伸冤復仇、還陽再生、鬼魅為祟、不怕鬼、驅鬼鬥鬼以及其他鬼魅故事。

第一節　清代的人鬼婚戀故事

清代的人鬼婚戀故事，包含人鬼戀情故事與人鬼婚姻故事兩個部分，作品甚多，其內容比以往的同類故事更為充實，而且更加具有人情味和生活氣息。譬如：

> 會稽姜鐵夫梗說：其鄉近歲有漁人，獨居無家室，所居有梨花數十樹，人呼為「梨花漁人」。一夜月明，放舟湖中，聞岸上有

人呼渡，移船近之，未抵岸，其人已在舟中矣。視之尼也，年可十七八、衣縞而姿首甚麗。詰所從來，不應。將及家，登岸，穿林冉冉而去。漁人心知非人。明日晚歸，燈火熒然，則尼已先在室中矣。漁人稍疑懼，尼曰：「我非人也，居湖邊某村，父母自幼送我為尼。今年月日死，以與君有夙緣，故來相從。且君當得佳婦，亦須我為作合，幸勿訝也。」自此雞鳴而去，夜即復來，如是將一載。鄰里皆聞漁人室有異香。

里中某氏，有女及笄。一日忽有鬼物憑之，言禍福，多奇中，且云：「汝女病，惟某漁人善醫；且夙緣當為某婦，否者死矣。」其父母懼，邀漁人至其家，漁人不知所以，固辭歸。迨暮，尼復來告曰：「我與君夙緣已盡，當從此辭。此女當為君婦，祟即我所為，君何辭耶？」漁人誼不負心，因與盟誓。尼感動泣下，亦不復強。明日，漁人以告女之父母，鬼遂不至。不數月，漁人竟卒。

《池北偶談》卷二十、〈梨花漁人〉

杭州袁觀瀾，年四十、未婚。鄰人女有色，袁慕之，兩情屬矣。女之父嫌袁貧，拒之。女思慕成瘵，卒。袁愈悲悼，月夜無以自解，持酒尊獨酌。見牆角有蓬首人，手持繩，若有所牽，睨而微笑。袁疑為鄰之差役，招曰：「公欲飲乎？」其人點頭。斟一杯與之，嗅而不飲。曰：「嫌寒乎？」其人再點頭。熱一杯奉之·亦嗅而不飲。然屢嗅則面漸赤，口大張不能復合。袁以酒澆入其口，每酒一滴，則面一縮。盡一壺，而身面俱小，若嬰兒然，癡迷不動。牽其繩，所縛者鄰氏女也。袁大喜，具酒罌，取蓬首人投而封之，畫八卦鎮壓之。解女子縛，與入室為夫婦。夜有形交接，晝則聞聲而已。

逾年，女子喜，告曰：「吾可以生矣，且為君作美妻矣。明日，某村女氣數已盡，吾借其屍可活。君以為功，兼可得資財作奩費。」袁翌日往訪某村，果有女氣絕方殮，父母號哭。袁呼曰：「許為吾妻，吾有藥能使還魂。」其家大喜，許之。袁附女耳低語片時，女即躍起。合村驚以為神，遂為合巹。女所記憶，皆非本家之事。逾年，漸能曉悉，貌較美於前女。

《子不語》卷七、〈鬼差貪酒〉

這兩則有關窮漢與女鬼相戀的故事，各有情致。前一則故事情節比較單純，寫單身漁人與年輕尼鬼的戀情，感人至深。漁人明知對方非人，仍和其寢處，夜聚朝散，歷時一載，感情與日俱增。他們都深深愛著對方，時時替對方著想：尼鬼為漁人尋覓佳偶，讓對方日後有一個美滿家庭；漁人不做負心漢，因與盟誓，毅然踏上黃泉路，永不分離。後一則是個復合故事，前半部分為人鬼戀與鬥鬼差兩個母題組成，後半部分為人鬼戀與借屍還魂兩個母題組成。這則多母題的復合故事，使最初帶有悲劇性的愛情故事，隨著情節的推進，逐漸發生變化，竟然美夢成真，讓戀愛雙方最終在人間結成眷屬。這種變化，在一定程度上展示出中國古代社會後期青年男女力圖衝破舊禮教束縛、追求婚姻自主的思想意識的覺醒。又如：

金陵沈某，慕吳下山水之秀，買舟往遊。一日，至元墓幽僻絕勝處，流連忘倦，而燥渴思飲。見道旁茅舍數椽，門庭雅潔，花木交映。有老嫗倚門立，沈前揖求飲。嫗詢姓名居址，延入餉以果茗。覺竹屏簾幕間，彷彿有麗人行走。沈問室中何人，嫗曰：「一小娘子，為老身所乳養，性厭城囂，故伴居此耳。」沈欲一見，老嫗領之。未幾，環佩琤琤，香風習習，女郎盛服而出。沈瞻拜神馳，罔知所措。

嫗詢知沈未授室，謂女曰：「老身閱人多矣，無如此郎，小娘子亦有意乎？」女含羞不語。嫗曰：「好姻緣豈宜錯過？」乃置酒成禮，指心誓日，期以永偕。沈遂移寓元墓小庵，每夕往女家就宿。

後沈以應試歸，荏苒將度歲。忽一人自姑蘇來，投書於沈。拆視之，綾帕一方，繡詩其上曰：

細刺交綾記別言，殷勤留寄白門軒。
殘針點點傳愁緒，線筆行行隔淚痕。

除卻贈人桃葉渡，任憑貰酒杏花村。
他年崔護如相憶，青塚持來招怨魂。

沈覽詩，悲疑交集，往蘇州訪故處，僅見荒墳二塚。詢之，乃吳中十七歲才女死葬於此，傍一塚，乳娘也。

《秋燈叢話・吳中才女》

平湖董生，年二十餘，頗俊逸，從其舅習幕山陽。偶出遊，途遇一美，睨之微笑，招以目。生尾之出城。至僻靜處，有小屋一間。女邀生進，一床外無長物。入以遊詞，笑不拒，遂與為歡。有賣菜傭過其地，見生伏一棺，作雲雨狀，知為鬼迷。救醒，送歸縣署。大病月餘乃安。

一日薄暮，方據案作書，忽耳中奇癢，似有物鑽入者，探之則無。從此左耳作種種鳴聲，不復能聽。以為氣閉，治之半月，不瘥。一夕，枕上忽聞悄語曰：「前次野合，為人驚散。尋君月餘，今幸入耳，有安身處，可終身相守乎？」細辨其音，則前遇婦人也。驚問曰：「既欲相敘，何不出共談笑，匿耳何為？」女曰：「緣未至。」問何時？曰：「四十八月。」不解其語。由是每夜縱談，雖聾不覺其困。

越三年餘，女謂生曰：「君可娶矣。」生曰：「家貧，聘尚未能，娶於何望？」女曰：「固知之。山陽某紳，家巨富。止一女，年十七、貌極美。昨夜暴病卒。君往言，如肯以女妻汝，我能生之。渠必允。君但以耳就女口鼻間，妾即借軀復生，與君圖永好也。」生如言，果得妻，耳聾亦愈。

《妙香室叢話》卷十三、〈董生〉

這兩則有關人鬼婚戀的故事，流布於江浙一帶。故事主角均為客居他鄉的書生，而所遇的都是年輕佳麗的幽魂。前一則故事情節較簡單，沈生別離後，吳中才女亡靈陷入離愁別恨的痛苦之中，卻無力改變不幸的命運，結局悲涼、淒惋。後一則故事情節較為曲折，頗有情趣，其結局與前一則大相徑庭。關鍵是女主角積極主動，敢於追求愛情，不失時機地改變命運，並且最終得到了幸福。

這個時期的人鬼婚戀故事，尚有寫筠湄弱冠時，已亡故之未婚妻前來與其交合，踰歲乃絕的《觚賸・筠湄幽婚》、寫繆生聰敏韶秀，已聘妻尚未來完婚，與一絕色女鬼燕好而受阻，竟氣絕身亡的《蚓庵瑣語・繆俊明》、寫農家子邢某和一女鬼同居，儼然伉儷，與邢妻如若正嫡的《曠園雜誌・湖濱冥緣》、寫僮僕深夜入室與一美女交合歡好，綢繆備至，得知其為鬼後即擊之而滅的《夜譚隨錄・螢火》、寫女鬼與喜愛之男僕交好，雖僕母反對仍每夜必至，終於結為伉儷，使其家小康的《小豆棚・鬼妻》、寫蔣生負約讓與其私定終身之女抑鬱身亡後，該女仍不忘情，常來相會的《聞見偶錄・蔣氏妖鬼》、寫陳生郊外踏青歸家時，中途與一綠衣女鬼發生一夜情的《右台仙館筆記・陳生遇鬼》、寫張生性佻達，夜行與所遇女鬼挑逗，因有一夜情的《南皋筆記・徐十一姐》等。

第二節　清代的人鬼親情故事

清代的人鬼親情故事，內容十分豐富，涉及夫妻、母子、父女、祖孫等關係，表現亡靈對配偶、雙親、子孫等家人的思念、關懷、疼愛、幫助、保護，從親屬的視角來揭示世人的感情世界，大都感情真摯，頗為動人。譬如：

康熙年間，嘉興十八里橋道人港皆甘姓，聚族所居，以田莊為業。偶一異姓來居，止夫妻父子數人。其父小業營生，至蘇州病故，貧不能斂。甘姓共醵助其子，載喪還家。其鬼亦隨之而歸，言語飲食，處分家事，與生無異。夜半即往田，助其子種耨。未明，輒呼其子力作，但不見其形。其子偶私語疑之。父即大罵，空中與杖曰：「汝父子不認，非人類矣！吾在蘇州寓某人家，尚有虎丘席幾條，包袱一個，內有衣物幾件，汝可往取之。」子如其言往，果得之。田主吳尚南平，遣僕計姓者，往物色之，且譙責其子，以妖言惑眾，將治之。官甫至門，磚石如雨。臨舟大罵，盡數計姓之隱惡。計不敢犯，倉皇竄去。後年餘寂然，不知何怪。

《述異記》卷中，〈客死鬼還家〉

江浦南鄉有女張氏，嫁陳某七年而寡。日食不周，改適張姓。張亦喪妻七年，作媒者以為天緣巧合。婚甫半月，張之前夫附魂妻身曰：「汝太無良，竟不替我守節，轉嫁庸奴。」以手自批其頰。張家人為燒紙錢，再三勸慰，作厲如故。未幾，張之前妻，又附魂於其夫之身罵曰：「汝太薄情，但知有新人，不知有舊人。」亦以手自擊撞，舉家驚惶。

適其時原作媒者秦某在旁，戲曰：「我從前既替活人作媒，我今日何妨替死鬼作媒。陳某既在此索妻，汝又在此索夫，何不彼此交配而退？則陰間不寂寞，而兩家活夫妻亦平安矣！何必在此吵鬧耶？」張面作羞縮狀，曰：「我亦有此意，但我貌醜，未知陳某肯要我否？我不便自言。先生既有此好意，即求先生一說何如？」

秦乃向兩處通陳，俱唯唯．忽又笑曰：「此事極好．但我輩雖鬼，不可野合，為群鬼所輕，必須媒人替我剪紙人作輿從。具鑼鼓音樂，擺酒席，送合歡杯，使男女二人成禮而退，我輩才去。」張家如其言。從此兩人之身，安然無恙。鄉鄰哄傳某村替鬼做媒，替鬼做親。

《子不語》卷四、〈替鬼做媒〉

這兩則故事題材各不相同，但都生活味濃郁，饒有風趣。前一則故事描寫亡靈回來料理家事引起的兩場風波，從而表現了關愛家人，尤其是關愛兒子的真摯感情。後一則故事通過兩個已婚的亡靈結為夫妻，藉以反映出喪偶者重新組建家庭、過上和諧美滿生活的曲折與艱辛。又如：

句容鄉婦，有以產死者，厝棺荒墟。其鄰近賣糕店，每日見一婦人來買糕兩枚。及晚穿錢，必有紙錢灰，適如婦人買糕之錢數，店主怪之。明日復來，乃以水盆受其錢，婦遽泣曰：「實告君，我非人也。我以產死，既入棺，而子生。每日買糕哺之，當佑店中多獲生意。凡買客夜來者，皆我所為也。」因復哀籲曰：「吾家現已無人，此子久在棺中，終難得活，且與店主同姓，如蒙救出，撫育為子，則生生世世銘此大德矣。」店主惻然許之，因曰：「吾恐以開棺獲罪，奈何？」婦人曰：「方感大恩，開棺何害？」因告以地址方向，嗚咽拜謝，瞥然而沒。店主依言覓之，果得一棺。啟之，屍尚未朽，即買糕婦也。一孩微有溫氣，灌以薑汁，始能啼能動。店主遂撫為子，而葬婦棺。及兒已長，頗以貿易致富，店主告以其母墓所在，使往祭焉。夜夢其母告曰：「吾昔為汝買糕，每過某溪，浮水而渡，甚覺苦楚。汝今宜建一橋，以便行人。」其子乃建橋溪上，名之曰買糕橋。句容人至今能道其事。

《庸庵筆記》卷六、〈鬼買糕哺子〉

江夏朱雲舫敏中，元配早死，有一子四女，繼室以龍氏。龍氏女在室時，夢有婦人至其前，呼之為妹，意若甚昵。龍固不識也，私計此人何以妹我。婦人已若覺之，笑曰：「妹不知歟？吾儕姊妹也。今有事相托，請從我一行。」乃與偕往，房櫳曲折，且經由爨室，始至一處。有嬰兒臥床上，婦撫之而謂女曰：「此妹之子也，宜善視之。」覺而異焉，不以告人。夢之次日，而朱氏之媒至，竟歸於朱。成禮逾月，始履行其屋，由爨室至最後一屋，宛如夢所曆。入之，則前妻所生子及乳媼在焉。蓋以正屋方娶新婦，故移此耳。女憬然悟夢中所見，必前妻也。命移兒至己所臥室，撫愛之無異所生。後女竟無出，前妻子亦善事之。

《右台仙館筆記》卷六、「龍氏」

這兩則故事均以稱頌母愛為題旨。前一則故事描寫產婦亡靈哺育新生兒的動人事蹟，筆致平實、細膩，感人至深，在同一類型的故事中亦較為突出。後一則故事藉助生母給後母托夢的情節，展現了兩位母親，尤其是後母的愛子深情，乃是一曲感人肺腑的母愛讚歌。再如：

明正統間，金陵指揮王某，無子。運糧過濟寧，買一妾，美而賢，宗姻咸敬愛之。生一子，而夫與正室相繼死。妾治家教子，極有法。既而子襲官，部運北上，問外家所在，但言嫁時年幼，都忘之矣。妾之歸王氏者三十餘年，晨起必梳沐幃中，子婦立戶外，俟其出，乃敢前拜；近侍二婢，亦未嘗見梳洗也。一日晨興頗遲，二婢立榻前，風動帳開，乃見一無頭人，持髑髏置膝上，妝飾猶未竟，倉皇加頭不及，身首俱仆。婢驚呼子婦入視，則固一具枯骨也。人聞呼其子為鬼頭王。

《蕉尾叢談・鬼頭王》

這一則作品，情節詭誕，構思奇異，不同於一般的鬼母育兒故事。其中，生下兒子並且將其養大成人的金陵某官員之妾，竟是一個亡靈。三十多年後，當其完成育子的使命時才暴露其真面目，化為一具枯骨。正因為如此，更能表現一種特殊的母愛精神，具有極大的感染力和震撼力。

這個時期的人鬼親情故事，尚有寫年輕寡婦堅不改嫁，家中所供亡夫土偶竟變為真人與其交合，待其生子後方才永訣的《聊齋誌異・土偶》、寫某家亡妻與丈夫幽會年餘，後來宗黨為其夫續弦，亡妻百般刁難，以桃木釘墓四隅乃絕的《聊齋誌異・鬼妻》、寫一亡靈附人身以擔負家庭主婦之責的《子不語・鬼買兒》、寫煞神貪吃酒饌，所牽李某魂被妻兒奪走，放於棺中遂復蘇，煞神因此受罰的《子不語・煞神受枷》、寫汪某亡靈返家後及時搭救幾被庸醫誤殺之堂兄以及蕩舟幾為石柱碰斃之胞兄的《子不語・靈鬼兩救兄弟》、寫一祖母亡靈出來保護子孫全家人免受盜賊侵害的《續子不語・僵屍拒賊》、寫丈夫某某死而不願離去，其妻改嫁後竟隨至後夫家，讓人心碎的《續子不語・癡鬼戀妻》、寫一後妻虐待前妻兒女被捉身亡，前妻亡靈借其屍體還陽持家，待兒女成人方離去的《諧鐸・鬼婦持家》、寫某母思念被虎所食村兒病篤，兒憑母作語以慰親人，接著又作村中五十餘人語，並與其家人一一相會，其後母病遂愈的《談虎・某家村兒》、寫某甲死後仍然愛子戀妻，妻因貧困而改嫁後，其亡靈始終護佑兒子，直至成立的《閱微草堂筆記》「某甲」、寫章生死後為判官，章妻往廟中祭奠時，其亡夫之判官泥塑竟流下眼淚的《咫聞錄・章生》、寫亡夫幫助其妻某氏在賭場獲勝，使欲強娶某氏之屠夫不能得逞的《咫聞錄・姚家婦》、寫周某五十無子，娶妾生一男後乏乳，周父亡靈在冥中為其買乳，使其雙乳湧出的《履園叢話・買乳》、寫漁人蔣某喪妻後與喪夫漁婦吳氏結為夫妻，吳氏亡夫不悅，蔣某以其亡妻其婚配，鬼大喜而去的《履園叢話・鬼婚》、寫某孝子亡故後猶能以自身之力供養老母的《熙朝新語・鬼孝子》、寫吳某越千山萬水尋找亡妻，在陰界與亡妻相會的《此中人語・吳某》、寫亡婦為生在棺中小兒成衣，其夫發覺後將小兒抱回撫養成人的《此中人語・黃老虎》、寫王某亡故後掛念妻女，託人捎銀回家並為閨女擇婿的《醉茶志怪・鬼結婚》、寫一寡婦再醮他家，其前夫鬼魂在窗外窺視時受到新夫呵叱，倏忽不見的《醉茶志怪・鬼戀妻》、寫一在天津病死者附身於上海家中傭媼向妻兒報喪的《庸庵筆記・新鬼回家》、寫亡故的祖父祖母挺身搭救被群鬼挾持之孫子的《庸庵筆記・村童夜陪鬼飲》、寫亡妻某附於女婢之身以探望其夫，相互問候和勸勉的《庸庵筆記・亡妻探夫》、寫朱某之亡妻給後妻龍氏托夢，請龍氏善待己子，龍氏撫愛其子無異所生的《右台仙館筆記・尤氏》、寫何某生平無善狀，惟以一孝掩百惡的《仕隱齋涉筆・鬼孝》等。

第三節　清代的人鬼友情故事

清代的人鬼友情故事，數量亦很多，主要涉及鬼魂助人、鬼魂求助、人鬼親善等各種題材，從不同的方面展示出人世間彼此關心、彼此照應、彼此幫助的友好情意，無論他們是新朋友，還是舊相識。其中，不少作品情真意切，頗為感人。

有關鬼魂助人的作品，譬如：

> 康熙廿八年間，武林清河坊有趙姓者，往西山索逋歸，日已暮。行至集慶寺之東，驟雨昏黑，又無雨具，不能前進。彷徨間，見有厝棺之室，簷底可以避雨，乃向棺致揖曰：「暮夜不及入城，暫借尊簷憩息。」遂坐其下假寐。夜將半，忽聞有呼者云：「某地演戲，吾與若盍往觀乎！」室內應曰：「汝自去，吾今夜有客，不

及奉陪。」呼者邀之數四、而室中堅卻如初。五更雨止，天亦漸明，急趨入城，而遺其棗木戥，乃假諸人者，慮其來索，復尋至昨宿處。戥在簷下，見其旁虎跡甚多，始悟夜間之鬼，所以不去者。感其人之有禮而護其虎厄也。嗚呼！鬼尚知愛禮，而人可弗鬼若哉！

《述異記》卷上，〈鬼救虎害〉

莆田林生霈言：閩一縣令，罷官居館舍。夜有群盜破扉入。一嫗驚呼．刃中腦僕地。僮僕莫敢出。巷有邏者，素弗善所為，亦坐視。盜遂肆意搜掠。其幼子年十四五、以錦衾蒙首臥。盜掣取衾，見姣麗如好女，嘻笑撫摩，似欲為無禮。中刃嫗突然躍起，奪取盜刀，徑負是子奪門出。追者皆被傷，乃僅捆載所劫去。縣令怪嫗已六旬，素不聞其能技擊，何勇鷙乃爾。急往尋視，則嫗挺立大言曰：「我某都某甲也，曾蒙公再生恩。歿後執役土神祠，聞公被劫，特來視。宦資是公刑求所得，冥判飽盜橐，我不敢救。至侵及公子，則盜罪當誅。故附此嫗與之戰。公努力為善。我去矣。」遂昏昏如醉臥。救蘇問之，懵然不憶。蓋此令遇貧人與貧人訟，剖斷亦頗公明，故卒食其報云。

《閱微草堂筆記》卷七、「鬼魂擊盜」

這兩則描寫鬼魂助人的故事，都具既有出乎意料之外，又在情理之中的特點。前一則故事棺木中的鬼魂對素不相識的避雨求宿者盡力照拂，甚至放棄外出娛樂的機會，使來客免遭虎厄，充分體現出好客知禮的傳統美德。後一則故事寫在土地廟中執役的鬼魂附於老嫗之身，猛力擊盜，救助致仕縣令，不但彰顯了知恩圖報的傳統美德，而且說明為善人者終得好報的道理。又如：

杭城艮山門外，俞家橋楊元龍，在湖墅米行中管理帳目。湖墅距俞家橋五里，元龍朝往夕返，日以為常。偶一日，因米行生理熱鬧，遲至更餘方歸。至得勝壩橋，遇素識李孝先偕二人急奔。元龍呼之，李答云：「不知二人何事要緊，拉我往蘇州去。」楊詢二人，皆笑而不答。元龍拱手別李。李囑云：「汝過潮王廟里許小石橋邊，有問汝姓名者，須告以他姓，不可言姓楊。若言姓楊，須並以名告之。切記切記！」元龍欲問故，孝先匆匆行矣。

元龍前行至橋，果有二人坐草中。問其姓名，元龍方答姓楊，二人即直前扭結云：「久候多時，今日不能放你了。」元龍以手拒之，奈彼夥漸眾，為其扯入水中。始悟為鬼，並記前語，即大呼曰：「我楊元龍，並未與各位有仇。」中有一鬼曰：「誤矣！放還可也。」方叫喚間，適有賣湯圓者過橋，聞人叫聲，持燈來照。見元龍在水中，急救之。元龍起視，即鄰人張老，告以故。張老送元龍歸家。次早，元龍往視孝先，見孝先方殮。詢之其家，云：「昨晚中風死矣。」蓋遇李時，即李死時也。但不知往蘇州何事。

《子不語》卷十九、〈冤鬼錯認〉

天津鎮標千總張某，從軍徽省。是處新遭兵燹，人煙絕稀。張奉上命傳遞公文，與一營卒乘馬馳行。天色昏黑，無所投止，遠見半里外一星燈火，奔赴之。有破屋二楹，殊無院落。推扉入，土灶前一竹筒，承以燈碗，碗中殘火猶明。有二叟面目枯瘦，神色淒其，疑張為賊，伏地乞命，言詞悲楚。張告以故，且求寄宿。二叟驚定始起，傴僂甚恭。張索飲食，二人唯唯應命。一人為張秣馬於階前，一人持數餅至。張更求湯飲，叟應命而出，久待不返。張與卒俱疲倦，乃倚裝酣睡。及醒，已曉，視其馬齧草於庭間。砌下橫一屍，白髮蒼蒼，類六十許人。轉視屋後，臥一屍，身首異處，年亦如之。瞻其面貌，即夜間之二叟也。浩嘆而去。

《醉茶志怪》卷三、〈張千總〉

在這兩則故事中樂於助人的鬼魂，有的和故事主角相識，有的和故事主角不相識，但是都與人為善，盡可能奉獻愛心。前一則故事寫李某踏上黃泉路時，匆忙之中尚不忘提醒好友。其對友人的一片深情，在「切記切記」聲中表現得淋漓盡致。後來的遭遇，足以顯示出其人的叮囑何等重要，何等及時！後一則故事寫慘死於兵燹的二老亡魂，強忍悲愴與苦痛，為素不相識的遠方來客秣馬、送食，盡可能照顧好客人，實在令人感佩。讀者。聽眾從中不但可以窺見戰亂對社會的巨大危害性和給民眾帶來的厄運，而且可以窺見在下層社會中淳樸的民風和誠摯的人際關係。

這個時期的鬼魂助人故事，尚有寫名醫劉某鬼魂現身治病救人的《池北偶談・劉雲山》、寫科考時胞弟亡靈為兄代筆，使其是秋闈得售的《述異記・場中鬼代筆》、寫倀鬼提醒在山中砍柴之好友，讓其速歸因而免被虎食的《述異記・倀鬼救友》、寫王生堅拒入室女鬼勾引，受到其折磨而病顛，城隍廟中泥鬼將女鬼趕走，始得平復的《聊齋誌異・廟鬼》、寫一勾差長鬼因同情張某而為其出謀劃策，使之得以延壽，卻因洩冥事被責打革職的《子不語・長鬼被縛》、寫張某誠樸無私，鬼友設法讓人幫忙搬走其家門前縊屍，以免其人吃官司的《續子不語・張稿公》、寫王二哥亡靈讓家人往招墮馬昏絕之多某魂魄，使其得以復蘇，以後多某每逢節令均祭奠王二哥的《夜譚隨錄・多前鋒》、寫某舉子租小庵度夏，一幽魂聞其諷誦，遂入室攀談，閱其所錄之書乃去的《閱微草堂筆記・小庵幽魂》、寫一商人在新疆夜行遇鬼，當得知他冒嚴寒去給病友還錢時，該鬼不但不作祟，反而為其引路使之免受險阻的《閱微草堂筆記・呼圖壁》、寫二人進京途中投宿鬼宅，因觸怒少主將罹禍時，為蒼頭亡靈搭救得免的《履園叢話・滕縣遇鬼》、寫某人夜晚醉歸時被惡鬼迷惑困於河中，後被好心鬼差救起的《履園叢話・鬼差救人》、寫馬某亡靈為一廟中買辦，好友章生病歿後，馬某推薦其在廟中當判官的《咫聞錄・章生》、寫因有一布客求宿於墓旁，墓主人乃留下與其作伴，而未前去參加盂蘭盛會的《鏡花水月・鬼作伴》、寫汪某漏夜為重傷老父覓醫，得到一老者鬼魂所贈仙桃草，其父竟起死回生的《妙香室叢話・仙桃草》、寫一小偷隔窗探物，為鬼手捉住，驚嚇暈絕的《醉茶志怪・鬼驅賊》、寫夜晚與幕客申某玩牌之鬼友讓其受驚奔出衙門，因此免遭群賊殺戮的《醉茶志怪・申某》、寫李某夜行為群鬼所糾纏，幸得一少女亡靈幫助，乃安然無事的《右台仙館筆記・女鬼救人》等。

有關鬼魂求助的作品，譬如：

徐濱溪言：其祖母盛氏，餘杭右族也。祖母嘗言在室時，見收生婦王老娘者，自言十月初十、夜半有扣門聲音甚急。啟視，則喚收生者也。有淡青色燈一對，引之上船，其行如飛。至其家，坐蓐者乃一紅衣婦人，稱曰大娘，其姑稱太太者，與收生婦共食，但酒肴俱冷，不甚可口。食畢，臨盆產一子。其姑與銀半錠，大娘又私贈銀五錢，復以原舟送之歸，天尚未明也。少寐，覺腹痛異常，嘔吐狼藉，皆樹葉也。因驚疑昨晚產子者非人。檢其所贈，乃冥鏹半錠也。唯大娘之銀則朱提焉。疑為殮時受含之物耳。

《述異記》卷下，〈鬼產收生〉

杭州清波門穩婆姓徐，老於收生，凡有難產，或瀕殆者，能轉危為安，應手立效，故巨室臨蓐，必迎致之。一日薄暮，有人坌息而至，問：「此是收生徐姥否？」曰：「然。」其人曰：「家小主母坐草兩日，而胎未下，勢甚急。知姥好手，特令相迎，肩輿在門，請速去。」徐不暇詳詰，倉猝登輿。

出城已昏黑，途徑莫辨。約數里，其人曰：「至矣。」見一巨宅，閈閎壯麗。從角門入。有老翁徬徨室中，見其人問曰：「收生來乎？」曰：「來矣。」翁有喜色，謂徐曰：「夤夜相招，累姥蒙犯霜露，心殊不安。」徐笑曰：「我輩衣食在是，豈敢憚勞。十二時中生育不絕，誰家娘子能自主白日誕麟耶！」即有婢嫗自內出，炳巨燭導入臥室，雕奩綉榻，錦幔金鈎，光艷奪目。婦女數輩，衣飾俱華美，見徐入，共相迎勞。一紫衣婦年四十餘，低語之曰：「吾家娘子臨盆久，猶未免身，腹痛不可忍，將就殆，姥視之得無妨乎？」披帷，見少婦擁紅綉衾，疊枕而臥，眉黛緊蹙，嬌喘欲絕。兩美婢內外夾侍。徐以手入衾探之，曰：「恭喜，男胎也，交子時即分娩矣。」因於腰間出紅紙裹曰：「此催生良藥，服之當奇驗。」紫衣婦即令煎飲。少頃，聞床上少婦宛轉呼號，顰楚尤甚。徐曰：「在此時矣。」解衣登床，為之收接。呱呱一聲，而兒已墮地，舉室相慶。紫衣婦取繡褓，令徐綳裹訖，曰：「姥大勞苦，擾攘半宵，而勺水未咽，將無餒耶？」因與俱出。翁亦稱謝者再。即令進饌肉一碟、麵一盤，別無他肴。徐竊怪其簡，而味又惡劣不堪食，勉盡半器。

翁酬以大銀兩錠，仍以肩輿送歸。比至，天將曉而城闉未辟。輿曰：「我等奔走已倦，欲速歸。此去姥家不遠，請少憩，待城啟而入，可乎？」徐許之，下輿坐城闕以俟，舁輿者疾馳去。

既至家，子婦鹹來問訊。徐盛稱其家居室器服之美，並獲厚贈，意甚得。出銀視之，乃紙鏹。駭異失色，喉中嘓嘓作聲，所食物一嘔而出，麵則蚯蚓，肉則癩蛤蟆也。始悟遇鬼，病累月而瘥。後有昏夜邀其收生者，非素習之家，悉辭不往，蓋有鑑於此云。

《香飲樓賓談》卷一、〈徐穩婆〉

這兩則替鬼接生的故事，對穩婆的一次特殊經歷均作了全面交待，情節大體相似，然而詳略卻各不相同。與前一則故事相比，後一則故事頗為詳細，從登門迎接，入室收生到抬轎送還，一一作了敘述，不僅注意居室、器服的展示和各種細節的描寫，而且注意通過言談舉止來刻畫人物，包括穩婆、產婦、老翁、紫衣婦、輿夫等，無不生動傳神，在藝術上更勝一籌。又如：

布商某，山左人，客於完滿之界。夜行遇雨，晚無息止，遠望有草房在半里外，急趨之。至屋前，有老叟迎入，情極殷洽，而四壁蕭然，似久缺煙火者。商出囊中餱糧，與叟共啖。叟自言：「濟南人，流落於此，苦不能歸。今幸遇鄉人，萬生有福，务煩寄語家人，遣人來迓，則感德無窮矣。」言次，淚落如雨。商亦惻然，捫金相贈，叟固辭不受。俄一少年冒雨入，衣如懸鶉，容顏枯瘦，向客一揖，側立垂手。商云：「何謙遜如此？」叟云：「此予之敝鄰，亦有求於君，焉敢倨傲？」少年云：「僕亦落魄於此地，歸里時亦煩寄信，沒齒不忘。敝廬去此不遠，愧無肴酒敬客，幫不敢奉屈貴趾。請與丈人談，僕去也。」言畢，拱手而去。商詢二人姓名里居，叟並詳告，乞商書於簿而志之。叟語畢，面牆臥，沈沈酣睡。商坐以待旦。

天明雨止，呼叟辭行，不應。撼之，珊珊作響，應手而頹，則一堆白骨而已。出門回顧，乃一敗棺。數步外，復有一塚，始悟為少年之墓。後到濟南，訪其兩家之人，而各告以故。

《醉茶志怪》卷三、〈山左布商〉

客有貿於草地之拉布郎寺者，途中見一髑髏，戲以海椒塞其口。問之曰：「克梗莫克梗？」即聞有人應聲曰「克梗克梗。」「克梗莫克梗。」者，蓋番語，猶華語所謂「辣不辣」也。「克梗克梗」者，猶華語所謂「辣」也。自是嘗聞有人隨之作「克梗克梗」聲。客乃大駭，因向空語曰：「克梗克梗，子豈將為我祟耶？前言戲之耳，常隨我作『克梗克梗』聲胡為者？」復聞有人應之曰：「吾骸骨暴露者有年矣，悲風曠野，悵魂魄以何歸？荒草空山，掩藁裏而不得，使仁人見之，宜如何哀痛慘切也。子乃見而戲之乎，吾將以克梗克梗長隨子矣。」客懼甚，乃尋其骨而封之。是夜，夢其人來謝·以後則不復聞「克梗克梗」聲矣。

《南皋筆記》卷二、〈克梗克梗〉

這兩則故事，均以掩埋遺骨為題材，然而內容與風格迥異。前一則故事流傳於北方漢族地區。寫客死他鄉的一老一少兩個孤魂野鬼向同鄉的布商求助，拜託其還鄉讓家人來迎回他們的遺骨，言辭懇切，彬彬有禮。而托人之舉，是建立在彼此投緣，相互友好的感情基礎上的。整篇作品籠罩著一種悲涼的氛圍。當布商辭行發現枯骨、敗棺、荒塚時，使人不勝唏噓。後一則故事流傳於西南藏族地區。故事從寫客商戲弄骷髏的惡作劇開始，引出一位藏胞遺骨長期暴露荒野的心酸事來。結尾處，當我們讀到當客商將藏胞遺骨安葬以後，其亡魂托夢致謝時，方才感到一絲寬慰。

這個時期的鬼魂求助故事，尚有寫一稱為「林四娘」之故衡王宮嬪與青州觀察陳某友善，常借其亭館延客的《池北偶談·林四娘》、寫一女鬼求陳某設法將其遺骨送回姑蘇安埋，事成即來致謝的《客窗筆記·書總戎女歸藏事》、寫某相士被邀去郊外為亡靈一家看相的《耳食錄·青青》、寫一女夜宿六盤山麓時被群盜害死，其亡靈求杜某市棺移骨平原，後讓杜得善報的《閱微草堂筆記・杜奎》、寫某人之亡靈托舊友給家人捎信，友人至其家方知道此人已亡故三載的《三借廬筆談・鬼寄書》、寫李縣令亡靈派鬼差送書信，托劉師爺為其處置身後亟待辦理之事的《咫聞錄・鬼書》、寫幕友某病故，其亡靈久客思歸，後求友人為其辦理路票並焚紙錠得以還鄉的《庸庵筆記・旅鬼索路憑歸費》等。

有關人鬼親善的作品，譬如：

崇明李明經杜詩，年七十餘，率其徒數人應科試，自崇抵崑，已薄暮矣，遍覓寓所，已無下榻處。惟東南門柏家廳有樓五楹，李遂偕其徒居之。

時方六月下旬，盛暑郁蒸，諸徒舟車勞頓，已就榻酣睡矣。李獨臥不成寐，見殘月漸明，樓下如有人聲竊竊私語。聞一人曰：「如此炎天，樓上諸公得毋太熱乎？我輩夜涼無事，胡不上樓代為驅暑？」於是漸聞梯上有聲，如連步而上者。李素稱膽壯，亦不畏之。少頃，漸至榻前，各執蕉扇一柄。有無頭者，則以扇插頸，答答若搖狀；無臂者以扇插肩，盤旋於幃前。見數十鬼中，肢體無一全者，或馳於東，或趨而西。一人曰：「廂間進士公下榻，我輩盍先送涼？」既而曰：「某某雖秀才，爾輩何薄待之？我為之拂暑。」而獨不至李。迨諸徒榻前搖扇幾遍，將作下樓狀，忽齊聲曰：「揚仁風而不及老貢生，非情也。」遂各舉扇一搖，呼嘯而去。

李徐呼其徒曰：「今夜得毋太涼乎？」皆答曰：「涼甚。」李曰：「汝不知其故乎？」因徐為道之，諸徒愕然驚起，不敢復臥。次早，詢之土人，有老者曰：「明季被兵時，有民人百餘，皆潛伏此樓下。既而兵入，悉被屠戮，無一存者。今百餘年，此樓尚多祟也。」是日亟遷寓而去。

《履園叢話》卷十五、〈送涼〉

吳江有漁者李正，所居一港甚僻。一夕得魚沽酒獨酌，俄有一人立門外。李曰：「子何來？」曰：「予鬼也，溺此港中數年矣。

見翁獨酌，欲分一杯可乎？」李曰：「子既欲飲，可入坐。」鬼遂對酌，後因常至。

越半月，鬼謂曰：「明日代我者至，我將去矣。」問何人，曰：「駕船者。」明日伺之，果一人駕船來，並無他故而去。及夜，鬼至，李曰：「何以不汝代？」曰：「此人少年喪父，養一幼弟。吾害之，彼弟亦不能生矣，故釋之。」

又半月，鬼又曰：「明日代我者至。」次日，果一人到岸邊，徘徊數次而去。其夕鬼至，復問何以不代？鬼曰：「此人家有老母，死則無依，故釋之。」李曰：「汝如此存心，豈久墮泉下者哉！」

又數日，鬼曰：「明日有一婦人代我，我特來告別。」次日伺之，傍晚有婦人臨岸意欲下水，復循岸去。鬼又至，李曰：「何以又舍此婦？」曰：「此婦懷孕在身，若不阻之，是喪二命也。予為男子沒水濱數年，尚無生路，況此孕婦，何日超生？故又舍之，任予魂消魄散於水中，誓不敢喪人二命也。」潸然淚下。

別數日，鬼忽緋袍冠帶、侍從甚眾來辭李，曰：「上帝以吾仁德好生，敕為本方土地。」言訖不見。

《北東園筆錄》續編卷二、〈溺鬼自拔〉

這兩則故事中的鬼魂，自身都非常不幸，可仍然時時與人為善，處處樂於助人，具有仁愛之心。在前一則故事中，為一群應科試讀書人送涼的乃是眾多受害者的鬼魂。他們儘管自身肢體不全，長期得不到超度，卻還要替他人著想，為他人操勞。在那群想方設法為別人搖扇送涼的鬼魂中，竟有無頭者、無臂者，實在難能可貴。後一則故事主要表現該溺鬼的惻隱之心。他自願放棄投生的機會，使他人得以生存，一而再，再而三、可謂仁厚待人，襟懷博大。他所同情、憐憫、幫助的，無一不是值得同情、值得憐憫、值得幫助的屬於弱勢群體的人們，十分令人欽佩。

這個時期的人鬼親善故事，尚有寫鄉民沈某亡靈前往友人處敘舊，忽然隱入壁中，友人始知他已作古的《述異記・沈耀先現形》、寫一女鬼月夜常全影映於某畫士闊紙窗幔上，某知道其求寫照，畫成鬼即隱去的《閱微草堂筆記·為鬼寫照》、寫遣犯彭某棄女為楊某養育，亡故後在夢中與楊某相聚的《閱微草堂筆記·遣犯彭杞女》、寫某生應試後自郡城回家時偶遇鬼卒，彼此相談頗為投緣的《道聽塗說·鬼伴》等。

第四節　清代的鬼魂伸冤報仇故事

清代的鬼魂伸冤報仇故事，作品數量頗多。故事主角大多數是受迫害、受欺凌的下層民眾。他們雖然遭遇各種不幸，含冤蒙羞而死，卻至死不屈。其亡靈四處申訴冤情，矢志報仇雪恨，極富反抗精神。此類故事歷來都相當引人注目，到了清代又湧現不少思想內容較為深刻，藝術性較高的佳作，譬如：

乾隆年間，廣東三水縣前搭台演戲。一日，演包孝肅斷烏盆。淨方扮孝肅上臺坐，見有披髮帶傷人跪台間，作伸冤狀。淨驚起，避之。台下人相與譁然，其聲達於縣署。縣令某著役查問，淨以所見對。縣令傳淨至，囑淨仍如前裝上臺，如再有所見，可引至縣堂。

淨領命行事，其鬼果又現。淨云：「我系偽作龍圖，不若我帶汝赴縣堂，求官伸冤？」鬼首肯之。淨起，鬼隨之。至堂，令詢淨：「鬼何在？」淨答：「鬼已跪墀下。」令大聲喚之，毫無見聞。令怒，欲責淨。淨見鬼起立外走，以手作招勢。淨稟令，令即著淨同皂役二名尾之，視往何處滅，即志其處。

淨隨鬼野行數里，見入一塚中，塚乃邑中富室王監生葬母處。淨與皂將竹杖插地志之，回縣復令。令乘輿往觀，傳王監生嚴訊。監生不認，請開墓以明己冤。令從之。至墓，開未二三尺，即見一屍，顏色如生。令大喜，問監生。監生呼冤，云：「其時送葬人數百共觀，下土並無此屍。即有此屍，必不能盡掩眾口。數年來，何默默無聞，必待此淨方白耶？」令韙其言，復問；「汝視封土畢歸家否？」監生曰；「視母棺下土後，即返家。以後事皆土工為之。」令笑曰：「得之矣。」速喚眾土工來，見其狀貌兇惡，喝曰：「汝等殺人事發覺矣，毋庸再隱。」眾土工大駭，叩頭曰：「王監生歸家後，某等皆歇茅蓬下，有孤客負囊來乞火。一夥伴覺其囊中有銀，與眾共謀殺而瓜分之。即舉鐵鋤碎其首，埋王母棺上，加土填之，竟夜而成塚。王監生喜其速成，復厚賞之，並無知者。」令乃盡致之法。

相傳眾工埋屍時，自誇云：「此事難明白，如要得伸冤，除非龍圖再世。」鬼聞此言，故借淨扮龍圖時，便來伸冤云。

《子不語》卷十一、〈冤鬼戲臺告狀〉

泗州某生，薄遊粵之瓊州府，寓僧舍中。先有一客在焉，詢知為江西劉某，與新太守有舊，因新太守未至，暫寓以俟，偶題詩壁上，牢騷惋惻。泗州生頗有憐才之意，邀之小酌，相見恨晚。因與晨夕晤對，唱和甚歡。未已，新太守已下車，促劉往謁，踟躕不去。疑其衣敝履穿，羞顏干謁，即假衣冠僕從，慫恿其行。

至午後去而復返。詰其故，慘然曰：「旬日來深感知遇之厚，屢欲誠告，恐駭聽聞，而事難克濟，尚須鼎力成全，不敢不陳心腹：余之訪太守，實欲雪仇耳。太守前因詿誤虧帑，余為之借貸彌縫，復罄產為之捐復。既得官零陵令，余往理索，則頓遭白眼，不但不承前欠，且以惡言相逐，使我進退無路，瘐死他鄉。數年來屢欲得而甘心，奈渠出則吏胥為之排護，入則門丞戶尉為之呵禁。君若肯偽作抽豐客試往一拜，余當藏身扇匣中，但得進宅門，即無阻矣。」泗州生大為不平，既而驚曰：「然則君其鬼矣。」劉曰：「然。試於燈前月下驗之。」時已薄暮，即秉燭相照，果無影。泗州生大懼，枯坐神喪，默無一言。劉慰之曰：「勿怖，日來蒙惠垂青，孤魂藉以不餒，頃復求仗鼎力，豈敢祟君。」良久，神稍定，許以所求。明日，如其語進謁，片刻即出。

次日，忽喧傳太守暴疾終矣。泗州生恐洩前事構禍，亟他去，而劉亦不知所之。

《北東園筆錄》卷四、〈藉人雪仇〉

這兩則鬼魂伸冤報仇故事的發生地均為南粵，情節較為曲折，引人入勝，它們都讓世人看到，「冤有頭，債有主」。一切為非作歹，置人於死地者，無論其隱蔽如何巧妙，地位如何顯赫，終歸難逃罪責，絕無好下場。但其描寫的重點各不相同：前一則寫受害人借包龍圖的扮演者伸冤，得以使一樁多年的土工殺人案告訴破，著重描述鬼魂引導皂吏開墓破案的過程。後一則寫受害人借友人幫助得以進入衙門復報仇雪恨，著重描述結新交友與訴說冤情。

又如：

> 甘肅某令，精明幹練，能伺長官喜怒。嘗有劇盜多名，歷久躧緝不得，檄某令往捕。乃與長官幕友謀，出資另購七人，申報塞責。長官聽幕友言，遂將七人付諸大辟。某令一日從外歸，忽心如刀割，痛不可忍。俄頃，大叫一聲而卒。某令素嗜飲茶，其鬼忽附妾身曰：「快烹好茶我飲。我近為七人所訴，受刑甚苦，爾曹速焚紙錢，以濟我用，多多益善。」又囑妻妾等應如何奉養老母，如何教育諸子，所遺官資應如何經營生活。一一處分畢，便以手拊胸嘆曰：「我今日悔之晚矣！」眾審其聲音、言笑、舉止，固宛然某令也。少選鬼去，妾蘇，問之茫然。
>
> 後有扶鸞者降壇，係已故謝明府。謝固忠厚長者，沙書：「陰曹以我生前為人正直，命作此方土地。近為某令七人一案，日在城隍廟訊辦，頗甚勞形。」人問：「公素與某令同寅，能賜袒護否？」曰：「陰律不比陽世，絲毫不敢徇情。不但某令，恐將來某幕友亦要到案對質也。」
>
> 《里乘》卷八、〈某令〉

> 某生歷就大幕，固刑席中錚錚有聲者。某廉訪署四川按察使，延之幕中，事無巨細，悉聽裁決。生因得以飽營其私，顛倒刑獄，不數月而致富焉。有張某者素與生善，一日入署訪之。生適過藩署某幕友處小飲未歸，張候之夜深，因止宿焉。至半夜忽聞有人啟戶入。張初疑其為盜也，搴帷窺之，瞥見一無頭鬼，手提一人頭直撲

床榻。張駭極，掩被俯臥，不敢喘息。聞有聲惴惴然，語曰：「不是得。」遂轉身向外而去，燈亦復明。徐起視之，絕無蹤影。於是不敢就寢，坐而待旦。天甫明，張將去，忽其家人自藩署踉蹌而歸，云某生已暴死矣。張亟問狀，其家人云：「昨夜四更時，生腹痛起如廁，瞥見一無頭鬼，一手提人頭．一手執鐵錘，擊生僕地，七孔流血而逝。臨死時惟聞大呼求饒命云。」張大駭異，歸後來寓所親為我言之。張亦幕友也。

《南皋筆記》卷一、〈無頭鬼〉

這兩則鬼魂伸冤報仇的故事，旨在揭發官吏濫殺無辜的罪行，但是各有特點。前一則故事採用對比手法，敘寫買人頂罪、顛倒刑獄的縣令被懲罰身亡，在陰曹地府受刑；為人正直的縣令則受褒獎，在陰曹地府為官。兩相比較，可謂涇渭分明。後一則故事寫無頭冤鬼向顛倒刑獄、中飽私囊的幕友索命，讓其暴死。其中穿插友人借宿受驚的描寫，增加了作品的層次感和生動性。此則作品的文筆生動，善於營造恐怖氛圍，描摹人物心境、情狀，運用四川方言記錄對話，亦頗為傳神。

這個時期的鬼魂伸冤報仇故事，尚有寫一被亂賊凌逼喪命之女子冤魂，請求作佛事為其超度的《池北偶談・博羅韓氏女》、寫某人掘地奪走棺中女屍護心鏡，使之數百年修煉毀於一旦，後讓某得報，瘐死獄中的《池北偶談・荊州冤鏡》、寫一屈死小妾鬼魂向旅客訴苦伸冤的《堅瓠集・天津旅舍鬼》、寫三優伶扮關羽、關平、周倉夜宿鬼樓，有無頭女鬼前來鳴冤，在他們幫助下圖財害命者終於受到懲罰的《遁齋偶筆・陳某》、寫孫某讓骷髏吃屎，骷髏滾地追趕孫某，令其生病三日而亡的《子不語・骷髏報仇》、寫一被害人鬼魂附女巫之身訴冤，終使兇手得報的《子不語・山西王二》、寫一被奸婦毒死者屍行至寺廟中求借宿者與眾僧人報告有司，因得伸冤的《子不語・屍行訴冤》、寫冤鬼以發掘白銀方式揭開床下石坑無頭屍體之謎，使兇手落入法網的《子不語・長樂奇冤》、寫一被誣屈死之鬼魂揭露隱情而得以伸冤雪恨的《續子不語・縊鬼伸冤》、寫一佃戶妻被某乙強奸致死，其冤魂現身於梨園掌班居室，終使其冤得伸的《夜譚隨錄・某掌班》、寫某人被淫婦與豪右害死，其冤魂使縣尹忽有悟而破案，遂將二兇手法辦的《夜譚隨錄・鄧縣尹》、寫一牛醫被其醫死之眾鬼引導至冥府受到撾打的《諧鐸・病鬼延醫》、寫李某欲誆騙亡友之母以霸佔亡友之妻，亡友顯靈救妻，懲罰李某及其幫兇的《聽雨軒筆記・李生》、寫一被殺負磨投入枯井者亡靈若干年後托夢，讓兒子為其雪冤，終使淫婦奸夫受到嚴懲的《涼棚夜話・負磨雪冤》、寫一冤死鬼化作黑旋風前來伸冤報仇的《咫聞錄・黑旋風》、寫一被推下水淹死者附身訴冤，令圖財害命兇手伏法的《咫聞錄・水鬼報冤》、寫一含冤蒙羞剖腹而亡之寡婦冤魂向受賄贓官復仇的《履園叢話・女鬼報冤》、寫何某誘騙一寡婦得五六百金，其人氣死後到城隍廟告狀，使何某得報慘死的《履園叢話・鬼物憑臨》、寫縣令譚某之妻被虐待而死，其冤魂趕到譚某調任官署索命的《北東園筆錄・鬼妻索命》、寫塾師徐某誘周子為惡以謀利，氣死周妻，周某亡魂顯靈將徐除掉的《北東園筆錄・頑師顯報》、寫一冤鬼向致仕還鄉之貪官索命，使其不得好死，頭落若梟首者的《北東園筆錄・頭脫》、寫被逼投繯而死之某甲夫婦亡靈，元旦上門譴責害人者，令其相繼病歿的《里乘・邑人某甲》、寫某寵妾逼死離棄正妻，正妻冤魂使其人及幫手一一遭到報應的《庸庵筆記・離婚酷報》、寫一被殺冤魂深夜鳴冤於縣署，令諸盜不緝自獲的《庸庵筆記・冤鬼鳴冤》、寫一年輕寡婦當眾蒙羞後自經身亡，其冤魂讓使其受盡羞辱者立即斃命的《右台仙館筆記・寡婦復仇》、寫被燒殺姦淫致死之眾多婦女鬼魂前來向沈某索命，使其溺死於廁中，臭不可聞的《右台仙館筆記・眾婦人索命》、寫某令前世所冤死鬼魂來復仇雪恨，使之狼狽不堪，城隍讓其稟辭歸里方得解脫的《醉茶志怪・冤婦》、寫一被逼致死之寡婦冤魂讓受賄貪官仆地而亡的《南皋筆記・覃鶴灘》、寫審案時一被害人屍體忽然立起抓住兇手，因以得破兇案的《南皋筆記・屍異》等。

第二章　清代的鬼魂故事（下）

第五節　清代的鬼魅作祟故事

清代的鬼魅作祟故事，作品數量非常多，大部分敘寫形形色色的鬼魅捉弄世人，危害無辜民眾，給人世間帶來各種痛苦、禍害與災難。出現在作品中的鬼魅包括縊鬼、疫鬼、瘧鬼、水鬼、產鬼、倀鬼、淫鬼、煙鬼、惡鬼、厲鬼、僵屍鬼、無頭鬼、綠毛鬼、竹葉鬼、白骨精等等。不少作品通過生動的故事情節，表現了對為患一方之鬼魅的憤慨和譴責。譬如：

> 桐鄉醫生趙某者，住居附郭。康熙戊寅正月間，偶赴病家，請歸，已昏黑，天又降雨。未至家數里，有人自後呼曰：「趙某！前路有鬼甚多，汝無往，回轉至我家暫宿可也。」醫心疑其為異物，不應，且前。其後呼之甚急。醫愈懼，疾走至一橋，橋下又有人呼曰：「趙某！過橋鬼甚多，汝不可往。」醫視橋下，二人方裸而浴。時初春極寒，益駭其怪，遂不過橋，從小徑還家。
>
> 行未半里，見一矮屋，熒熒有燈，或明或滅。時已下雨，遂叩門求宿。內有婦人應曰：「男子不在，不便相留。」醫懇棲簷下，許之。將更餘，婦開門延之入，醫謝不敢。婦人引之甚力，且求合焉。醫視其燈青黯，且手冷如冰，知又遇鬼，亟欲奔避。婦雙手挽其頸，以口就醫之口。既而大噦曰：「此人食燒酒生蒜，臭穢何可近也！」遂入。
>
> 醫復冒雨而走。遙認一親戚之宅，極力叩擊。內驚出視，遂登其堂，即時昏仆。其家以薑湯灌蘇，問之，始細述其故。次日，送歸家，病十餘日而瘳，還過前宿之矮屋，則一孤塚也。
>
> 《述異記》卷中，〈醫生遇鬼〉

江南梅孝廉耦長，言其鄉孫公，為德州宰，鞫一奇案。初，村人有為子娶婦者，新人入門，戚里畢賀。飲至更餘，新郎出，見新婦炫裝，趨轉舍後，疑而尾之。宅後有長溪，小橋通之。見新婦渡橋逕去，益疑。呼之不應，遙以手招婿，婿急趁之。相去盈尺，而卒不可及。行數里，入村落。婦止，謂婿曰：「君家寂寞，我不慣住。請與郎暫居妾家數日，便同歸省。」言已，抽簪叩扉軋然，有女童出應門。婦先入，不得已，從之。既入，則岳父母俱在堂上。謂婿曰：「我女少嬌慣，未嘗一刻離膝下，一旦去故里，心輒戚戚。今同郎來，甚慰繫念。居數日，當送兩人歸。」乃為除室，床褥備具，遂居之。家中客見新郎久不至，共索之。室中惟新婦在，不知婿之何往。由是遐邇訪問，並無耗息。翁媼零涕，謂其必死。將半載，婦家悼女無偶，遂請於村人父，欲別醮女。村人父益悲，曰：「骸骨衣裳，無可驗證，何知吾兒遂為異物！縱其奄喪，周歲而嫁，當亦未晚，胡為如是急耶！」婦父益啣之，訟於庭。孫公怪疑，無所措力，斷令待以三年，存案遣去。村人子居女家，家人亦大相忻待。每與婦議歸，婦亦諾之，而因循不即行。積半年餘，中心徘徊，萬慮不安。欲獨歸，而婦固留之。一日，闔家遑遽，似有急難。倉卒謂婿曰：「本擬三二日遣夫婦偕歸，不意儀裝未備，忽遘閔凶。不得已，先送郎還。」於是送出門，旋踵即返，周旋言動，頗甚草草。方欲覓途，回視院宇無存，但見高塚。大驚，尋路急歸。至家，歷言端末，因與投官陳訴。孫公拘婦父諭之，送女於歸，始合巹焉。

《聊齋誌異》卷一、〈新郎〉

這兩則鬼魅作祟的故事，都包含女鬼求歡的母題，但具體內容卻大不相同。前一則故事包含一個三段式結構，敘寫醫生趙某夜歸時的一段恐怖經歷：在路上有鬼魅呼趙至其家住宿；在橋下有鬼魅叫趙不可過去；至矮屋暫棲，一女鬼來強迫求合。後者著墨較多，是整篇的重點，把故事推向高潮。後一則故事帶有夢幻色彩。其中，女鬼騙走新郎為的是過上夫妻生活，似乎並沒有惡意；然而，此舉卻給新郎與新娘兩家帶來痛苦與紛爭，損人利己，其客觀效果非常不好。又如：

山東某縣一荒塚，有僵屍鬼，每為人害。康熙某年，有二役同解一犯過其地。時值大雨，天暮無所投止。行至初更，遠望有微火若燈，趨至，則破屋前後二間，闃無人聲。入內視之，一婦人方背燈而哭，遂告以投宿之意。婦云：「我夫新死，屍尚在外舍，家無他人，不便留止。」三人以雨夜難行，再四懇之。婦云：「外間有夫屍，恐諸君不安適耳。」三人願留，遂共宿屍旁。

一燈熒熒，二役已鼾睡。此犯心悸，輾轉未寢。忽見屍蹶然而興，犯驚栗不能出聲。屍就燈薰手使黑，往塗役面。兩役俱不動。後復薰手，將至犯身，犯大呼狂走出門，屍遽追之。連過二橋，屍猶未舍。犯奔入破廟，逾短垣而出；屍撞牆僵僕，犯亦昏倒牆外。迨明，行者見之，以姜湯灌蘇，始述昨夜所見。共往跡之，則二役並死於荒塚之旁矣。

《述異記》卷中，〈僵屍鬼〉

豐溪吳奉珴作宦閩嶠，謝病歸里。舟過豫章，天暑熱，假空館於百花洲。屋宇寬敞，頗覺適意。屋內外常有聲如鬼嘯，家人獨行，往往見黑影不一。一夕，吳設榻乘涼於闌干側，聞牆角芭蕉叢中窸窣有聲，走出無數人。長者、短者、肥者、瘠者，皆不過尺許。最後一人稍大，荷大笠帽，不見其面。旋繞垣中，若數十個不倒翁。吳急呼人至，倏忽不見，化作滿地流螢。吳捉之，一螢才入手，戛然有聲，餘螢悉滅。取火燭之，一竹葉而已。

《子不語》卷十九、〈竹葉鬼〉

這兩則鬼魅作祟的故事，內容和風格不盡相同：前一則故事寫僵屍鬼為患，既揭示了僵屍鬼的兇殘與狠毒，又表現出犯人的警覺與機變，氛圍比較緊張。後一則故事寫竹葉鬼擾民，既描繪出竹葉鬼的張狂與虛弱，又刻畫了吳某的大膽與沉著，氛圍比較輕鬆。再如：

道光季年，揚州鹽商有家婢為魅所擾，設法驅之，皆不應。婢言魅有形質，夜半即至，與之共臥，其冷如冰。商命兩媪挾與俱寢，夜半魅至，二媪狂呼奔竄。商無如之何。或獻計：召優伶四人，使扮王靈官、溫元帥、趙元壇、周將軍，環坐婢床，而徙婢於他室以待之。夜三鼓，有風肅然，窗戶自啟。王靈官知魅已至，挺鞭將起禦之，忽見黑氣一團，直奔婢床，王靈官驚而顛仆，悶絕於地，而魅亦不復見。於是，商家男女婢僕皆驚起，煮姜湯以灌王靈官，良久始甦，已折去一齒矣。一僕燃燭於室隅，忽大呼曰：「鬼在此！鬼在此！」群趨視之，則見一鬼影嵌在壁間，其黑如墨，亦有面目鼻口，而不甚清晰。當魅與王靈官相遇之時，王靈官固為所驚，而魅亦驟見以為真神，慌張失措，故嵌於壁間，以致不能遁去也。眾以燭火炙之，唧唧有聲，愈炙則黑影愈淡。然其後，壁上終彷彿有鬼形，雖常炙不能去也。自是，魅不復至，婢亦無恙云。

《庸庵筆記》卷六、〈鬼魅現形〉

揚州新城，有蘆刮刮巷，僻地也。湖州李姓居焉，貿布於揚，十有數載。家道小康，夫婦齊眉，子早納婦，女將出閣，針黹之勞，媳蓋日夜不遑矣。一夜二更許，姑及嫂皆在房縫紉，忽見一青衣黃裙老嫗，笑容滿面云：「汝二人勞矣，我為若助之，好否？」姑寒噤無語，嫂欲言不能聲。嫗又云：「既不欲我助工，我有一物奉贈，長益精神，食則日夜不倦矣。」以一盒笑付嫂，嫂卻之；付姑，姑接之。且教之吞。將吞矣，李偕其子入，促就寢，見女持煙盒欲吞，急奪下。視媳則如木雞呆立。煙一盒，則某戚寄存者，素藏於匣。知有異，各掌頰，噴以冷水，二人始如夢醒矣。詢所由，各戒懼。明日告諸鄰，始知屋內有姚嫗，吞煙自盡者。家人日事提防，不月餘，媳於晚餐後回臥室，閱二時許不出。驚疑走視，則媳已挺臥於床，奄奄待斃。察其形，知為服煙，急以廣東木棉花救治之，乃活。詰其故，媳云：「昨晚前嫗又至，囑竊戚存之煙，明晚教汝服法，可以成仙，頃果來教服。我不知何以迷罔至此。今盒尚在燈後。」視之果空。李乃牒求城隍神驅遣，乃安。

《壺天錄・煙鬼討替》

這兩則鬼魅作祟的故事，都發生在江蘇揚州，被害人皆為女性，且帶有一定的近代民間故事特色。前一則故事寫一婢女不堪忍受惡鬼的騷擾，遂請人假扮神明鎮鬼，雖有損傷，然終將鬼魅消滅。其中有關滅鬼的情節，層次分明，想像力豐富，最為精彩。後一則故事寫鴉片烟鬼討替與抵制討替的反覆較量，以煙鬼慘敗告終。此故事的描寫亦頗生動，近代民間故事的特色尤為鮮明。

這個時期的鬼魅作祟故事，尚有寫王某為買硯臺被變為老叟之惡鬼騙至林墓旁茅舍中，飲漿後發狂奔跑不息，迷不知人的《池北偶談・鬼粥硯》、寫窗上出現鬼面嚇人，陳某叱之乃隱，其家婢女月餘病死的《述異記・窗現鬼面》、寫一少年與女鬼寢處半年而奄奄一息，焚燒女棺其祟乃絕的《述異記・女棺為祟》、寫某人經荒塚時出一屍如生人，某幾被其擊斃，眾人趕來搭救始免遭到不測的《述異記・屍起白日》、寫丁某夜晚投宿時主人兒媳之僵屍來犯，匿入木桶遂免的《遁齋偶筆・僵屍》、寫野鬼假冒老翁姓名享受其家人祭祀數年之久的《子不語・鬼冒名索祭》、寫周某將算命人骨壇觸落水中，鬼乃附周妹身作祟，告於城隍才不復為害的《子不語・算命先生鬼》、寫深夜廟中一鬼怪出來抓人，陝西販羊客爬上樹梢方才脫險，官府掘朽棺焚綠毛屍體怪遂滅的《子不語・綠毛怪》、寫厲鬼作祟，常飛棺蓋擊人，死者甚眾，將後園停棺焚毀乃絕的《子不語・棺蓋飛》、寫李某刈稻時，夜間被一白骨精窮追不捨，躲入莊房得免的《子不語・白骨精》、寫習拳棒之楊二夏夜間擊鬼遭到報復，次日竟死於竹榻上的《子不語・楊二》、寫縊鬼被更夫捉住，便以酬金收買更夫，因得覓替使一婦人上吊身亡的《續子不語・認鬼作妹》、寫李父貪財，死後其僵屍欲害晚輩張某以奪張銀子，李妻救張後將丈夫僵屍焚毀的《續子不語・僵屍貪財》、寫某甲暮歸見土城下草屋內有一美婦向其招手，跨一足即仆地，次日方被人從古塚中救起的《夜譚隨錄・骷髏》、寫某諸生夜歸被一紅衣女子引入小樓留宿，瞥見少年郎取頭置於案上，駭極而逃，次日方知其為姦夫淫婦鬼的《夜譚隨錄・某諸生》、寫鄧生被邀至鬼府住宿，遇麗鬼而不為所動，天明人見其在淤泥中的《耳食錄・鄧生》、寫一僵屍鬼自某紳柩中出來，禍害一方，其家人請道人帶侍者擊而焚之的《客窗筆記・僵屍》、寫厲鬼變少女引誘村童登榻，忽現形將其強暴，以至暈絕的《閱微草堂筆記・蹂躪村童》、寫耿某勇而悍，受廟中群鬼戲謔，右手竟指斷掌裂的《閱微草堂筆記・耿某》、寫一少婦入道旁邊廢屋小解，被厲鬼曳入棺中竟死的《豁意軒錄聞・厲鬼作祟》、寫某人在廢寺憩息時，柩中出來一獰惡鬼將七同伴咬死，其人獨竄出得免的《咫聞錄・歐陽賈》、寫一披髮赤足鬼常至村中小店偷錢，還將店主兒子害死，告官、告城隍均擱淺的《咫聞錄・鬼賊》、寫一面目醜陋之女鬼以舌度津，寒冷如冰，使人臥病不起的《誌異續編・鬼津》、寫一惡鬼化為美女使與其淫樂者病憊而亡的《誌異續編・女鬼》、寫一女吊死鬼自壁上出，授長帶引商婦自縊，為偷兒所救的《誌異續編・商婦》、寫土地廟中一泥皂隸向某女求歡，夜夜如此，女之父母持梃將其打碎，鬼遂不至的《履園叢話・鬼皂隸》、寫一女鬼謊稱其女踐斃而向孫某索命，被孫某亡妻戳穿乃去，孫某大病一月始癒的《北東園筆錄・鬼訛詐》、寫夜叉變為一老嫗登門求宿，竟殺死房主人之子的《埋憂集・夜叉》、寫數工匠夢中常被四鬼隸姦污，後告諸司官，毀其塑像而祟乃絕的《埋憂集・鬼隸宣淫》、寫一鬼預知陳某無祿，現形於隔板上加以羞辱的《客窗閒話・鬼羞陳生》、寫趙某飲壽酒歸來被鬼戲弄，以小刀戳破其所借新袍變為百結鶉衣的《客窗閒話・趙三官》、寫一女鬼與坐館姚生寢處多時，姚日漸羸瘦，直至氣絕身亡的《香飲樓賓談・姚生》、寫一鬼魅謊稱某人老母亡故，從而誆騙財帛的《香飲樓賓談・鬼詐》、寫姚甲夫婦夜吸鴉片時見一白面女鬼入其女臥室，其女奔出倒在煙榻上吞服鴉片身亡的《壺天錄・煙鬼討替》、寫胡某赴城途中讓廟內僵屍鬼窮追不捨，逾牆時其足被捉，天明斷屍指始脫的《鸝砭軒質言・胡佃》、寫某官入住一兇宅，有駝背嫗多次來拜夫人，最終讓夫人氣絕身亡的《鸝砭軒質言・鬼拜人》、寫一溺鬼變美婦勾引朱某，幾乎讓其人在溫柔鄉中喪命的《右台仙館筆記・朱祥麟》、寫乙被女鬼迷惑，幸虧甲來相救，於是得以脫險的《右台仙館筆記・某乙脫險》、寫二鬼雇某甲駕舟運行，中途忽然不見，某甲歸家未一月而亡的《右台仙館筆記・舟人某甲》、寫瘟疫流行時，宋某夜起遺穢遇數十持叉厲鬼，竟上吐下瀉，及曉而亡的《醉茶志怪・疫鬼》、寫一神色可怖女鬼入室施瘧於某人，其人月餘遂形骸骨立的《醉茶志怪・瘧鬼》、寫一水鬼欲害死瞽者以求代替，被識破引起大嘩，於是離去的《醉茶志怪・水鬼》、寫一民婦變為倀鬼後竟引虎來食丈夫、兒子的《趼廛筆記・倀鬼》等。

第六節　清代的鬼魅懲惡故事

值得注意的是，在這個時期鬼魅故事中，還出現一些鬼魅懲惡的故事。此類故事大多思想傾向較好、富有積極的社會意義。在這一類故事當中，鬼魅播弄、懲治的不是無辜老百姓，而是老百姓痛恨的貪官污吏、狂徒惡婦，因而往往帶有一定的勸善警世作用。譬如：

余偕數君子看花豐台，飲於賣花翁，座中相與說鬼。羅兩峰述一髑髏事，亦可發一噱也。

揚州有狂夫，從數人行郭外。道有髑髏甚夥，或侮之，輒被祟，詈罵有聲。於是相戒無犯。狂夫大言曰：「咄，是何敢然！」就一髑髏之口溺焉，且戲曰：「吾酒汝！」溺畢，疾行數步，誇於眾曰：「田舍奴，我豈妄哉！」旋聞耳後低呼曰：「拿酒來！」狂夫愕然，詰於眾，眾未之言也。行數武，又呼如前，眾亦未聞。少頃，又呼曰：「頃云酒我，何誑也？」聲漸厲。始信為髑髏之祟，漫應之曰：「汝欲酒，第隨以來。」髑髏曰：「諾！」於是寂然。

既入城，共登酒家樓，列坐呼酒。虛其一位，設匕箸杯杓，以饗髑髏。眾每飲一觴，則以一觴酹之。酒注樓下，汜濫如泉。叩其「醉乎？」則應曰：「死且不朽，卮酒安足辭哉！」髑髏飲既無算，眾皆厭之，次第散去；惟狂夫不能自脫，頗為所苦。久之，髑髏且醉，狂夫紿以如廁，急下樓．取金質酒家，不暇論值，悄然而遁。

已聞樓上索酒甚急，酒家保往應，杳不見人，大駭，以為妖。空中喧呶曰：「我何妖？奴輩招我來飲，乃避客而去耶？須為我召來！」意甚怒，酒家諭之曰：「招汝者誰？避汝者誰？酒徒千百，我烏知之？汝既相識，曷弗自尋？索之於我，汝殊憒憒！」於是髑髏語塞，忿恨而去。

《耳食錄》卷十、〈髑髏〉

烏程江某，以翰林改官，任直隸青縣知縣。適發賑，從中節省得七八萬金，恐上官督過之，乃告病歸。初至家，即見一巨鬼，長數丈，青面高鼻紅眼，著白衣，手持鐵槍，若欲殺之者。江大懼，急呼家人，忽不見。既而有謠言抄其家，江愈恐，遂將所有盡埋之，人無知者。未幾，忽中風疾，不能言語，兩手足皆跔，終日臥榻上，如醉如癡而已。自此室中鬼日益多，厥狀猙獰，五色俱備，作鬧無虛日。江既死，家中亦顛倒，只剩一孫。由是遷居，屋售他姓。

《履園叢話》卷十五、〈無常鬼〉

這兩則鬼魅懲惡故事，受到報復與懲罰的，一個是狂夫，一個是貪官，力度各有不同，結果大有差異。前一則故事寫狂夫玩世不恭，竟讓被其捉弄的髑髏追逐、戲謔，最後狼狽逃遁。後一則故事寫大量侵吞賑銀的贓官，被群鬼嚇得魂不附體，最終難逃厄運，可謂罪有應得。又如：

奴子魏藻，性佻蕩，好窺伺婦女。一日，村外遇少女，似相識而不知其姓名居址。挑與語，女不答而目成，徑西去。藻方注視，女回顧若招。即隨以往，漸逼近。女面頳，小語曰：「來往人眾，恐見疑。君可相隔小半里，俟到家，吾待君牆外車屋中，棗樹下系一牛，旁有碌碡者是也。」既而漸行漸遠，薄暮將抵李家窪，去家三十里矣。宿雨初晴，泥將沒脛，足趾亦腫痛。遙見女已入車屋，方竊喜，趨而赴。女方背立，忽轉面乃作羅剎形，鋸牙鉤爪，面如靛，目睒睒如燈。駭而返走，羅剎急追之。狂奔二十餘里，至相國莊，已屆亥初。識其婦翁門，急叩不已。門甫啟，突然沖入，觸一少女僕地，亦隨之僕。諸婦怒噪，各持搗衣杵亂捶其股。氣結不能言，惟呼「我我」。俄一媪持燈出，方知是婿，共相驚笑。次日以牛車載歸，臥床幾兩月。

《閱微草堂筆記》卷三、「遇羅剎」

都中某官，好狹斜遊。偶與友飲於酒樓，席終，乘醉獨往。街市彎環，迥非熟路。至一處，門懸巨燈，署「冷香堂」，欣然獨入。一短軀人前導，暗中莫辨顏色。及入室，床上燈火熒然，一女子面壁臥。某曰：「有人來，臥榻尚酣睡耶？」女欠呻起，面貌黃瘦，類久病人，謂某曰：「姑少坐，即喚姊妹輩來。」旋聽屧響，一女子搴簾入，身高及床，頭大如斗，雙目炯炯，光焰四射。俄又來一女，身高如竿，頭小如盞，向床並立。某驚暈去。方某之離酒樓也，其僕隨之，轉盼失所在。尋訪幾遍，不可得。天曉，見某臥叢塚中，氣如絲。灌以姜汁始蘇，言之歷歷。

《醉茶志怪》卷二、〈冷香堂〉

這兩則故事，都涉及懲罰玩弄女性的淫邪之徒，大快人心。前一則故事的被懲者是一個生性佻蕩的有婦之夫。因其對少女居心不良，鬼魅乃讓其吃盡苦頭——先使之長時間在泥濘中行走，足趾腫痛難受；接著現出猙獰面目使之驚恐狂奔；再後又使之在婦翁家被亂棒捶打，臥病一兩月。後一則故事的被懲者是一個好狎邪遊、前去嫖妓的官員。鬼魅讓其在妓院中被各種奇形怪狀的女鬼嚇得失魂落魄，最後竟暈倒在叢塚之中，命懸一線，以示警戒。

這個時期的鬼魅懲惡故事，尚有寫使一個秉性慘刻之酷吏產生幻覺，夜間舉劍擊鬼而將妻妾子女砍死的《子不語・平陽令》、寫群鬼借膂力絕人者將一個任意殘害妾婢之悍婦捉至陰間的《子不語・鬼借力制兇人》、寫讓一個企圖勾引美婦之輕薄狂徒陷入古墓，狼狽不堪的《夜譚隨錄・骷髏》、寫某夜紅衣女鬼現出時別無眉目口鼻，面色蒼白，將一乘酒醉前來調戲之人嚇死，逾時始蘇的《夜譚隨錄・紅衣婦人》、寫梁氏虐待前妻子女，擊刺熨烙，體無完膚，前妻亡靈嚴懲梁氏，令其病癲自殘而死的《夜譚隨錄・梁氏女》、寫一大量侵吞賑銀之贓官被群鬼嚇得魂不附體，最終難逃厄運的《履園叢話・無常鬼》、寫施生常作狎邪游，流連酒色，一夜四更自妓室歸，被無常鬼嚇得半死的《庸庵筆記・狎游客遇無常鬼》、寫一亡妻追趕丈夫，以教訓賭徒的《埋憂集・屍擒盜》、寫二人裝扮鬼怪搶劫行人，後來被真鬼擊斃的《客窗閑話・假鬼行劫》、寫葛生被林間三四鬼魅奚落、戲弄，從此狂氣盡消的《客窗閑話・葛生被辱》、寫陳某狎游暮歸時在郊外追逐一佳麗，竟至家中與其同床共眠，天明方知所抱乃一具枯骸的《右台仙館筆記・陳生遇鬼》、寫會飲後某乙在歸途中與一女子調情，忽被執火而來之某甲驚走，這才發覺自己坐在橋欄上十分危險的《右台仙館筆記・某乙脫險》、寫盜賊夜入新寡之屋盜竊物品，被一口張血盆大鬼嚇暈的《醉茶志怪・鬼驅賊》、寫某生夜游，闖入茅屋擁婦共眠，後發現臥於敗官板上，遂狼狽而逃，其後竟病斃的《醉茶志怪・某生》、寫醫生申某夜間出去診時挑逗女病人，與其雲雨，次早才發現自己竟臥在荒塚中的《南皋筆記・鬼病》等。

第七節　清代的不怕鬼故事與驅鬼鬥鬼故事

清代的不怕鬼故事，數量不少。它們往往以生動有趣的情節來揭示故事主角膽大無畏、詼諧風趣的性格和隨機應變的謀略，大多能夠給讀者、聽眾留下很深的印象。譬如：

> 蔡魏公孝廉常言：「鬼有三技：一迷，二遮，三嚇。」或問：「三技云何？」曰：「我表弟呂某，松江廩生，性豪放，自號豁達先生。嘗過泖湖西鄉，天漸黑，見婦人面施粉黛，貿貿然持繩索而奔。望見呂，走避大樹下，而所持繩則遺墜地上。呂取觀，乃一條草索，嗅之有陰霾之氣。心知為縊死鬼，取藏懷中，徑向前行。其女出樹中，往前遮攔，左行則左攔，右行則右攔。呂心知俗所稱『鬼打牆』是也，直沖而行。鬼無奈何，長嘯一聲，變作披髮流血狀，伸舌尺許，向之跳躍。呂曰：『汝前之塗眉畫粉，迷我也；向前阻拒，遮我也；今作此惡狀，嚇我也。三技畢矣，我總不怕，想無他技可施。爾亦知我素名豁達先生乎？』鬼乃復形跪地曰：『我

城中施姓女子，與夫口角，一時短見自縊。今聞泖東某家婦，亦與其夫不睦，故我往取替代。不料半路被先生截住，又將我繩奪去，我實在計窮，只求先生超生。』呂問作何超法。曰：『替我告知城中施家作道場，請高僧多念往生咒，我便可托生。』呂笑曰：『我即高僧也，我有《往生咒》，為汝一誦。』即高唱曰：『好大世界，無遮無礙。死去生來，有何替代？要走便走，豈不爽快！』鬼聽畢，恍然大悟，伏地再拜，奔趨而去。後土人云：『此處向不平靜，自豁達先生過後，永無為祟者。』」

《子不語》卷四、〈鬼有三技過此鬼道乃窮〉

羅大林者，上海東鄉羅店鎮人，身長而色黑，膂力過人，性粗疏無所畏。自幼以負販為業，欲娶婦，苦無資，謀於其儕輩。時有巨宅一區，多怪異，入之者輒死。有好事者與之約曰：「汝能宿此一夕，當醵錢十萬，為作婚費。」羅諾之，而慮其爽約，眾乃書券付之。宅主人王姓者，聞之喜曰：「汝果能驅除怪物，吾有市上屋三間，俾汝納婦，弗責值。」亦書券付之。其夕，羅擣蒜為泥，和燒酒中，飲微醉，持巨燭數枝，啟鑰而入。眾慮其潛出匿他處，外鍵其戶。羅既入，衰草蔽徑，叢篠當門，室中塵積寸許，惟最後一室潔無纖塵。其西偏有床，床有帳，有衾褥，蓋先時處此者所遺也。羅即坐帳中，以覘其異。至二更後，忽聞大聲發於戶外，一黑人闖然入，盤旋室內，其面目不甚可辨。俄逼近床前，羅突從帳中躍出抱持之。黑人不得脫，兩手為所抱，又不得舉，因對羅吹氣，其冷如冰。羅側首避之，久而頸痛，若被刀削者，乃強轉其首，亦向鬼吹氣，鬼亦側首避之。已而鬼又吹氣，羅又避之。相持極久，聞雞鳴，鬼頓縮小，彌縮彌小，不復能吹氣矣。而其體轉益堅硬，羅終挾持不敢釋．時其儕輩皆在近處守候，天明咸集入視。羅則所抱者棺木一段，放手倒地，樸漉有聲，聚薪焚之，臭不可近．眾壯其膽，予之錢屋，如所署券。此宅之怪遂絕，而羅之頸從此偏側，不能正矣。其鄉人呼之為「捉鬼羅大」。

《右台仙館筆記》卷六、「羅大捉鬼」

這兩則故事，均著力展示故事主角的智慧與膽量，然而其側重點各不相同。前一則故事以鬥智為亮點，寫不畏鬼的豁達先生藏繩救人，從不畏縊鬼「三計」到誦往生咒化解矛盾，讓縊鬼再拜而去。通篇作品詼諧風趣，令讀者、聽眾感到愉悅。後一則故事以鬥力為亮點，寫膂力過人的窮漢與惡鬼反覆較量，最終將其消滅。這一位故事主角粗中有細，從事前準備到焚燒棺木的整個過程，都顯示出他的精明與機靈。而他為民除害，如約得到錢屋，有了完滿結局，人們亦感到由衷的高興。又如：

> 南皮許南金先生，最有膽。在僧寺讀書，與一友共榻。夜半，見北壁燃雙炬。諦視，乃一人面出壁中，大如箕，雙炬其目光也。友股栗欲死。先生披衣徐起，曰：「正欲讀書，苦燭盡，君來甚善！」乃攜一冊背之坐，誦聲琅琅。未數頁，目光漸隱，拊壁呼之，不出矣。又一夕，如廁，一小童持燭隨，此面突自地湧出，對之而笑。童擲燭僕地。先生即拾置怪頂，曰：「燭正無台，君來又甚善。」怪仰視不動。先生曰：「君何處不可往，乃在此間？海上有逐臭之夫，君其是乎？不可辜君來意。」即以穢紙拭其口。怪大嘔吐，狂吼數聲，滅燭而沒，自是不復見。
>
> 《閱微草堂筆記》卷六、「許南金不畏鬼」

> 某處有房一所，盛傳有縊死鬼，無人敢居。一生曰：「吾素不畏鬼。」整衾宿焉。睡至三更，聽颯颯有風，視燈火轉碧，燈前立有豔妝絕色婦人。心思「是房久空，婦從何來？此即人云『縊死鬼』也，吾當瞷其如何迷人自縊。」逾時，婦近帳前。生啟帳出，假作哀苦狀。鬼即持竹圈一、令由圈中視之，內有樓臺殿閣，畫棟雕樑，靈池碧沼，真勝地也。鬼令入，生以手進。鬼曰：「樂豈手能取乎？」生挑左足進。鬼曰：「伸頸而入，則樂得矣！」生曰：「子以愚而受害，致有不散之冤；吾不受子之餌，替子消冤也。」忽不見，但聞空中啼哭而去。由是此房竟為潔室。
>
> 《咫聞錄》卷十、〈普依祠〉

這兩則故事的主角，在鬼魅面前都顯示出無畏的氣概，而且具有幽默、風趣的氣質。前一則故事為兩段體的結構，先寫許某借鬼魅目光夜讀，若無其事，鬼魅無可奈何，只得遁去；後寫許某如廁時，以鬼魅為燭臺，並用穢紙讓其大嘔，狂吼而沒。後一則故事寫某生故意一再裝傻，用以對付吊死鬼的引誘，並且因勢利導予以點化，令其自慚，啼哭而去。

這個時期的不怕鬼故事，尚有寫一布販夜晚投宿時，群鬼在其身上做搭寶塔遊戲，經他嘲笑立即散去的《子不語・鬼寶塔》、寫一女鬼引蔡書生上吊，蔡以足就之，鬼以為誤，蔡言汝誤才有今日，鬼伏地再拜而退的《子不語・蔡書生》、寫某僦居一兇宅，夜見巨鬼來作種種惡狀態均無所畏懼，鬼再三請求其說一「畏」字亦不為所動，遂太息而滅的《閱微草堂筆記・不言「畏」字》、寫曹某夜坐書齋，一女鬼來時而披髮吐舌作縊死狀，時而摘其首置案上皆不畏，鬼技窮乃滅的《閱微草堂筆記・鬼技窮乃滅》、寫某夕一縊鬼入老儒居室，逼而對立，老儒以墨汁塗其面，令縊鬼大叫而遁的《閱微草堂筆記・老儒遇女鬼》、寫謫官江某投店時，夜見兩面鬼，拍案大笑令鬼逃遁的《蕉軒摭錄・兩面客》、寫文生攜枕衾宿棺旁，夜半出一女鬼以淫態挑逗不為所動，以鬼臉嚇唬也無所畏懼，雞鳴女鬼吐血而滅的《此中人語・大膽秀才》等。

清代的驅鬼鬥鬼故事，與不怕鬼故事關係最為密切，是不怕鬼故事的進一步強化和提升。其數量相當大，優秀的作品比比皆是，能夠較為充分地顯示出這個時期鬼魅故事的藝術成就。譬如：

康熙間，揚州鄉人俞二、耕種為生。入城取麥價，鋪戶留飲，回時已遲，途徑昏黑。行至紅橋，有小人數十扯拽之。俞素知此地多鬼，然膽氣甚壯，又值酒酣，奮拳毆擊。散而復聚者數次。聞鬼語曰：「此人兇勇，非我輩所能制，必請丁大哥來，方能制他。」遂哄然去。俞心揣：丁大哥不知是何惡鬼？但已至此，惟有前進。方過橋，見一鬼長丈許，黑影中彷彿見其面色青紫，猙獰可畏。俞念動手遲則失勢難脫，不若乘其未至迎擊之。解腰間布裹錢二千文，迎面打去。其鬼隨手倒地，觸街石上，鏗然有聲。俞以足踏之，漸縮漸小。其質甚重，牢握歸家。燈下照視，乃古棺上一大鐵釘也。其長二尺，粗如巨指。入火熔之，血涔涔出。俞召諸友，笑曰：「丁大哥之力量，不如俞二哥也。」

《子不語》卷二十二、〈丁大哥〉

科爾沁達爾汗王一僕，嘗行路拾得二氈囊，其一滿貯人牙，其一滿貯人指爪。心頗詫異，因擲之水中。旋一老嫗倉皇至，左顧右盼，似有所覓，問僕曾見二囊否？僕答以未見。嫗知為所毀棄，遽大憤怒，折一木枝奮擊僕。僕徒手與搏，覺其衣裳柔脆，如通草之心；肌肉虛松，似蓮房之穰。指所搵處輒破裂，然放手即長合如故。又如抽刀之斷水。互鬥良久，嫗不能勝，乃舍去。臨去顧僕詈曰：「少則三月，多則三年，必褫汝魄！」然至今已逾三年，不能為祟，知特大言相恐而已。

《閱微草堂筆記》卷二十三、「僕與鬼鬥」

這兩則短小的驅鬼鬥鬼故事，一為漢族故事，一為少數民族故事，其故事主角都是下層勞動者，旨在表現其鬥鬼的大無畏精神。然而兩則在思想內容、藝術風格方面均有著明顯的差異。前一則故事寫膽壯兇勇的農夫俞二、迎頭痛擊身體高大、面目猙獰的惡鬼，並且善於就地取材，以布裹銅錢為武器將其擊倒，取得完勝。後一則故事是現存較早的一篇用漢文記錄的蒙古族故事，具有鮮明的民族特色。其中，被蒙古王爺一僕人擊退的那個以詭異老婦面貌出現的惡鬼，與蒙古族民間文學中常見蟒古斯（魔鬼）頗為相似，給人留下很深的印象。又如：

有田乙，素不畏鬼，而尤能伏鬼，遂以賣鬼為業。衣食之需，妻孥之供，悉賣鬼所得。人頗識之，呼為「田賣鬼」云。年二十餘時，嘗夜行野外，見一鬼肩高背曲，頭大如輪。田叱之曰：「爾何物？」鬼答言：「我是鬼，爾是何物？」田欲覩其變，因紿之曰：「我亦鬼也。」鬼大喜躍，遂來相嬲抱．體冷如冰。鬼驚疑曰：「公體太暖，恐非鬼。」田曰：「我鬼中之壯盛者耳。」鬼遂不疑。田問鬼有何能，鬼曰：「善戲，願呈薄技。」乃取頭顱著於腹，復著於尻，已復著於胯，悉如生就，無少裂折。又或取頭分而二之，或三四之，或五六之，以至於十數，不等。擲之空，投之水，旋轉之於地，已而復置之於項。奇幻之狀，靡不畢貢。既復求田作戲，田復紿之曰：「我饑甚，不暇作戲，將覓食紹興市，爾能從乎？」鬼欣然願偕往，彳亍而行。

途次，田問曰：「爾為鬼幾年矣？」曰：「三十年矣。」問：「住何所？」鬼言：「無常所，或大樹下，或人家屋角，或廁旁土中。」亦問田，田曰：「我新鬼也，趨避之道，一切未諳，願以教我。」蓋欲知鬼所喜以誘之，知鬼所忌以制之也。鬼不知其意，乃曰：「鬼者，陰屬也，喜婦人髮，忌男子鼻涕。」田志之。方行間，又逢一鬼，瘦而長，貌類枯木。前鬼揖之曰：「阿兄無恙？」指田示之曰：「此亦我輩也。」瘦鬼乃來，近通款洽焉，亦與俱行。

將至市，天欲曉，二鬼行漸緩。田恐其隱遁，因兩手捉二鬼臂，牽之左右行。輕若無物，行甚疾。二鬼大呼：「公不畏曉耶？必非鬼。宜速釋手，無相逼也。」田不聽，持愈急。二鬼哀叫，漸無聲。天明視之，化為兩鴨矣。田恐其變形，乃引鼻向鴨噴嚏。持入市賣之，得錢三百。後每夜挾婦髮少許，隨行野外索鬼，鬼多來就之，輒為所制。或有化羊豕者，變魚鳥者，悉於市中賣得錢以市他物。有賣不盡者，亦自烹食之，味殊甘腴。

《耳食錄》卷九、〈田賣鬼〉

鄉民畢酉，素有膽識。嘗以妻有娠將產，月夜趁墟回家。道逢一女子蹣跚獨行，同路數里，略不聞其鼻息，心竊異之。試叩其氏族，當此午夜，獨行何之？女子答曰：「妾非人，乃產鬼也。前村畢家婦分娩在即，特往討替去。」酉大驚，默籌所以制之。佯笑答曰：「此大好事，汝得替投生好人家，可賀也。」曰：「此非所望，然得脫鬼趣，即為萬幸。」因問酉姓名，乃詭對之，談論甚洽。酉又問：「汝為鬼幾何年矣？」曰：「於今十有三年矣。」曰：「求替何遲遲也？」曰：「陰曹必計平生善惡以判遲速，孽滿方准求替，故遲遲以至於今也。」曰：「求替亦有術乎？」曰：「有。凡產鬼喉間各有紅絲一縷，名曰『血餌』。以此縋入產婦腹中，系其嬰胞，不使遽下，又暗中頻頻抽掣之，令其痛徹心髓，雖健婦，只三五抽掣，則命畢矣。」酉佯笑曰：「此術誠巧，未審有法制之否？」鬼但笑而不言。酉又固詰之，則曰：「制之亦自有法，但君切不可告人。」酉指天申誓，決不洩語。鬼悄謂曰：「產鬼最畏雨傘，以一傘置戶後，即不敢入房矣。」酉曰：「然則更無別術乎？」曰：「君必勿洩，乃敢畢其詞。」酉曰：「固申誓矣。倘洩語，即與汝等！」鬼喜其誠，又曰：「如不能入房，則伏屋上，以血餌縋入產婦口中亦可，倘於床頂再張一傘，使血餌不能下縋，則鬼術窮矣。以君長者，故敢質告，倘洩語，則我無生望矣，願君諒之。」酉曰：「諾。」

既至家，妻正以難產，勢甚危急。酉如鬼言，急以一傘置戶後，又張一傘於床頂，不逾時，果呱呱墮地，而妻得無患。少選，聞空中呼酉名而詈之曰：「促狹兒，我不幸為汝所紿，又要遲此一次！汝如再告他人，致我永無生望，則天良喪盡矣！」嘆息恨恨而去。酉聞而匿笑，為妻細述之。妻甚惡此苦，囑遍告於人。凡有娠之家，各如法預防之，果皆無恙。

《里乘》卷五、〈產鬼畏傘〉

這兩驅鬼鬥鬼故事，前一則寫故事主角用賣鬼的方式來鬥鬼。他遇鬼時冒充其同類，並且機智、巧辯應付鬼的提問，進而熟悉鬼的各種技藝，掌握鬼的各種秘密，最後將二鬼制服。後一則寫故事主角用探制鬼之法來鬥鬼。他首先假意稱許產鬼取得其信任，進而探知其討替秘密和應對辦法，不但搭救了臨盆的妻子，而且遍告他人，讓有娠之家皆保平安。兩則故事均曲折生動，富有幽默感，讀來饒有興味。再如：

錢唐有貝翁者，少有膂力，素以意氣自負。一日，自城外被酒夜歸，憩於白蠟橋下。瞥見一婦人趨過，覺有異，尾之行。抵一村舍，婦忽不見。叩門入，則其家止婦姑二人，是夜適反昏。因使視其婦，已扃戶雉經矣，亟解縣救之，得不死。感翁高義，以夜深止之宿。翁以其家無男子，不可，遂攜燈獨行。俄寒風自後來，林葉皆簌簌落。翁知為鬼，不之顧，鬼忽作聲若相詈者。翁怒，返擊之，鬼乃返。及翁行，又詈如初。翁益怒，窮追不已，復至於橋下，而雞聲四起，東方白矣。

《右台仙館筆記》卷七、「貝翁擊鬼」

農家某甲，膽素壯。偶赴市，乘月夜歸。至中途，聞後有步履聲，回視之，一人尾之行。詢之，其人曰：「我，鬼也，胡不畏？」甲曰：「活人且不畏，何畏死鬼？」鬼曰：「爾可再視我！」甲睨之，見其髮蓬鬆覆額，面青黃色，兩目熒熒若餓殍。甲曰：「此乞兒像也，何足畏。」又行半里許，鬼復曰：「可再視我。」甲又睨之，見其身高數丈，妥長舌如懸幡，目出於眥，焰焰有精光。甲曰：「此廟內雞腳神像也，亦見慣，無可畏。」鬼技已窮。隨行至山凹，凹下多義塚地。鬼復曰：「爾膽真如斗，能在此候時許，我約一人來，爾不畏，乃好漢子也。」甲曰：「是不難，我憩此，任爾為之。」鬼遂前行，行數十步，回顧曰：「勿遁！」甲應之，又行數十步，呼如前，甲又應之，鬼漸不知所之矣。甲念深宵孤寂，若彼引一夜叉羅剎來，吾命休矣。不如暫避為得。顧凹旁有大黃柳，緣升其巔，坐椏杈上，又慮假寐而墮，解裹頭布，束腰於樹，俯窺其變。俄見鬼從義塚來，荷一物至，白恍恍如蘆席，月下不甚明瞭。大呼某甲，甲故不應，鬼作激厲語，誚其無信。旋作溫柔語，誘其無他，俱不應之。鬼尋覓有時，雞聲四唱，乃長嘯去。甲亦瞢騰睡，不知東方之既白。有早行者，過其地，叱曰：「何處死屍？誰移此？若盜墓者，何盜此席裹之貧屍也？」正驚惶間，仰見樹上有人，呼之下。甲道其詳，乃知此鬼甚狡，嚇之不得，又欲假僵屍害之。幸甲機變，不然殆矣。乃共呼地鄰，合掩其屍。以後甲遂不敢夜行。

《仕隱齋涉筆》卷四、〈鬼雄〉「某甲夜歸」

這兩則驅鬼鬥鬼故事，一則採錄自浙江，一則採錄自四川，描述的均為夜行遇鬼的趣聞。故事主角與鬼鬥勇鬥智，無不顯示出其人的膽量和應變能力。前一則寫故事主角貝翁夜歸時，尾隨討替縊鬼入村而救了懸樑婦一命。當縊鬼喋喋不休地責罵他時，他立即反擊，窮追不捨。後一則寫一鬼縊鬼三試某甲，其人均毫無畏懼。縊鬼技窮後又扛僵屍來加害某甲，某甲藏身樹上靜觀其變，雞鳴縊鬼乃長嘯而退。其故事情節曲折，更為生動有趣。

這個時期的驅鬼鬥鬼故事，尚有寫某年秋天文登海濱有一藍面長鬼擾民，百姓驚恐無比，縣宰僕高某跨馬持槍將鬼趕跑的《觚賸・雁翎刀》、寫陳某少時夜讀，窗上現出一鬼面，目口皆動，大叱之忽然不見的《述異記・窗現鬼面》、寫某翁夏月晝寢，一著孝服女鬼登床壓腹上令翁不能動彈，待鬼嗅其面時，翁齕鬼顴使之負痛逃遁的《聊齋誌異・咬鬼》、寫葉某投宿入住鬧鬼之室，深夜將群鬼懾服，令其無不跪地求饒的《子不語・葉老脫》、寫陳某藏下縊鬼之繩，並且將縊鬼如輕煙一般吹散，從而搭救了上吊婦人的《子不語・陳清恪公吹氣退鬼》、寫一鬼前來嚇唬阿真，阿真拔鬼舌令其大號而去的《續子不語・拔鬼舌》、寫千總張某二更後提燈如廁見一闊面鬼裸臥角門下，力蹴之化為黑雞，捉之烹以佐酒的《夜譚隨錄・張老嘴》、寫管某偷伺時趕走覓替女鬼，救下鄰婦，後來竟不再對鄰婦存非分之想的《夜譚隨錄・青衣女鬼》、寫某甲騎驢夜行時為鬼抱腰，牢不肯放，甲反縛之，竟化為朽櫕一片的《夜譚隨錄・清和民》、寫某人一日因拌嘴出走，其妻獨寢時鬼物乘隙上床共眠，驚呼始得免難的《耳食錄・上床鬼》、寫一鬼自叢薄中出，形狀可怖，飲一罌酒而醉倒，屠夫趁機舉扁擔將其消滅的《閱微草堂筆記・舉擔滅鬼》、寫僕人楊某素暴戾，隨主人歸家投宿寺中時，將前來作祟之女鬼擁抱狎戲，女鬼乃大號逃逸的《閱微草堂筆記・楊橫虎》、寫楊四夜宿荒蕪古廟，揮刀砍殺在大殿上盤踞之女鬼的《誌異續編・楊四》、寫一溺鬼變女子立於橋側騙人墮河，某知其為鬼，乃負之急走，鬼竟化為棺板，被某燒掉的《明齋小識・鬥溺鬼》、寫俞某假哭擒拿縊鬼，將其所變鴨子烹而食之的《客窗閒話・談鬼・賽鍾馗捉鬼》、寫某孝廉住入一兇宅，漏夜有女鬼辟門而入，竟被其體大聲宏之僕人嚇跑的《客窗閒話・談鬼・嚇鬼》、寫士兵陸某雨夜鼓氣三吹，讓一縊鬼灰飛煙滅，從而使被其之迷惑少婦復蘇的《客窗閒話・談鬼・吹滅縊鬼》、寫衙役劉某驚擾一求代縊鬼，使受翁姑虐而欲自經少婦得救的《客窗閒話・談鬼・搗鬼手》、寫葉某所救之投環婦乃是鬼魅，當其追來時葉某人揮刀還擊，乃化為清煙的《金壺七墨・殺鬼》、寫戴公在貴州某大僚署中，夜半有女鬼捧頭置於案上梳理，公默誦《金剛經》而卻之的《鸝砭軒質言・鬼梳頭》、寫鄒某月夜與一個變為青衣女子之僵屍鬼鬥，最合將其擊倒並焚化的《三借廬筆談・曉屏相國》、寫金陵擊柝者某夜間救下一縊婦，披髮鬼誓報復言，卻無可奈何的《蟲鳴漫錄・金陵擊柝者》、寫黃某夜醉歸家時遇一矮鬼將其曳入水中，後得亡友幫助，遂共擒之的《醉茶志怪・捉鬼》、寫某乙勇敢好武，其親戚回煞時，痛打押亡者鬼物，使之如煙而沒的《醉茶志怪・武清乙》、寫某公請一智勇過人之孝廉設計捉拿潛入其家為患之鬼魅的《右台仙館筆記・孝廉捉鬼》、寫一鬼詆毀陸父以求食，陸兄批頰再三、將鬼趕走的《右台仙館筆記・孝廉批鬼》、寫一長工勇鬥欲覓替縊鬼，因而使主人得救的《右台仙館筆記・長工救主》、寫老僧畫符治難產，讓產婦順利生子，除夕夜群鬼偷襲使其身亡的《仕隱齋涉筆・豐都山老僧》、寫一寡婦厲聲呵斥捧繩長跪縊鬼，令其落荒而逃的《南皋筆記・縊鬼》等。

第八節　清代的鬼魂還陽再生故事

清代的鬼魂還陽再生故事，數量雖不如以往各個時期多，但作品的藝術風格多不相同，或沉鬱，或火爆，或詼諧，各具特色，不少作品著重表現人們的思想意願和抗爭精神，具有一定的積極意義。譬如：

> 甯津蘇子庚言：丁卯夏，張氏姑婦同刈麥。甫收拾成聚，有大旋風從西來，吹之四散。婦怒，以鐮擲之，灑血數滴漬地上。方共檢尋所失，婦倚樹忽似昏醉，魂為人縛至一神祠。神怒叱曰：「悍婦乃敢傷我吏！速受杖。」婦性素剛，抗聲曰：「貧家種麥數畝，資以活命。烈日中婦姑辛苦，刈甫畢，乃為怪風吹散。謂是邪祟，故以鐮擲之，不虞傷大王使者。且使者來往，自有官路；何以橫經

民田，敗人麥？以此受杖，實所不甘。」神俯首曰：「其詞直，可遣去。」婦蘇而旋風復至，仍卷其麥為一處。

《閱微草堂筆記》卷五、「張氏婦訴冤」

余大兒婦樊氏言：其二伯母體弱多病，恒在床褥，年四十九時，大病已死矣。眾人欲為具含殮，而其子坐床頭，手持其帳，不使人得近之，有言已死者，輒大怒。眾人始以孝子哀痛，不忍奪之。繼以死且竟夕，而絞紟衾冒一事未具，懼不成禮，力勸其子，卒不可奪。遷延至於旦，而死者竟蘇。既蘇，命亟焚紙錢,以犒輿丁。

眾共駭異，環而問故，曰：「舅姑送吾回也。」時其舅姑死久矣．問其詳，乃曰：「吾頃如夢中，至一處，舅姑皆在焉。棟宇高峻，僮奴甚眾。舅姑見吾至，皆詫曰：『汝安得遽來此？宜速歸！』吾曰：『新婦既來此，當奉侍舅姑，尚何歸乎？』舅姑皆不許，舅言猶和婉，姑色甚厲，並操杖逐之曰：『不去且杖爾！』舅曰：『且勿，且勿。』與姑不知作何語，姑乃入房，攜藥一丸出，命吾吞之，曰：『今可去矣。』吾徘徊未知所從，出聞舅呼陳榮。陳榮者，故樊氏奴也。及至，與生前無異。舅命陳榮以轎送吾歸。吾從陳榮出，果有轎，乘之而行。甫望見家門，而舁者遽釋肩，啟簾幕，呼吾出曰：『至矣！至矣！』吾自門外行至此，甚疲憊。今舁者當尚在門外，故宜以紙錢犒之也。」聞其口中尚有藥香。數日後其病竟愈。眾人因問其子何所見而知爾母不死，其子亦不能言也。眾曰：「大病不死，其壽殆未可量。」然至明年又病，未幾竟死，死而其子亦不復力持之矣。乃知往歲實鬼神使之也。然死而復生，生一年而復死，亦似無謂。

《右台仙館筆記》卷六、「死者復蘇」

這兩則鬼魂還陽再生故事，故事主角一貧一富，內容不同，思想意涵甚為懸殊。前一則故事寫村婦因砍傷冥吏而被捉去受審，她不畏神明，敢於在陰曹地府抗爭，言之成理，使冥王不得不讓其返還，真可謂「有理走遍天下」。後一則故事寫富家婦人死後，在陰間得到公公、婆婆亡靈的關照、護佑下得以還陽；然而次年又病，仍然不免一死。其人的結局，亦發人深省。

這個時期的鬼魂還陽再生故事，尚有寫濟寧一婦人死後不久復見於他處，與其同歸，則棺木空空如也的《池北偶談‧濟寧婦人》、寫某地農夫患傷寒病死，但陽壽未盡，因屍體已被火化，乃借蘇州一家死於癆病之獨子屍身還陽的《述異記‧農夫附屍》、寫嘉興北外一少女病歿後，借松江東鄉一村民婦屍體還魂，遂與村民為夫婦的《述異記‧托體復生》、寫王姑娘未婚而歿，借某村新死之農婦李氏屍身還陽的《子不語‧靈璧女借屍還魂》、寫楊某被二冤鬼扯入水中淹死，後知有誤乃放其生還的《子不語‧冤鬼認錯》、寫某翁常年積德行善，在修建石橋時死去，隨即托生於富家的《夜譚隨錄‧再生》、寫張妻借屍還陽後訴說被妾害死經過，闔家悲喜，仍以主母事之的《閱微草堂筆記‧選人張某妻》、寫女傭陳媼不辭自汙以救婢女性命，因使其子農夫陳四得以延壽的《閱微草堂筆記‧陳四延壽》、寫一女鬼借富家女身軀復活，與相戀的書生結為伉儷的《妙香室叢話‧董生》、寫某翁螟蛉子成婚時死去，其亂中亡故之親子借屍還陽，與新婦婚配的《右台仙館筆記‧某翁子》、寫高郵某君被招至冥府指證太守受賄殺人後還魂，次年無疾而終，乃去某地為城隍的《右台仙館筆記‧高郵某君》、寫兄弟同時病死，兄附弟身還陽，妯娌倆均拒之，只好出家為僧的《右台仙館筆記‧兄附弟身》、寫張某被誤捉至陰曹地府，遇鄰僧得救，翻牆逃跑，終於還陽的《醉茶志怪‧張七十》、寫一下殮子婦命不合死，被閻王放還，托夢請求開棺始得復蘇的《醉茶志怪‧返鬼》等。

第九節　清代的其他鬼魂故事

清代的其他鬼魂故事，內容較為繁雜而分散，廣泛觸及不同的社會層面和形形色色的人物、事件，其中有不少作品奇特、新穎，頗為引人入勝。譬如：

仁和臨平鎮某生，貧而無館。除夕，至小港閒步，忽見一舟來，繫樹下。有一役持柬疾走，訪某名。某云：「何事？」役云：

「我主人欲延某為師。」某云：「即我也。」接其大字柬，姓吳名奎文，兼出聘金二十兩。詣其家，某約於明春赴館。役云：「主人迫欲請，不能待。」隨登舟。

至其家，恍惚閭門第巍煥，堂皇宏敞，但不設坐。俄而主人冕服出迎。至書館，即入內，命其徒出拜。閒翻架上書，皆非人世所有。問徒所從學，乃詩、古文也。一日，其徒他出赴宴，囑其師云：「堂側廊房有門，封固不宜窺伺。」某心疑懼，至更餘，步至其所，啟門一縫，窺見主人端坐中堂，兩廊皆胥役，門外有悲戚聲，俱縲絏待審者，已而次第拷訊。某驚怖欲絕。次日，其徒至館，云：「昨囑師勿往觀，不意夜間潛窺，今緣盡不能復留矣。」某問故，卒不言，即贈半載脩金十兩，送之歸。師弟亦流涕不忍別。

至河幹，乘舟仍在，其送者亦即前役也。比登岸，舟與役俱不在。

《曠園雜誌•冥府延師》

康熙十二年冬，有楚客貿易山東，由徐州至符離。約二鼓，北風勁甚，見道旁酒肆燈火方盛，入飲，即假宿焉。店中人似有難色。有老者憐其倉迫，謂曰：「方設饌以待遠歸之士，無餘酒飲君。右有耳房，可以暫宿。」引客進。

客饑渴甚，不能成寐。聞外間人馬喧聲，心疑之，起。從門隙窺見店中匝地皆軍士據地飲食，談說兵間事，皆不甚曉。少頃，眾相呼曰：「主將來矣。」遠遠有呵殿聲，咸趨出迎候。見紙燈數十、錯落而來。一雄壯長髯者下馬入店，上坐，眾人伺立門外。店主人具酒食上，餔啜有聲。畢，呼軍士入曰：「爾輩遠出久矣，各且歸隊，吾亦少憩，俟文書至，再行未遲。」眾諾而退。隨呼曰：「阿七來！」有少年軍士從店左門出，店中人閉門避去。阿七引長髯者入左門，門隙有燈射出。

客從右耳房潛至左門隙窺之，見門內有竹床，無睡具，燈置地上。長髯者引手撼其頭，頭即墜下，放置床上。阿七代捉其左右臂，亦皆墜下，分置床內外，然後倒身臥於床。阿七搖其身，自腰下對裂作兩段，倒於地，燈亦旋滅。客悸甚。飛趨耳房，以袖掩面臥，輾轉不能寐。遙聞雞鳴一二次，漸覺身冷。啟袖，見天色微明，身乃臥亂樹中，曠野無屋，亦無墳堆。

冒寒行三里許，始有店。店主人方開門，訝客，問：「客來何早？」客告以所遇，並問所宿為何地，曰：「此間皆舊戰場也。」

《子不語》卷四、〈符離楚客〉

這兩則故事，內容各不相同，其中無不彌漫著可怖的氛圍後者尤其濃郁。前一則故事寫某貧而無館的寒士被冥王接去做家庭教師，竟無意中窺見陰司審案，驚怖欲絕。因犯禁遭到辭退，他立即被送還故里。這則作品，非常形象地揭示出陰曹地府的恐怖與陰司長官的嚴厲，讓讀者、聽眾感到毛骨悚然。後一則故事寫一客商夜宿時，窺見符離集舊戰場各類鬼魂的活動，驚心動魄，栩栩如生地刻畫出往昔戰事的慘烈和將士們的忠誠，令人感慨係之。又如：

教諭展先生·灑脫有名士風，然酒狂，不持儀節。每醉歸，輒馳馬殿階，階上多古柏。一日，縱馬入，觸樹頭裂，自言：「子路怒我無禮，擊腦破矣！」中夜遂卒。邑中某乙者，負販其鄉，夜宿古剎。更靜人稀，忽見四五人攜酒入飲，展亦在焉。酒數行，或以字為令曰：「田字不透風，十字在當中；十字推上去，古字贏一鐘。」一人曰：「回字不透風，口字在當中；口字推上去，呂字贏一鐘。」一人曰：「囹字不透風，令字在當中；令字推上去，含字贏一鐘。」又一人曰：「困字不透風，木字在當中；木字推上去，杏字贏一鐘。」末至展，凝思不得。眾笑曰：「既不能令，須當受命。」飛一觥來。展即云：「我得之矣：日字不透風，一字在當中；……。」眾又笑曰：「推作何物？」展吸盡曰：「一字推上去，一口一大鐘！」相與大笑，未幾出門去。某不知展死，竊疑其罷官歸也。及歸問之，則展死已久，始悟所遇者鬼耳。

《聊齋誌異》卷七、〈鬼令〉

康熙中，常熟有包振玉者，係梨園中吹笛手。一日，忽有人來定戲，雲在北門王姓，以銀十錠，期於某日。至期而往，則巍然大第，堂中設宴。主人出，謂振玉曰：「今日係周歲，不可大鬧，以官人幼不任驚嚇也。」遂點《西廂記》，減去《惠明寄書》及《殺退孫飛虎》兩齣，乃定席開場。眾方演唱，振玉獨執笛旁坐，暗窺坐中賓客，凡飲酒，俱呷入鼻中，其往來男女侍從人等，俱足不帖地而行。心甚異之，以私語其眾，眾曰：「彼不欲鬧，豈所畏在此乎？」於是忽將大鑼鼓一響，倏無所睹，乃在昏黑中，則一古墓，惟聽松風謖謖而已。通班大驚，振玉遂得疾，不數日死。

《履園叢話》卷十五、〈鬼戲〉

這兩則故事，一則描述數位亡靈行酒令消遣，一則描述鬼魂請梨園弟子去其府上演戲取樂，都曲折地反映出人們日常生活的各種愛好和情趣。與此同時，它們也表現了世人對於幽冥世界的某種好奇與恐懼。再如：

浙江某科，有溫州某生，在號舍中遇女鬼索命甚急。鄰舍生頗負膽略，往詰其故。某生噤弗能語，鬼附某生代應曰：「我本無邪念，彼百般挑我。正與目成，為夫所見，大遭詬辱。實未受污也，彼不但不為剖辯，反以風流自命，故作得意之狀，使我無以自明，遂成短計。」鄰生曰：「此人誠可惡，但能容我一言否？」鬼曰：「我自索命，彼自抵命，與君何干。」鄰生曰：「我平生專喜解冤釋恨。凡事總求有益於人，鬼之情狀與人當不懸殊，徒以抵命為快，又何益乎？」鬼曰：「然則君將何以處我？」鄰生曰：「汝有子否？」鬼曰；「我有一子，今年十八。」又問：「彼有子否？」則曰：「彼有一女，已及笄矣。」鄰生曰：「今我令彼將女許汝為媳，汝願從否？」則曰：「此固所願，但此人無良，難保其不翻悔。此次若放他去，則再遇又不知何時耳。」鄰生慨然曰：「我願以一家保此事，如有翻悔，汝即向我索命可也。」鬼沉吟良久曰：「姑從君命，切勿食言。」鄭重而去，某生頓蘇。鄰生告之故，遂滿口應承，惟恐鬼之復至也。

是夜，鄰生甫就寢，即夢前鬼來謝曰：「蒙君為妾調停。此事已達神聽，彼生本應此科中式，今已移與君，我特來賀。但一出闈，即當急了此事，勿因循也。」三場甫畢，鄰生即尋至兩家，各述顛末。數日之間，即成吉禮。未幾榜發，而鄰生已高標矣。蓋鄰生素在溫州各屬辦理刑幕，亦微聞有此事，而未得其端倪。今既力為擔承，如果翻悔，不難以訪案竟其獄耳。此事為郭蓮渚比部所述，時比部方隨任浙中也。

《北東園筆錄》初編卷四、〈與鬼說情〉

安徽焦某，從軍駐紮於津。一日，自城西營中醉歸，將往海光寺機器局。時已三鼓，路經城西南野，見道旁一煙館，其中燈火熒然。入視，矮幾短榻，亦頗雅潔。乃向主人買芙蓉膏少許。見主人年三十許，短衣青背心，足著雙靴，色亮殆如烏紙，未暇細審，臥榻上對燈燒吸。燈光青黯，煙筒塞如無隙，因出己囊中煙盒置盤中，挑煙燒試，燈火亦然。某口中喃喃怒詈。俄一無首人推扉入，呼曰：「買煙！」主人挑煙與之。焦醉眼模糊，不知其為鬼，乃喝曰：「何故著衣蓋頂，作此惡態，駭煞人也！」其人不答而去。主人曰：「爾以彼為醜，視我何如？」因對燈嗔視，口眼砰砰作響，舌出於口，目出於眶，累累然如鈴下垂，血淋漓滿面。焦大驚奔避，至南關外，蹶然而倒，大號。及有人出救，某已昏不知人矣。灌以姜汁始蘇，備言顛末。次日，遣人往視其處，並無屋宇。叢塚中，地上有泥塑小圈，方圓數寸，中置煙盒。及持歸，即焦之物也。眾為詫異。癸未十一月事。

《醉茶志怪》卷三、〈焦某〉

這兩則故事，產生的年代不盡相同。前一則故事流傳的時間比較久遠，寫某生善於在人鬼之間進行斡旋、調停，很有效地化解了矛盾，既平息怨恨，救人一命，又成人之美，撮合一樁親事，真可謂功德圓滿。後一則故事出現在近代，寫某吏在天津去鬼煙館吸鴉片時的遭遇，令人不寒而慄。對於一切吸毒者而言，當引為鑑戒。這兩則故事在藝術上也各有特點，前者善於運用對話來推進故事情節和刻畫人物性格，後者善於通過具有典型性的鬼魅形象來營造陰森恐怖氛圍和揭示主題思想，有較強的藝術感染力。

這個時期的其他鬼魂故事，尚有寫一被盜賊殺死之野寺僧人亡靈入殿抱佛頭而笑，待其去後在佛頭縫隙中發現三十餘金，遂用以葬僧的《聊齋誌異・死僧》、寫楊醫能役鬼，一次與友人外出時有長腳王、大頭李二鬼為其捉騾操鞭，無異於奴僕的《聊齋誌異・役鬼》、寫明季某太守死後，其鬼魂每日仍烏紗束帶上堂向南坐，大過其過癮的《子不語・官癖》、寫一寡婦和一鰥夫再婚不久，各自之亡夫與亡妻都來斥責他二人薄情，當原做媒者撮合這一對亡靈後，立即安然無事的《子不語・替鬼做媒》、寫唐妻素悍妒，害死妾婢無數，群鬼奉命捉拿而不能制服，乃借一力大無比者縛之的《子不語・鬼借力制兇人》、寫一鬼在冥界嫁女時，登門求某秀才為其書寫同姓人家官銜字樣以增光彩的《子不語・鬼借官銜嫁女》、寫一黑面水鬼與一吐舌持繩鬼爭奪替身互不相讓，裁縫王二因此得以逃脫的《子不語・鬼爭替身人因得脫》、寫某賭徒溺於賭博，死後其亡靈仍不忘賭，還請人劃過河去賭場押寶的《聽雨軒筆記・賭鬼》、寫同舍諸客請一狀絕醜惡者往試王某膽量，誰知其為真鬼，竟奪走王某性命的《耳食錄・王大膽》、寫某皂隸生前多行善事，死後素著靈異，受人敬重的《咫聞錄・泥皂隸破案》、寫延安府署廊廡常常有無頭女鬼出現，某太守命人將在樓上發現一具無頭裸婦乾屍埋葬後，遂安然無事的《咫聞錄・延安府署樓》、寫會試時一披髮女鬼入湯某號舍撕考卷後知有誤而退，須臾乃聞鄰舍某人甲斃命的《閱微草堂筆記・鬼誤》、寫巡檢韓某奉命將陣亡兵丁解回老家埋葬，途中鬼魂因韓某另住他店而作鬧，韓某與解差同宿方得安靜的《履園叢話・陣亡鬼》、寫某人因為逃避官場排擠傾軋而棄職歸田，死後為陰官見冥界亦攘軋不斷，只得躲進空山的《雨窗消意錄・鬼隱》、寫徐某二更後歸家時在古墓旁讓友人找來之假無常戲弄，誰知假無常卻被真無常嚇跑的《香飲樓賓談・假無常》、寫某吹嘘膽大，與友人打賭前去會鬼，一鬼披髮吐舌咥然而笑，將其嚇暈的《庸庵筆記・鬼笑可畏》、寫故縣令鬼魂一再現身旅舍，後上某旅客煙榻三吸鴉片乃去的《鸝砭軒質言・揚州旅邸鬼》、寫某甲夜行途中偶遇鬼魅表演和觀看皮影戲、傀儡戲的

《醉茶志怪・鬼戲》、寫閻王派舟接周生去課其子，半載思家，閻王乃厚贈送歸的《此中人語・閻王》等。

第三章　清代的精怪故事（上）

清代是精怪故事發展的一個高峰。清代的精怪故事題材廣泛，涉及的方面甚多，包括人精戀情與親情、精人友情、精怪作祟、精怪懲惡、精怪復仇、精怪報恩、鬥精除怪等內容，其豐富程度與藝術成就，為以往各個時期的同類故事所不及。這個時期精怪故事中的精怪，既有動物類的虎、狐、蛇、犬、豕、牛、羊、馬、雞、貓、鼠、燕、蟒、獾、獺、蛸、蜂、蠍、田螺、野雞、蜘蛛、蝴蝶、青蛙、蜒蚰、土鼈、黑魚、黃鱔、黃鼬、羅刹鳥等，又有非動物類的桃、柳、杏、橘、梅、槐、柏、椴、蓮花、杏花、夜來香、虹、鐘、鼓、甑、杵、磤、鶴膝、笐帚、贔屭、芻靈、白石、石人、石馬、石龜、石獅、玉猴、鐵人、泥人、土偶、草偶、圖畫、頭髮、枯樹、棺板、羊骨、不倒翁、瓦溺器等。其中以動物精怪較為常見，經常出現的為狐精與虎精。

第一節　清代的人精婚戀故事與親情故事

清代的人精婚戀故事與親情故事，作品數量甚多，從不同的角度來揭示人世間的各種各樣的戀情與親情。其中有不少佳作，思想境界、藝術造詣都達到了較高的水準，往往能夠給人留下較深的印象。故事中的精怪，既有動物精怪，也有植物精怪，大部分是雌性動物精怪，而以化為美女的狐狸精最為常見。

清代的人精婚戀故事，譬如：

浙江塘西鎮丁水橋篙工馬南箴，撐小船夜行。有老婦攜女呼渡，舟中客拒之。篙工曰：「黑夜婦女無歸，渡之亦陰德事。」老婦攜女應聲上坐，艙中嘿無言。

時當孟秋，斗柄西指。老婦指而顧其女笑曰：「豬郎叉手指西方矣，好趨風氣若是乎？」女曰：「非也，七郎君有所不得已也。若不隨時為轉移，慮世間人不識春秋耳。」舟客怪其語，瞪愕相顧。婦與女夷然，絕不介意。舟近北關門，天已明。老婦出囊中黃豆升許謝篙工，並解麻布一方與之包豆，曰：「我姓白，住西天門。汝他日欲見我，但以足踏麻布上，便升天而行，至我家矣。」言訖不見。

篙工以為妖，撒豆於野。歸至家，卷其袖，猶存數豆，皆黃金也。悔曰：「得毋仙乎？」急奔至棄豆處跡之，豆不見而麻布猶存。以足躡之，冉冉雲生，便覺輕舉。見人民村郭，歷歷從腳下經過。至一處，瓊宮絳宇，小青衣侍戶外，曰：「郎果至矣。」入扶老婦人出曰：「吾與汝有夙緣，小女欲侍君子。」篙工謙讓非耦，婦人曰：「耦亦何常之有？緣之所在即耦也．我呼渡時，緣從我生；汝肯渡時，緣從汝起。」言未畢，笙歌酒肴，婚禮已備。

篙工居月餘，雖恩好甚隆，而未免思家，謀之女。女教仍以足躡布，可乘雲歸。篙工如其言，竟歸丁水橋。鄉里聚觀，不信其從天而下也。嗣後屢往屢還，俱以一布為車馬。篙工之父母惡之，始焚其布，異香屢月不散，然往來從此絕矣。或曰：姓白者，白虹精也。

《子不語》卷六、〈白虹精〉

衛福者本舊家子，遭兵燹之亂，全家俱沒，惟福尚存。所居屋四椽是己產，度日維艱，聊作小本經紀。黎明即起，每出必反鍵其戶，至日中始返，浣衣煮飯，俱躬自操作，蓋勤而儉者也。一日，福歸家，見飯已熟，甚異之。不暇詢諸鄰，食訖遽出。次日又如之。一連十數日，毫不費力，不知誰人為之執爨也。

又一日，福出門，將門虛掩，自隙中細窺，以待其異。逾一時許，忽見庭中水缸搖動。有一女郎自缸中姍姍而出．明眸皓齒，豐韵絕佳，釵影徘徊，蓮鉤聲碎，往廚下而去。福驚且喜，疑為天仙下降，忽憶缸中有一田螺，蓄已數年，此必田螺妖無疑矣。遂啟門輕進，視缸中田螺僅存一殼，藏殼於機密之處。轉至廚下，則見女郎撩衣卷袖，方司中饋，殊形忙碌。福出其不意上前摟之。女郎微笑欲逃脫，福抱持益力，女兩頰俱赤，若不自持。福乃抱女於臥室間遽作巫山夢矣。兩人遂為夫婦。女貌既端好性亦敦厚，閨幃伉儷，無異常人。福不勝暗喜，以為相如之得文君，未有此妙境也。年餘，女忽產一子，眉目之間，與女極似。每於淒風楚雨之時，常思歸去。福以其無家可歸，聽之。又年餘，又產一子，而女自此亦不復思歸矣。

流光如駛，二子皆十餘歲，而女花容如舊，仍若二十許人。一日夫婦有口角，福微有所詆，女姣啼慘哭，淚落如珠。福轉為勸慰之，終不能止。但曰：「還我窠巢，終當樂我故耳！」福且憐且怒，即取舊所藏殼擲地下，曰：「此爾本來面目，豈和氏連城耶？」孰意一聲響處，女與殼俱失所在，福駭絕，四處搜尋不著，又向空陪罪，二子亦跪地哀呼，百般慘禱，卒亦無有心痛而來者。福懊喪欲絕，遂不復娶。後二子均舉進士，為母請封。福乃備空棺，置女前次所衣之衣而葬之，並立其石曰「田夫人之墓」。

《此中人語》卷二、〈田螺妖〉

這兩則人精婚戀故事，內容各有不同，但描述的都是平民的愛情和婚姻生活，並且都有一個帶有悲劇色彩的結局，讀後不免讓人悵然若失。前一則故事寫篙工馬某因富有同情心而與仙女般的白虹精結為伉儷，常常往還於天上、人間，恩恩愛愛，十分美滿；可後來卻被父母拆散，永遠分離。後一則故事寫勤儉勞作、艱難度日的衛某，得到田螺女眷顧，過上愜意的家庭生活，還生有二子。十多年後因夫妻口角而導致破裂，竟無可挽回。兩者造成悲劇性結局的原因各不相同，前者是家長專斷造成的，後者則是夫妻口角引起的，在當時都帶有一定的普遍性。又如：

涿州某生，傳者忘其姓氏，年弱冠，美豐儀，見者以為安仁復生也。未娶，宿齋中讀書。夜有女子搴簾入，海棠睡足，梨花妝成，絕代姝也。詰所從來，女自言為狐，與有夙分。某昵其美，納之。女囑某謹言。

某素文弱，自與女遇，益健壯，以故往來三年，人莫有知者。某所欲，雖滇海難蹤，楓亭鮮荔，一舉念，女悉為致之。會元旦，貽以雪蓮二柄。花產雪山，隆冬始開，不常得。生供齋中，同學來賀者，苦詰所從得，某不能隱，吐其實。女已知之，客去，曰：「屢囑秘密，今乃漏言，緣盡矣！」泣留之不可，遂去。

臨別曰：「為若物色一佳偶，某處某人女，可聘也。」某嫌其貌不揚，女曰：「老蚌生明珠，君毋以貌取人。」某以女言，卒聘之，後果生三子，以科名亢其宗。

《蝶階外史》卷三、〈涿州狐〉

有嫗居蜀中，其夫為酷吏所斃，膝下惟一女，年已及笄，雖小家碧玉，而豐致嫣然，尤非尋常閨閣可比。嫗每念丈夫枉死，沉冤莫洩，終日潸然。女多方勸慰之，嫗欷歔曰：「汝生不逢辰，幼年失父，家雖困苦，亦不得妄為擇配。如有人為汝父伸不白之冤，我將以汝許之，則兩願俱畢矣。」女低頭不語，手撚裙帶而已。嗣後嫗雖行止坐臥，每以此言誦之於口。

一日，以女偕行林薄間，又語及此。忽聞虎嘯聲而至，驚走回家，然亦不以為意也。先是蜀中縣令某，殘虐不仁，貪心特甚。民雖切齒而莫敢誰何。女父亦遭其害。一日令乘輿公出，路過山坡，有虎自洞中躍出，直奔輿前。輿夫等駭絕，棄輿走避。虎竟啣縣令度山越嶺而去。於是民間咸謂貪官污吏已入虎口矣。

嫗知之大喜，以其虎也，略不憶及前言。孰知虎雖異類，未嘗無心，徑至嫗家。嫗方坐檐下績麻，見虎至，猛然省悟。即亦不懼，謂虎曰：「前者余雖出此言，奈人畜兩途，恐不得同床共夢也。」虎聞言伏地上，點頭搖尾，似有必欲如言之狀。時女方梳洗畢，聞母言出視，虎見女急起至女前依身裙下，口內吱吱作聲。女不禁淚下，因曰：「我母一言既出，駟馬難追。君既為我父報仇，是亦有恩於我也，豈敢違約。」於是與虎為夫婦。

虎每入房，聲輕步緩，晚間俟女睡熟，則己睡於床下。女醒則虎已醒，蓋虎自知鼻息甚大，恐驚女也。虎出外，或一二日、三四日不歸，歸則攜果物累累，供嫗與女頗馴擾，卻又不作登徒之想。以是女並不厭虎，惟咎自己命薄，淒淒然淚痕漬衾枕矣。會虎出未歸，女忽得病，巫醫無功，參苓罔效，紅綃聚淚，竟至紫玉成煙。嫗痛絕，典質殆盡，始殮女，停棺於破屋之中。時虎出已半月矣，忽歸房中，尋女不得，又至嫗前作問訊狀，嫗嘆曰：「爾久出未歸，焉知家事。我女已於前數日入夜台矣。」虎聞言淚如雨下，以足扯嫗衣，欲為引導尋女棺。嫗鑑其誠，即導之往。虎見棺以雙足撮泥作小堆，殆亦撮土為香之意也。又向棺再拜哭失聲，復向嫗再拜而去。是事也，時人謂之情虎。

《此中人語》卷三、〈情虎〉

這兩則人精婚戀故事，主角各不相同。前一則的故事主角是秀外慧中的狐女，它對其意中人情真意切，為其處理好各種家事；緣盡之後，又為其物色佳偶，讓其重新建立家庭生活。後一則的故事主角是為民除害、深愛妻子的虎丈夫，它既有疾惡如仇、粗獷奔放的一面，又有感情真摯、體貼入微的一面。不論前一則中的涿州狐，還是後一則中的情虎，無不栩栩如生，並且無一不是按照當時的道德觀念和審美標準來塑造的。

清代人精親情故事，譬如：

上元許翁家中可資，嘗見流民渡江，有嫗攜女登門求售。翁視女年十三四、雖滿面塵沙，而眉目間饒有風格，惟兩足未加行纏，即呼「王大腳」云。年餘益長成，流目送笑，極逞佻冶。翁惑之，蕩甚。翁不能支，未幾卒。媼嗔其妨主，鬻之賣酒周六。日坐當壚，市中無賴瞰其豔，爭來就飲，與之調笑，不拒。周因獲利多，亦不禁也。王操作甚勤，終日營營，未嘗暫息。積有贏餘，輒買介族放之。每至午日輒病，必以重衾厚覆，使周壓之，戰慄移時始定。來時掛一青布囊，不知所藏何物。十餘年，周又病死，無嗣，抱鄰子育之。子漸長，為之娶婦。生計益裕，可以坐享，而操作如故。子婦少惰，輒斥責之。

一日，有老僧過，見王熟視，久之，呼其子至隱處詰曰：「子系若親子耶？」子赧然，良久曰：「螟蛉耳。」僧曰：「余固知若之不能育也。」子言：「雖非所出，恩情不啻親生，方外人何為間我骨肉？」僧曰：「幸遇我，遲則為所噬矣！」子不信，僧令出掌作符，囑曰：「持歸近汝母，母如妖也，著處當即潰，驗後可向報恩寺來。」子如言，俟王盥洗時，試以掌撫其臂。王大呼，視之，果已腐爛。次早，王忽嚷房內被竊，子奔視，箱笥無恙，惟青布囊失所在。王痛哭暈絕，子慰之曰：「幸錢物未動，一布囊值幾何，而珍惜如是。」王曰：「非汝所知，此賊必深知我，故乘間盜去。」因切齒。

子知有異，訪僧報恩寺。僧曰：「汝家昨夜被盜而囊去，渠無能為，仍宜敬事，撫育之恩不可忘也。」取囊視之，則一蟒蛇皮，曰：「母即此物所化，今既失去，不能復形為售。渠在人間放生功德甚大，且未嘗損人，尚可享安樂數十年。汝當盡孝，福汝者尚不淺也。」子大感悟，酬之不受，復令出掌，作符，令歸摩母臂，「痛當止，但不可洩，洩則恐不利於汝。」子歸，如言試之，王臂遂愈。明旦復往訪僧，則已杳矣。王之子歸，洩言於母家，其事遂播。上元馬惺園秀才聞其異，過之，王起居動作與人無殊，惟年將周甲，如二十許人云。

《翼駉稗編・蟒母》

湖州歸安縣菱湖鎮某姓者，以賣碗為業，納一妻甚美，而持家勤儉，異於常人。一日謂其夫曰：「我見子作此生涯，饑寒如舊，非計也。子如信吾言，自有利益。」其夫聽之，遂棄舊業，買賣負販一如妻言，不及十年，遂至大富。生二子，俱聰慧，延師上學。惟每年端午輒病，而拒人入房，其夫不覺也。長子方九歲，偶至母所，見大青蛇蟠結於床，遂驚叫反走，回視則母也。因告於師。師故村學究，以禍福之說聳動其夫。妻已知之，遂謾罵曰：「吾家家事何與先生！」是夕忽不見。乾隆初年事。

《履園叢話》卷十六、〈蛇妻〉

這兩則人精親情故事，女主角都為蛇類，與平民結為夫妻，其生活經歷與習性多有相似之處，但結局迥異。前一則故事寫蟒母婚後相夫、育子、持家，備嘗辛苦，一心向善，充分體現了愛夫、愛子、愛家的親情與愛心。後雖遇到兇險，因有善心與親情，終於化險為夷。後一則故事寫蛇妻善於操持家務，助夫發家致富，並且人丁興旺，過上幸福生活。不意其真實面貌洩露後，有人挑撥離間，竟導致家庭破裂，骨肉分離。

這個時期的人精婚戀故事與人精親情故事，尚有寫遇叛寇伊生一家人失散時，深愛伊生之狐女速來救助的《聊齋誌異・狐女》、寫一狐精與汾州通判朱公相戀，朱知其為狐仍然往來的《聊齋誌異・汾州狐》、寫魏某在岳父家酒樓學生意時，一狐女常來狎昵，魏某歸家後緣盡而別的《聊齋誌異・雙燈》、寫於生在某寺讀書時與一綠蜂精長相寢處，待緣盡致謝後乃穿窗飛去的《聊齋誌異・綠衣女》、寫一狐精假冒周生亡妻，到家安慰周生，因狐精與其人亦有夙緣的《秋燈叢話・狐假亡婦懼見黃生》、寫一狐精對某貧士一往情深，為其生活起居作周到安排的《子不語・陳聖濤遇狐》、寫一贔屭精深愛一書生，雖受盡磨難仍然癡情不改的《子不語・贔屭精》、寫狐翁小女與一貧士結婚後，熱情鼓勵夫君發憤攻讀的《子不語・狐讀時文》、寫朱二官與藍頂妖人之二女成親，年餘緣盡，藍者送其至虎丘的《子不語・藍頂妖人》、寫一精怪與鄉人劉某婚後生下一子，竭力助劉發家致富，三年緣盡乃離去的《續子不語・子不語娘娘》、寫某生被迫吞下狐精所贈寶珠，狐即死去，生厚葬並樹碑曰「胡夫人之墓」的《耳食錄・胡夫人墓》、寫蛇精與一貧寒人家子弟相愛，婚後善於治家，頗為孝順，受到老母疼愛，知其為蛇亦相愛相如初的《見聞隨筆・蛇異》、寫朱某好道，娶狐妻情好數年，朱某作法祈雨時夫妻先後被誅的《丹午筆記・朱方旦娶妖》、寫章某入都為小吏，一狐女與其相戀，且善待章之母、妻，三年緣盡而別的《塗說・三年緣》、寫一文士與桃精真誠相愛，毅然入贅桃園與其永結同心的《妙香室叢話・錢生》、寫一狐女和某生相戀，百般體貼，後某念彼異類而將狐賣與一鄉宦，狐竟離去的的《埋憂集・狐妖》、寫武官某獵歸遇狐化少婦求載，回家即成伉儷，逾年生子，家人忘其為狐的的《埋憂集・狐母》、寫老儒某授徒村塾，與二狐女有夙緣，情好逾年，後緣盡遂分手的《里乘・平鄉縣老儒》、寫阿土和一同業與狐精姊妹成婚，相親相愛，後因受人非議乃斷絕往來，被狐仙責怪的《此中人語・阿土》、寫王生與阿嬌及另三位桃精燕好，半月而諸女憔悴，桃花凋零，王生不復有夢的《此中人語・王生》、寫一妖與婢私通，並讓主人破費款待，主人不堪其擾，乃請江西真人逐妖的《右台仙館筆記・吳翁婢》、寫一蛛怪化為美少年常來與某氏女私會，一夕求女搭救，因老母阻撓竟無能為力的《醉茶志怪・蛛怪》、寫狐女樊英與劉某燕好數載，劉病歿後英為其披麻戴孝，奉養老母的《醉茶志怪・樊英》、寫挖河役夫某被一美人邀至家中同居，後知為異類，自恐而去，他日再往時其處迥無屋宇的《醉茶志怪・役夫》、寫一虎精數十載扶助其丈夫興家立業，待丈夫亡故、兒孫滿堂時才回歸山林的《趼廛筆記・虎媼》、寫一少女深深眷戀石精，當石精被鎮壓後立即為其求情的《南皋筆記・石精》、寫郝生在西番鍋莊時與狐女相愛，帶其回家後同大婦相處甚好，數年後宿緣已滿，狐女遂騰雲而去的《南皋筆記・狐仙》、寫一變為少年之狗精與一藏族年輕女子結為伉儷，後反目分手時始現出原形的《南皋筆記・狗人》等。

第二節　清代的人精友情故事

清代的人精友情故事，數量不太多，作品大都表現世人與各種精怪之間的友好情誼，頗為動人。作品中的精怪，以動物精怪居多，最為常見的是狐精。譬如：

> 王符九言：鳳皇店民家，有兒持其母履戲，遺後圃花架下，為其父所拾。婦大遭詬詰，無以自明，擬就縊。忽其家狐祟大作，婦女近身之物，多被盜擲於他處，半月餘乃止。遺履之疑，遂不辯而釋，若陰為此婦解結者，莫喻其故。
>
> 《閱微草堂筆記》卷十三、「狐救民婦」

> 阜城杜養性，萬曆時人，讀書城南廢寺。夜有處子入其室，芙蕖露涵，桃花雨潤，二十許麗人也。自言虐於繼母，願避此借一

宿。杜峻拒之，曰：「不去，將呼鄰人知。」曰：「子胡然！予非人，千歲狐也。見子讀書勤苦，聊用相試。子誠正人，福壽亦遠，予修持將成正果，特與子前生有緣，願為友。」由是時與往還，言不及私。後杜萬曆乙酉舉於鄉，己丑成進士，狐輒先期告以所中名次。杜仕襄陽令，以清介聞。遇疑難案，狐預為體訪明確。杜坐堂皇，訊兩造如目擊然，神明之稱噪一時。後致仕歸，狐遂不再至。

《蝶階外史》卷三、〈阜城狐〉

這兩則人精友情故事，故事主角均是與人為善的狐精，其表現方式雖有不同，但都充滿了愛心和真情。前者寫狐精雖未現身，卻以搗亂來化解「遺履之疑」，救民婦一命，用心良苦；後者寫以麗人面貌出現的千年狐，與一書生交往數十年，助其成為循吏，直至致仕，始終如一，兩則讀來都頗為感人。又如：

莒州東南有山曰屋樓，西北有山曰擇要，兩山固多狐，或化人形往村市購食物，山下人與之習處，亦不之怪。每逢夜間，見道上燈火照耀，連絡不絕者，乃兩處狐相往還也。有農人子，夏日道旁刈草，見一轎車從南來，駕雙黑衛，甚華美。內坐二女郎，長者二十許，少者約十五六、衣服鮮麗，丰姿妖豔，真天人也。無侍婢，男僕車旁坐，意必富貴家走親串者。倏忽車至前，男僕曰：「向某處去，雇汝引路，給錢八百文。」農子思其地在附近，半日可往返，利十倍於刈草也，應許之。命前行，車甚駛，轉瞬落後。竭力追逐，不暇喘息，仍不能及。女郎命上車，農子自慚形穢，雖不敢萌他想，然得近芳澤，亦喜出望外。但覺馨香四溢，五體皆酥，若迷若癡，所經過之地，皆恍忽不能記憶矣。

日夕抵一村，樓閣連亙，門南向。先有小女鬟候門，旋出無數婦女，花攢錦簇，競相問訊，隱約聞言何時從屋樓起身。則有扶之者，挽之者。二女郎下車，農子一旁呆立。內有指問何人者，女郎答言途間雇之引路。一老婦曰：「年幼好多事。然既來矣，引之別室，天晚令宿，來日早行可也。」移時有人送出肉餃一盤，並錢八百，喜極，飽餐懷錢而臥。

朦朧聞人招呼聲，張目已日高三竿。自視乃臥於懸崖板石上，下臨絕壑，一傾側即成齏粉矣。乃屏息斂足，攀條猱行而出。一老農引至村中，飲以茶，腹內脹悶作惡，遂嘔出蝦蟆無數，有死者，尚有蠕蠕動者。老者曰：「幸未食其麵條，蓋皆蛇蚓類也。」視其錢只四百，細審之，乃其昨日賣草錢。農子形神嗒喪，歸病數月乃愈。

《見聞隨筆・狐雇人》

此則人精友情故事，描寫在人狐友好共處，相安無事的大環境中，二狐女雇農家子替她們引路，竟開了一個玩笑，將其戲弄一番；然而並無惡意，也未造成什麼損失，讀來頗為有趣。此則故事在藝術上善於刻畫人物的表情、神態，諸如農家子的自慚形穢、二狐女的矜高自若、狐婦的老成持重等等，無不躍然紙上，給讀者、聽眾留下較為鮮活的印象。

這個時期的人精友情故事，尚有寫一孝婦賣面贍養婆婆，狐精夜夜幫助其轉磨的《閱微草堂筆記・馬落坡賣面婦》、寫一小女奴盜錢與為丐父母被鞭打，狐精聞而產生惻隱之心，乃使主人投鞭於地，面無人色多日的《閱微草堂筆記・小女奴受鞭》、寫韓某昵一狐女，日漸尪羸，狐見其有善念乃去的《閱微草堂筆記・布商韓某》、寫一狐仙詼諧有趣，真誠幫助故朋贍家的《蟲鳴漫錄・張二少爺》、寫一狐變成美少年邀請某醫至其家，為其妻子開藥方治臨產之症的《履園叢話・醫狐》、寫一雌虎變為美女嫁給獵人，以報答其救父之恩的《衹可自怡》、寫一鼠精常去觀看賭博，但相安無事，從來不禍害世人的《醉茶志怪・鼠嫗》、寫二古槐仙給李觀察老母托夢，求其制止砍伐，李急停下，並立碑警示後人的《醉茶志怪・槐仙》、寫一狐女獻靈丹為書生治療疾患，以報其人救命之恩的《雪窗新語》、寫一婢女被狐仙邀去小住、玩耍，群狐皆稱其為姑子，主人後請其歸，並設牲禮往謝的《右台仙館筆記・狐仙與使婢》、寫一梅精與客居古寺書生互相唱和，結一段文字因緣的《南皋筆記・梅卿》、寫一柳精使陳生文思大進，陳恐其為患乃伐柳，柳中出一老者遂使陳不能為文的《南皋筆記・柳異記》等。

第三節　清代的精怪作祟故事

清代的精怪作祟故事，數量相當多，作品大都生動地描述形形色色的精怪出來干擾正常的生活秩序，揭露它們給世人帶來各種各樣的威脅、驚嚇、惶恐、痛苦和不幸。這一類故事，在相當大的程度上反映出社會上的各種邪惡勢力給人們造成的危害，或者自然災害給人們造成的威脅。譬如：

> 雍正間，內城某為子娶媳。女家亦巨族，住沙河門外。新娘登轎後，騎從簇擁。過一古墓，有飆風從塚間出，繞花轎者數次，飛沙眯目，行人皆辟易，移時方定。頃之，至婿家，轎停大廳上，嬪者揭簾，扶新娘出。不料轎中復有一新娘，掀幃自出，與先出者並肩立。眾驚視之，衣妝彩色無一異者，莫辨真偽。扶入內室，翁姑相顧而駭。無可奈何，且行夫婦之禮。凡參天祭祖，謁見諸親，俱令新郎中立，兩新人左右之。
>
> 新郎私念娶一得雙，大喜過望。夜闌，攜兩美同床。僕婦侍女輩各歸寢室。翁姑亦就枕。忽聞新婦房中慘叫，披衣起。童僕婦女輩排闥入，則血淋漓滿地，新郎跌臥床外。床上一新娘仰臥血泊中，其一不知何往。張燈四照，梁上棲一大鳥，色灰黑，而鉤喙巨爪如雪。眾喧呼奮擊，短兵不及。方議取弓矢長矛，鳥鼓翅作磔磔聲，目光如青磷，奪門飛去。
>
> 新郎昏暈在地，云：「並坐移時，正思解衣就枕，忽左邊婦舉袖一揮，兩目睛被抉去矣，痛劇而絕。不知若何化鳥也。」再詢新婦，云：「郎叫絕時，兒驚問所以，渠已作怪鳥來啄兒目，兒亦頓時昏絕。」後療治數月，俱無恙。伉儷甚篤，而兩盲比目可悲也。——正黃旗張君廣基，為予述之如此。
>
> 《子不語》卷二〈羅剎鳥〉

> 郭氏子，聘錢氏女。親迎之日，魚軒至門，得二女自軒中出，聲音、笑貌、服飾無纖毫差異，彼此互相爭辨。其家驚怪，亟召其母

家。既至，二女皆泣，就母懷與兄弟通款，皆曰：「請除妖妄。」母家亦竟莫能辨。因令各訴母家事，纖悉皆知。其母曰：「吾女左足跟有小黑點。」就驗，則皆有之。復各驗左臂紅印，印亦宛然。以至手足箕斗，無不符契。或私謂曰：「是妖怪所為，形聲之間何難盡肖？彼必為淫媚而來。若於床第間試之，則或莊或謔，或淫或貞，真偽立見矣。」郭氏子挾二女就寢，覿其所為，亦竟莫能辨。

試驗之法殆窮，母忽心設一策，命立機於地，約曰：「能超過者，為吾女；不能者，殺之。」因掣劍以俟。一女惶惑無策，涕泣自陳。一女聞言，即躍而過，因前砍之，應手而滅。蓋深閨弱女，步履艱難，安能躍機而過哉？其躍者之非女明矣。此妖不及思，而為人所賣也。

《耳食錄》卷二〈錢氏女〉

這兩則皆為精怪變新娘作祟的故事，起始情況十分相似，由於兩家人的態度不同，結果大相徑庭。前一則故事寫當兩個一模一樣的新娘同時出現後，新郎心存邪念，沾沾自喜，毫無警惕性，洞房花燭之夜竟釀成不幸，新婚夫婦倒於血泊之中，從此失明。後一則故事寫兩個新娘同時出花轎後，全家人想盡各種辦法辨別真偽，最終將妖孽除掉。又如：

京師劉光廷，有棗園在東直門外，其實長白甘脆，稱為佳果。熟時園丁晨起看視，逾夕輒減，而莫測其故。走告光廷，光廷曰：「此必有竊者，汝特守之不密耳。」遂自往詣園。恰值月夜，持桃棓伺於樹隱。至四更後，見有紅衣女子從牆外飛入，不假攀援，不懼鉤刺，往來輕捷，甚於猿鳥。摘其肥而熟者，即納口中。光廷植棓大喝，紅衣者飄瞥揚去。光廷開門跡之，經三四里，天色已明，紅衣者至一土祠而隱。光廷入祠追索，諸土偶積埃盈寸，唯右側紅衫侍女露首如沐。光廷怒視曰：「汝是竊我棗者！」舉棓奮擊，破其像，獲腹棗鬥許而歸。

《觚賸》續編卷三〈紅衣土偶〉

膠山鄉上舍里之東南，地名熯焦洞，有村民夫婦俱年少，婦微有姿色。乾隆戊午三月，婦偶於門首佇立，見一美男子俊服麗容過其居，彼此流盼。至夜，適夫他出。月甚明，忽有人排闥入，即日間所見之美男子也，擁婦同寢，極歡。自是，每夜必至，夫不之覺也。未幾，其夫亦見一女子至其門，美甚，疑近村無此女。迨夜將掩扉，而女在室矣。即與之登榻，而妻亦不知。厥後，夫婦男女四人共臥，彼此各有所私，似若無見聞者。然夫婦日漸羸瘦，心知為怪，而莫由窮其源。里中父老聞之，乃言村南數百步有古墓，墓有老貛，或日久為妖耳。探之，墓果有大穴。集眾掘之，迫以火，繼灌以石灰水，訖無所見，而怪終不去。有道士葉某，習驅妖術。乃延之，設醮三日，遂不復至。

《履園叢話》卷十六〈男女二怪〉

這兩則故事裡面作祟的精怪，危害性各不相同，但最終都受到應有的懲罰。前一則故事中偷吃園棗的土偶精，被園主擊碎，使其贓物暴露無遺。後一則故事中分別與年輕夫婦通姦、淫亂的貛妖，讓道士趕走，永不復至。再如：

宋子剛言：一老儒訓蒙鄉塾，塾側有積柴，狐所居也。鄉人莫敢犯，而學徒頑劣，乃時穢汙之。一日，老儒往會葬，約明日返。諸兒因累幾為台，塗朱墨演劇。老儒突返，各撻之流血，恨恨復去。眾以為諸兒大者十一二、小者七八歲耳，皆怪師太嚴。次日，老儒返，云昨實未歸。乃知狐報怨也。有欲訟諸土神者，有議除積柴者，有欲往詬詈者，中一人曰：「諸兒實無禮，撻不為過，但太毒耳。吾聞勝妖當以德，以力相角，終無勝理。冤冤相報，吾慮禍不止此也。」眾乃已。此人可謂平心，亦可謂遠慮矣。

《閱微草堂筆記》卷十三「狐變老儒」

邑陳茂才，寄居山河縣之村墅。夜喜臨帖，脫帽置燈後。有黃鼠盜其帽去，幻作陳形，先大聲詈僕，隨即入後院，云：「僕太懶，不為我備飲食，我饑甚！」其眷屬即出食物奉之。食訖，匆匆遂退。每夕皆然，而陳與其僕俱不知也。其家人疑陳方饌罷，不應如此之饑；且其為人素謹，亦不應如是之率然。終未之究也。

一夕，其僕倉卒入曰：「請稍緩須臾，即作餺飥來，幸勿怒詈。」陳曰：「我固不急索，何乃云然？」僕曰：「才命奴取胡桃，令置窗外，又急索餺飥，何云不急耶？」陳因與共驗之，而胡桃烏有矣，相與詫異。

次日，令僕侍其側，俄見燈後有物弄其帽，手如嬰兒。叱之，乃一巨黃鼠沖門去。方悟每夕詈僕並詐飲食者，皆此物為之也。妖之計亦巧矣。然再二再三、終至於敗露，此其所以為禽獸之智歟！

《醉茶志怪》卷三〈黃鼠〉

這兩則故事，都有精怪變故事主角作祟的情節，頗為有趣。前一則故事中的狐精變做老儒來懲罰頑劣小兒，事出有因，只是其做法有點過於嚴厲。後一則故事中的黃鼠精幻化為主人一再向眷屬與奴僕索要食物，終因敗露而逃竄。前一則故事提出以德服人，避免冤冤相報的原則，應當說在處理好些非對抗性矛盾方面，還是很有道理的。後一則故事說明，為非作歹者儘管可能欺騙世人於一時，但終歸會暴露無遺。而世人如若提高警惕性，擦亮眼睛，便可以及早將其識破，避免造成更大的損失。

這個時期的精怪作祟故事，尚有寫某甲投宿一室，夜見數小人抬一面帶酒色老婦從穴中走，天明見其家二僕僵臥庭中，其血已被該老婦吸乾的《茶餘客話・白田某甲》、寫眾僧圍火庵內，一藍髮紫面樹怪張開大口而入的《觚剩・樹怪》、寫九虎變為僧人化緣，危害甚酷，捕役卒不可得，後一虎坐化，虎患漸息的《述異記・僧化虎》、寫一美婦因與泥書生交，久而形容枯瘁，其婆母擊美婦，令其逃逸，有泥衣一片墮地的《聊齋誌異・泥書生》、寫一八九十歲老媼夜來某婦家煮湯餅，投於釜中者盡是土鼈蟲的《聊齋誌異・餺飥媼》、寫呂生與一狐精同居而消瘦，遂遵僧囑將其趕走，三年後再次同居，生竟一病不起成為廢人的《見聞錄・妖狐》、寫一不倒翁精夜作官吏巡遊，被蔣生捉住，隨從偷來金銀首飾用以贖回主子的《子不語・不倒翁》、寫一白瓷舊坐礅變為身長丈餘之白衣人作祟，人咸避走的《子不語・礅怪》、寫夜間眾石人用從庫中所盜銀子賭博，爭吵不休，人們將其分置於城隍、東嶽兩廟，怪遂止的《續子不語・石人賭錢》、寫獺精化為一女子常與某生狎昵，某生婚後亦不避新婦，令讓舉家大嘩的《續子不語・獺怪》、寫一五色怪鳥使新婚少婦癡迷，口作鳥聲，人莫能辨的《續子不語・鳥怪》、寫一女嫁至夫家後被綠袍鱉精迷惑，喜怒無常的《續子不語・鱉精》、寫一士人歸家途中夜宿古廟，有一敗鼓精來挑逗，以朱筆書其頰乃失聲而走的《耳食錄・紅裳女子》、寫一婦樹下便溺失褌，夜間其夫被砍頭，縣令命掘溺處得婦褌頭於大石下，碎石濺血，臭聞數裡的《耳食錄・婦失褌》、寫賣藥施某見玩偶精於東閣門亭前飲酒作樂，告知主人，乃發櫝擊碎諸玩偶的《耳食錄・施建昌》、寫杜翁薰逐所惡狐精、貛精，俄而家中出現十餘個杜翁，待分清真偽，舉刀杖殺其大半，怪不復再至的《閱微草堂筆記・杜翁》，寫某寄宿山家時，一蛇妖化為姣好女子將誘而吸血的《閱微草堂筆記・蛇妖吸血》、寫一翁仲成精，常常夜行至墳塋與女鬼媟戲，新葬女鬼無不遭到脅污的《閱微草堂筆記・翁仲兇淫》、寫一杏花精變為小童與某書生狎，後來某知其借人精氣煉形，乃將其趕走的《閱微草堂筆記・杏花精》、寫番禺一鎮海鐵人成精怪，常往村中姦污年輕婦女，使其面黃消瘦，不能起床的《咫聞錄・鐵人為邪》、寫群鼠吃仙草後變幻為祟，向人索食，民眾乃請張真人除去鼠精的《履園叢話・鼠食仙草》、寫一蜒蚰精變為美女與某生寢處，越數月生竟病死的《履園叢話・蜒蚰精》、寫一蛇精變為美女到薦福寺勾引苦讀錢生，令其尪瘠的《塗說・薦福寺女》、寫某甲住店夜起貓怪人立而舞，毒齧其腰，甲驚疾尋卒的《醉茶志怪・貓怪》、寫送葬芻靈方弼、方相二草偶常入倉房飽餐菽麥，使僕人受到責罰，焚之遂絕的《醉茶志怪・草偶》等。

第四節　清代的精怪懲惡故事

清代的精怪故事，還包含許多描述精怪懲惡鋤奸的故事。在這類故事中，精怪戲耍、嘲弄、打擊的對象，乃是各色各樣的黑惡勢力與居心叵測、為非作歹之徒。而此類人物的遭遇，非但不會引起人們的同情，反而會受到人們的恥笑，甚至令人拍手稱快。譬如：

自黃村至豐宜門，凡四十里。泉源水脈，絡帶鉤連，積雨後汙潦沮洳，車馬頗為阻滯。有李秀者，禦空車自固安返。見少年約十五六、娟麗如好女，蹩躠泥塗，狀甚困憊。時日已將沒，見秀行過，有欲附載之色，而愧沮不言。秀故輕薄，挑與語，邀之同車，忸怩而上。沿途市果餌食之，亦不甚辭。漸相軟款，間以調謔，面頰微笑而已。行數里後，視其貌似稍蒼，尚不以為意。又行十餘里，暮色昏黃，覺眉目亦似漸改。將近南苑之西門，則廣顙高顴，鬑鬑有鬚矣。自訝目眩，不敢致詰。比至逆旅下車，乃須鬢皓白，成一老翁，與秀握手作別曰：「蒙君見愛，懷感良深。惟暮齒衰顏，今夕不堪同榻，愧相負耳。」一笑而去，竟不知為何怪也。

《閱微草堂筆記》卷十一「李秀」

監生某，三元縣人，販皮貨到京，逢善價，獲利數倍，遂久客於京，無歸意，約七年餘矣。某故善逐利，日益富，惟性好漁色。每不惜重貲，凡妓坊無不至。數年間，漁獵殆遍。一日薄暮，至一妓坊，妓女頗多，色亦可人。有二妓見某入，即早避。某未識面，惟見其衣服鮮明，步履嬝娜，真目所未睹者。當即指以叩媼，媼曰：「此良家子，迫於饑寒來此，靦腆不諳周旋，尚未接客者也。」某固欲之，媼曰：「必謀之而後可。」趨入，有頃出曰：「一允一不允。即允者亦有約。」某叩其詳，曰：「不許張燈，否則不從。」其纏頭則惟君之命，某無如之何，即應曰：「且權遵教。」媼導某至一小房，媼即反扉。

某暗中摸索啟帳入，女問曰：「君鄉貫何處？」答曰：「陝西三元縣。」女曰：「與妾同鄉矣。」復問姓名，某詭詞以對。某問女姓，女亦詭對。某聞其聲音，大懷疑惑，因問女年數及夫族，女曰：「妾今年二十七歲，夫本監生，長妾二歲，自某年販皮貨至京，計今七載餘，杳無音信，存亡未卜。妾不耐久守，前月同同鄉某子，私逃至此，不意某子忽病逝，計無所之，因入青樓耳。」某聞言，識為己妻，不覺抱忿如火；姑含忍，再問曰：「我進門時與爾同避者誰？」女曰：「此即妾夫之妹，名喚鳳嬌，亦與妾同逃來此者也。」某聞之大怒，即起欲執而洩恨。忽聞數公差排闥喧嘩入，聲言奉官命，拘拿娼婦、嫖客。媪倉皇啟扉曰：「事急矣，君宜速避，毋罹此禍。」導某由後門遁。

抵舍，竟夕不寐。及旦往跡，則空院無人。疑為官拘，再三細訪，並無此案，又疑驅逐遠遁，無可蹤跡，遂捲貲歸里。及抵家，妻正臥病，時妹已適人，聞兄回，亦歸寧問寒暄，大惑不解，如在夢中。某與伊鄰楊公濂，素相善，潛以此事相質。楊公曰：「是或妓素悉君鄉貫，故為此狡獪伎倆以相戲與。」某曰：「是又不然。不但聲音酷肖，且舍妹小名，亦從未有人知者。」楊公曰：「然則狐所為與。」某尋思良久曰：「是或近之。夙聞天壇有狐，嘗投刺冀得一遇，刺中不無褻語，想為狐所播弄，亦未可知。」楊公曰：「若然則狐尚為善報怨者，然君亦宜自省矣。」某果由是改行，卒為端人。

《誌異續編》卷一〈監生〉

這兩則故事，都以精怪打擊好色者為題材，無不帶有一些嘲諷的意味。前一則故事讓漁男色輕薄者非但白費心思，大失所望，而且受到嘲弄，異常尷尬。後一則故事讓混跡京師得以致富的好色之徒，蒙受極大的羞辱，狼狽不堪。這樣的教訓，當使一切淫邪之人引以為戒。又如：

新安鄭伊耘言：其友人宿遷張蘊軒於乾隆五十二年入都，道經山左某處，去店尚遠，時已昏暮。見有星貨鋪，頗舒敞，叩門借宿，主翁忻然。問翁姓，曰姓胡。明早束裝就道，酬以金，不受，心甚感之。越數月南旋，攜物持贈。至其所則一片荒涼，人室俱杳，乃大疑，詢之左近人。曰：「噫，異矣！數年前土人某以一二千文開小店於此，有胡翁者每日與談，頗洽。因謂曰：『似此生財之道，不亦遠乎？』某以無力對。胡曰：『予有五百金，盍貰諸？』某大喜，因而多造房屋，添置貨物，糴賤販貴。胡實左右之，常常宿店中，問胡居止，第曰相去不遠。年餘致千金。一日，從容謂胡曰：『與君交甚深，而未嘗一詣君室，可乎？』胡沉吟曰：『交果深，翼日午後，予導汝。』如期偕往。行二里許，忽見樹木陰翳，路徑紆折，向所未徑。某疑焉。抵村落，則巍然夏屋，邀入室。器皿飲饌精腆。盡歡而散，縱橫星斗，夜色將闌矣。胡屬曰：『汝欲來是，必予與偕來也。』送至茂林外而別。某處處識之。越日，獨行而蹤跡之，求所謂茂林深處者，荒煙蔓草，無路可循，大疑而返。明早，胡又至，某告以情。胡曰：『奈何昧我約？我實告汝，我非人，狐也。與汝有緣，故相佽耳。』某訝然。夜臥思，若果異類，盍擒而殺之，以蔑其金？明日，胡至，神色慘變，遽坐其室之中央而讓之曰：『吾以汝為人也，而喪心昧良至於此極，曾非人之不若也！』言已，以手指南，南方火起，又指北指東若西，烘烘然火勢四合，千金之資，燼於一炬。胡遂去，不知所之。」張乃知數月之間滄桑頓易者以此。曾親為伊耘言之。

《客窗筆記．狐火記》

于某，海鹽人，居西鄉之沈蕩。其妻遇婢虐，有婢頗慧，年十六矣，頻捶楚之。一日晨起，見庭有狗矢，怒婢不掃除，撻而迫之食。婢無如何，俯而少嘗焉，哭而至河干滌其口。忽見一船泊岸，有美婦出，簪珥袿裳，俱極華麗。兩婢掖之，由步而登，顧婢問曰：「汝是於家女奴歟？可傳語主母，客至矣，急糞除後樓，為我臥室。」婢以為信，奔回白主，甫入門而僕，不省人事。其主母使人扶入，以姜湯灌之，良久乃蘇。問其故，以所見告。于後有樓三楹，儲什物，不住人。聞婢言，乃入探之。未至，沙石撲面，不能進，乃知為狐，即使此婢往。婢入無他，遂登樓，見所儲什物已並疊在旁屋。其中為便坐，左為臥室，羅屏繡幕，陳設一新。美婦指揮二婢，布地衣，懸畫幀。婢懼欲走，婦使坐，且語之曰：「聞爾主虐遇汝，吾甚不平。今後復爾，必小懲之。」自此以後，于婦於此婢稍加訶斥，輒有人批其頰。于婦懼，始善遇諸婢矣。

月餘，婦謂婢曰：「為語主人．假我洋錢五十、吾有所用之。然仍不出汝門，無慮假而不歸也。」婢以告于。于正思一見，乃使婢告曰：「錢非所吝，但須面付耳。」婦笑曰：「諾。」于取洋錢如數至後屋，無所見。欲登樓，將及梯，忽眼前見一臂，著淺絳色衫，紅袖高捋，皓腕呈露，帶金玉條脫，錚琮作響，手掌紅潤，五指纖削如蔥，指爪長寸許。于對之心蕩，忽聞嬌語曰：「收到矣，速去！」臂遂不見，而于手中物亦與俱去矣。于之女即於此時見靚妝一少婦，著淺絳色衫，年約二十許，向之微笑，忽失所在。婦見形於其父女，異地而同時，可異也。于有弟婦，孀居三年矣，于待之薄。其夜忽於枕畔得洋錢如于所失數，乃知其挹彼注此也。于亦感悟，遂善視之。婦居于宅半年，忽謂婢曰：「今將往蘇州去矣。」遂絕。此光緒四年八月事。

《右台仙館筆記》卷六「狐婦懲惡」

這兩則故事，均以狐精懲惡為題材。前一則故事寫狐精放火焚屋以懲治恩將仇報的貪得無厭者，讓其發財夢成為泡影。後一則故事寫狐精使用有效手段狠狠教訓虐待奴婢主婦和居心不良的主人，令其善待奴僕與親屬，再不敢胡作非為。後一則故事採用並立結構，分別敘述教訓主婦、主人的故事。前一則故事採用故事中套故事的結構，以講故事的口吻介紹焚屋懲惡這個主要故事；同時又採用對比式結構，以友人張某的厚道、重情義與士人某某的忘恩負義、貪得無厭形成強烈對比，頗有藝術感染力。

這個時期的精怪懲惡故事，尚有寫金某在京師窮困潦倒，乃往黑龍潭與狐精調笑，因狂蕩無節被逐出，狼狽南逃的《述異記・狐怪》、寫某生放蕩不羈，好蓄媚藥，狐置藥於粥中令其妻食後出醜，無以自容，生遂痛改往行的《聊齋誌異・狐懲淫》、寫沈某勾引一獨行少婦與其同食寢，次晨發現該婦乃是送葬所用紙衣泥首之芻靈，旋即病卒的《耳食錄・沈髯》、寫某人欲輕薄狐友妻，狐友將某人捉弄一番，令其懊喪至極的《閱微草堂筆記・狐友懲戒》、寫一婦人假冒狐女與鄰家少年歡昵，狐精擲瓦塊罵此婦玷污其名聲的《閱微草堂筆記・假冒狐女》、寫選人某性嗇，納妾就寢時被眾狐嘲笑，凡一動作輒高唱其所為，某不得不設酒肴拜祭的《閱微草堂筆記・選人祭狐》、寫惡少某常漁獵男色，夜歸借宿時欲勾引一男童，為狐為所戲，竟裸臥雪中的《閱微草堂筆記・狐戲惡少》、寫群賊攻陷郡城後，一狐仙於夜深時製造官軍登城幻象，令群賊驚慌不安，棄城而去的《墨餘錄・狐仙驅賊》、寫一狐精使妄圖對美人非禮之狂徒某某受盡侮辱的《北東園筆錄・妄念辱身》、寫狂生姚某見廟中所塑侍女而動情，入夜泥女來坐生膝上，忽變為石贔屭壓廢其雙膝的《醉茶志怪・泥女》、寫卑鄙小人余某讓其妻勾引狐精怪賺錢，狐精離去時以題有「臊敬」之綠布裹銀羞辱其人的《醉茶志怪・余某》、寫讓一欲姦污狐女之輕薄子身臥在石縫中，狼狽不堪的《鸝砭軒質言・撫署狐仙》等。

第四章　清代的精怪故事（下）

第五節　清代的精怪報恩故事

清代的這一類故事，數量不多，主要表現精怪知恩圖報，以各種方式回報幫助、搭救過自己的人們。其中，有不少作品情真意切，頗為感人。譬如：

> 喀雄者姓楊，父作守備，早亡。表叔周某作副將，鎮河州，憐其孤，撫養之。周有女，年相若，見雄少年聰秀，頗愛之，時與飲食。周家法甚嚴，卒無他事。有務子者，亦周戚也，直宿書齋。夏月，雄苦熱，徘徊月下，見周女冉冉而至，遂與成歡。次日入內，見女曉妝，雄目之而笑，女亦笑迎之。自後無日不至。務子聞其房中笑語，疑而窺之，見雄與周女相狎，而心大妒，密白周公。周入宅，讓其夫人。夫人曰：「女兒夜夜與我同床，焉有此事？」周終以為疑，借他事杖雄而遣之。
>
> 雄無所依，棲身蘭州古寺中。一日周女忽至，帶來輜重甚富。雄驚且喜，問從何來。曰：「與我叔父同來。」蓋周公之弟名鋙者，亦武官也，方升蘭州守備。雄深信不疑，與女居半月，揚揚如富人。叔到任後，遇諸途，喜曰：「姪在此乎？」曰：「然。」叔策馬登其堂，姪婦出拜，乃周女也。大驚問故，雄具言之。鋙曰：「予來時不聞署中失女事，豈吾兄諱之耶？」
>
> 居數日，借公事回河州，備述其事。周大駭曰：「吾女宛然在室，頃且同飯，那有此事？或者其狐仙所冒托耶？」夫人曰：「與其使狐狸冒托我女之名，玷我閨門，不如竟以真女妻之，看渠如何。」周兄弟二人大以為然，即招雄歸成親。

合巹之夕，西寧之女先已在房。雄茫然不知所措。女笑而謂之曰：「何事張惶？兒狐也。實為報德而來。令祖作將軍時，嘗獵於土門關。兒貫矢被擒，令祖拔矢縱之。屢欲報恩，無從下手。近知郎愛周女而不得，故來作冰人，以償汝願。亦因子與周女有宿緣，不然，兒亦不能為力也。今媒已成，兒去矣。」倏然不見。

《子不語》卷六〈喀雄〉

京城敵樓，內外凡五十座，高大深邃，往往為狐鼠所棲。內城東北隅角樓內，有一狐，化為女子，紅衫翠裙，年可十六七、豔麗絕倫。守城兵往往見之，咸知其非人，而罔不狂惑失志。以其衣紅，共以紅姑娘稱之。間有儇薄少年，或際良宵薄醉，一動色心，至樓下薄言往挑，即聞嬌音曰：「爾勿妄為也！」歸輒頭疼難忍，否則唇忽腫起如桃，必哀懇悔過，適乃已。以此群畏之，無敢戲言者。

步軍校赫色，年六十餘矣。一夕，上城值宿，獨坐鋪中，思酒不得。三更後，聞門外彈指聲，亟問不答，啟戶視之，則二八佳麗人也，五色並馳，不可殫形，詳而視之，奪人目睛。後隨二雙鬟婢，捧酒盒，立月下。校素有膽，驚定，即悟其為狐。詢其那得深夜來此高城，答曰：「兒洪氏，行三。知翁思酒，謹以家釀相貽。」校大喜，延之入室，即以其攜來之酒肴藉以款倉卒客。醉後興高，問：「三姐有所求乎？」女曰：「以狐媚惑人者，皆有求於人者也。翁一身貧病，且老，兒何求於翁？所以親近翁者，以翁有大恩於兒故也。」」校茫然不解所謂。女曰：「翁乃忘松亭贖兒之事耶？」校始大悟，嘆惋者久之，遂認為義女。

自是，每當值宿，校必多方散其儕伍，獨扶筇至角樓下，告曰：「致語三姑娘，我今日上班矣。」至晚，女果至，二婢隨進酒饌珍美錯陳。校夜夜饜之。每心有所欲，未發，女已先知，無不咄嗟立辦。校嘗以玉環贈，女再拜以受，什襲藏之。校與話談時，自念皤然一翁，將旦夕犯霧露，泣數行下。女曰：「無傷。兒視爹尚可三十年活也。」乃授校以導引之術，行之頗效。女無他異處，唯喜靦面，一夜恒四五次。校少子方娶，苦無杯盤，將賃諸市。女曰：「是無庸，兒當為爹假之。」至期，果有金銀器物，雜然陳於房中，不測所自。家人怪之，校以實告，始各欣喜。事畢，已皆失去矣。校次子為護軍，聞女美，潛上城至值所，從窗隙竊窺，竟無所見，但翁一人，自言自笑自飲而已。校酒後，偶匿其玉斝，歸家旋失。果有急需，女必周以巨金，則盡朱提也。如是者十餘年。女一夕忽泫然慘泣曰：「緣已盡矣，從此永別。」校驚問之，不答。五更後，哽咽而去。校亦酸惻，然未知所云所以永別者。翌日，執金吾以校年老，請於朝，勒令休致，校乃嘆悟。

先是，校當壯歲時，為驍騎校，從征葛爾丹。凱旋，至松亭，同人捕得一黑狐，欲殺之，以取其皮。狐向校哀鳴．校心動，以金二兩，贖而縱之。事三十年矣，不意至是乃獲其報。後校年至九十餘，無疾而終。狐亦徙去，不知所之。

《夜譚隨錄》卷二〈紅姑娘〉

這兩則均為狐精報恩的故事，情節曲折，感情真摯，富有感染力。前一則為「報恩＋愛情型」故事，寫的是狐精變為故事主角所愛之表妹，以促成這一樁美好姻緣，藉以報答其祖父拔箭救命之恩。後一則為「報恩＋敬老型」故事，寫的是狐精十數年間不斷給老軍校送上美酒佳餚以及所需錢物，讓其安度晚年，以此報答當年捨金贖命之恩。這兩則故事，都非常引人入勝，讀來頗為感人。又如：

邑城北村劉孀婦，有子尚幼，就外塾讀。值天暴雨，兒未歸，倚閭以待。有小鬟，年約十三四、姿容秀美，綠衣光澤，冒雨而入，曰：「請暫借姆廬避雨，晴即速行。」婦愛其慧，納之。鬟應對如流，甚愜婦意。適空際雷聲訇騰，鬟驚變色，遽投姆懷。婦抱之。一炊時許，雨霽，鬟始起，向婦稽首，頓失所在。兒自塾歸，見女沖門出，方一凝眸，遽化為大蛙如車輪，跳躍而去。奔入告母，相與驚疑。

後數載，因捻變，母子避地。舟行澱中，波浪陡作，舟人大駭。有巨物自水出，躍登其舟，舟平穩，直抵彼岸。眾負裝下，見船頭一大蛙，赴水而逝。

《醉茶志怪》卷三〈青蛙精〉

江陵王生，一日獨坐於庭，見一少婦款門入，衣裳豔麗，容顏窈窕，目光閃爍，鬢髮蓬鬆，頗有倉惶急遽狀，呼曰：「君救我！」竟投生懷。生未及與言，俄見有大鷂自天降，婦意懼甚，生急蔽之。移時，鷂始去，婦出謝。生曰：「子何懼鷂之甚也？」婦曰：「此鳥為厲鬼所化，妾家世仇也。幸蒙相救，獲免於難，恩實出於再生，他日必有以重相報也。」再拜而去。

後數月，忽有一野雉飛來，盤旋於中庭，久之不下。生曰：「雉來為我禍耶，則飛止於庭；雉來為我福耶，則飛入於懷。」雉即飛入生懷，忽化為人。諦視之，則前日所救之少婦也。生驚異，問之曰：「子胡為爾爾耶？」婦曰：「夙蒙君惠，感不去心，亦聊復爾爾。」須臾，復化為雉飛去。生覺懷中有物，探視之，則遺一蒼玉。時值國變，盜賊蜂起，有群盜來劫之者，第見其家宛在水中，萬頃綠波，茫茫如海，不敢入而去，乃知此物為稀世寶也。

《南皋筆記》卷三〈雉婦〉

這兩則均為報救命之恩的故事，雖然內容各異，卻有許多相同之處。故事中所搭救的弱者，無一不少是有益於人類的動物，而且兩則故事的情節都非常有人情味。更值得注意的是，其中被救者的形象，落墨不多，卻都描繪得相當可愛，無論是前一則裡面姿容秀美的小鬟，還是後一則裡面容顏窈窕的少婦，都頗為清新婉麗，令人憐惜。

這個時期的精怪報恩故事，尚有寫農家子搭救一將被殺之狐精，後竟思狐成疾，狐精復來現本形讓其病痊的《閱微草堂筆記・狐精報德》、寫一婦人救下之狐婢，每逢元旦均來磕頭致敬的《閱微草堂筆記・搭救狐婢》、寫狐精被高某從僧人手中救出後，化為一老者前來指點，令高某發跡的《北東園筆錄・狐報恩》、寫一貓為報答救命之恩，與狐和狸一起化為醫生向士人傳受醫術，令其成為名醫的《見聞隨筆・狐傳醫術》、寫一雌虎化為美女嫁給獵人某，以報答其救父之恩的《衹可自怡・虎妻》、寫一狐女獻靈丹為書生治療疾病，以報救命之恩的《雪窗新語・狐報恩》、寫某生入京應試時，一被其救治之燕子前來報恩，彼此恩愛，數月後某生歸家時乃離去的《南皋筆記・小燕》等。

第六節　清代的精怪復仇故事

清代的此類故事，數量亦不多，描述的都是各種各樣精怪的報仇雪恨之舉，作品的思想內容各不相同。其中的一些作品，思想傾向較好，具有一定的積極意義。譬如：

喀喇沁公丹公（號益亭，名丹巴多爾濟，姓烏梁汗氏，蒙古王孫也。）言：內廷都領侍蕭得祿，幼嘗給事其邸第。偶見一黑物如貓，臥樹下，戲擊以彈丸。其物甫一轉身，即巨如犬。再擊，又一轉身，遂巨如驢。懼不敢復擊，物亦自去。俄而飛瓦擲磚，變怪陡作。知為狐魅，惴惴不自安。或教以繪像事之，其祟乃止。後忽於几上得錢數十、知為狐所酬，始試收之，秘不肯語。次日，增至百文。自是日有所增，漸至盈千。旋又改為銀一鋌，重約一兩。亦日有所增，漸至一鋌五十兩。巨金不能密藏，遂為管領者所覺。疑盜諸官庫，拷掠訊問，幾不能自白。然後知為狐所陷也。

《閱微草堂筆記》卷二十三「狐復仇」

嘉慶乙丑間，陝西甘棠縣有高中秋者，素無賴，而美須髯，身長八尺。嘗入山打獵，有狐數十頭，盡為殺，剝其皮而食之。是年十二月，忽有二女子從天而降，嬌美絕倫，自言瓊宮侍者，謂中秋曰：「上帝使我侍君，君有九五之尊，願自愛也。」中秋竊喜，而無相佐之人，告之同邑武生王三槐，及本營參將旗牌官高珠玉，皆高同夥打獵者也，聞之均大喜。遂以王女許中秋為正宮，而以二女為妃嬪。二女者能撒豆成兵、點石成金之法，試之果然，遂起意謀為不軌。

中秋有傭工史滿匱者，二高欲脅之以為將，而史不屑。一日，聞二高與王將割滿匱頭祭旗起事，約有日矣，滿匱星夜入城擊鼓。縣令知其事，一面飛稟上臺，而以滿匱為眼目，盡捕獲之。是時方葆岩先生為陝西巡撫，狀其事於朝，中秋等皆凌遲，惟兩女者杳無蹤跡，蓋狐報仇也。狐亦惡極矣！

《北東園筆錄》四編卷五〈狐報仇〉

這兩則均為狐精報仇雪恨的故事，都包含引誘報復對象犯法的內容。其中，狐精受到的傷害一則比一則慘重，它們的報復性一則比一則強烈。如果說狐精的報復性在前一則故事中還有所節制的話，在後一則故事中，則達到了無以復加的程度。應當說，高某及其同夥殺害生靈如此窮兇極惡，如此肆無忌憚，並且他們為非作歹的時候又是如此沾沾自喜，如此執迷不悟，所以他們受到嚴厲的懲罰也是罪有應得的。

這個時期的精怪復仇故事，尚有寫武舉王某曾經率眾佃戶燒死狐無數，老狐逃出後誣告王通海謀反，令其一家下獄的《述異記・狐報仇》、寫一狐化為美女嫁與富翁「鐵公雞」，揮霍無度，讓其家產皆空，從而得報狐精一家宿仇的《子不語・鐵公雞》、寫鱉精、蝦精、龜精為被殺之眾多子孫報仇，使某家新婦發狂的《續子不語・鱉精》、寫數惡少捉住二牝狐，殺死其一、令留下者化為人形為其行酒，該狐逃脫後將數惡少家一一焚為焦土的《閱微草堂筆記・惡少得報》、寫南京鈕某誤殺狐精老妻、稚子，狐精歸來使其得報，舉家被焚的《夢廠雜著・狐報》、寫一精怪口渴入園摘桃，園主發火槍驅趕，精怪乃飛擲瓦石，讓其不得寧貼的《道聽塗說・桃園怪》、寫一犬與某乙妻有夙冤，乃迷惑某乙殺妻，因大士搭救而倖免的《香飲樓賓談・犬報冤》、寫某甲啟用古窯時殺蛇無數，一大蛇前來索命，使其大病的《庸庵筆記・蛇死為祟》、寫一犬被漢陽陳某誤斃數年後，其鬼魂找來復仇，令陳某患病的《壺天錄・犬報》等。

第七節　清代的鬥精滅怪故事

清代的鬥精滅怪故事，數量非常多，涉及的社會層面較為廣泛，所描述的生活內容相當豐富。故事主角既有大無畏的勇士、道行非凡的法師，也有普通民眾，包括士子農人、販夫走卒、少婦老嫗等等。他們或者主動出擊，降妖伏魔，以保一方平安；或者受害之後，奮起抗暴，從而將妖孽趕走，甚至將其斬除。其中有不少作品繪聲繪色，引人入勝。譬如：

海昌元化鎮有富家，臥房三間在樓上，日間人俱下樓理家務。一日，其婦上樓取衣，樓門內閉加橛焉。因思家中人皆在下，誰為此者？板隙窺之，見男子坐於床。疑為偷兒，呼家人齊上。其人大聲曰：「我當移家此樓。我先來，家眷行且至矣。假爾床桌一用，餘物還汝。」自窗間擲其箱籠零星之物於地。少頃，聞樓上聚語聲。三間房內，老幼雜遝，敲盤而唱曰：「主人翁，主人翁！千里客來，酒無一鐘。」其家畏之，具酒四桌置庭中，其桌即憑空取上。食畢，復從空擲下。此後亦不甚作惡。

富家延道士為驅除，方在外定議歸，樓上人又唱曰：「狗道狗道，何人敢到？」明日道士至，方布壇，若有物捶之，踉蹌奔出。一切神像法器皆撒門外。自此日夜不寧。

乃至江西求張天師。天師命法官某來。其怪又唱曰：「天師天師！無法可施。法官法官！來亦枉然。」俄而法官至，若有人捽其首而擲之，面破衣裂。法官大慚，曰：「此怪力量大，須請謝法官來才可。」

謝住長安鎮某觀中。主人迎謝來，立壇施法，怪竟不唱，富家喜甚。忽紅光一道，有白鬚者從空中至樓，呼曰：「毋畏謝道士。謝所行法，我能破之。」謝坐庭前誦咒，擲缽於地，走如飛，周廳盤旋，欲飛上樓者屢矣，而終不得上。須臾樓上搖銅鈴，琅琅聲響，缽遂委地，不復轉動。謝驚曰：「吾力竭，不能除此怪。」即取缽走，而樓上歡呼之聲徹牆外。

自是作祟無所不至，如是者又半年。冬暮大雪，有獵戶十餘人來借宿其家。告以借宿不難，恐有擾累。獵戶曰：「此狐也。我輩獵狐者也，但求燒酒飲醉，當有以報君。」其家即沽酒，具肴饌，徹內外燃巨燭。獵戶轟飲大醉，各出鳥槍，裝火藥向空點放，煙塵障天，竟夕震動。迨天明雪止，始去。其家方慮：驚駭之，當更作祟。乃竟夕悄然。又數日，了無所聞。上樓察之，則群毛委地，窗槅盡開，而其怪遷矣。

《子不語》卷四〈獵戶除狐〉

陝西長安城外五十里，有梁家潭，在梁敏莊公家祠外數十步。雍正年間，潭中忽有怪物食騾馬牛羊等物，居民大苦之。一日有喇嘛僧偕徒弟至，自言能除此害，但須斂百千文給徒弟。眾欣然。僧曰：「汝百千人中，選兩人極有膽量者聽用。」選之果得兩人。此兩人非等閒也，力舉百鈞，素以斗膽自負。僧大喜曰：「我書符二道，付汝兩人。我入潭與怪戰，見巨手探出水面，急以第一道符付我。我再化法身，探符愈急，急付第二道符，毋誤我。」兩人唯唯。

頃之，僧躍入潭，則見潭面砰訇，無言垠鍔，眾皆屏息，慄慄散去，而兩人各持一符，立岸上不動。俄見巨手一隻，如簸箕出水面，知其索符，急與之，手接符去。又見震震爚爚，雷奔電激，水面一物，大如城門。持第二道符者心知為僧手也，然股栗不敢逼視。良久沒，波心劈礪一聲，而波平浪靜矣。候良久，喇嘛僧杳然，其徒大號。鄉人仍給百千文以去，自是怪物亦杳。

《客窗筆記・梁家潭》

這兩則鬥精滅怪故事，描寫繪聲繪色，頗為感人。不論除去擾亂世人生活的狐精，還是滅掉吞食牲畜的妖怪，都充分地表現了戰鬥的艱鉅性、殘酷性，並且真切地展示出降妖伏魔者的堅忍不拔和犧牲精神。如果說前一則故事對於除狐的勞動者讚美有加的話，那麼後一則故事則對於為消滅妖孽而獻身者表達出深深的敬意。又如：

豐潤魯叔和先生家，正廳東偏，別有廳事三楹。紫藤一株，蔭滿院落，海棠一叢，本皆合抱，春時著花爛如錦。廳中有綠毛怪，夜必出，人無敢寢處其中有年矣。邑武進士谷某，勇藝冠一時，素以膽氣自負，聞其異，思一試，借宿於庭。弟子數人，諫不聽。弟子輩皆赳赳，願同宿助師。不許，固請，命宿於正廳西廂，廂後牖鄰藤花院，可招呼相聞。囑曰：「不呼，勿往也！」

谷秉燭獨宿，二更相盡，大風撼屋宇，門倏開，燈光頓縮，綠如豆。見一怪高五尺，蹣跚至，偏體綠毛，鬈鬆如松上鬣，目炯炯類曙星。谷思先發制之，急起與相搏，力適敵不相下，自室東至西，復自西至東，蹶而起，起而復蹶，無慮數十度。諸弟子聞相撲聲、撞臂聲甚厲，以師堅囑，不敢入。谷與怪相持至五鼓，漸不支，乃大呼。怪亦恐人至，力掙欲脫。谷力持不釋，怪急以爪抓谷腕去肉，十痕深寸許。谷負痛，力少懈，怪遂乘風去。手余毛二握，細如牛氂，綠如出水藻。怪從此絕。谷藏其毛，韜以錦袱，有談異聞者輒出示之。

《蝶階外史》卷三〈綠毛怪〉

林某者，酗酒滋事，鄰里咸厭惡之。

時村中有怪，恒夜出為祟。眾激林曰：「爾素以膽力自詡，敢與怪遇乎？」林曰：「是不難！能為我備牛酒，當擒怪來。」眾如其言。

林攜酒一大瓶，乘醉坐村外。夜有物高八尺許，黑暗莫辨形貌，問林為誰，林曰：「我妖怪也。爾為誰？」物曰：「我亦如君，但肢體未備，不若君酷肖人形耳。所攜何物？」林對以酒，且勸之嘗。物曰：「予腰不能屈，煩君傾我口內。」林捫其口，大如杯，提壺灌之。物贊曰：「快哉！」頹然而倒。林急施以斧，其聲丁丁。呼人照之，敗棺板也。毀之，怪絕。

《醉茶志怪》卷二〈林某〉

這兩則鬥精滅怪故事，同樣具有較強的藝術性和感染力。但是，它們對於故事主角的刻畫各有側重。前一則故事寫谷某趕走綠毛怪主要靠的是膽量和武藝；後一則故事寫林某擊毀棺板精，主要靠的是智謀和勇氣。

這個時期的鬥精滅怪故事，尚有寫一樵夫所背僧人實為老虎，刳竹人識破其真面目後擊竹將其嚇跑，使樵夫得救的《觚賸・僧虎》、寫數僧歲暮烤火時，一藍髮紫面樹怪亦來踞坐爐旁，一僧夾紅炭入其巨口中，令其負痛而逃的《觚賸・樹怪》、寫一鶴膝變為少年男子姦淫農婦，並在農家為患，後將其制服並舉焚燒火的《蚓庵瑣語・鶴膝為怪》、寫府衙設壇遣祟，一個三尺白須翁前來為狐孫求情，待群僕撻黑狐後即攜狐孫而去的《述異記・狐祟》，寫一為祟之狐聞婦翁來即匿入瓶內，婦乃塞瓶口置沸水中將其燙死的《聊齋誌異・狐入瓶》、寫一狐入南山祟女，女家即請當年荷鋤擊狐之農夫來對付，從此安寧的《聊齋誌異・農人》、寫郭生婚後請法師驅趕曾與其相狎之獺怪，獺怪使其家七口頓時昏死，因金甲神來救皆得復蘇的《續子不語・獺怪》、寫一狐化少年在林中欲非禮縫裳女，女臨危不亂，趁機剪下其勢，令其嗥叫逃竄的《螢窗異草・縫裳女》、寫一童子與蛸精交接，日漸瘠羸，家人乃煙薰蛸穴令其斃命的《夜譚隨錄・蛸精》、寫笐帚精為祟，或讓房屋起火，或令污穢降落，房主不堪其擾，乃請法師賜符滅怪的《聽雨軒筆記・笐帚精》、寫某女大膽無畏，以石塊擊走虎王精的《閱微草堂筆記・長姐》、寫某夜一樹妖阻王某歸路，使其人困馬乏，二木工以斧鋸相向，樹妖忽化旋風逃去的《閱微草堂筆記・木妖畏匠人》、寫一鐘怪在廢寺為祟，無敢居者，眾羊販以磚擊破鐘怪，廢寺乃得清淨的《閱微草堂筆記・廢寺鐘怪》、寫一狐精變少年祟蔣女，令其形容枯槁，蔣家請擊柝人黃某守於女門，狐駭極而逃的《咫聞錄・柝擊狐》、寫一石馬精夜出糟蹋莊稼，擊之金光四射而沒，天明鑿石馬首遂安的《咫聞錄・石馬精》、寫蘇某入住一兇宅後，有三十多個尺餘長褐衣道士來令其速去，蘇持杖逐之，於出沒處掘殺三十餘鼠，宅乃安寧的《松筠閣鈔異・褐衣道士》、寫一狐精化麗人前去勾引某少府，某佯與綢繆，趁機連衾緊抱而將其擊斃的《聞見偶錄・智斃妖狐》、寫辰州知府手草檄文，率眾祭禱咒妖，女妖逃遁，百姓乃得無憂的《履園叢話・小三娘》、寫學宮碑下一石龜變為美女迷惑某生，其家人碎龜首，並請道人收妖，遂保平安的《履園叢話・石妖》、寫河南某地新婚之夜必有他人闖入洞房，相沿已久，一俠客隱身房內先後斬殺馬精與豬精，從此民家迎親再無妖怪作亂的《見聞異辭・俠客》、寫一狐精在衙署中為祟，范刺史不以為然，秉燭冀與之遇，狐即安然，並送菜致意的《見聞隨筆・狐送菜》、寫武舉陳某入都應兵部試時，設榻精怪出沒之樓廳，劍擊發怪並將其焚燒的《香飲樓賓談・發怪》、寫一狐精變教書吳生騷擾吳相愛之翠翠，吳偶得狐裘而將狐處死，翠翠病癒乃和吳合巹的《此中人語・翠翠》、寫一妖與婢私通，並讓主人破費款待，主人不堪其擾，乃請江西真人逐妖的《右台仙館筆記・吳翁婢》、寫趙州一石獅為祟，民婦某將燈油澆在精怪頭上，使其雞鳴即不能回到原處的《右台仙館筆記・石獅為祟》、寫擔夫夏某妻為蝟妖所祟，毀物無算，苦不堪言，後殺死空室花竹筐中二頭大蝟，遂不復為害的《醉茶志怪・花果樓》、寫宋某妻死，停柩於室內，一白狐假冒亡妻四處哭泣，驚擾四鄰，斃之遂得安泰的《醉茶志怪・鬼哭》、寫一蜘蛛精初夜與新婦交，違者必受其害，某女出嫁時在新房內置關聖檀木像，使蜘蛛精伏誅的《仕隱齋涉筆・誅妖神》、寫某人夜聞諸鼠怪語，次日即挖掘鼠穴而灌以沸湯，鼠怪遂絕的《南皋筆記・鼠怪》等。

第八節　清代的其他精怪故事

清代的其他精怪故事，數量不少，但內容較為分散。其中有一些作品，題材新穎、奇特，讀來無不饒有興味。譬如：

> 選人某，在虎坊橋租一宅。或曰：「中有狐，然不為患，入居者祭之則安。」某性嗇不從，亦無他異。既而納一妾，初至日，獨坐房中。聞窗外簾隙有數十人俏語，品評其妍媸，忸怩不敢舉首。既而滅燭就寢，滿室吃吃作笑聲，凡一動作，輒高唱其所為。如是數夕不止。訴於正乙真人。其法官汪某曰：「凡魅害人，乃可劾治；若止嬉笑，於人無損。譬互相戲謔，未釀事端，即非王法之所禁。豈可以猥褻細事，瀆及神明！」某不得已，設酒肴拜祝。是夕寂然。某喟然曰：「今乃知應酬之禮不可廢。」
>
> 《閱微草堂筆記》卷十三「選人祭狐」

高冠瀛言：有人宅後空屋住一狐，不見其形，而能對面與人語。其家小康，或以為狐所助也。有信其說者，因此人以求交於狐。狐亦與款洽。一日，欲設筵饗狐。狐言老而饕餮，乃多設酒肴以待。比至日暮，有數狐醉倒現形，始知其呼朋引類來也。如是數四、疲於供給，衣物典質一空，乃微露求助意。狐大笑曰：「吾惟無錢供酒食，故數就君也。使我多財，我當自醉自飽，何所取而與君友乎？」從此遂絕。

《閱微草堂筆記》卷二十一「求狐被戲」

這兩則出自《閱微草堂筆記》，講的都是狐精戲弄世人的故事，十分詼諧風趣，讓人忍俊不禁。前一則故事寫狐精採取調侃的方式對付慳吝的候選人官員，不緊不慢，不溫不火，讓其人飽受折磨，只好屈從，最終仍然免不了破費。後一則故事寫狐精以裝糊塗的辦法對付妄想從它身上找發財門路者，讓其人大肆請客，耗費殆盡，卻一無所獲，十分尷尬。又如：

代州獵戶李崇南，郊外馳射。見鴿成群，發火槍擊之，正中其背，負鉛子而飛。李大驚，追逐至一山洞，鴿入不見。李穿山洞而進，則石室甚寬，有石人數十、雕鏤極工，頭皆斫去，各以手自提之。最後一人，枕頭而臥，怒目視李，睛閃閃如欲動者。

李大怖，方欲退出。而帶鉛子之鴿，率鴿數萬，爭來咬撲。李持空槍且擊且走，不覺墜入池內。水紅熱如血，其氣甚腥．鴿似甚渴者，爭飲於池，李方得脫逃出洞。衣上所染紅水，鮮明無比，夜間映射燈月之下，有火光照灼。終不知此山此鴿，究屬何怪。

《子不語》卷十九〈代州獵戶〉

饒州連少連與母貧居，未室，寄館於富家讀書。一夕，有紫衣老嫗前來宣言曰：「予媒婆也，東里蕭家娘子色豔資厚，因慕秀才成疾，父母憐之，使我道意。」生曰：「俟歸白母行之。」嫗曰：「事在迅速，豈宜少緩？且汝終歲勤苦，何如一朝發跡？」生許之。

少頃，兩鬟率眾茵帳，金玉錦繡，不可勝計。已而音樂漸近，翠幢寶蓋，畫扇圍列，女子乃下花輿，席地步入，真國色也。禮成就寢，但覺女兩脅有牛吻氣。生疑，遽起曰：「此地多盜！」急收金玉錦帛等於篋中藏之。忽一羊頭人自外持梃入，喝曰：「秀才無禮！」風起燭滅，一切奔散，月色依然，小童熟睡。吹燈發篋，並己之衣衾書策亦失之矣。

明日走告主翁，主翁偶曰：「吾將祭祖，有大牛一、大羊一儲於祠後。」生往視之，則牛若自慚，羊若含笑者然。

《松筠閣鈔異・蕭家娘子》

這兩則故事，內容差別很大。前一則故事寫獵殺鴿群的獵人受到傷鴿的報復，山洞驚魂，死裡逃生。此則故事警示人們不要濫殺生靈，否則不會有好結果。後一則故事寫無辜的某貧士被騙去同所謂「色豔資厚」的新娘成親，讓牛精、羊精戲弄一番，不能不令讀者、聽眾同情與嘆喟。

這個時期的其他精怪故事，尚有寫一狐仙化為少年借張某西書樓居住，不斷有笑語傳出，未半月竟自縊身亡的《子不語・狐仙自縊》、寫某人與一名為「裭褫」之怪物交友數年，後裭褫亦跟隨其人去閩中官署，歲餘始不知去向的《夜譚隨錄・裭褫》、寫一麗婦假冒狐女與鄰家少年歡昵，狐擲瓦罵此婦人玷污其名聲的《閱微草堂筆記・假冒狐女》、寫某氏子前往挑逗一狐女，狐女稱其已煉形二百餘載，誓不媚一人，彼媚人者皆為攝精，何必自投陷阱的《閱微草堂筆記・誓不媚一人》、寫某夜一枯樹精到山下聽眾樵夫唱戲取樂的《履園叢話・老段》、寫某藥工乘船赴祁州購藥時，其左手被水怪所執而冰冷至腕，後來用以為人治病竟見奇效的《蝶階外史・祁州牧》、寫一黿精祟婦，半載懷孕，姑哭訴令河伯斬黿，姑隨後將婦所生四小黿送諸水的《醉茶志怪・黿精》等。

第五章　清代的神異故事（上）

神異故事在清代發展也比較大，但其豐富程度卻略遜於同期的鬼魅故事和精怪故事。清代的神異故事，主要包括神佛異人現身、神佛異人濟世、人神婚戀、人神友情、奇事奇遇、寶物、善報、惡報等門類。其故事主角為道家的神人、仙女，佛家的佛祖、菩薩以及形形色色的異人。他們往往在人間大行善事，扶危濟困，懲惡除奸，讓天下百姓，尤其是處於社會底層的民眾過上好日子。此類故事中的佳作，大多思想性、藝術性都比較高，故事情節引人入勝，因而能夠不脛而走，廣為流布。

第一節　清代的神佛異人現身故事

清代的神佛、異人現身故事，描述道家、佛家的各種神仙、菩薩以及各式各樣的異人，在塵世間現身時，往往行為怪異，不可思議，卻不乏富有人情味的舉動，往往能夠給百姓帶來驚喜和好運，令讀者、聽眾眼界大開，並且從中有所發現，有所領悟，有所收益。譬如：

南昌府驛路旁有精舍，去江不遠，溪水迴繞，修竹萬個，風景清幽。康熙初，忽有偉丈夫襆被來宿，貌甚雄奇，居止旬日，語操西音，自言愛此地風土，欲為僧。寺僧難之。曰：「吾橐中有百金裝，盡以相付，但仰饘粥於此足矣。」乃從之，遂落髮。每日粥飯外，即面壁不語，或竟夕不臥，亦不誦經參禪，如是六七年。初不解衣，或竊視，兩臂皆有銅圈束之，莫測也。

一日，與儕輩晚立江上，有數人泊舟登岸，望見之大驚。趨前揖，則揮手止之，耳語移時，別去。戊申歲，忽沐浴禮佛，遍別寺僧云：「明日當涅槃。」眾皆不信。至期，登臺敷坐。少頃，火自鼻中出，煙焰滿空，有白鶴自頂中飛出，旋繞空際，久之始沒。大眾皆見。周伯衡時為南昌憲副，述其事，作《化鶴記》。

《池北偶談》卷二十五〈化鶴〉

乾隆五十二年，貴築李尚書世傑督蜀，……在成都見三異人。其一曰「賣回子」，系西域回鶻人。童顏鶴髮，類有道之士，住禮拜寺，冬夏不設茵席，以小石子堆一炕。夜則兀坐，日則閒遊街市，出言玄奧，人莫能曉。饋以食，有受有不受。其一曰「徐瘋子」，語音類秦人，疥癬滿身，行乞於市，夜則棲身東洞子門。途見所棄死貓鼠，則攜回燒之供飧。病者向索藥，徐隨手拾土石與之服，無不立愈。其一曰「笑和尚」，終日不言，見人惟一味憨笑。喜吸煙，向人索之，其人必多吉利事，故人爭與之。轉有固卻者，居寶光寺。寺僧惡其懶，故遲其飯。或未明即食，及舉箸，笑和尚輒在。鄰有張裁縫者，訝其非常人，俟其出遊，必瞷之。一日笑和尚忽謂張曰：「爾寒暑無間，俟吾六載，必有所欲。但吾性懶，不耐為人師。有徐瘋者，道行高，堪為爾師，我當送爾至彼。」即偕往，適徐爇火炙死鼠，飲白醅。遙見之，責笑和尚曰：「爾不耐為人師，又何苦拉別人乎！」言訖大笑。時朔風正勁，城門外寒氣更甚。笑和尚與徐皆赤足露頂。將及三鼓，徐脫身上破衲與張曰：「服之可禦寒。」張披之，奇暖而香。後徐、張與笑和尚同日不見，惟賣回子至今尚存。

《熙朝新語》卷十二「成都三異人」

這兩則故事，涉及佛家的神異僧人和其他異人。前一則故事主要描述神異僧人落髮之後的各種怪異行為和涅槃時的奇特景況，突出一個「奇」字，充滿神秘感，與一般的佛教故事大異其趣。後一則故事由分別帶有伊斯蘭教、道教、佛教色彩的三個異人的小故事組成。三個小故事彼此關聯，而又以第三個異人——笑和尚為主要描寫對象，並且用其人將三者串聯起來。又如：

又有羅真人者，冬夏一衲，佯狂於市。兒童隨之而行，取生米麥求其吹，吹之即熟。晚間店家燃燭無火，亦求羅吹，吹之即熾。京師九門，一日九見其形。忽遁去無跡，疑死矣。京師富家多燒暖炕，炕深丈許；過三年，必掃煤灰。有年姓者掃炕，炕中聞鼾聲，大驚。召眾觀之，羅真人也。崛然起曰；「借汝家炕熟臥三年，竟為爾輩掃出。」

眾請送入廟，曰：「吾不入廟。」請供奉之，曰：「吾不受供。」「然則何歸？」曰：「可送我至前門外蜜蜂窩。」即舁往蜂窩。窩洞甚狹，在土山之凹，蜂數百萬，嘈嘈飛鳴。羅解上下衣，赤身入。群蜂圍之，穿眼入口，出入於七竅中，羅怡然不動。人饋之食，或食或不食。每食，必罄其所饋。或與斗米飯、雞卵三百，一啖而盡，亦無飽色。語呶呶如訣，不甚可解。某貴人饋生薑四十斤，啖之，片時俱盡。居窩數年，一日脫去，不知所往。

《子不語》卷二十一〈婁羅二道人〉「羅真人」

有張邋遢者，江寧人，孑然一身，家赤貧，與乞丐無以異。終歲不洗浴不更衣，人因以邋遢名之，張亦不辭也。居無屋舍，夜臥石橋上，寒暑不懼。一夕朦朧未睡，恍惚有人問曰：「明日有何神明過此，有勞長者灑埽。」張方駭異間，俄一人答曰：「明日有八洞神仙繞道，故預備相迎耳。」蓋夜遊神與土地相問答也。張竊記之。至天曉，凝神靜候。日將午，見一群人冉冉而來。細視之，其數恰八。中有一女，雖蓮鉤窄窄，而步履如飛，殆所謂仙姑也。末一丐，形容跛陋，衣破碎若鶉衣，然皮肉盡露。張暗思此必李鐵拐無疑矣。遽前持其袖曰：「仙度我，仙度我！」丐笑道：「誰其仙哉！」說畢望前直行。張不之放，丐不得已，即於身上取瘡疤一握付張，曰：「持此去，隨心所欲矣。」張接之異香撲鼻，神氣一清，遂拜謝。轉瞬間八人已不知所往。

時天氣甚酷，魚肆中鮮魚逾時多死，遂傾棄道旁。張拾之，盛以水，以瘡疤少許入之，魚俱活。張喜極，肩挑出賣，得錢數百文。次日賃一屋，盡收死魚仍如前法，竟利市百倍。市中人無不驚訝，未審是何幻術也。一日，張閉戶活其魚。眾由門隙偷窺，見張笑容可掬，以死魚入缸中，須臾取出，盡皆活跳。眾駭極，破門而入。張大笑，以瘡疤盡掩入口，騰空而去。

《此中人語》卷四〈張邋遢〉

這兩則故事，都具有鮮明的道教色彩，頗有新意。前一則寫的是京城中一個道人的故事。該人雖與市井俗人時有接觸，但其行為詭異，讓人感到神秘莫測。後一則寫的是一個由俗人變為異人的故事。該故事雖然涉及神明、仙家，奇異變幻，但仍然充滿較為濃烈的世俗氛圍。

這個時期的神佛、異人現身故事，尚有寫張某去兩千里外給表兄送物，一日往返，後入武當不知所終的《池北偶談・張谷山》、寫某人富而豪侈，一夜醉歸見一緋衣人據案觀書，數日皆然，後其家大火，始悟緋衣人為火神的《池北偶談・火神》、寫浦某遇一道士火光繞身，知為異人，乃隨其入山修煉的《池北偶談・浦回子》、寫熊某得仙道坐化而去，後現身雲端揮手與眾告別的《池北偶談・熊仙人》、寫羅秀才家貧授徒，一日出遇異僧相助的《觚賸・神僧》、寫廣州有丐者貌極尪羸，食石塊瓦片無異藕蔗的《觚賸・啖石丐》、寫某看燈遇仙，被領入深山後不願修道，亦錯過服食仙物機會，遂送其返回的《述異記・看燈遇仙》、寫某地一酒店主發跡前後對待仙丐態度大相徑庭，仙丐乃題詩加以嘲諷，店業因此日衰的《述異記・酒樓仙跡》、寫凌某行醫為善，一日見以乞丐面貌出現之群仙會飲，凌不食肉飲酒，得仙家所遺鮮荷而醫有奇效的《湖壖雜記・凌醫遇仙》、寫通州一患病乞丐挾向其求度少年凌空而去，令市中異香三日的《耳食錄・市中丐者》、寫某置仙人所賜藥丸於甕中，令死魚盡活，有人來奪即吞入腹中，的《耳食錄・捕魚仙》、寫一童子採樵入山迷路饑甚，遇數仙女乞食得飽，後尋往已屋舍杳然，僅拾得一隻繡鞋，精麗異常的《耳食錄・繡鞋》、寫錢某賣藥誠信，有日一道人抱病兒置櫃上三遺其矢，其處異香經月不散，遇異疾乃藥到病除的《熙朝新語・三遺其矢》等。

第二節　清代的神佛異人濟世故事

清代神佛、異人濟世的故事，作品較為豐富，大多以懲惡揚善，護佑眾生為題旨。其中的神佛、異人，無不是世人所期望出現的救星。此類故事，不乏內容健康，並且有一定藝術感染力的篇什。譬如：

布商某至青州境，偶入廢寺，見其院宇零落，嘆悼不已。僧在側曰：「今如有善信，暫起山門，亦佛面之光。」客慨然自任。僧喜，邀入方丈，款待殷勤。既而舉內外殿閣，並請裝修，客辭以不能。僧固強之，詞色悍怒。客懼，請即傾囊，於是倒裝而出，悉授僧。將行，僧止之曰：「君竭貲實非所願，得毋甘心於我乎？不如先之。」遂握刀相向。客哀求切，弗聽；請自經，許之。逼置暗室而迫促之。適有防海將軍經寺外，遙自缺牆外望見一紅裳女子入僧舍，疑之。下馬入寺，前後冥搜，竟不得。至暗室所，嚴扃雙扉，僧不肯開，托以妖異。將軍怒，斬關入，則見客縊梁上。救之，片時復蘇，詰得其情。又械問女子所在，實則烏有，蓋神佛現化也。殺僧，財物仍以歸客。客益募修廟宇，由此香火大盛。趙孝廉豐原言之最悉。

《聊齋誌異》卷十〈布商〉

屠秀才，楚北人，名越。歲暮，撤帳歸家。忽一武士，皮冠戰裙，氣象猛厲，岸然造其廬。自云莊姓，問屠明年設帳何處。屠云：「尚無定處。」莊云：「僕有兩豚兒，敢勞先生教誨，歲贈三十金。」屠少其數，莊云：「予村中尚有鄰家子二三人，同來請業．先生可安硯矣。」屠猶躊躇，莊遽以鹿脯置案上，云：「以此為贄，先生勿卻。」出門遂去。屠欲詢其里居，而莊去已遠。時山中綠林嘯聚，屠疑其黨，心竊惴惴，未敢更就他聘。

未幾，元宵節過，莊忽夜來叩扉，云：「車乘已備，請先生就道。」屠請明日，莊不可，遂曳之登車而去。山路拗折甚遠，至一村，皆架木為居，狀甚奇古，時已將曙．乃共入室，四壁槎枒如巢。二童子出拜，長者十四五、少者十二、貌皆猿目鳶肩，率如鴞獍。教之讀，駑鈍無才，而性殊暴烈。數日，即將伴讀童子擊傷額角，蓋鄰家子來同學者三人，而莊姓子均陵壓之。先生責之不服，反顏相向。莊出，謂「先生袒護鄰子」，語忿且詈。屠大怒，辭欲行。莊曰：「汝欲何往？恐不能由汝！」悻悻而出。屠隨出，聞室中群兒爭號。歸視，見二子擘鄰子胸，探食肺臟。

屠大驚而逃。既出，不識路徑，二童追來而要遮之。屠奮身野竄，日暮途窮，鴞鳴狐叫，返顧二童，不知何往。道旁一荒窯，欲伏其內。忽有二狼從荊棘中躍出，倒銜屠衣，曳行數武，驚駭欲絕。俄一老人褐衣高冠，須長過胸，持杖擊二狼並斃。詢屠何以至此，屠告以故。老人曰：「此豺虎之鄉，何可朝夕也？幸遇老夫，不然危矣！」示之途。出則重巒疊嶺，不復有道路。

歸家數日，夢老人提人頭掛於庭樹，曰：「莊某不法，予已梟其首矣！」屠驚問姓名，老人曰：「老夫此山之主也。」屠遂寤。起視樹上，懸一虎頭，血猶殷濕，方悟老人為山神也。

《醉茶志怪》卷三〈山神〉

這兩則神靈懲惡鋤害、搭救受難者性命的故事，均有較強的思想意涵和較高的藝術感染力。在兩則故事中，懲處的對象和保佑的物件各不相同。前一則故事寫菩薩顯靈，巧借一將軍之手解救命懸一線的客商，翦除圖財害命的惡僧，並且讓廢寺獲得新生。後一則故事寫山神顯靈，化身老者消滅虎、狼之患，使得正在逃命、將要被吃掉的塾師轉危為安。又如：

劉進士祖向言：潁州一少年為邪所侵，疾入膏肓。家人謂不可活，置之路傍。忽一道士過之，自言善醫．命取鐵錘重數十斤錘病者頭面。父母泣謂病已至此，鐵錘下，首立碎矣。道士笑曰：「無傷也。」錘下，病者若無所知，輒有一美婦人長二寸許，自口中躍出而滅。凡百錘，口出百婦人，大小形狀如一。少年立愈，道士亦不復見。

《池北偶談》卷二十五〈潁州道士〉

杜生村，距余家十八里。有貪富室之賄，鬻其養媳為妾者。其媳雖未成婚，然與夫聚已數年，義不再適。度事不可止，乃密約同逃，翁姑覺而追之。二人夜抵余村土神祠，無可棲止，相抱泣。忽祠內語曰：「追者且至，可匿神案下。」俄廟祝踉蹌醉歸，橫臥門外。翁姑追至，問蹤跡。廟祝囈語應曰：「是小男女二人耶？年約若干，衣履若何，向某路去矣。」翁姑急循所指路往，二人因得免，乞食至媳之父母家。父母欲訟官，乃得不鬻。爾時祠中無一人。廟祝曰：「吾初不知是事，亦不記作是語。」蓋皆土神之靈也。

《閱微草堂筆記》卷二「土神顯靈」

這兩則故事，內容各異，故事主角的身份亦不相同，但均頗為有趣。前一則故事寫一個道士用鐵錘捶頭竟救活了重病少年的性命，顯示出其人具有很高道行。後一則故事寫一位土神動了惻隱之心，巧妙幫助逃命的小夫妻倆度過劫難，讓欲將養媳賣給富人為妾的翁姑人財兩失，受到應有的教訓。

這個時期的神佛異人濟世故事，尚有寫刑部某官員素奉神仙佛甚謹，黃衣天神降至其家為人治病，求者摩肩接踵的《池北偶談・黃衣人》、寫一道士以金丹治病救人，立見奇效，數百人取丹而盛丹小瓢仍然不空的《池北偶談・靜甯州道士》、寫許七患病命在旦夕，得道人所授三藥丸，一服而熟寐，再服而霍然，三服而健體的《述異記・許七遇仙》、寫嚴州某人推倒教虎食人、不保一方平安之土地，自己坐上其位而逝，被民眾塑為肉身土地的《述異記・肉身土地》、寫某貧婦以火酒、雞蛋供養出自酒壺之「庫吏婦」，因得其幫助而善醫和言人休咎，家遂小康的《客窗筆記・庫吏婦》、寫一行腳僧為民除害，入水斬蛟而使河堤合龍後，竟飄然離去，不知所之的《守一齋筆記・異僧斬蛟》、寫一閹者老而苦，投西湖自盡時被仙家搭救，因仙家傳授治病奇術而過上舒心日子的《山齋客譚・閹者遇仙》、寫陳箍桶行為怪異，人目為仙，嘗往救被群賊緊追之母女，使其免難的《墨餘錄・陳箍桶》、寫某孝子家貧無錢為母買藥，一仙人作畫令其出售，遂得以治好老母的《北東園筆錄・仙畫》、寫暑月一貧寺老僧露宿，而將己榻讓與外來道士，道士乃仙人，竟讓群蚊棲於竹葉上並化為文字，以絕蚊患的《里乘・文字竹葉》、寫陸某誤聽他人戲言而前去刃斃其妻，因有觀音菩薩保佑而未鑄成大錯的《右台仙館筆記・一言之戲》、寫一赤體僧到青浦使瞽嫗復明，讓左足反生少年之足轉正，為求醫者治病無不湊效的《右台仙館筆記・神僧》、寫某甲夜歸遇雨，被一船送回家，數日後知為神船，乃獻香楮酬神的《此中人語・神船》、寫一道人將好狹邪遊之某生領入迷香洞，使其幡然悔悟，從此不復狎妓的《此中人語・迷香洞》等。

第三節　清代的人神婚戀故事

清代的人神戀愛婚姻故事，作品較少，大多描述世人與異性仙家、神靈的一段感情生活。其中的一些佳作，藉助幻想世界的婚戀來表現人世間的情感生活，委婉動人，往往能夠給讀者、聽眾留下美好的印象。譬如：

陶仲子冰叔，貌韶秀，才敏捷。其父嘗仕末僚，罷官林下。家藏書畫頗多，惟書室中有鐘進士一幅，化工筆也。進士口銜寶劍，兩目閃閃然，貌頗兇惡。旁一美人，豐神酸楚，體態娉婷，而下露一尾，蓋狐也。進士執其臂，若欲置美人於死地者。

陶素憐香惜玉，每視畫，必喟然嘆曰：「如此美人，吾見亦罕，鐘君何太無情，獨不念姣姿弱質乎？」而畫中美人，亦眉黛淒然，秋波頻送，若有欲語不能之狀。陶始而憐，繼而悲，久之忿火中燒，癡情莫遏。遂取繡針二枚，刺進士臂。忽見美人自畫上飄然而下，與陶襝衽曰：「蒙君眷愛，救妾於患難中，此恩此德，誠莫大焉。」陶驚且喜，遽摟之。美人不甚拒，竟成歡好。陶乃取鐘進士藏書篋中，而繡針卻未拔下，恐其復執美人也。

陶與美人居一年餘，殊無知者。一日，美人忽呼腹痛，產一兒，啼聲宛轉，與常兒無異。於是闔家俱曉，美人亦不之避。育嬰三年，始涕淚與陶訣別。陶痛極，百計挽留，美人曰：「妾本畫中人，烏得久生塵世？君固鍾情，為離強暴。數年伉儷，恩已報矣。此兒福分亦大，宜善撫之。後三十年，當與君相會於石鏡峰前也。」言訖，凌風而逝。陶感其情，終身不復娶。而其子至二十餘歲，竟由科第，官至太守云。

《此中人語》卷一〈畫中人〉

商輅，字子車，漢陽人。偶游郊外，見白鵝泛泳水濱，呼之，緩緩而來，集足下。商抱歸齋中，頗馴，飼以稻粱，如獲珍寶。

一夕，友人招飲，反扃而去。及歸，鵝已失去，遍詢鄰里，皆云未見。夜宿齋中，覺有人與同寢處，燭之，美人也，肌理細膩，膚如凝脂，遂相燕好。曉失所在，夜復來，疑其狐仙。苦詰之，女云：「妾名嬌娥，天府中司夜之宮人也，偶有小過，謫向人間，與君有夙分，故此繾綣。」商曰：「池上鵝兒，得非卿耶？」女笑而不答。商曰：「卿是仙人，苟冒然而來，僕敢不納？烏用是鴐鵝者為哉！」女曰：「我輩靈氣所鐘，必憑生物以遊人世，不必身即是鵝也。」商曰：「世之靈物，修煉成仙，抑又何說？」女曰：「是非君所知也，請勿多疑。當為君生貴子而後去。」

綢繆年餘，忽謂商曰：「妾謫限已滿，行與君別。」乃盛妝出門。有彩霞萬道，從空墮地，層層如丹梯，女踏之，冉冉入雲端而沒。歸見床頭一巨卵如瓜，俄而自破，有嬰兒攢抱其中。視之，男也，方面大耳，貌殊不凡。遣乳媼哺之。及長，智慮過人，善貿易。時中青犯禁，私貨之，不數載，富雄一鄉。以捐納例授頭品焉。

《醉茶志怪》卷三〈嬌娥〉

這兩則故事，描述的均為文士與仙女的一段特殊情緣。他們的婚戀無美滿而短暫，並且都由女方主動提出分手，離別時留下的一個男孩，長大成人後都能為官。兩者不同之處在於，前一則故事的女主角最初是以狐精的面貌出現的，其身份交代得不太明確；別離時側重表現伉儷情深。後一則故事的女主角最初則是以鵝精的面貌出現的，其身份交代得十分明確；別離時側重展示仙家的風範和兒子的狀況。

這個時期的人神婚戀故事，尚有寫四川陳某與一仙女燕好，女輔助其為官，後致仕還鄉，八十餘猶健壯的《妙香室叢話・仙女佐治》、寫鄭生所救少女，乃是一位下凡之廣寒宮埽花女，後來成為恩愛夫妻的《此中人語・廣寒宮埽花女》、寫傭工張某與一仙女相愛，寢處二載，事洩緣盡，女遂一去不復返的《醉茶志怪・張傑》、寫上界星月狐仙謫降人間，與黎生結為伉儷，助其致富，並使四鄰受惠的《南皋筆記・狐仙》等。

第四節　清代的人神友情故事

清代時期的人神友情故事，數量也比較少，大多描述世人同神佛、異人之間的交往與情誼，大都格調清新，並且帶有一定的奇異性、神秘性。譬如：

> 蒲城羅秀才，家貧授徒，館於邑之東偏。暇日緩步池上．天正晴朗，聞樹杪颯颯聲，風雷驟作，羅生闔戶少息。出遇一僧，毿毿披髮，覆被肩面，布衲芒鞋，貌甚奇古。生揖之曰：「師從何來耶？」僧笑而不答。因邀至書館，授以一餐。僧曰：「明日幸俟我於東嶽神祠，當設筵相酬也。」
>
> 如期而赴，良久僧至。祠內空無一物。時已昏黃，僧乃於袖出圓紙，吹上屋樑，忽成皎月，光彩煜煜四照。向祠東壁，以手指畫門雙扇，門豁然開。長須平頭者數人，從壁門出，布席設坐，錦屏繡褥，海錯山珍，靡不備具。酒既再行，僧曰：「寂寂無以娛賓，可命妓之能歌舞者來。」俄見十六麗姝，亦出自壁門，纖謳乍發，雅樂雜鳴；既而咸呈妙技，或凌履緣屏，或反腰貼地，或雪飛雙劍，或星走三丸。羅本寒素士，觀之目眩神駭，逡巡求退。僧舉袖一揮，妓僕器物，俱隱入壁。梁月隨人，移照嶽祠外。聽譙樓鼓聲，已三嚴矣。羅向僧拜曰：「我師固天上人也，不謂塵途，遘茲神異。我將從師為汗漫遊，師許之乎？」僧曰：「子有窮相而無仙骨，未易言此。」羅哀祈再四、仍於袖出一小木龍，令羅乘之。鱗角飛動，倏長數丈，千林萬壑，瞬息而過，狂濤怪浪，淜湃盈耳，

羅震悚欲墜。僧已在前途呼曰：「可下矣。」下則一海島茅庵也。翠峰插漢，孤燈熒然。僧曰：「君且止此，我往覓杯茗，為君解醒。」庵外白額虎跳躍而來，張口向羅，僧至叱去。

羅生淒怖欲絕，涕泣求歸。僧曰：「我固知君之不能從我遊也。然君常飯我，有薄物奉君，為壺餐之報。」因傾小瓶藥丸如豆，斷庭前細竹數寸贈羅。謂曰：「君歸後，殷邦十五、鬼井奇祲，用此乃免耳。」羅祗受。假寐少頃，開目，依然身在嶽祠門外。殘漏未終，天甫向曉，悵惘步回書館，竹枝丸藥猶在掌中，投置敝篋，不復省視。

閱三載，果遇奇旱，羅益貧困。取僧所贈藥，偶向門屈戌磨之，藥化火發，屈戌鎔為黃金，重二兩許。又以細竹枝劃地成圈，輒得胡餅一枚，啖至三枚，再劃則不成矣。日以為常，以此不致困乏。次年穀稔，遂失竹枝所在。「殷邦」蓋謂嘉靖，「十五」即七八兩年，而「鬼井」乃秦之分野也。

《觚賸》卷六〈神僧〉

楊青驛河干，有積柴如丘，相傳仙居其內。旁建一祠曰白塔寺，鄉人祈禱輒靈。鄰村有收生嫗，夜半有人叩扉延請，云：「已為姆備肩輿，敢奉勞也。」未暇詳問，即扶入輿中，舁之而去。至一第，門僅如竇，入則樓閣連亙，服物奢侈。內室錦帳繡褥，坐一佳人，年二十許，美麗無比，綠蛾雙蹙，紅粉凝嬌，似將分娩。旁立數婢，亦皆妖豔。嫗使一婢登床抱產婦，使柳腰細彎，蓮足高舉。女產殊不艱澀，一舉四男，體俱肥茁，惟尻際有小尾不時搖動，啼聲啾啾。一婢奔出送喜。有美婦四五人，入室歡賀。邀嫗至他室，盥以金盆，啖以肴酒，出黃豆升許贈之，云：「將去一生吃著不盡」。

嫗大失所望，方欲致辭，遽使人導出。回顧並無屋宇，乃麻秸垛也。深怨仙人吝嗇，舉袖中豆灑諸河幹。及至家，袖底得珠二粒，始悔。再往尋之，烏有矣。

《醉茶志怪》卷三〈白塔寺〉

這兩則人神友情故事，內容不同，特點各異。前一則故事頗有晉唐風韻。故事主角是一個具有很高法力的異僧。他將一個文士引入奇妙幻境，波瀾起伏，感情跌盪。異僧的贈物作用不小，讓其人平平安安地度過了大旱之年。後一則故事屬於類型故事，寫一產婆為仙家產婦接生，得到熱情的接待和豐厚的酬謝；誰知產婆福淺，竟丟掉了絕大多數贈物，不能不感到遺憾。

這個時期的人神友情故事，尚有寫張生與判官多有交情，判官竄改衿錄而助其考中入學宮的《觚賸・潛竄衿錄》、寫一神靈化身老嫗，耐心指點學法者，使其躲過妖道追殺的《聞見異辭・茅山學法》、寫燕人申某屢試不第，出關挖參時迷路，得到一仙女幫助，將其領入石室休憩、飲食，還向其饋贈人參的《醉茶志怪・申仲權》等。

第六章　清代的神異故事（下）

第五節　清代的寶物故事

清代的寶物故事，數量並不太多。作品在描述包括珠寶、金石、圖畫、器物、農產品等各式各樣的奇珍異寶的功能及其作用的同時，又揭示出世人對待寶物的態度和表現，賢愚互現，善惡分明。其中的覓寶客有南方人、高麗人等，不再出現西域胡人一類覓寶客。此類故事，有不少作品曲折有趣，具有較強的藝術魅力。譬如：

龔某，田家子，耕於畔，於泥中得一匣。啟之無物，攜歸，置之。其妻嘗夏夜眠簷下，便取匣枕之。覺耳際蟬鳴，若人聲私語曰：「明日舅子來。」一人曰：「明日勿來矣，阿英剛娶婦，自爾忙碌。」婦驚起，他顧無人，異之。次日，龔自田間歸，語其婦曰：「適信至，阿英今日合巹，吾將往賀。」婦訝之，欲與語，龔已匆匆攜衣去。

一夕，婦執炊灶下，聞房內私語聲。往瞰之，無他，似幾上匣中語云：「某蛇齧，原不妨，但傷足拇指，勿好車水。若得銀花根煎洗，愈更速。」婦驟入，寂然，夜龔歸，婦告之，且戒翌日勿往於田。龔弗信。婦曰：「吾絕忘卻。前阿英娶婦，汝未言，吾逆知之。汝匆匆去，未遑語汝。」龔曰：「且待蛇齧我，我始信。否則，吾將焚棄此物也。」詰朝，龔復有事南畝，陡見大鷹集畦間，奔逐之，失足踏泥溝內，痛絕。起足視之，蛇猶盤繞足底，血污淋漓。諦審之，蓋足拇指已傷。歸謀諸婦，婦曰：「田舍奴，我豈妄哉？汝弗我信，應有此禍！」遂覓銀花根煎洗，果瘥。

由是共異此匣，遍告鄉人。為識者知之，曰：「此古劍匣也，能辟妖魅，置門上，能生瑞氣。」適門楣上有缺未補，龔遂剖匣設諸上。他日有道人過其門，視之，大驚曰：「既識其材，究弗能善用其材也。」才一揮手，門上匣板盡落道人前。道人乃抱碎匣板痛哭而去。

《蕉軒摭錄·古匣》

京師小市中有舊鐵條，垂三尺，闊二寸許，形若革帶之半，中虛而外鏽，面鼓釘隱起，不甚可辨，列於肆中，人無問者。積年餘，有高麗使客三四人過，取視良久，問價幾何？鬻者謬雲錢五百，使客立解五百文授之。其人疑而詭對曰：「此固吾鄰人物，俟吾詢諸主者。」頃之，使客復來。鬻者曰：「向幾誤，主者言非五金不可。」使客即割五金無難色。其人則又為大言曰：「公等誤矣，吾曹市語·舉大數以為言，五金蓋五十金也。」使客曰：「吾誠不惜此，但不得更悔！」鬻者私念一廢鐵夾條而得此重價，藉令失此售主，即數十錢亦不可得，因許之而問其所用。

時觀者漸眾。使客乃如數畀鬻者金，即以鐵條付其侶，乘馬疾馳去，始告之曰：「此大禹定水帶也。禹治水時，得此帶九、以定九區平水土。此乃九之一、凡遇鹹苦污濁之水，一投此帶於中，即立化為甘泉，足以珍耳。」市之好事者隨至高麗館，請試驗之。使客命汲苦水數石，貯之缸中，先攪以鹽，後投此帶。水忽沸作魚眼數十、少頃汲而飲，甘洌遠勝山泉，遂各嘆服而去。

鬻者言，闖賊陷京師後，得之於老中官。蓋前朝大內物也。滄桑變幻，內府珍異流落人間，可勝慨嘆云云。

《書影·定水帶》

這兩則故事中的寶物，均為流傳久遠的古代遺物。前一則故事中的古匣，農婦得於田間，有預報未來的功能，無不靈驗。不意被一個道人毀壞，實在令人嘆惋。後一則故事中的舊鐵條，來歷非凡，具有化苦水為甘泉的功能，當是一件造福人類的無價之寶。如果說前一則故事在藝術上與以往的寶物故事頗為接近的話，後一則故事則有所創新，譬如高麗客的出現，當場驗證定水帶的功能；此外，整個故事有頭有尾，將覓寶過程好寶物的來龍去脈交代得相當清楚，這在寶物故事中也是不多見的。又如：

莊麟，山西臨縣鄉民也，年二十未婚。暑浴於河，見大鯉困網中，約重百餘斤，軒鬐若訴。麟憐而脫之，鯉遊行作回頭狀，躍波而逝。後麟隴上假寐，夢秀才騎從甚都，皆翩然俊逸。揖麟而言曰：「予德子甚，已請於家君，將以妹室子，幸勿辭。」麟瞿然曰：「僕田澤人耳，素不與君相聞，何德之有？矧喬野不稱，敢辱君之妹乎？」秀才曰：「子不憶河上之鯉耶？余乃禹門龍王第三子也，化魚出遊，為漁所困，微子將鱠予於市矣。舍妹明豔，真堪作逑，子何拒之深也？」麟聞之心惴曰：「水府路殊，何愛於僕，蒙君之厚，是速僕之死也。」敢辭，秀才心恚，因出水晶一顆贈麟曰：「旱魃為虐，子以此禱，甘雨可立致豐也。」及寤，而晶在枕。遇旱以禱，輒效，號曰「雨師莊老」。凡州縣贈遺皆卻焉，遠近甚德之。國朝順治初，年七十餘，臨歿前三日，復夢秀才曰：「君數將盡，晶應見還。」麟探懷予之，果卒。至今土人立祠河幹，額曰「放鯉」，肖麟像其中，禱猶驗焉。

《蕉尾叢談・放鯉祠》

邑李某，夜烹羔羊，香噴戶外。有白髮叟推扉入，曰：「肉味良佳。願嘗一臠。」李欣然為設匕箸。叟倚床坐，自言：「流寓鄰寺，慕君高雅，故來就食。」二人對飲・叟量頗豪，十觴不醉，李頹然臥眠矣。

及醒，叟已去。遺一小石，大如彈丸，光華五彩，置磁杯中，杯化為金。急出訪叟，遠近並無其人，益以為仙。歸而覓石，不得。詢之家人，云棄諸水。李懊悔良久，乃藏杯於篋。

《醉茶志怪》卷二〈點金石〉

這兩則均為神靈、仙家饋贈寶物的故事，各有其因由，無不表現出對於世人的深情厚意。前一則故事寫龍子向鄉民贈送水晶以報救命之恩，日後在抗旱求雨時此物不斷發揮作用，為民造福。後一則故事寫仙翁贈送點金石以酬謝李某之盛情款待，不幸家人誤竟將寶物棄諸水，其人僅收藏一金杯為念。再如：

上海蕭家浜，水通黃浦。咸豐五六年間，土人往往於晦冥之夕，見河濱有光燭天，儼同月夜。河濱有大榆樹，數百年物也。一日，有客向土人欲買此樹，願輸錢百緡。土人異而詰之，客曰：「此樹腹空已久，中有靈草一莖，而此河由黃浦通大海，汝等獨不見夜有寶光如明月者乎？此巨蚌也。彼在海中修煉多年，來此欲食仙草，以成正果。吾所以買樹者，將取草以釣蚌也。」土人聞之，皆謂明月之珠乃無價之寶，君輩何愛於百緡？乃謝客勿售，相與鋸樹取草。復築壩截斷河流，戽水使涸。河底果有兩巨蚌，皆如百斛之舟，相對翕張，作欲裹人之狀。土人既不敢近，乃懸仙草於長竿以誘之。蚌來逐草，其行如風，竿與草皆為所吸食。持竿人駭極，幸而跳免。土人以為蚌不出壩，終當涸死，欲持久以困之。數日後，蚌忽不見，蓋已騰躍而越壩矣。然每夜寶光仍見於黃浦，相去不過數十里耳。

俄有兩女子，美麗絕倫，赴縣署投狀，自稱立願出家修道，有惡少年鄔生，強佔為妻，不令得歸母家，求縣主速賜拯拔。問其居址，云在黃浦。既而一書生來訴狀，自稱鄔姓，幼聘彭氏二女為妻，今欲賴婚，求縣主速賜清理。問其居址，亦云黃浦。既而縣役持票拘人，則浦濱固無彭、鄔二姓者，遍詢舟人，亦皆無之，遂置之不理。越半月，兩女子復來縣催訊，並訴於道署。詰以鄔生既難拘到，作何處治？女子稱：「但書黃紙，聲明鄔某應按律懲辦，鈐以縣印，以某日某時焚而投之黃浦，則可矣。」縣令如其言試之，忽見血湧水面，則一大黑魚，長五六丈，已浮水死矣，身似被刀斫者。是夜寶光遂不復見，後常見於海外之蛇山。始知蚌之久不出黃浦者，黑魚所阻也。而彼此赴訴，先得縣印者勝，印之威靈亦赫矣哉。

《庸庵筆記》卷六〈巨蚌成精〉

海河濱有菜園，圃中結一瓠，長白異常。有術人口操南音，向老圃購此瓠。老圃云：「瓠老不堪食，留作種者。客買是奚為？」術士出重價，意在必售。老圃因其出重價也，靳不與。術士愈增價。老圃知其有異，云：「客不明告以故，雖千金勿易也！」術士不得已，告曰：「津中三岔河底，有分水箭。眾流匯海而直下者，恃有此箭，否則成巨浸矣。若得此寶，值千金，第有老龍看守，必以術取。今得此瓠，騎此可以下水與老龍戰。茲即實告。且有所煩——某日子夜與君同往，授君五色旗，待予入水後，俟有手出水上，見何色手，以何色旗與之。萬勿驚駭！與畢，靜候片刻，予得寶出，當厚酬君。」老圃許之，乃摘瓠去。

越數日，夜已交子，月明如晝。術士駕小舟，邀老圃往。至則披髮跣足，投瓠於水，跨之下。旋見波浪翻沸，一巨手出水面，大如箕，色正赤，老圃急以赤旗與之，又數刻，出一黑手，大如前狀，又以黑旗與之。旋見水波洶湧，高出於岸，小舟飄蕩欲翻。老圃暗思：「寶所以鎮河，一方福也。為彼將去，水災立至，吾其魚矣！」俄出一白手，圃以黃旗與之。倏水星迸沸，白手復出，圃又與以青旗。

是時小舟擺撥欲沉，老圃急划船至岸，躍下觀之。見白手出水上，半晌不退，四外水立如山。忽訇然震響如雷，波濤漸平。見術士屍浮上，身首異處，順流而下。老圃自返。

《醉茶志怪》卷四〈分水箭〉

這兩則作品內容不同，均描述南、北兩地各一個與奇珍異寶有關的動人故事。前一則寫的是由覓寶人買樹求靈芝草而引出二蚌告狀的故事。兩個俊俏的蚌姑終於戰勝黑魚精，獲得自由，夜明珠的寶光乃從黃浦江轉到海上。後一則寫的是一術士重金收購寶瓠，到河底奪取分水箭的故事。因老翁圃多有警惕而保住了分水箭，才使得海河一帶免遭劫難。

這個時期的寶物故事，尚有寫一狐媚張家兒媳，懸掛宣和御筆畫鷹，狐乃被畫上神鷹擊斃的《池北偶談・道君畫鷹》、寫有人竊得祁陽縣某地石鏡後即昏昧無所睹，還之如初的《池北偶談・石鏡》、寫縣隸屈曼吞赤珠而得隱形術，受重賂入堂盜綶史案牒被捉現形，立被箠斃的《觚賸・屈曼》、寫趙子昂所之馬從畫上躍下，騎之奔跑如風，瞬息百里的《聊齋誌異・畫馬》、寫宜興一鄉民從地裡掘得一羅盤似白石，輾轉賣到海賈手中，方知為照海鏡，用其照海可見怪魚及一切礁石的《續子不語・照海鏡》、寫一田婦用所拾瓦盂飼犬，剩飯次日已變為滿滿一盂白飯，驚而棄於泉洞，被傳為奇事的《咫聞錄・瓦盂》、寫一負薪者因木棍上粘有犀牛毛，用以挑任何重物都非常輕鬆的《咫聞錄・蔡十》、寫山東有人從湖中撈到一石匣，內藏一小鏡正面可照天地萬物，反面可照陰曹地府，忽落水杳無蹤跡的《咫聞錄・陰陽鏡》、寫某妻將夜起得到之寶珠藏於妝匣內，其中金銀財寶隨取隨滿，家日殷富的《履園叢話・聚寶珠》、寫董某採薪時腹中劇痛，因食石人身上落下之細草而病癒，力大無比的《見聞異辭・仙草》、寫一短衣虬髯客用二百金從典肆贖回寶匣，遂乘上匣中竹箭所化之龍凌空而去的《蝶階外史・竹箭》、寫某生得到古鐵一方，係「昆吾古劍頭」，後請人鑄為三把利刃，無堅不摧的《夜雨秋燈錄・古鐵劍》、寫行船遇到狂風十分危急時，某操舟者將其所得之九龍椎投入水中，立即風平浪靜的《右台仙館筆記・九龍椎》、寫某人被雷擊死而復蘇，此後其所穿布衫即有治病驅狐之奇特功能的《右台仙館筆記・雷衫》、寫某官居署中夜飲，忽有一雪白巨人排闥入，某與僕追至室外一處而滅，及明掘出一銀人重數千兩的《右台仙館筆記・銀人為祟》、寫群盜入室時古劍躍出驅之，劍主方知其為寶物，後讓一劍俠將其帶走的《醉茶志怪・古劍》、寫武弁某得一石珠，夜間放光如炬，因不予上鋒而遭到免官的《醉茶志怪・石珠》、寫一人以百金購得涪陵漁人珍藏之夜間放光水晶石，走到江邊時寶石忽然躍入水中的《南皋筆記・水晶石記》等。

第六節　清代的善報故事

清代的善報故事，數量比較多。此類故事的思想內容不盡相同，大部分作品從各種不同的視角展示故事主角以赤誠之心關愛兄弟、朋友，憐惜弱勢群體，幫助遭遇不幸的人們，甚至搭救陷入困境的生靈，他們的善舉往往得到好報，讓世人從中受到鼓舞，得到啟迪。而此類故事也有不少作品將善報與惡報結合在一起，表現出揚善懲惡的題旨。譬如：

> 四川達州民某，兄弟二人，甚友愛，弟未授室而他出。其兄賣身，得十二金，為弟聘婦。弟歸娶，知兄賣身事，乃相持而泣。遣其婦往母家，取原聘金，為兄贖身。湖南流民二人某某，知其事，尾之中途，擊婦死而攫其金。忽迅雷大震，擊二人立斃，其屍羅跪於婦家之門，手中持十二金。頃之婦復蘇，歸至其家，則二人已先跪門外矣。婦語其故，兄弟鄰里及州人來觀者如堵，莫不嘆異，以為孝友強暴之報施不爽如此。
>
> 《香祖筆記》卷七〈達州兄弟〉

> 禾中鄉農某，佃張宦田數畝，歲收所入，僅足糊口，租歷年未償。張念其貧，亦不之索也。農謀於婦曰：「佃田而不償租，賦從何出？張雖不我較，我能無歉然乎！」婦曰：「奈何？」農曰：「自今請日食饘粥，縮米而歸於張，母年已老，不欲令忍餓，可於粥中漉飯，蒸而供之。」婦曰：「諾。」
>
> 久之，母偵知全家食粥，己獨啖飯，自念力衰不任操作，虛糜菽粟，不如死。顧己死，人必加子婦以不孝名，死而與子婦無與者，莫如天誅，乃佯病臥不起。婦饋於其室，勸餐甚殷，曰：「姑置此。」俟婦出，傾飯於溺器中，紿曰已食，婦不知也。
>
> 及暮，雷電交作，虺虺之聲，盤旋於臥室上，屋瓦皆裂。農夫婦知有異，趨入叩，母堅諱不以告。婦發溺器，見有米糝，亟傾出，淘其飯於河，夫婦跪而食之。忽雷雨晦冥，對面不相見。農繞

室大號，以為母罪終莫逭，必震死。須臾開霽，母固無恙，室中累米四十袋，視袋所志字，則張宦家物也。農走告諸張，請歸其米，張曰：「天畀孝子，吾何惜焉？」遂以所佃田貽農，約世世毋償租云。

《香飲樓賓談》卷一〈禾農〉

這兩則作品，講述的均為神明護佑忠厚之人的故事。前一則故事寫神明懲治圖財害命的歹徒，以保護有情有義的兄弟二人。後一則故事寫鄉農夫妻孝敬老母，體諒田主；老母愛惜子媳，田主關照佃戶，終於得到天賜。這兩則故事的價值觀，顯然帶有那個時代的特徵。但是，忠厚之人愛護兄弟，孝敬父母，體諒他人的精神都值得肯定。可以說這兩則故事至今讀來仍然相當感人，使讀者、聽眾能夠從中得到一定的教益。又如：

康熙甲午，江南解元方君某偕友人赴試，中途宿旅店，撿遺銀一封。開視，有小包數十、計數不及五兩。方君謂友曰：「此貧人物，盍少待還之？」留一日，無來取者。友次早欲行，方君強之留，必不肯。方君曰：「子先行可乎？」其友曰：「子誠巧，遺銀固當分我，先去，子可獨取矣！」方君無可與辯，乃計其遺銀之半，以己資與之。友遂行，約同寓。

方君候之三日，見有倉皇失措而來者。叩之，其人曰：「我賣油收帳，歸宿於此。抵家，知失銀，故轉覓至此耳。」問其數及包裹狀，悉符合，遂還之。其人感謝而去。方君故寒士，所攜資斧極少，為遺銀故以二兩餘給友，用不敷，仍回家稱貸，而去就其友與同居。

入頭場，其友之僕夢見天榜首名即其主，並記數人名。告其友，友欣然。及二場畢，其僕愀然謂主曰：「首名已換方相公矣！昨又夢榜上塗去主人姓名，旁朱書，方名下並注小朱書數行，以高張故見不明晰。」友不之信。及榜發，方果作解，所記數人皆符。其小朱書，蓋即注此還銀事耳。義利之際，神鑑昭然若此。

《遁齋偶筆・方解元》

昔有異姓二人，約為兄弟，一姓徐，有子，業為經紀；一姓李，無子·勤於讀書，道雖不同，心甚契合·遂訂金蘭之交，竟誓死生之盟，即以姓為名，一稱徐兄，一稱李弟，朝夕往還，無分彼此，內外亦無間言。

一日，徐謂李曰：「聞吳中絲價甚平，意欲往販而獲利，稍為潤家。吾將托妻子於弟。」李諾之。去未幾時，妻子相繼病歿。年余徐歸，李見衣裳垢敝，形容憔悴，面目黧黑。李問之，泣曰：「吾至洞庭湖中，遇風覆舟；同行諸人盡飽黿鼉之腹。吾得漁人相救，沿門托缽而歸。此時枕畔無妻，膝下無兒，形單影隻，將何所托！」李曰：「暫居弟舍，逆來之境，當以順受之。自嫂與姪去世，兄家之物一一檢存弟處。若肯變賣，猶可收拾餘燼，背城借一。」徐如其言，變湊百餘金·販藥赴荊襄，兩月而返，曰：「我命不由，實命不猶耳。前次至洞庭而遇風，此次至瀟湘而遇盜，正在驚惶，陡起大風，觸石船裂，貨遭沉溺，人漂於岸，倩入撈物，雖獲其半，已大虧其本。命也如斯，予亦不作出門想矣。」遂館於李舍。

徐好飲博，李曰：「兄雖一身，而無家累，飲博豈可終身，當圖良業以為生計。」（徐）忽對李曰：「周友約我合夥開肆，但無米之炊巧婦不能，弟盍為我圖之。」李即將田數畝典金與之。徐得銀欣然而出，數日不歸。問之人，方知徐將此銀償博進，完酒債，遁入遠方矣。

從此李日漸貧窶，無以自給，仰屋興嗟，莫可如何。潛詣屋後山下土地廟，思欲自盡。適有客過敬神，焚香燃燭。李躲匿神旁，坐而假寐，恍惚間，見神下座，笑而言曰：「深山荒僻，乃惡獸出入之鄉，速上我樓，自有好處。」醒見廟中無樓，忽悟曰：「神言未必無因，雖無樓，我姑上屋。」遂從牆旁古樹攀援而上，如獼猱升木焉。方升屋，忽見林下颯颯有聲，滾滾而入，有一虎跪於神前曰：「多日不食，饑餓難忍。求神賜之。」神曰：「翌日午刻，村西有一缺耳豬在田芟草，爾之食也。然爾命當餓，難以食也。」

虎拜謝而去。又一陣陰風，神曰：「老魅何來？」即有婦人聲對曰：「弟子居東村山后，荊棘滿岩。岩有隘洞，僅可容身。村近何姓有一子，年十六歲，聰明姣秀．綽約如婦人女子，常近之，飲食起居亦頗適意。惟此處依山成村，近無井泉，村人遠涉他岡，汲而供飲，苦亦極矣。村中一嶺，上有峭壁，壁有小洞，確是泉脈。為片石所阻，略施斧斤，泉流涓涓，不惟養人，亦可灌田，無人知之耳。」神曰：「爾道將成，不合魅人，須當謹慎。」狐遂出。

次日，李至某處，果有東村，遂對村人曰：「近聞此村有妖，吾善術可與降魔。然吾渴思飲，乞賜茶以潤口。」村人曰：「此處汲水，往返十餘里。」李曰：「吾亦有術，使山有水，無須遠汲。」李如狐言，至石壁之洞，運斤擊開其石，果源泉混混而出。又至山後洞中，多積柴草，燃火薰之。有黑狐突出奔逸，村人子疾遂瘳。合村作謝，合得銀三千兩，車馬十餘輛。

隨又至西村，見荒寂無人，惟街尾有古井，見一婦人左耳缺半，執瓶出汲。李急牽婦衣，婦驚欲逃，李就抱擲於室中。村人譁然，拳棍交集。李素習少林學，隨抵隨喊曰：「我乃救此婦也，幸勿亂毆！」眾皆住手，李即以昨夜神言告之。旋聞虎聲繞村，三巡而行。婦在家中，聞其號聲，彷彿似牝豬音，遺穢滿地，逾時復還為人聲。適婦夫歸家，眾告其事，夫婦拜謝，飲酒而去。

次年，李入都應試中選，出為縣令。方到任，赴鄉查勘邊隘，見道旁一人拱立於前，視之，乃徐也。遂下車邀至署中，歷訴前後之事。款食數月，贈以銀，令其回里。徐辭後，思弟之言，驗神之靈，亦至山下廟中祈夢。將至五更，並未有夢，遂自援樹而登廟頂。忽驚腥風陣陣而來，聞神曰：「妖狐斑子，何處相約而來耶？」狐對曰：「弟子前次拜謁而去，次日即有人至村，將泉脈透出，汲飲甚便，第遭火厄，幾為薰斃。」虎曰：「公命食缺耳豬，為人救去，幾為所擒。」茲山中有生人氣，神不之應，狐與虎共尋之。虎則四處瞭尋，狐則上樹而視，見徐仰臥廟頂，推墮石階，虎大吼嚼而食之。後徐托夢於李曰：「予生前作孽，不踐盟言，已為惡獸所傷。」哭泣而去。李驚而寤，至退歸林下，設饌招魂以奠之。

《咫聞錄》卷八〈徐兄李弟〉

這兩則作品，講述的均為神明獎賞助人為樂者，懲罰貪圖錢財、不思改悔者的故事，賞懲分明，形成強烈對比。前一則故事中被神明獎賞的寒士，非但拾金不昧，而且非常執著，不怕旁人誤解，不怕影響考試，專門留下來等候失主，為了留下來，甚至還將自己僅有的一點點盤纏付給同伴，實在難能可貴。不過，與其一同趕考的友人，則是一個精神猥瑣、斤斤計較的卑鄙小人。用此人來陪襯故事主角，更顯現出其人的品格高尚。後一則故事中受到神明眷顧的讀書人，疏財重義，對結金蘭之交的朋友百般照顧，傾囊相助，甚至把自己逼得走投無路，其待友赤誠到了無以復加的程度。而與其結為兄弟者，卻是一個迷戀飲博，不講信義之徒，他不僅僅坑害過至交，最後竟讓自己死於非命。用此人來與故事主角進行對比，使得懲惡揚善的題旨更加有說服力和感染力。

這個時期的善報故事，尚有寫某監生拾金不昧，終得善報，得以與被拐賣之子團聚的《堅瓠集‧還銀得子》、寫有老夫婦倆常為善，一年發大水淹死者不計其數，他們謹遵僧言獨免的《述異記‧水災免厄》、寫一孝女不斷進香為久病不起之老父祈禱，終於得到厚賜將父治癒的《子不語‧孝女》、寫審案時錢縣丞墊錢為一賣女者贖女，錢死後因其為善而延壽一紀的《子不語‧錢縣丞》、寫孝廉林某曾擲狐裘以救陷入困境、狼狽不堪之少婦，積陰德而得中進士的《小豆棚‧擲狐裘》、寫史某贈七十金使欲鬻婦償債之村民免於妻離子散，後遇大火時史家三口皆為東嶽神所救的《閱微草堂筆記‧獻縣史某》、寫渡江時張某用老翁歸還之失金，買舟往救諸多溺水者，還金老翁之兒子亦在其中的《熙朝新語‧老翁還金》、寫孔童母病癒後去捨身崖還願殞身，竟從雲中漸漸墜地生還的《熙朝新語‧雲中童子》、寫陸生樂善好施令家道中落，備受岳父鄙視，當其走投無路時竟三喜臨門的《熙朝新語‧陸生三喜》、寫某地發大水時，一村民舍妻背母至高阜，其妻死而復蘇，形氣無恙的《熙朝新語‧水厄救母》、寫子媳某淘食老母誤倒入糞桶之米飯，上蒼乃賞賜米十石、錢十千，令其家小康的《妙香室叢話・天賜孝子》、寫一鄉婦搭救㝹子得到回報，因而免遭房塌之難的《北東園筆錄・㝹報》、寫馬某年少時混跡綠林，曾疏財使一佃農免將妻子抵債、又曾讓一弱女子免遭凌辱，老來福壽兼備的《北東園筆錄・馬翁》、寫科考時某生拿親友資助之銀兩來救濟生計窘迫老嫗，後來得到善報的《北東園筆錄・白卷獲雋》、寫劉老解衣質錢贖一將就屠之牛，該牛死後曾現身觸賊，解救恩人的《北東園筆錄・牛報恩》、寫朱某為人正直，多行善事，後得天雨金數千兩致富的《客窗閒話・朱翁得金》、寫某商曾解囊救助遇到危難夫婦，因而增壽二紀的《見聞異辭・陰差》、寫發大水時某乙疾負母至山頂，水退他村盡墟，其村獨安然無恙，妻兒康健的《蝶階外史・某乙》、寫某生因搭救半夜從烈火中逃出之裸婦而積陰德，考試時神人再三現身，使其拔殿一軍的《里乘・某公分校》、寫某生拾金不昧，將所拾二百兩銀還與錢糧解差，被推薦入泮，後為王府教授、府學教諭的《果報聞見錄・還金之報》、寫吳門周某作詩放生，應鄉試時竟用上其中詩句，遂登甲榜的《鋤經書舍零墨・放鯉獲報》、寫某貧士救助貧婦，後來得報於五十多歲中舉的《右台仙館筆記・杭州貧士》、寫張翁眼見女方嫌貧意欲與某子悔婚，忙謊稱還債而資助某子娶妻，因得延壽的《右台仙館筆記・張翁延壽》、寫某生贈金與一為奉養婆母而欲做暗娼婦女，其亡父亡夫以文相送，令某科考高中的《右台仙館筆記・寧波某生》、寫朝奉張某為人忠厚，回鄉時在江邊被群丐留飲而誤船，因免覆舟之難的《此中人語・張先生》、寫某叟好善樂施，常扶貧濟困，因得二仙暗示而遷居，乃躲過滅頂之災的《醉茶志怪・二仙》、寫某甲聞神言知其將死於金陵之劫，遂出所帶錢財買舟渡逃生男女數百人，竟以善行免遭劫難的《仕隱齋涉筆・一善免劫》等。

第七節　清代的惡報故事

清代的惡報故事，數量頗多，遠超過同一時期的善報故事。此類故事具有很強的揭露性與批判性，在描述各色人物的犯罪行為之後，往往昭示出其人得到報應的後果，說明多行不義者必遭惡報，絕無好下場。它們通過一個個活生生的實例，在民眾中傳播懲惡揚善的思想，藉以警示世人，達到淨化世風的目的。其中的一些作品，雖然帶有不同程度的因果報應色彩，但在當時仍然具有一定的教育意義。譬如：

平陽令朱鏶，性慘刻。所宰邑別造厚枷巨梃。案涉婦女，必引入姦情訊之。杖妓，去小衣，以杖抵其陰，使腫潰數月，曰「看渠如何接客」。以臀血塗嫖客面。妓之美者加酷焉，髡其髮，以刀開其兩鼻孔，曰：「使美者不美，則妓風絕矣。」逢同寅官，必自詫曰：「見色不動，非吾鐵面冰心，何能如此！」

以俸滿，遷山東別駕，挈眷至茌平旅店。店樓封鎖甚固。朱問故，店主曰：「樓中有怪，歷年不啟。」朱素愎，曰：「何害？怪聞吾威名，早當自退。」妻子苦勸，不聽。乃置妻子於別室，己獨攜劍秉燭坐。至三鼓，有扣門進者，白須絳冠，見朱長揖。朱叱：「何怪？」老人曰：「某非怪，乃此方土地神也。聞貴人至此，正群怪殄滅之時，故喜而相迎。」且囑曰：「公，少頃怪至，但須以寶劍揮之．某更相助，無不授首矣。」朱大喜，謝而遣之。須臾，青面者、白面者以次第至。朱以劍斫，應手而倒。最後有長牙黑嘴者來，朱以劍擊，亦呼痛而隕。朱喜自負，急呼店主告之。時雞已鳴，家人秉燭來照，橫屍滿地，悉其妻妾子女也。朱大叫曰：「吾乃為妖鬼所弄乎！」一慟而絕。

《子不語》卷二〈平陽令〉

獻縣吏王某，工刀筆，善巧取人財。然每有所積，必有一意外事耗去。有城隍廟道童，夜行廊廡間，聞二吏持簿對算。其一曰：「渠今歲所蓄較多，當何法以銷之？」方沈思間，其一曰：「一翠雲足矣，無煩迂折也。」是廟往往遇鬼，道童習見，亦不怖，但不知翠雲為誰，亦不知為誰銷算。俄有小妓翠雲至，王某大嬖之，耗所蓄八九；又染惡瘡，醫藥備至，比愈，則已蕩然矣。人計其平生所取，可屈指數者，約三四萬金。後發狂疾暴卒，竟無棺以殮。

《閱微草堂筆記》卷一「獻縣吏王某」

這兩則作品，均講述貪官污吏遭到報應的故事，可讓踏上仕途者引以為戒。前一則故事中的縣令，以慘刻著稱，對犯人，尤其是對女犯更為嚴酷，並且常常以此自誇。後來遭報受罰，迷幻中揮劍將妻妾、子女殺盡，竟悲痛而死。後一則故事中的刀筆吏，以貪財著稱，平生貪贓枉法所得之錢財達三四萬金之多。後來發狂暴卒，竟無棺以殮，令人不齒。又如：

房山張姓有瓜園，遣傭某獨守。適有布客經其地，求飲。傭與之水，窺其貨物，利之。乘其不意，突以鐵鍤砍其腦，立斃。瘞屍畦下，人不知也。及瓜時，畦中苗蔓盡枯，獨一畦枝柯茂盛，結一瓜，大倍於常。園主奇之，獻諸驛官。官喜，剖食。既破，並無瓜瓤，腥血流溢。怪而招園主詢之，主莫解其故。於是同官往驗，見殘柯斷蔓猶存。使人掘畦下，得屍，根自口中出。嚴訊傭，備言其寔。乃詳縣而置諸法。

《醉茶志怪》卷二〈瓜異〉

敘永廳教官吳伯卿，談鄉闈果報云：川督黃壽臣當監臨時，巫山縣有秀才王某，昆仲二。伯兄貿易居外，十餘年未歸，嘗寄家書，勖弟勤學，隨帶家資，任弟支用，甚篤友於。兄在外，賺積多銀，收生理歸，橐金約四千餘兩。弟喜甚，揀兄歸之數日，辦盛筵，柬邀親友，與兄作賀。屆期，賓客駢集，一堂喜慶，融融泄泄，誇為二難。逮夜，兄忽抱腹大痛，輾轉床褥，逾時卒。弟對親友，搶地呼天，辟踴數次，如不欲生者。親友解勸，稍慰，即大作佛事，超薦兄魂，約費數百金。俱稱能念天顯，無漸悌弟。

是年，王應縣、府試，俱列前茅，遂遊泮，人稱為恭兄之報。次歲鄉試，黃制軍念士子辛苦，諭有犯規卷，暗抽之，勿貼藍榜。王首場，交卷甚早。收卷官睹卷駭異，當稟監臨。監臨置卷他所，任其終場。王出闈即歸。九月放榜，王返巫山久矣。監臨忽飛箚調王到省。王詫異，不解何事。及見制軍，將卷抛置王前，大罵云：「爾作何等事！居心太狠毒，死不足償辜。」王舉卷細閱，乃自寫一篇供招，並非文章，其大致云：「見兄財多，欲獨吞之，於燕賓夜，以毒入酒，鴆之斃。凡招賓薦亡等作，俱塗飾耳目，而眾人不之知也，轉延美譽。俾兄含冤九泉，罪應萬死，今乃自畫親供云云。」王睹卷，面無人色，一鞫而服。當付刑官，論如律。

《仕隱齋涉筆》卷二〈科場報〉「自畫親供」

這兩則作品，講述的均為圖財害命之人遭到報應的故事，鬼使神差，罪犯最終無不受到懲辦。前一則故事中的殺人奪取財物者自以為得計，萬萬想不到竟因西瓜而牽出命案，將其置諸法。後一則故事中喪心病狂的秀才，毒死親兄長後百般掩飾，滿以為可以蒙混過關，得到鉅資，卻在科考答卷時自畫親供，如律問斬。再如：

某貴官長子，性兇暴。左右稍不如意，即撲責至死。侍女下體，椓以非刑。未幾病死，見夢於平昔親信之家奴，云：「陰司以我殘暴，罰我為畜，明晨當入驢腹中。汝速往某胡同驢肉鋪中，將牝驢買歸，以救我命。稍遲，則無及矣。」言甚哀。奴驚寤，心猶疑之，乃復睡去。又夢告之曰：「以我與爾有恩，俾爾救援，爾寧忘平日眷顧耶？」

奴亟赴某胡同，見一牝驢，將次屠宰。買歸園中，果生一駒，見人如相識者。人呼「大爺」，則躍而至。有畫士鄒某，居其園側。一日聞驢鳴，其家人云：「此我家大爺聲也。」

《子不語》卷十九〈驢大爺〉

江西南豐縣有婦姑孀居者，婦忤甚，姑亦安之，惟晨夕誦白衣大士咒。一日上午，姑謂婦制粉餅作飯。婦制十餘枚以進，姑方假寐，置幾上，遽歸母家，蓋相去半里許耳。姑醒，見餅尚溫，呼婦不應，知其歸母家也。掇板凳坐門首，挾餅二枚，將啖之。忽一老嫗至曰：「吾亦有餅，盍易諸。」姑欣然啖嫗餅美。嫗曰：「若有盍盡易乎？」姑益喜，從之，詢嫗里居。答曰：「予居後街，若婦囑予制青布衫，今以歸之，勿妄動也。」姑悄然曰：「吾敢動吾婦物耶。」言已辭去。薄暮婦回，望見姑坐室中，大驚，厲聲問啖餅未？姑以實告，并出衣服致之。婦冥想何物老嫗，衣從何來？遂收而藏之。

越日又將歸母家，入房更新衣。新衣者，老嫗所制青布衫也。良久不出。姑呼之，欲應而不能出聲，急入房視，乃大驚失色。蓋婦其面，而豕其身，伏床下不動。姑強問之，婦乃作鬼聲，愀愀然曰：「某日不合置砒霜餅中，致干天譴。」言已，遂不復言，第哀鳴俯伏而已。鄰右報縣，令驗得其情，飭役押遊四城門者三日。乾隆五十四年事。後街老嫗者，街有白衣大士寺云。

《守一齋筆記・人豕記》

這兩則作品，講述的均為作惡之人遭報變為畜生的故事，惡人竟成為警世的反面教員。前一則故事中的某公子經常任意打死下人，後遭到報應，病死變驢，被人戲稱為「驢大爺」。後一則故事中妄圖下毒害死孀居婆母的惡媳，受懲變為人首豬身體的怪物，還被牽去遊街示眾，下場可悲。

這個時期的惡報故事，尚有寫一屠夫濫殺耕牛，竟慘遭報應的《廣東新語・殺牛村陷》、寫孫姓族居孫家莊，多行不義，忽有一巨人拔大樹將孫姓之屋掃蕩無遺，旁居民佃戶三十餘家則安然如故的《觚賸・孫家莊》、寫某人氏厭惡眾人取水，竟將便桶傾於井中，後遭到天譴，其婦被雷擊斃的《述異記・汙井雷擊》、寫某商販蠍者傷生甚多，被蠍鬼追殺，竟化膿血而亡的《聊齋誌異・蠍客》、寫杜小雷孝敬雙盲之母，其妻忤逆，以蜣螂為餺飥令母食，乃變為一豕的《聊齋誌異・杜小雷》、寫某乙賣酒摻假發跡，垂涎於鄰婦，犯事被捉後化為一狐的《聊齋誌異・金陵乙》、寫僅有薄罪而被某縣令杖殺之賣油者，投生為縣令之子將其家產蕩盡的《聊齋誌異・拆樓人》、寫一營卒強姦小尼未能得逞，竟讓農婦一家三口喪命，後被雷誅的《子不語・雷誅營卒》、寫一扒手行竊造成彭某及其妻子、小兒先後喪命，後被迅雷劈死的《子不語・雷打扒手》、寫縣役周某死後投生為驢，以償還所欠和尚大樂上人銀債的《子不語・大樂上人》、寫雷擊斃一接生盜銀之穩婆和一以針紮死嬰兒之穩婆，並使嬰兒復活的《續子不語・雷擊兩婦活一兒》、寫某太醫驕橫無理，趨炎附勢，後生一子將其家產耗竭，隨即亡故的《夜譚隨錄・某太醫》、寫一惡少扮鬼翻牆姦污農戶姑嫂二人，回家時被真鬼嚇死的《閱微草堂筆記・偽鬼與真鬼》、寫李十撬窗入室姦污一寡婦，令其憤懣病卒，四年後被雷劈死的《閱微草堂筆記・雷震李十》、寫張某登山時猥褻摯友美妾，竟墜數百丈崖喪命的《夢廠雜著・丫髻山神異記》、寫山西萬某性慳吝，好養雀鳥取樂，後因鸚鵡斃命而使其吃官司，以致破產的《咫聞錄・養鳥報》、寫快班頭李五奪人財產，強佔人妻，無惡不作，遭報被城隍重枷拷打至死的《咫聞錄・李五》、寫爛頭匪二人騙走賣豬人兩頭豬，使其兒子被打死，夫妻二人相繼投水、上吊自殺，後遭報被雷擊殞命的《咫聞錄・騙二豬害三命》、寫鄰婦王氏搬弄是非，讓周婦害死劉蕪之子，令其家四口喪命，後雙雙受神譴遭報的《咫聞錄・劉蕪》、寫一惡棍之老母被其毆打後，即持其藏魂壇往告，讓官府先毀壇散其魂，再將其擊斃的《熙朝新語・藏魂壇》、寫一富人殺死貧夫，並誘騙貧婦上山擁抱求淫，其人竟被虎食的《北東園筆錄・虎口巧報》、寫某縣丞吞沒賑水災銀二萬兩，後遇暴風覆舟喪命的《北東園筆錄・匿銀喪命》、寫茶食店主拾到衙役所遺失之長官錢物而不還，將其逼上絕路，後得報被溺死的《北東園筆錄・拾遺不還》、寫富人陳某昧心向李氏兄弟重複索要債款，竟暴病身亡，變牛到李家還債的《北東園筆錄・變牛還債》、寫某甲害死傭工而納其美婦為妾，後被傭工棺中蛇齧而自吐前謀，竟腹癢難忍，抱妾而亡的《北東園筆錄・常熟某甲》、寫縣令江某貪污數萬兩賑災銀，後受冤鬼驚嚇殞命的《北東園筆錄・銀作祟》、寫弟乙被土寇掠走後，兄甲強將弟媳賣給富人為妾，竟陰差陽錯誤把己妻抬去的《金壺七墨・王甲》、寫篙師某甲為人險惡，將尚未氣絕之某官妾弄死以求賞，因鬼魂索命而斃的《里乘・某官妾》、寫當塗令與幕友等狼狽為奸，貪污賑災銀得報，均染瘟疫身亡的《里乘・當塗令》、寫塾師唐某數次調戲一貌美寡婦，夢朱衣人縛之跪於婦前，後生病斃命的《笑史・果報》、寫一惡媳有私染欲毒死孀居婆母，遭到神懲，變為人首龜身豬足怪物的《後聊齋誌異・毒姑》、寫營兵姜某常獵殺野獸，發無不中，酒後滌槍灌藥失手，子彈貫胸身亡的《後聊齋誌異・獵報》、寫青浦縣令與眾胥吏合謀侵吞漕費，後遭報胥吏多人相繼夭亡，縣令生瘡頸爛頭落而死的《庸庵筆記・頸爛頭落死》、寫柁工某為謀財將一孤客推水淹死，因此發跡，後遇船難全家無一生還的《庸庵筆記・柁工謀財酷報》、寫一無賴因盜竊錢糧而使某婦自縊，忽迅雷將其攝至墳前下跪，自訴罪行，然後斃命的《庸庵筆記・雷殛惡人》、寫一鄉人還錢時忘記取約，債主竟再次往索，其人死後變豬償債的《庸閑齋筆記・償債豬》、寫王某以包攬詞訟致富，後遭到各種各樣懲罰，令其不得不伏地悔過的《右台仙館筆記・訟棍悔過》、寫某甲素無賴，常集徒眾為所欲為，因盜賣階砌柱礎及橋上石欄等遭到橋神懲罰的《右台仙館筆記・竊石報》、寫某甲欠僧人數千金不還，僧人死後投生為甲子讓其破落的《此中人語・債》、寫某甲某乙相互勾結，以唱曲為名引誘良家女賣淫供其賭博，因遭到天誅，被雷劈而亡的《醉茶志怪・雷殛》、寫某為奪財殺死老叟及其二孫，因此暴富，後生胸瘡與老叟刀傷無異，疼痛致死的《醉茶志怪・孽報》、寫孽僧以募化財物供淫賭，被神鞭背疽發身亡，其魂匿匏中的《醉茶志怪・匏異》、寫一田家女拒侮自經後，被大豪綴石沉潭，後化龍咬豪頭去的《仕隱齋涉筆・烈女・烈女化龍》等。

第八節　清代的奇事奇遇故事

清代的奇事、奇遇故事，數量非常多，涉及面相當廣泛。它們往往通過描述各種帶有神奇色彩的場景和事件等來表達世人的生活追求，揭示世人的美好願望。不少作品奇特曲折，富於變化，能夠喚起人們的欣賞樂趣，並且從中受到一定的啟示和教益。譬如：

崇禎末，蒲城人屈曼者，為縣隸，性嗜酒。一日持檄下鄉，中途醉臥，夜半乃醒。時朗月如晝，見古槐樹間有年少書生，烏巾羢袍，仰月呼吸。俄而口吐一珠，色赤於火，以手承弄。曼踉鎗而前，遽向生手奪取吞嚥。生怒爭不已，既而曰：「假汝經年，仍當歸我耳。」隨失所在。

曼吞珠後，覺體甚飄忽，舉念即至其所。旋有黠者雇曼入省會投文，距西安二百餘里，食頃已到，並不見其跋涉之跡。試之他事皆然。眾咸謂其得隱形術。

適禦史巡蒲，錄諸訟牒。怨家重賂曼，徑入堂掣牒，左右無見者。禦史微覺階前有半體人，案牒翻翻自動，心甚駭異。急以所佩印重按之，忽得人手，其全體亦遂現。立命棰斃。曼埋逾夕，其地墳起成一小穴，若有物出入狀。蓋書生取珠為之。

《觚賸》卷六〈屈曼〉

宜良山有廢寺，有邱道士，募緣創修祖師殿，師徒二人，同居有年。殿前峭石奇巒，異草怪木，冗雜菲萋，常見兩小兒在山門外遊戲。道士時遇之，久而漸熟，餌以甘果，不敢入殿，如是數年。道士一日攜鮮桃數枚，置於香几，一小兒在門外窺見，遽入殿中。道士急抱之，至香積廚，褫衣，用水洗淨，至於大鍋內，上用木蓋，壓以大石，使不走氣。令徒：「架薪煮之，戒勿斷火，毋啟視；我將上山，俟我回來食之。」

其徒思出家人時以行善為本，今道長如此殘忍，諺云：「惡人往善地尋之。」即斯之謂歟！忽聞小兒在鍋內叫號，心欲放之，又念道長平日法戒甚嚴，不敢違令。已而小兒寂然無聲，想已煮死，逾時已久，師尚未回，恐鍋中水涸焦枯，開視之，忽然澎渤一聲，小兒躍出而遁。其徒駭然變色，即追無蹤。適道士自外來，手握青草一團，見其情形，泣而嘆曰：「汝誤我矣！我創此寺三十餘年，費盡心力，原為此物。此非小兒，乃千年人參也。合藥服之，可以長生。今我無福，不必作升仙想矣。尚留其衣，食之可得上壽，洗兒之水，飲之一生無病。」隨視其衣，已失所在；水為犬所飲。道士失望，與徒別，曰：「汝護守寺門，我去矣。」後聞犬生黑毛，披拂細潤絕倫，入山不返，人以為仙去云。

《咫聞錄》卷二〈人參〉

這兩則作品，講述的都是不可存非分之想、不可貪得無厭的故事，讓世人引以為戒。前一則故事寫一縣吏奪人寶珠後，竟貪得無厭，膽大妄為，結果惹火燒身，被捉斃命。後一則故事寫一道人為捕捉千年人參煞費苦心，到頭來不但無緣升仙，而且毫無收穫，真是竹籃打水一場空。又如：

仁和邑衿沈某，家候潮門外。舌耕而生，索有度世之想。康熙十九閒夜夢黃衣道士，翩然而至，頗有開導之意。次日，猝遇其人，宛如夢中所見。遂延至書館，叩頭求度。道士曰：「三日後於八卦田候我。」生往，道士已先在，謂曰：「子有誠心，吾當度汝為弟子。」予藥一丸，令吞之，挽之而行，如駕虛乘風。生忽念家有母妻，懇求放歸。道士以手一推，則身踣於塘棲鎮，喑不能語，進退蒼黃。有鄰人識之，挈還其家。舉家正在駭異，而道士復至。羅拜求之，道士笑而不答，拂衣徑去。

值文宗歲試，生以喑，不能赴。不得已告病，而投詞張撫軍止懇張真人求解。撫軍憐而允之。未幾，真人府牒到，予一符，令生吞之；又牒城隍審理。生焚牒之夕，夢數役攝之入廟，跪於堂下，仰見道士居中坐，城隍旁坐，屈身為生請。道士曰：「此子有向道之心，且有厄，餘故欲度之；今忽有不淨心，旋生退悔，故罰之耳。既真人有言，行即釋矣。」叱冥役押還家。生寤，即能言。其人現在，自述鑿鑿。

《述異記》卷中〈遇仙得喑〉

四川茂州西南有馬廠山，其高數十里，盛夏積雪不消，土人言往往見山市。云有熊姓者，以淘金為業，聞是山多金苗，往尋之。至山深處，忽得一聚落，居人數千家，雞犬相聞，廬舍櫛比。熊遊覽，忘路遠近，久之饑甚。見一家南向，頗壯麗，有白髮翁負手立門外，顧熊曰：「客自遠方來乎？」曰：「然。」又曰：「得無饑乎？此閒無沽酒市脯處，老夫當作主人，脫粟一餐，不責直也。」熊稱謝，從之入，出雞黍如夙具者。熊食飽興辭，翁問：「客何為來？」告以故，翁曰：「山中固產金，然外人不知其處，徒勞無益。客不如傭於我家，雖得直不豐，然較安逸矣。」熊從之。翁自言李姓，相待優渥，熊操作之暇，游於市井。皆殷勤欵洽，樂而忘歸。

一日，李翁命人灑掃庭內，陳設一新。熊問故，曰：「臘日祀先祖耳。」熊自至山中，不知歷時幾許，聞翁言，知迫歲暮，悵然思歸。翁慰留之，曰：「暫還當復來耳。」翁曰：「客必欲歸，請以明日。」其夜，翁出一物，包裹重疊，授之曰：「薄具傭直，不能豐也，在汝家可數年溫飽矣。然須秘密，雖床頭人勿洩也。」熊謹受教，而異其言。夜方午，翁趨熊起，曰：「趁月色可行。」以蒸餅數枚納熊懷中，曰：「饑則食此，可至家矣。元宵後仍來此，勿爽約。」

熊甫出，門即闔。行數步回顧，則廬舍皆無，惟斜月欲落、樹林深黑而已。大駭，以為遇鬼，探懷中則餅故在，瞰之甚甘，乃於路旁稍憩。天明，出翁所贈物，發而視之，黃金可二十餘兩，驚且喜。慮復來迷路，折竹技數十、沿路曲折插之，以為表識。及入城，則城中人方祀灶。

急回家，出金易錢，鄰人問金所從來，不以告。鄰人疑焉，遂為蜚語，謂熊出行劫。熊不能復隱，具述所遇。鄰人欣然固求偕往，屆期轉相招致至十餘人，偕入山，尋向所插竹，歷歷俱在，而無復人跡。登高眺望，見有犬數十頭從山下至，及近，則伏地大吼，悉化為虎，傷者數人，踉蹌而歸。

《右台仙館筆記》卷九「淘金奇遇」

這兩則故事，內容各不相同。前一則故事通過沈生學道求度的經歷，說明辦事三心二意，半途而廢，不會有好的結果。後一則故事通過熊某在茂州一老翁家幫工的故事，說明為人忠厚必得好報。一旦有了貪念，不守諾言，就可能遭遇不測。這兩則作品，情節較為曲折，引人入勝，與以往的同類故事相比，在表現手法和藝術風格方面均有所繼承，有所創新。

這個時期的奇事、奇遇故事，尚有寫靖州雞、鵝因晨夕在佛堂上聽經，後得以投胎於武岡郡王府的《池北偶談・靖州雞鵝》、寫神托夢讓尤生往橋下取白金二錠，銀工欲以鉛錫戲之卻誤取金前往，尤生因此得金赴鄉試，考中後乃倍酬銀工的《池北偶談・尤生》、寫眾人遇颶風漂至一海島，三十多位被一巨人捩頸飲血，餘者死裏逃生的《述異記・洋怪三則・巨人飲血》、寫張某以蛇含草湯為人治病，竟讓其人縮小，骨化為水，熬藥鐵鍋已變為黃金的《子不語・蛇含草消木化金》、寫某屠驢者夜間窺見二傭共殺一婦，鳴官驗屍，方知所殺為驢，屠驢者從此誓不殺生的《夜譚隨錄·驢》、寫某典肆主拿二死孩至袁翁典肆來質，袁如數付銀，瘞小棺時竟得到十數巨瓮白鏹，乃富甲一縣的《夜譚隨錄·袁翁》、寫土地廟中一泥傀儡遇郡守廉潔者納雙手於袍袖，遇郡守貪黷者則伸手段作乞錢狀的《諧鐸·泥傀儡》、寫金陵某生三次見到齋壁畫軸上紅梅搖動，每花走出一位美人，轉瞬即逝的《耳食錄·梅花美人》、寫某把總至天山深處遙見一狀若匪首者鞭打從洞中呼出之六個姣麗女子，迂回數十里尋至該處則絕無行跡的《閱微草堂筆記·洞中六女》、寫一老僧得道後，假壯僧之身體以遨游名山大川的《咫聞錄·換身》、寫揚州某廟中一泥皂隸連續數日外出賒酒，被人發現後引起轟動，自此香烟盛於中座之神的《咫聞錄·泥皂隸賒酒》、寫一泥皂隸顯靈破兇案，於千里之外捉回殺人犯，將其置於法的《咫聞錄·泥皂隸破案》、寫阿三多次殺猪與學童同啖，後進土地祠化虎，被其父勸入深山的《咫聞錄·阿三化虎》、寫一小康鄉人入城食賑災粥歸家時，人見其頭上插有書「饑民」二字黑旗，當其送數石米入賑局後即不復見黑旗的《誌異續編·鄉人》、寫賣魚者從運銀神處討得二鋌銀竟變為蝦蟆，被其扔掉，同業拾得後又變為銀鋌，兩人各分一鋌的《山齋客譚·賣魚者》、寫新安鹺賈子婚後一夜，以沉檀諸香木製成之床帳忽光明入晝，絲竹競作，有一隊人馬儀仗冉冉而出的《夢闌瑣筆·新安鹺賈》、寫一傭工盜銀出逃不到半裏，銀子即變為蝦蟆躍入草叢，令主人將其找回的《履園叢話·銀變蝦蟆》、寫因一鄉人得罪於周某，引起桃花女與同出一師門之周某鬥法的《見聞異辭·桃花女鬥法》、寫傭保一夜在戶外捉雞被啄傷，雞忽化為銀，用其就醫，銀盡始愈的《蝶階外史·捉雞得銀》、寫人稱「癩皮狗」之某富翁，為人刻薄，常讓塾師吃瘟猪肉，其人所醃驢肉竟變為一雙破草鞋的《夜雨秋燈錄·驢化為履》、寫江西某古剎一老僧所養之犬，長年累月聽其誦經，後托生為男的《右台仙館筆記·犬聽經》、寫周某被同伴棄於深澗中，步入龍洞不死，攀龍角出洞回村的《右台仙館筆記·龍洞歷險》、寫羅某不止一次聞聽豕言，不忍心繼續殺生，遂改業不復為屠的《右台仙館筆記·豕言》、寫某甲除夜窮極上吊，得到一件富人袍褂乃典錢去賭，用贏錢經營貿易，數年後竟雄富一鄉的《醉茶志怪·縊致富》、寫王生夜臥船頭被引進山洞與猴王女結為夫妻，三載後猴王送其夫妻同王父團聚，所贈珍寶讓其富可敵國的《仕隱齋涉筆・猴異・王生奇遇》、寫一匪徒妄圖奸污進香婦女，竟被神虎吞食的《仕隱齋涉筆・虎異・神虎顯靈》、寫南北兩張一富一貧，北張被南張子欺負，決計死後報復，南張令其子負荊請罪，兩家盡釋前嫌，北張乃吐出一赤蛇而病癒的《南皋筆記・蛇厲》、寫青城樵夫某被一異人領至崖間見金鞭排列如筍，拔歸途中墜地昏絕，蘇醒後發現所取乃枯木的《南皋筆記・金鞭崖記》等。

第七章　清代的寫實故事（一）

清代是中國古代寫實故事發展的一個高峰。這個時期的寫實故事，不但門類齊全，而且作品非常豐富，佳作頗多，能夠較為充分地展示出中國古代寫實故事的風采和成就，又為現代口傳寫實故事的興盛與發展打下堅實的基礎。

清代寫實故事包含有案獄故事、家庭故事、婚戀故事、諷刺故事、官吏差役故事、武林俠義故事、僧道故事、盜賊故事、騙子無賴故事、訟師故事、商賈故事、醫生故事、呆子故事、巧女故事、機智故事、美德故事、破除迷信故事、詩對故事、動物故事、奇聞趣事等等。其中，以案獄故事、家庭故事、諷刺故事、官吏差役故事、武林俠義故事、盜賊故事、騙子無賴故事、美德故事、詩對故事、動物故事、奇聞趣事比較突出。

第一節　清代的案獄故事（一）

清代案獄故事，數量非常多，作品大都故事性較強。它們既有刑事訴訟故事，又有民事訴訟故事，廣泛涉及兇案、奸案、冤案、疑案、奇案、偵破、智審、譎判、平冤等諸多內容，從不同的層面反映當時的社會生活和家庭生活，表現各種各樣人物的精神面貌。其中有不少作品思想內容健康，立意不俗，情節曲折，構思巧妙，藝術水平較高，能夠給讀者、聽眾留下難忘的印象。

一、清代的冤案故事

在清代的案獄故事中，冤案故事的數量最多。它們大約占這個是時期案獄故事的一半左右；作品大都與劫殺、奸殺、家庭暴力等案件有關，廣泛涉及為蒙冤者平反、誤判造成冤獄、故意捂冤案蓋子等內容。

有關為蒙冤者平反的故事，譬如：

福建莆田王監生，素豪橫。見田鄰張嫗，田五畝，欲取成方，造偽契賄縣令某，斷為己有。張嫗無奈何，以田與之，然中心忿然，日罵其門。王不能堪，買囑鄰人毆殺嫗，而召其子視之。即縛之，誣為子殺其母，擒以鳴官，眾證確鑿。子不勝毒刑，遂誣伏，將請王命，登時凌遲矣。

總督蘇昌聞而疑之，以為子縱不孝，毆母當在其家，不當在田野間眾人屬目之地；且遍體鱗傷，子毆母必不至此。乃檄福、泉二知府會鞫於省中城隍廟。兩知府各有成見，仍照前擬定罪。其子受綁將出廟門，大呼曰：「城隍，城隍！我一家奇冤極枉，而神全無靈響，何以享人間血食哉？」語畢，廟之西廂突然傾倒。當事者猶以廟柱素朽，不甚介意。甫牽出廟，則兩泥皂隸忽移而前，以兩挺夾叉之，人不能過。於是觀者大噪，兩府亦悚然。重鞫，始白其子冤，而置王監生於法。從此城隍廟之香火亦較盛焉。

《子不語》卷九〈莆田冤獄〉

溫司敬，粵之龍門縣人，娶同里林貴女。結縭才數月，適貴有疾妻請歸探。司敬送行，至中途，弟司禮疾趨至，言母忽眩暈，命兄送嫂歸後，無少留。司敬曰：「母患，我當歸，弟可代送一程。」司禮送五里許，林氏曰：「妾家不數里矣，無勞叔相從也。」司禮遂歸。

數日後，林忽遣人來，言當日訂歸未至，故特相迎；途見女屍，衣履識為林女，而無首可辨。溫聞，亦駭，惟言婦已送歸。其人返告林。林即以婿殺女事控縣。邑令某，拘溫堂訊，則以林氏見殺於途，除司禮無可求，乃加嚴刑。司禮不勝其楚，遂以逼嫂非禮，不從故殺，自誣服。其首殆為虎狼所食，無從查覓。邑令據所供，其獄遂定，將詳憲矣。

幕友某，素以精細稱，閱卷大疑。親至鄉訪之，聞有無賴麻子成者，於林氏被殺日，即不知所蹤。歸告令曰：「此案必獲麻子成，始能根究。人命重情，萬勿草草定擬。無論兇身漏網，死者含冤，倘於別案究出，恐君亦難保此位也。」令是其言，即差幹役四出，密拿麻子成到案，一訊而服。蓋其妻馬氏，素忤成，因欲殺之。是日薄暮，途遇林氏獨行，見其身材年歲，與伊妻相若，遂拉林氏歸，而殺其妻，衣以林氏之衣，匿其首而拋屍於途，即挾林氏以遁。審明後，乃置麻於法。釋禮歸，而女仍歸溫焉。然此平反，實賴幕友之力，惜未詳其姓氏云。

《墨餘錄》卷二〈溫林氏〉

在這兩則平反冤獄的故事裏面，均有一位關鍵人物出現——無論善於分析的總督，還是勤於調研的縣衙幕友，無不十分精明而且十分認真，因此才能夠拿下真兇，為屈打成招者洗冤，使其不會成為刀下鬼。前一則作品帶有一些幻想色彩，增加了故事性，卻削弱了故事主角的藝術魅力。後一則作品有意渲染疑點，為引出冤案作好鋪墊，則有助於刻畫故事主角的藝術形象。

有關誤判造成冤獄的故事，譬如：

嘉興宋某為仙遊令，平素峭潔，以包老自命。某村有王監生者，奸佃戶之妻。兩情相得，嫌其本夫在家，乃賄算命告其夫，以在家流年不利，必遠遊他方，才免於難。本夫信之，告王監生。王遂借本錢，令貿易四川，三年不歸。村人相傳：某佃戶被王監生謀死矣。宋索聞此事，欲雪其冤。一日過某村，有旋風起於轎前。跡之，風從井中出。差人撈井，得男子腐屍，信為某佃，遂拘王監生與佃妻嚴行拷訊，俱自認謀害本夫，置之於法。邑人稱為宋龍圖，演成戲本，沿村彈唱。

又一年，其夫從四川歸。甫入城，見戲臺上演王監生事，就觀之，方知己妻業已冤死。登時大慟，號控於省城，臬司某為之申理。宋令以故勘平人致死抵罪。仙遊人為之歌曰：「瞎說姦夫害本夫，真龍圖變假龍圖。寄言人世司民者，莫恃官清膽氣粗。」

《子不語》卷九〈真龍圖變假龍圖〉

江南河帥黎襄勤公（世序）言其鄉有村翁，其子出外貿易，留媳於家。媳素賢，日以織紝佐炊。翁坐享之，無所事事。每出與村人賭博，負則取償於媳，習以為常。媳亦不較也。一日，媳小病停織，語其翁曰：「我手力所入有限，以資菽水則僅可，以供博負則無餘。翁以後可稍節賭否？」翁默然。是日微雨，飯後攜傘徑出，至夜不歸。媳疑之。既三日不返，媳愈疑慮。乃向鄰里告以故，囑代覓之。值連日陰雨，河流暴漲，有鄰媪來告媳曰：「頃聞河裡有一浮屍，旁有破傘，盍往驗之？」媳急往視，則六十許老人，居然翁也。乃呼號欲絕，觀者憐之，代為撈起殯殮。

適里中有監生某，虎而冠者也。知媳家固貧，而媳之外頗殷實，思藉此嚇詐，昌言於眾曰：「此事能不報官而遂了乎？」里中無應之者。某素習刀筆，乃以「媳怨言逼翁投水」鳴於官，拘媳嚴詢。媳不慣受刑，遂誣服，案遂定。棄市日，其翁適自外歸，仍攜舊傘。沿途聞其媳將以冤死，亟奔法場，已無及矣。遂痛哭赴官自陳，縣乃具實檢舉，而以監生抵罪，縣亦褫職。鄰媪有夢某媳冠帔來別者，云已為神矣。

此家大人官淮海道時聞公所述如此。公，羅山人，述此時但云其鄉前數年事，疑即羅山縣案也。

《北東園筆錄》初編卷二〈羅山冤獄〉

這兩則由於誤判造成冤獄的故事，誤判的原因各不相同。前一則故事中的縣令以老包自命，審案時膽大妄為，武斷行事，造成不可彌補的過失，最後把自己也搭了進去。後一則故事中的縣令的失誤在於審案時偏聽偏信，草菅人命。幸虧後來誣告者終於受懲罰，縣令自己也得到褫職處分。作品講中的兩個誤判故事，可謂教訓慘痛，足讓審案官吏引為鑑戒。

有關刻意捂冤案蓋子的故事，譬如：

江蘇某方伯，河南歸德人。任臬司時，沛縣民某甲與妻反目，外出數日。會近地有一屍，被重傷，面目腐爛不甚可辨，衣履與甲極相似。其妻故與某乙有私，人皆疑同乙謀害。縣驗屍時微聞之，拘兩人至。奸有證據，屍有相似，不能自明，刑鞫承認，經院司無異詞，已如律抵罪矣。而甲故生，蓋因憤妻他出，傭趁不歸。越半載，於徐州工所執役，聞同伴中語此事，駭曰；「我固在也，而妻論死。」遂赴縣自白。縣畏罪無策，挈之赴蘇。時某甫擢方伯，將卸臬篆。縣進謁密陳，某方伯云：「汝即將某甲來。」立系司監，是夕斃命，事遂寢。後方伯丁艱返里，值重案干涉，身罹重辟，家亦全破，人以為冤獄之報云。

《客窗筆記・冤獄報》

泰州某媼，家小康，夫死，遺一女，年及笄，贅婿於家。女夫婦事媼甚謹，里黨無閑言。媼有弟，飲博無賴，常稱貸於媼，稍不如意，輒拍案怒詈，謂厚於婿而薄於己。媼與女皆白眼遇之。

一日，女早起，見母室雙扉豁然，呼之不應，入視之，則母已為人殺死，血流滿地，駭極而號，急呼婿告鄰里，共來審視，不知何人所戕也。媼弟適至，素嫌女，且覬其資，遂指為女夫婦所殺。鳴之官，州牧王公拘二人掠治，極口稱冤，復以嚴刑訊之，女夫婦不勝其痛，遂誣服。女凌遲，婿亦論斬。鄰里咸知其冤，然畏媼弟攀陷，莫敢伸訴也。

逾年，六合縣獲盜，招承此案。官以殺人不劫財為疑，盜曰：「初入室欲行劫，為媼所執，不能脫，遂刃之。知別室有人臥，恐為所覺，故逸去。」六合令與王牧有連，馳書白之。王以誤入人罪，例欲問抵，驚悸欲絕，陰囑斃盜於獄，而諱其事。然每憶此案，神色沮喪，睡夢中若有人披髮叫號，與之索命。不數月，遇心疾而卒。而女夫婦之冤終不雪。

《香飲樓賓談》卷二〈泰州冤獄〉

這兩則捂冤案蓋子的故事向世人揭露，那些官吏為了自己的烏紗帽，竟採取殺人滅口的陰招，罪上加罪，實在令人髮指。前一則故事中的臬司將告白者某甲弄死來掩蓋其過失，以免影響自己的升遷，卻使甲妻枉死冤案不得昭雪；後一則故事中的州牧與縣令合謀，斃真兇於獄中，得以保住官位，竟讓無辜夫婦永遠蒙冤。當然，在這兩則故事裡，捂冤案蓋子的官吏都得到了報應。這樣的結果，與其說是他們必然得到的下場，不如說是民眾意願的一種反映。官吏不惜採取傷天害理的辦法緊緊捂住冤案蓋子，讓無辜百姓永遠蒙冤的事情，在那個年代比比皆是，並不罕見。

這個時期的冤案故事，尚有寫一村夫討債被殺於野，朱生因戲言誣伏擬斬，幸好兇手發狂自我暴露，朱生於是獲釋的《聊齋誌異・冤獄》、寫蔡啞子為朱某辯冤，使得真兇伏法的《續子不語・蔡啞子》、寫某父強奸兒媳，殺人以誣陷兒子，後破案乃使真相大白的《續子不語・趙友諒宮刑一案》、寫以康熙年間賣身契上有「邱」字而斷定原告偽造文書，誣陷他人，遂將其人治罪的《聽雨軒筆記・一字定案》、寫一淫婦被某生殺死，鄰父涉嫌誣服，某生自陳乃免的《耳食錄・香囊婦》、寫某官複審宿州中毒命案時，為蒙冤誣服者平反的《冷廬雜識・細詢雪冤》、寫某縣一搶劫案首犯將正法時，鄰縣一盜犯自稱為此劫案首犯，因而查出並懲罰誣陷他人以報私仇者，為受誣者平反的《宦游紀略・仇誣盜首》、寫東台令王某不加調查深究，錯判一女屍變男屍案，冤枉好人，放掉真兇的《驚喜集・東台令草菅人命》、寫莊某騙走丁某之驢並使其陷入一樁命案，縣令將丁某屈打成招，病死獄中，待命案水落石出時卻已無法起死回生的《金壺七墨・錯斷殺人案》、寫一富翁獨生女被奸殺，某秀才之子蒙冤喪命，後因兇手落網方得昭雪的《里乘・媚薌》、寫一小偷冒奸新婦引出命案，表兄幾受大辟，后因兇手被捕乃真相大白的《客窗閒話・書安邑獄》、寫某鄉民被誣弒父奪財幾受極刑，幸兇手犯事供出該命案，其人始獲釋的《蟲鳴漫錄・廢廟命案》、寫屠夫兩口被殺，一皮匠涉嫌誣服，因真兇自首方得平反的《右台仙館筆記・屠肆兇案》等。

二、清代的疑案故事

清代的疑案故事作品頗多，其中所描述的形形色色疑案，大都與命案相關。一些作品具有較為濃厚的神秘性，頗為蹊蹺；甚至令人百思不得其解；一些作品則能夠解開謎團，使疑案水落石出。無論屬於何種情況，它們都從不同的層面揭示出當時的社會風情和生活面貌，讓讀者、聽眾大開眼界。

以神秘莫測為特色的疑案故事，譬如：

> 江西南昌縣某商，夜送客於門，見一人持紅氈包，立於庭側。因與客語，未暇致詰。客去，其人已杳。疑為偷兒，炳燭大索，遍內外不得。忽於廳角見紅氈包，啟之，則一人頭，血淋淋似新割者。商大駭，鳴於官。官命懸頭於竿，招人識認。數日均莫識，亦無以殺人控者。市人聞貢院中群鴉啅啅，若爭物狀，知必有異，白於官。啟鑰入視，見人腸盤繞堂柱，肝肺掛庭樹間，乃並其首瘞焉，而置商於獄。貢院終歲扃閉，不知何從而入，肢體又在何處？商系獄累年，事終不白，乃以重賄夤緣得釋，而家已耗矣。
>
> 《香飲樓賓談》卷一〈南昌獄〉

> 南昌富家子，娶婦三年，甚和好。偶出遊不返，遍覓無蹤。三年後，忽自歸，言向在漢陽，留戚某家。父母大喜。婦出各訴離苦，相將入室。子以途中辛苦，欲少憩，遂就榻臥。少頃索茶，婦取茶至，揭帳，則藍面赤發獰鬼也。大驚，拔床闌懸劍斫之，應手而殁。逼視為夫，乃大號。翁姑控婦有私故殺，加以極刑。婦自承與中表某同謀，並置於法。
>
> 又年餘，子果自漢陽歸。父母駭極，疑為鬼。子立辨，且有漢陽某戚友伴送，始信。子以婦冤死，大慟，掘驗妻所殺屍，惟朽木一段，中斷為兩，劍痕宛然。失入二命，通省承審官皆獲咎。事見乾隆三十七年邸抄。
>
> 《翼駉稗編・江西冤獄》

這兩則故事，情節都比較詭異，迷霧重重，難以解釋，這在清代案獄故事中亦不多見。前一則故事儘管破案線索不明晰，多有疑點，但其中的種種血腥行為，或許與復仇有關；後一則故事的各種變故，都極其怪異，實在無法破解。

能夠破解的疑案故事，譬如：

山東文登縣有典肆，夜半賊穴壁，先伸兩足入探，肆夥故未寢，遽持之，不得出。令人執炬，繞出墻外觀之，則賊頭已割去。鳴官，官利其富，謂為擅殺，乃盡拘肆中人監禁，而飭役十餘人，代為守肆。三日後，賊大至，盡殺役，不取一物而去。蓋賊來報復，不知所殺之非肆中人也。其穴墻之賊，乃同夥自割其頭，恐人識面，而物色之耳。初肆人被拘，頗怨令，役奉命守肆，頗德令。及被殺，而肆人又甚感令。可見塞翁失馬得馬，禍福非能逆睹也。

《蟲鳴漫錄》卷一〈典肆兇案〉

嘉慶年間，浙江某縣鄉人有娶妻者，合巹之夕，新郎自洞房出如廁，至夜半家人皆已倦臥，始聞新郎返入房中。黎明，家人方起，見洞房已開，詢知新郎早出門矣，亦未知異也。既而數日不歸，家人始怪之，相與跡至廁中，積薪之下忽見一屍，則新郎也。大駭，詰問新人，云：「花燭之夜，新郎入房片時，旋出入廁，夜半始入房就寢。天將明，詳問我金銀首飾共有若干，藏於何所？我一一告之。彼云性喜早起，囑我且睡，少頃則聞其已出。今檢視首飾皆無有矣。」家人問其狀貌若何？答云：「夜半燈影朦朧，未能諦視。但見其右手六指。」蓋新郎方如廁時，適有賊藏廁中，欲俟夜深行竊，既見新郎，恐其號，而執之也，遽前扼而項殺之。因假其衣，以入洞房，次早席捲而去。

是時，村中有一六指人，素無行，為眾所不齒。家人聞新人之言，以為必此人矣。遂鳴之官，捕六指人加以刑訊，遂自誣服。獄既具，論如律。新人以新郎既死，復遭污辱，遂自縊。新郎之母惟一子，見子婦俱亡，亦自縊。

越數年，郡人有商於閩者，遇一人於逆旅，詢之同鄉也。其人忽問曰：「吾鄉有一新郎被殺之案，其賊已得否？」郡人曰：「獄早定矣，賊且伏誅矣。」其人面有喜色，方盥沐，不覺自匿其右手。驟視之，六指也。郡人覺有異，因窮詰之，且告以有人抵死，今雖告我何害？賊具吐其實。蓋賊與新郎相隔一村，自殺新郎後，遠適閩省。既遇同鄉，乃欲探一實音也。郡人許以不洩於他人，陰遣人報本地有司執賊，一訊即伏。閩省督撫為之具奏，移案至浙江核辦，論賊如律。於是，知縣以失入抵罪，自巡撫至知府皆照例議處云。

《庸庵筆記》卷三〈六指人冤獄〉

前一則故事寫的很可能是一樁仇殺案，後一則寫的顯然是一樁盜賊兇案。這兩則故事的案情儘管多有疑竇，頗有一些撲朔迷離，但是經過深入調查、分析，仍然可以破解。此留作品，在清代案獄故事中比較常見。

這個時期的疑案故事，尚有寫假鬼喊冤使唐公為其所動，幕友指出疑點後仍從原讞的《續子不語・唐公判獄》、寫一僧人帶噎死復蘇婦至兄家，馬某殺僧奪財攜帶婦逃逸，隨後又引出殺馬某奪婦命案，最終得以撥開迷霧的《聽雨軒筆記・紹興奇案》、寫兩老道人投宿一有二老僧小庵，次日竟在十餘裡外枯井中發現此四人屍體，遂構成一樁多年不解之非盜、非奸、非仇、非殺疑案的《閱微草堂筆記・獻縣疑案》、寫一閨女佯死逃婚，令相好發墓後雙雙潛至外地生活，歲餘始敗露的《閱微草堂筆記・假死共逃》、寫守備之弟勾結差役逼死某富孀，孀弟為姐伸冤使其一夥歹徒被繩之以法的《書憶・周三太爺》、寫某少婦與其戚通，合謀殺夫並製造妖怪攝婦奇案，數年後始被一年輕有為縣令偵破的《翼駉稗編・奸殺案》、寫客棧主人發現一夥投宿者諸多疑點，及時報官，於是破獲一樁饗馬碎屍疑案的《咫聞錄・饗馬》、寫某乙敗訟而殺某甲女及鄰女，兇案遲遲不能破，過十多年乙酒後失言方將其送官論抵的《蟲鳴漫錄・甲乙涉訟》、寫一婦荒塚中小解失褲，當夜其夫被殺，荒塚棺中女屍變為僧屍，婦人失褲竟覆其上，官府束手無策，乃懸為疑案的《醉茶志怪・疑案》、寫由某乙誤殺求宿婦以及與其戲狎成奸者，引出種種出人意料之奇事，使案情撲朔迷離的《筍記小說・高密疑案》等。

三、清代的奇案故事

清代的奇案故事，數量不少，也大都與命案有關。此類故事，大多以案情奇特、怪異為特色，對讀者、聽眾有較強的吸引力。其中的不少佳作，往往令人耳目一新。譬如：

乾隆四十三年春，保定清苑縣民李氏女，嫁與西鄉張家莊張氏子為室，相距百餘里。李女歸甯月餘，新郎跨驢來迎，令妻騎驢，而己步行於後。路經某村，離家僅二十里。緣此村居民素與新郎熟識，必多調笑，且驢亦熟識歸路，張乃令妻先行。至六七里許，有三叉歧路，過西為張家莊大路，過東則任邱縣界。有一少年控車，自西道轆轆而來，系任邱豪富劉某，將張妻驢沖向任邱道上，相逼而行。天漸晚，張妻心慌，問少年曰：「此地離張家莊幾何？」少年答曰：「娘子誤矣。張家莊須向西而去，此是任邱大路，相距數十里。天晚難行，當為娘子擇莊借宿，天明即遣人送往，何如？」

張妻無奈，勉強允從。至前莊，系劉之佃戶孔某家，備房安歇。其時適孔佃之女，亦新婚歸寧。孔謂女曰：「今晚業主借宿，不能違命。汝當暫回夫家，候業主去後再來迎汝。」女從而歸，其房為劉張共宿之所。劉之車夫宿於房外，張之騎驢，系於簷下。次日將午，不見啟戶。孔佃窺於窗隙，見兩屍在炕，頭俱在地，簷下系驢亦失。孔佃與車夫顫慄莫制。佃乃密語車夫曰：「汝家河南，離此甚遠，何不載彼衣物速行竄歸？一經到官，則爾我身命難保矣。」車夫從之。是晚即野瘞兩屍，禦車載物而去。

劉母見子久出不歸，杳無音耗，即在任邱縣控追車夫。張郎追妻不見，疑有別故，復又赶至清苑控告其岳父母。縣官疑有冤，飭捕密訪。其時有嗜賭無賴之郭三、鬻驢於市，恰與張供毛色相符。向郭盤詰，始知郭三向與孔佃之女有私。孔女歸甯，郭從後窗潛入，見有二人共寢，一時氣忿，殺此二人，並盜此驢。縣令復喚孔佃，根詰屍首所在，親往起屍。開土三尺，赫然一死人，乃禿頭老和尚也。復又深掘，得所殺兩屍。張冤既雪，劉死有蹤，而和尚之屍又屬疑案。

正懷疑間，天忽陰雨。乃避雨古廟，寂無人蹤。詢諸鄰保，云此庵向有師徒二僧，後以師出雲遊，徒亦他往矣。即同鄰保往視僧屍，咸云：「此即雲遊之僧也。」遂緝拿其徒。訪至河南歸德地界，已蓄髮娶妻，開張豆腐店。究其師死之由，緣僧徒所娶之婦，向與其師有奸。後徒漸長，復與此婦私通。其徒每有不平，故共謀殺其師，棄廟遠竄，遂成夫婦。乃置之法。

《子不語》卷二十〈驢雪奇冤〉

鎮江楊宇和述一事：有鄉人新娶，滿月後送其妻歸甯，途遇成衣匠某，謂鄉人曰：「爾氣色不佳，當有大難，須在房中暫避百日，方無事。」鄉人信之。送妻至岳家而返。以告父母，果然足不出房，茶飯則其母從窗中送食。

月餘，其妻帶箱而歸，妻為送食。鄉人復發狂疾，婦奔出房，將門倒鎖。一日晚，婦曰：「房中馬桶數日不倒矣。」乃開房門，忽鄉人自內跑出外，投於河。眾大嘩救，杳不可得。燭之，則遺鄉人衣於河灘。婦號哭不已。

鄉人之父見子已死，婦又年少，不如嫁之。已為擇配，婦不願嫁。後其母主婚，為許配成衣匠某，即前途中所遇者，遂嫁之。後有人議曰：「投河無屍，一可疑也；公為擇配則願守，母為擇配則願從，二可疑也。」於是訟於官。因思發狂投河事甚匆忙，萬無既到河邊，猶從容脫衣之理。立提成衣匠及婦到案。嚴刑之下，盡得其實。從床下得鄉人屍，姦夫、淫婦皆置於法。

初婦之未嫁也，與成衣匠有私。二人預為設計，先令避災不出房門。婦歸時，某即藏於箱內，乘夜謀殺之，埋屍床下。某素識水性，佯狂投河皆某所為，卻從別處上岸，又置鄉人之衣於水邊，使人益信為鄉人之死。其計甚巧，然終不免敗露。官法難逃，世之作惡者，盍其鑑諸？

《見聞續筆》卷二十二〈成衣匠佯狂投河〉

這兩則奇案，均以情節曲折，故事性強見長，並且都屬於類型故事（前者屬於「誤殺奇案型故事」，後者屬於「謀夫疑案型故事」）。從作品的描述不難看出，儘管案情比較奇特和複雜，只要找到主要突破點或者疑點——拿到開門的鑰匙，就能夠破案。前一則故事雖說人物眾多，頭緒紛繁，可一旦抓住賣驢人這個突破點，便能剝繭抽絲，牽出與案情有關的各種人物、事件，將罪犯逐一捉拿歸案。後一則故事的犯罪活動是經過精心籌畫的，似乎天衣無縫，可一旦發現疑點，找到破綻，予以追究，便能捉住罪犯，讓案情大白於天下。又如：

浙江某縣（偶忘之）有母子者，家甚貧。子夜出曉歸，則母之頭失去。數日後，得之碉門。碉門離所居百餘里。報官理之，不可得其故：以為奸，則是媼六十餘，且多病，老醜而尩，斷無其理；以為盜，則窮無長物，亦未失一物，況盜不必盜其頭也；以為仇殺，則無仇，村人憫其貧，多周之，母子方感惠不暇，何仇為？

於是遷延歲餘，有里正出首，始得其事。蓋兇手某甲者，素有仇家，思有以害之。知是媼夜獨宿，居在路側，又老病易殺，乃自籬入斷其頭，行數十里，將置於所仇者之門。適仇家有病人，門夜啟，燈火往來不息，甲不能遂所欲。又思離此數里有里正者，亦其仇也，乃置頭於里正之門。里正之子晨起見之，驚告其父。父曰：「此必仇我者，彰之則墮其計。」始匿之，三日後陰送於碉門。此頭之所以在碉門也。歲許，某甲者忽持一帖詣里正，恐嚇之云：「適在碉門得此帖，言向來人頭，乃爾所置。吾與爾厚，特潛送爾，當報我。」里正餌以重謝，得其帖。明日，持以自首，是事之情乃畢見。此嘉慶庚申年事。余在浙撫署，親見其事。

《憶書・匿頭案》

光緒二十一年，江西義寧州破二十八年盜案一起，無不詫為異事。福建某大令，筮仕廣東。同治初年宦成身退，買舟攜眷欲回福建故里。道出某地，慘被盜劫，全家被戕，船戶亦無一得生。屍棄海中，冤沉水底。當劫殺時，大令之女公子，年已十三四、抱數歲小弱弟，匿入艙底。有頃被盜搜獲，女公子詭稱身系婢女，小孩系傭婦之子，跪求饒命。盜棄小孩於海，逼取女公子為妻。自是盜改業茶商，頗獲大利，牌號數起，遐邇著名。女公子亦連舉丈夫子五人，墮地便殺，托言病故，蓋不欲留孽種也。盜見其外貌溫和，不疑有他，亦諉之於命而已。

本年盜至義寧州販茶，州尊勸捐助餉，盜慨捐萬金，人以義士目之。盜本籍廣東，某月有某孝廉來謁，家人設筵款待。酒半酣，嘆息某大令全家被盜，其數歲小孩，棄海不死，久之經人救起，現為廣東道員，實有天幸。女公子聞之，使人再三盤詰，果不謬。隨與某孝廉面謁某道員，備述顛末，已二十八年矣。即飛諮江西搜盜。州尊奉文，不動聲色，密約營弁，率同兵勇，嚴密佈置．方具手版，迎盜入署，肴饌芬芳，談笑豪邁。席間詰以二十八年前之事。盜知發覺，聳身一躍，如鷲鷹之脫韝，倏登房上。伏兵四起，各以長鉤搭住，始行就縛。解經省城，轉解廣東，歸案訊辦。盜姓郭名維昌云。

《拍案驚異・奇案駭聞》

這兩則奇案故事，案情雖不複雜，但是頗為奇特。它們不但陳述了案情，而且詳析了破案的過程，相當精彩。前一則故事首先介紹老嫗失頭的案情人何等奇怪費解，引起人們探秘的欲望，然後再講述裏正引蛇出洞，巧計捉住兇犯的過程，讀來饒有興味。後一則故事首先揭示案情的殘酷、詭異，作案的盜魁似乎萬無一失，可以高枕無憂。然後再講述的縣令的女公子忍辱負重，與其兄弟一起將盜魁送上斷頭臺的過程，讓人感佩。

這個時期的奇案故事，尚有寫因湖中浮出大蟹而發現裹屍，進一步破獲淫婦與道胥殺人案的《諾皋廣志・蟹報冤》、寫某屠冒王生與某女交合，引出一樁樁離奇命案，八人喪命，最終將兇犯繩之以法的《耳書・連環奇案》、寫一塾師從學生話語中發現疑竇後前去告狀，從而使淫婦殺子案告破的《山齋客譚・母淫殺子》、寫某乙毒死某甲後奪資逃逸，守汛兵讓乞丐埋屍賴簪帳，甲妻、乞丐先後告狀終使罪犯服辜的《山齋客譚・謀資奪命》、寫李某為吳某出謀殺淫婦，奸夫卻逃逸，又讓其殺他人冒充奸夫以鳴官，竟殺人一尼，官府將奸夫流放，吳李皆擬劈的《小豆棚・李湘》、寫盛京有民家迎娶新娘中途遇特大暴風雪，雪晴後二十餘日兩家均渺無踪跡，報案數日才發現兩家隨從男女七十餘人皆凍餓死於一枯廟中的《履園叢話・奇案》、寫某僧與鄰婦通而殺知情沙彌，後來有人從廢井發現屍體報官，查出寺廟乃是淫窟，遂將淫僧正法的《埋憂集・可師》、寫一酒肆人夜間乘某甲沉醉潛往其家作案，某甲家中女客逃脫後，又將與其苟且之女賊殺死，縣官剝繭抽絲捉住真兇，為無辜者雪冤的《北東園筆錄・黟縣二案・肆人行兇案》、寫武進捕役顧某經過秘密偵察，由縣令督兵入莊家查出藏於棺大量金銀，將劇盜十餘人與匪首莊氏三兄弟駢戮於市的《香飲樓賓談・武進盜案》、寫一少年為奪取衣物而殺害小兒，命案久久不能告破，賴鄰婦揭發兇手方才落網的《道聽塗說・玩城頭》、寫一武生劫新娘未能得逞，急往其寡姑捉拿，擊破箱子竟發現一個死僧，經新郎家告官查究後，武生與寡姑俱敗的《蟲鳴漫錄・武生劫女》等。

第二節　清代的案獄故事（二）

四、清代的破案故事

清代的破案故事，一般都描述辦案官吏通過認真偵查、仔細勘驗從而破案。此類作品，既涉及刑事訴訟案件，也涉及民事訴訟案件，著重展現破案過程，突出辦案官吏的認真與精明，具有一定的社會意義和認識價值。譬如：

> 前明新興邑宰李公，惠政及民。相傳其因公下鄉，見山傍有少婦，豔妝哭於墓，訝之，以問左右。左右曰：「素衣也。」公益異之，於是飭役帶回署，細加研鞫。婦曰：「氏夫病死葬此，鄰里皆知之。今『七七』，縗絰哭奠，何豔之有？」公傳鄰里集問，皆曰：「婦夫誠病死。」然終懷疑不釋。夫無親丁，其鄰憤而上控，

以「縣無故押寡婦」。府劄限半月，不得實情，即以枉法故入人罪揭參。公詫甚，夜間私出，潛往鄰鄉密訪，數日皆無耗。

一日，薄暮遇雨，見山側小茅屋。趨之，有老婦縞袂青裙應門，導入室。既而一漢子年二十餘，自外至，婦曰：「此豚兒也。」略敘寒溫，公以算命對，且言欲止宿其家。漢允之，遂解囊使備晚餐，婦曰：「吾家非業此獵食者，鬥酒只雞，尚是山村風味，而乃向客索直乎？」於是與漢對酌，情頗洽。久之，漢酩酊醉矣，率問：「客由城經過否？知新官誰也？」曰：「李官在此，問之何以？」曰：「聞李官以某婦一案革職矣。好官受屈，冤哉！此事包龍圖審不出，惟我知之。」因擊案曰：「實告君，我樑上君子也。小人有母，無以為養，聊借此作生活。是晚，婦夫病甚，予欺其左右無人，欲思行竊，乘他門虛掩，潛身入，隱暗處。婦方徘徊外室，若有所待。俄見一人貿貿然來，暗中認之，是鄰鄉之武舉也，與婦調笑。既而聞婦夫呻吟聲，婦曰：『已煎藥矣。』遂擎藥入。時病者昏而仰臥，婦扶其首，將藥灌入口，病者狂叫一聲而歿。竊見所煎藥乃銅勺，餘瀝尚存，則錫也。駭極遁去。此事其誰知之？官亦何由知之？」公曰：「何不出而為彼申雪乎？」漢曰：「吾黌夜入人家，『非奸即盜』，自投羅網，烏敢乎？」公曰：「穿窬之事不可長也。吾與若傾蓋相知，囊中頗有長物，助子行賈以孝養可乎？」其人大喜。

次日，即攜同至城，公曰：「子姑待於此，吾即來迓。」於是遣役帶入署內。接見，然後知推命先生即邑侯也。其人力承作證。遂馳役拘武舉及婦到案，出漢子證之，情不能遁。因開棺起驗，果錫填塞咽喉。蓋毒藥則可驗，灌錫則無跡，故用錫云。前上控者，皆武舉陰使之。訊確，依律定罪。厚予漢子金。

《粵屑・冤案》

閩人黃紹林通判云：嘉慶年間，有漳州府知府某蒞任，城中迭出盜案，巨室富戶，珍寶重器，被竊尤多。某嚴比捕役，刑責慘酷，勒限擒緝，擾攘月餘，盜無一獲，而巨案日增。有名捕年六十餘，退役已久，其甥現充捕頭，被責垂斃。妹向之乞哀，求為助力，捕冥搜數日，絕無影響，念必外來劇盜。一日偶過府署，見諸捕累累入，隨聞呼號聲甚慘，因入觀之，良久始出，向署中人詢問，新任大老爺從何處升任到此。云系山東人，由監生報捐知府，得任此缺。捕密告其甥曰：「盜已得矣，但萬不能說破。」遂於府署花園外牆缺處，登大樹伺之。

二更後，一人渾身黑色，飛掠而過。四更餘仍飛入。明日城中又有富家被盜矣。捕善用弩彈，夜夜伺之。數日後，又見飛出，以彈擊之，中其左額，返身飛入。明日城中未出盜案，而府署喧傳太守病。半月後病癒，出署行香，捕從旁察見兩太陽穴，各貼膏藥如錢大，知已受傷，貼以掩人耳目者。遂遍集徒黨，密告其事，擇技最精者四人，伏於近處。一夜，復見飛出，捕率其徒，掩入府署搜其箱篋，原贓悉在，珠花、金釧等物各取其半，先行避出。明日城中又報盜案，而府署被盜事，絕不聲張。捕取各物，與失主承認，悉與失單所報相符。遂進省密白其事於臬司，亦無能為計。

未幾兼署藩篆，遂調之來省，令閽人授意將檄署首府，某因城中所盜已多，欲離此地，欣然問計。因云：「大人近日嫁女，若送首飾十餘件，事無不濟。」某力允願送，又云：「恐式樣不合，不如將金珠與我，代為覓工製造，無不合式矣。」某遂取金珠一匣，交與閽人。即吊捕所呈原贓核對，無不吻合。因白其事於制府，乘稟見時，當場擒下，督同司道，坐大堂鞫之。捕役、失主及原贓均在，某俯首無詞，遂置之法。

《拍案驚異・漳州府竊案》

這兩則故事，均描述辦案官吏以調查、偵察為破案的手段，表現得非常出色。但是兩個故事主角卻有很大的差別，破案過程亦各有特點。前一則寫廉吏在一個對自己很不利的情況下進行暗訪，終於找到絕無僅有的一位見證人，偵破了一樁很難查清的命案，既有偶然性的一面，又有必然性的一面。後一則故事的案情非常特殊，行竊的大盜不是一般的強人，而是主持緝盜的知府大人。他極為狡詐、詭譎，萬萬沒想到竟栽在那個精幹而身手不凡的老名捕手中。該人經驗十分豐富，並且精於偵察，加之武藝高強，辦事周全，在破案中起到最為關鍵的作用，實屬難得。

這個時期的破案故事，尚有寫趙縣令從蠅集曝袴發現線索，進而破獲一樁命案的《遁齋偶筆・趙公讞獄》、寫唐縣令悉心勘察，終於偵破一起與繼母通姦僧人殺害贅婿案的《遁齋偶筆・唐公讞獄》、寫盜賊俞三開店以其妻誘殺客商，被一宿店幕客識破，讓官府將其夫婦正法的《廣新聞・俞三娘》、寫某縣令經過細問、詳查，找出某女病源，成全了一樁婚事的《廣新聞・楊梅瘡》、寫一無賴殺死耍猴戲者奪走其錢財，猴往官府訴冤，使兇手落網的《小豆棚・猴訴》、寫縣令審理一樁雷擊案時，經過明查暗訪，終使合謀炸死親夫之淫婦與奸夫伏法的《閱微草堂筆記・辨雷伏奸》、寫某官複審毆斃皮匠時，精研案情並驗看藥方，終使誣告仇家之僧人伏罪的《冷廬雜識・驗方辨誣》、寫某縣令派衙役秘密偵察後，公開審理一強奸斃命案，當眾拿下二兇手並將其正法的《誌異續編・強奸斃命》、寫一婆婆誤食小姑用以毒嫂米粥身亡，嫂被誣定案，某令為其平反的《三異筆談・鞬為冤婦》、寫某令施計巧取筆跡，捉住殺人真兇庫吏王某，使巷厠屍案告破的《墨餘錄・華邑兩命案・筆跡捉兇》、寫徐姓巨族製造命案妄圖詐財，縣令發現各種疑竇並進行勘驗，終將主謀與兇手定罪的《北東園筆錄・懷集命案》、寫一新郎死於柴房，命案遲遲不能破，縣令找到目擊證人後方將某廩生與表妹二真兇置諸法的《蟲鳴漫錄・新婚命案》、寫某縣令審案發現漏洞，易服潛訪，查出丁氏與姪通姦，毒死親夫真相，為被誣者平反的《珊海餘詼・鄭仁》、寫喪葬時縣宰發現未亡人衣著有異，經過暗訪得知其夫係橫死，遂開棺驗屍，將淫婦、姦夫問斬的《中國偵探案・開棺驗屍》、寫某縣宰敝衣暗訪，偵破乳母之子著新郎衣入室行奸案，為曾出戲言並於婚宴上醉酒之周生洗冤的《中國偵探案・太原周生》、寫某大令通過先後兩張借券大小、厚薄、紙色、紙紋一模一樣，斷定為偽造，使誣賴者不能得逞的《中國偵探案・偽借券》、寫一縣令通過原告被告雙方嘔吐物，巧妙識破老嫗誣告兒媳忤逆案的《中國偵探案・控忤逆》等。

五、清代的智審故事

清代的智審訟案故事，同樣涉及刑事訴訟案件和民事訴訟案件。它們在敘述故事的過程中，著重展現官吏的聰明才智，給人以益智方面的啟迪，並且帶來欣賞的樂趣。譬如：

> 太原有民家，姑婦皆寡。姑中年，不能自潔，村無賴頻頻就之。婦不善其行，陰於門戶牆垣阻拒之。姑慚，藉端出婦；婦不去，頗有勃谿。姑益恚，反相誣，告諸官。官問姦夫姓名，媼曰：「夜來宵去，實不知其阿誰，鞫婦自知。」因喚婦。婦果知之，而以姦情歸姑，苦相抵。拘無賴至，又嘩辨：「兩無所私，彼姑婦不相能，故妄言相詆毀耳。」官曰：「一村百人，何獨誣汝？」重笞之。無賴叩乞免責，自認與婦通。械婦，婦終不承，逐去之。婦忿告憲院，仍如前，久不決。
>
> 時淄邑孫進士柳下令臨晉，推折獄才，遂下其案於臨晉。人犯到，公略訊一過，寄監訖，便命隸人備磚石刀錐，質明聽用。共疑曰：「嚴刑自有桎梏，何將以非刑折獄耶？」不解其意，姑備之。明日升堂，問知諸具已備，命悉置堂上。乃喚犯者，又一一略鞫之。乃謂姑婦：「此事並亦不必甚求清析。淫婦雖未定，而姦夫則確。汝家本清門，不過一時為匪人所誘，罪全在某。堂上刀石具在，可自取擊殺之。」姑婦赼趄，恐邂逅抵償。公曰：「無慮，有我在。」於是媼婦並起，掇石交投。婦銜恨已久，兩手舉巨石，恨不即立斃之；媼惟以小石擊臀腿而已。又命用刀。婦把刀貫胸膺，媼猶逡巡未下。公止之曰：「淫婦我知之矣。」命執媼嚴梏之，遂得其情。笞無賴三十、其案始結。
>
> 《聊齋誌異》卷十二〈太原獄〉

> 里有土妓某氏，其夫嘗傭於密印寺。寺僧囊頗饒，或唆使控僧淫其妻。郡守陳公幼學，批仰烏程提訊，某令略審一過，撻僧申

報。陳公疑之，親提複審。密召鐵佛寺一僧，置之閒房，而置其夫於門外。召婦問曰：「若所告僧當熟識其面乎？」婦曰：「淫我日久，送我某物，如何不認得？」乃趣召鐵佛寺僧至，問婦曰：「是乎？」婦曰：「正是。」太守大笑，縛其夫進，痛責之，婦亦去衣杖決，觀者咸稱快焉。此不奇於愚夫愚婦之孟浪，與太守之折獄，而如邑令之將錯就錯，尤為可笑而可嘆也！

《埋憂集》卷八〈辨誣〉

這兩則智審訟案的故事，均與姦情有關。前一則故事涉及的是真正的姦情，寫縣令採用石擊姦夫的方法來考察婆媳二人的態度，一下便將這一樁久拖不決的案子弄得水落石出。後一則故事涉及的是偽造的姦情，寫郡守採用辨認被告的方法來判斷真偽，頓時讓誣告詐財者原形畢露，亦令辦案糊塗的縣官受到譴責。又如：

有一肩箱搖鼓，販賣碎小綢緞絨線者，寓於飯鋪，將日逐售獲之銀寄存鋪主，晚必算明存銀數目。若人物已脫盡，又欲往販，向鋪起取存銀。欺無票據，吞之。客與鋪主捐命，鋪主匿身，而令妻與敵。

客乃情急，奔至旌德縣堂，見官坐於公案，一一跪稟。江公（恂）立傳鋪之夫婦到案，先問其妻，竟供為客之圖賴，再三駁詰，不得實情。問其夫亦如是。江公訊案，素不刑求。凝思半晌，命差將其夫帶下，喚其婦起，至案傍，命伸手，提硃筆劃一銀錠於掌，著差押跪日中。諭曰：「不許收掌，如果客銀非爾吞賴，則硃畫之銀不能退去，若爾吞賴，則硃畫之銀必退，仍還白掌也。」遂又提其夫而問之，仍如前供。嚇之以刑，矢口不移。江公高聲問其妻曰：「銀子在否？」其妻應曰：「銀子在。」江公即詰其夫曰：「爾妻現供說銀在，爾尚敢狡賴乎？」其夫聽妻已供認，即吐真情，立追繳案，給領，將鋪主杖責示儆。

《咫聞錄》卷五〈曬銀〉

常熟縣前有二石獅。適有賣油餅者，急欲小溲，以餅盤置獅上。溲罷，盤已失去，餅與錢俱在盤中。念歸去無以見妻孥，遂向獅而哭。

邑令某，夙有神君之稱。鹵簿回衙，見而問之，告以故。官曰：「此石獅不留心，當鎖回衙中，待我審問。」吏役乃將石獅抬去。一時城內外居民，聞官將審石獅，一傳十、十傳百，爭來觀看。

官命於頭門設大缸一、使水夫挑水滿其中。俟觀審者畢入，乃將頭門關閉。令每人投一錢於水中，官立缸旁視之。有一人錢甫入，水面油花浮起。官命拿此人登堂鞫訊，果竊餅盤者也。重笞而薄罰之。水中之錢，概以與賣餅者，而遣之歸。此其折獄之才有足多者，所謂兵不厭詐也。

《野客讕語・審石獅》

這兩則智審訟案的故事，均與錢財有關。前一則故事為欺詐案，寫縣令用一種巧妙的方法，無需動刑便讓店主招供，退出所吞沒的銀錢。後一則故事為失竊案，寫縣令巧計引誘盜竊者來到審案現場，並且采用一種很普通的方法便將其人拿下，追回贓物。這兩則故事，與上面兩則故事一樣，都顯示出審案官吏的過人智慧。

這個時期的智審訟案故事，尚有寫太守李某審淫婦訴夫案時，智捉奸夫，將二犯繩之以法的《堅瓠集・李太守燭奸》、寫一縣令通過智審盜金人者而查出某甲搶劫錢財罪行，將其法辦的《聊齋誌異・新鄭訟》、寫某縣令智斷爭犢案，將牛犢歸還原主的《遁齋偶筆・乳牛》、寫一女被奸斃命，官府釋放斷舌者後通過智審板凳、脚帶的辦法，當場捉住兩名兇犯的《誌異續編・強奸斃命》、寫某縣令通過勘驗原、被告雙方雞肫中物，為被誣鄉人雪冤，讓該百年老店丟盡顏面的《中國偵探案・浦五房一雞案》、寫一縣令仔細觀察犯人神情，並巧計鞫問實情，終使一民婦冤案得以平反的《中國偵探案・東湖冤婦案》等。

六、清代的譎判故事

清代的譎判訟案故事，數量不算太多，涉及的大部分是民事訴訟案件。審案官吏大都機智而富有同情心，對受害者，尤其是貧弱之人多有關照和幫助，因而受到世人的讚譽。此類故事，往往詼諧風趣，令讀者、聽眾發噱。譬如：

某邑甲，久客於外，十年無耗，婦及幼子貧窶實甚，乃招乙於家。乙故業成衣者，攜貨就婦居，新其屋宇，門設縫肆，儼然有妻有子。半載甲歸，見門庭改易，不敢入，訪知其故，鳴官。官傳乙對簿，彼此爭欲得婦，官不能決。密令隸臥婦於門板，覆以蘆席，詭言某婦羞忿自盡，舁至堂上，諭曰：「婦今已死，孰願領屍棺殮？」乙云：「我已豢養半年，所費不少，刻下本夫已歸，不能再埋死婦。」甲云：「久客無耗，其曲在我，婦改適非得已。今死，願領殮。」官命啟席，婦故無恙，乃斷令甲領而逐乙焉。亦巧矣哉！

《蟲鳴漫錄》卷一〈甲乙爭妻〉

丹徒某姓有女，其祖商於粵，以女字粵人某甲；其父客於陝，又以女字陝人某乙；其母家居，亦以女字戚人某丙。彼此道遠，不相聞問。迨祖與父既歸，始知女已受聘，亟貽書甲、乙兩家求退婚。兩家大忿，俱來控。

王（丹徒令王芝蘭）初堂傳訊之下，三家備有婚書，有媒妁，無從判斷，惟略檢其文定時日之先後而默識之，而令退堂。越日複訊，謂女曰：「爾一女子，而受三姓之聘，從其一則負其二、生也不如其死也。」女唯啜泣。王拍案曰：「欲死則死耳，不死非貞烈女子！」命取阿芙蓉膏，和以汾酒，授女使飲。女一飲而盡，暈絕於地。

王婉慰其祖父母，給賞五十金，以紅紙封裹遣之歸。既而問甲曰：「爾願領屍乎？」甲以道遠攜櫬為難。問乙亦然。皆令結毀婚書。次至丙，亦復不願受屍。王怒曰：「爾不受，女將奚歸？」命人舁至其家。女之祖父母相隨俱往，羅守哭泣。至夜半，女忽蘇。方諒喜間，聞門外人聲喧嚷，叩問誰何？則曰：「縣官傳諭，今宵乃黃道吉日，命送鼓吹花燭來，俾爾成親。」遂妝女行合巹禮，一室歡騰。蓋女所飲者，乃益母膏，非阿芙蓉，因酒醉而暈耳。明日甲乙兩家知之，悔莫及矣。

《南亭筆記》卷七「一女許三家」

這兩則譎判故事，遇到的都是比較棘手的民事案情，難以判決。審案官吏無不採取不同於常態的詭異辦法來判案，使難題迎刃而解，不能不令人佩服。但兩則故事的具體內容和處置方法又有所不同。在前一則故事中，審判官以妻「死」來考察前夫與後夫的態度，判定歸屬，巧妙而且合情合理。在後一則故事中，審判官在分析案情之後，已有初步判斷，然後又採取認領「屍體」之法以取得毀婚書，將該女判與應得的一方，妥妥帖帖，讓另外都兩方不得不服。

這個時期的譎判訟案故事，尚有寫某人串通鄉棍將孀居妻母嫁人，妻母竟以其女改嫁新婿，縣官巧斷婚嫁，令合邑稱快的《只塵譚・婿賣妻母》、寫某官審理一樁命案時，巧計為戍卒脫罪，使姦夫伏法的《蕉軒摭錄・大刀頭》、寫施家找不到祖輩深埋之金子，疑是舊僕所竊，縣令譎判為無辜僕人開脫的《墨餘錄・判訟窖金》、寫某官審理一樁假畫案時，巧寫判辭得以平息糾紛的《墨餘錄・贗畫涉訟》、寫某縣令巧用李氏煙管取回賣草鄉民衣物，使李氏當場受罰的《金壺七墨・賣草》、寫知縣某判令灑糞鄉人按成衣店主要求脫衣拭糞，隨即讓店主給鄉人一件新衣，觀者無不稱快的《慧因室雜綴・詼諧決獄》、寫鄉民踩死一雛雞，米店主以養數月可重九斤為由索要九百錢，鄞縣令段某讓其如數賠償後，即令店主付出九斗養雞米的《清朝野史大觀・段清廣之折獄》、寫一富家子受審時以行善為其劣跡辯解，縣官乃判其留下行善，替欠債人還債，代逆子挨打，令其叫苦不迭的《清稗類鈔・獄訟類・滑稽判案》等。

第八章　清代的寫實故事（二）

第三節　清代的官吏差役故事

清代的官吏、差役故事，由官吏故事和差役故事兩類有分有合、相互關聯的故事組成。

一、清代官吏故事

清代官吏故事，數量相當多。其故事主角，既有受稱許的清正廉明、勤勉幹練的官吏，又有被鞭笞的貪贓枉法、昏憒無能的官吏。這些故事主角包括上至中央、下至地方的各級官吏，而以民眾比較熟悉的地方官吏居多，最為常見的是縣令。譬如：

> 南昌某，父為國子助教，隨任在京。偶過延壽寺街，見書肆中一少年數錢買《呂氏春秋》，適墮一錢於地。某暗以足踐之，俟其去而俯拾焉。旁坐一翁，凝視良久，忽起叩某姓氏，冷笑而去。
>
> 後某以上舍生入謄錄館，謁選，得江蘇常熟縣尉。束裝赴任，投刺謁上臺。時潛庵湯公，巡撫江蘇，十謁不得一見。巡捕傳湯公命令，某不必赴任，名已掛彈章矣。問所劾何事？曰：「貪。」某自念尚未履任，何得有贓款？必有舛錯。急欲面陳。巡捕入稟，復傳湯公命曰：「汝不記昔年書肆中事耶？為秀才時，尚且一錢如命；今僥倖作地方官，能不探囊胠篋，為紗帽下之劫賊乎？請即解組去，毋使一路哭也！」某始悟日前叩姓氏者，即潛庵湯公，遂慚愧罷官而去。夫未履任而被劾，亦事之出於意外者。記此為不謹細行者勖。
>
> 《諧鐸》卷三〈一錢落職〉

有某州刺史者，故賊也。先是壬子癸丑間，有雲南劉某人京謁選，隨一僕住驢馬市，篋中頗裕。有同寓客知之，故與僕善，殷勤異常，僕偶出，客必為其主左右之，較僕尤為周慎，劉甚感。未一年掣簽得縣丞，分發河南，客大喜，詭曰：「小人有一胞弟在河南藩署當門上，擬隨老爺同行可乎？」劉亦喜，乃束裝，雖僮僕之親，無以過也。行至邯鄲，劉忽病痧，一日死，僕與客俱大哭，抱持殯殮，寄棺古寺中。客忽向僕曰：「吾兩人所恃者主人耳，今主人死，尚復何言。雖然，有計焉，幸篋中憑文在，吾為官，爾為官親，誰復知之耶？」遂與僕行。未渡河，僕又死，客抵省中，祇一人耳。

乃繳憑，未匝月，委署某縣丞，獲巨盜有功，題升知縣，乃改名。不數月，屢獲盜，連破七案，又升某州刺史，以良能稱。一日，有探差來報云，探得州境百里外某鋪，有夫人至雲南來，隨一弟曰舅爺，早晚將抵署矣。刺史佯喜，即遣兩妾前迎，詢其所來。妾還報曰：「太太衣履甚破，行囊亦罄竭矣。」刺史急取衣飾滿一箱，白金百餘兩，仍遣兩妾前為開發路費，且曰某日最良，可以進署。復以白金二百兩與舅爺：辭以署齋甚窄，斷不能款留，請即回滇，命一差送之。越四五日，刺史命僕從執事鼓吹人等接太太入署，而刺史托故他往，謂家人曰：「今夜回衙恐遲，爾等勿伺侯，宜早息，僅留一嫗守內宅門可也。」至三更時始回署，而直入夫人之室，諸妾婢僕皆早睡，但聞主人進房，切切私語而已。

後二年正月，有老僧踵轅門，適刺史回署，遙拱手曰：「僧與大老爺別二十年，今為大官矣。」刺史懼，不與言，使家人許其三千金，僧不允，謾罵曰：「汝今逃避何處去耶？」蓋此僧是名捕也。刺史急吞金死，而劉夫人亦為殯殮，寄棺於某寺，而與兩妾收拾行李，積蓄萬餘金，同歸雲南，車輛甚多。

《履園叢話》卷二十三〈刺史新聞〉

這兩則故事，從某一些特殊的角度來展現官場狀況和官吏面目。前一則通過一個偶然發生的小故事來揭露某些官吏的貪欲。它不但說明做人從年輕時就當自律，否則遲早會栽跟頭；而且說明選拔、任用官員必須審慎，不然就可能造成損失。後一則以曲折、生動的故事來描繪賊刺史的發跡過程和自取滅亡的下場，說明邪惡之徒無論有多麼奸詐、狡猾，終有敗露之時，難逃厄運。它告誡世人，應當提高警惕，擦亮眼睛，絕不能讓為非作歹者得逞。又如：

長牧庵閣老麟巡撫浙江時，訪得某邑令頗著墨聲。一夕微行，遇令於道。公直沖其前導，問將安往？令降輿答以巡夜。公曰：「時方二鼓，毋乃太早。且巡夜所以察奸也，今汝盛陳儀衛，奸民方避之不暇，何以察為？無已，其從予行。」乃悉屏其從者。

攜令手偕行數里，至一酒家，謂令曰：「得毋勞乎？且與子飲酒。」遂入據坐，問：「酒家，邇來得利何如？」對曰：「得甚微。重以官司科派，動多虧本。」公曰：「汝細民也，何科派之有？」對曰：「父母官愛財如命，不論茶坊酒肆，凡買賣者每月悉征常例錢；蠹役因假虎威，加倍勒索，是以小民殊不聊生。」因縷述某令害民者十餘事，不知即座上客也。公曰：「據汝言，上司獨無覺察乎？」對曰：「新巡撫號稱愛民，然一時不能盡悉，小民亦何敢控訴？」公笑飲數杯，輸值訖，出謂令曰：「小人多已甚之言，我不敢輕聽，汝亦勿怒也。」復行數里，曰：「我今夕正可巡夜，盍分路而往？」令即去，公復回至酒家叩門求宿。酒家對以非寓客處，公曰：「汝今宵當被橫禍，我此來非為寄宿，蓋護汝也。」酒家異其言，遂留之。

至夜半，聞剝啄聲甚急，則里胥、縣差持朱簽拘賣酒者。公出應曰：「我主人也，有犯我自當之，與某無涉。」里胥不認公，嗔曰：「本官指名索某，汝何為者？」公強欲與俱，遂連拽以行。酒家喪魄，不知所指。公慰之曰：「有我在，無恐，會即釋汝也。」至則令升座，首喚酒家。公以氈帽蒙首，與酒家並縮鎖登堂。令一見大駭，亟免冠叩顙，公升其座．笑曰：「吾固知汝之必逮酒家耳！」遂懷其印以去，曰：「省卻一員摘印官也。」

《北東園筆錄》續編卷三〈微行摘印〉

江寧某令，素稱明敏。一日乘軒過市，聞茶肆中人語曰：「是好官也。」旁一人哂曰：「若果好，當代我窮人娶妻。」令聞之，喚令隨入署，升大堂，叱曰：「爾如此立言，必平日不習正務好淫之輩，吾將爾淫根削去！」飭役褫下衣，割其勢。時觀者千百如堵，役一手持刀，一手握其陰，作欲割之狀。觀者轟笑，令怒曰：「何可笑！」命閉頭門，問眾曰：「爾等擾亂堂規，願責願罰？」咸曰：「願罰。」乃命啟門一隙，放人魚貫而出，凡身攜銀錢，均命傾囊，無者則已。須臾人盡出，所留銀錢約百緡，即付哂者曰：「足敷爾婚費否？」命取去。哂者叩謝，攜資出。此真創事，亦奇才也。

《蟲鳴漫錄》卷二〈江寧某令〉

這兩則故事，都具有較為濃厚的喜劇色彩。前一則故事寫新巡撫戲弄貪贓枉法的知縣，令該知縣充分暴露其醜惡嘴臉，最後當眾摘走其人官印，為民除掉一害，大快人心。兩位官吏一廉一貪，一精一愚，互相對比，人物形象格外鮮明。後一則屬於生活小故事，寫某縣令精明而詼諧，運用一種出人意料的手段為窮漢斂錢娶妻，讓人叫絕。再如：

匪徒趙三者，倚屠為業，膂力過人，人畏之如虎。有市其豚，則恃好惡，持刀言曰：「吾只一刀落，多少碰汝造化也。」人或議之，必受其毒。由是道路以目，敢怒不敢言。

一日，有貴介過其門，趙某偶舉刀，不期刀脫手落貴介前，傷其身，鳴於官。官素知趙無賴，故作問難，而其辯黠，急難屈服。忽一老書前曰：「書已判定此案。」官問：「何判法？」對曰：「屠某脫擲屠刀，實非刃傷之。」趙聞乃服。官疑賂，叱曰：「若持此論，殺人者皆不死！」迨視案內字句，官笑曰：「屠某脫擲屠刀，實飛刃傷之，此說極是！」即捉筆點定之。趙猶未之知也。

既而詳文稿脫，議者稱快。趙知，乞憐於老書。書笑曰：「汝不知吾，吾做此勾當已老，只一筆落，生死，碰汝造化也！」趙默然，卒問成罪，抑鬱死。

《蕉軒摭錄・一筆落》

黄土老爺者，滿洲人也，談者不言其名。同治十一年，選授湖南靖州吏目。家故貧乏，獨行至楚，不挈僮僕。既至，納部文於藩司，乃遍詣台司上謁，謁者索錢，不與，遂不為通。久之不得之官，資用乏絕，衣裝俱盡，流落市廛間。與人擔荷黃土，日得錢數十，以糊其口。

一日，因所與傭值不足其數，齗齗與爭。方伯塗公適出而見之，駐輿問故。某人以告，自稱「卑職」。塗公疑其人有心疾，置不問，麾使去。又久之，益困，至代行夜者擊柝。有某官者實主夜禁，聞其柝聲，而不見其人，使人呼之，則自棚中出。怒曰：「汝職行夜，乃高臥歟？」將笞之。其人疾呼：「不可，吾乃官也。」某官異其言，轉怒為笑，問：「汝何官？」曰：「靖州吏目。」某官大驚，而察其聲則北音也，乃曰：「信乎？」曰：「信。」「信則明日可於公廨見。」曰：「諾。」

及明日不至，問之，曰：「吾短布單衣，僅至骭耳，可以行夜，不可以見長官。」某官曰：「此吾之疏也。」以衣假之，其人乃至。審其家世及官秩次第履歷，則真靖州吏目也，遂以見長沙太守。太守言於方伯塗公，公唶曰：「然則曩稱卑職者，即此君歟？」召而見之，曰：「君良苦矣！」命吏稽籍，今靖州吏目誰也，則攝事者瓜期久滿，以代者不至，未得交割。塗公命吏趣治文書，俾靖州吏目之官。已而又謂太守曰：「此君良苦，宜少佽助之。」乃共醵金得四百兩，以資其行。

居數日，靖州吏目入辭，公又見之，語曰：「吾前命太守以四百金為贐，小助行色。君久歷艱苦，宜益刻勵，勉為好官。」其人頓首曰：「敢不奉教！然所賜四百金，實未敢受，已寄之長沙縣庫矣。」公問其意，曰：「一官雖瘠，終勝擔荷黃土時。布衣蔬食，豈不足自給，何用多金？謹存縣庫，備公家一日之用。」公大嗟嘆，曰：「君異時必一好官也。」於是其事遍傳，三湘間稱為「黃土老爺」，而其名轉不著。

《右台仙館筆記》卷十三「黃土老爺」

這兩則故事，都以小吏為刻畫對象，筆墨生動，後者尤為酣暢淋漓。前一則故事寫縣衙書吏以「一筆落」回敬惡屠的「一刀落」，將道路以目的惡屠置於法，令百姓拍手稱快。後一則故事寫一位滿族的州衙吏目就職的坎坷經歷，充分顯示出其人吃苦耐勞的精神和廉潔奉公的品格。這樣的滿族官吏，在當時官府中實在不可多得，讓世人欽佩不已。

這個時期的官吏故事，尚有寫三童子交毆而斃其一、官擬與一童抵死，一善刁筆吏得重酬後書牘「三嬰戲毆，非奸非盜非仇；六手交加，一死一生一抵」，使上司釋放二童的《堅瓠集・刁筆》、寫某縣吏欲趁一鄉民被強盜誣陷之機霸佔其妻，不料受到愚弄，以致為上司懲辦的《閱微草堂筆記・交河吏》、寫廣東某學道貪贓鬻權，任滿還京時數千士子來祝「男盜女娼」，令其神魂若失的《客窗筆記・某學道》、寫一縣令巧斷和奸案，讓醜婦、美男俯視水中影，復抬頭對視，不覺失笑的《誌異續編・縣令》、寫某邑令對知府失禮後，巧於逢迎，竟使知府將其引為知己的《誌異續編・某邑令》、寫知州王某惡如猛虎，人稱其升堂「不是一夾棍，定責三十五」的《履園叢話・王老虎》、寫趙某為廣文三十年，後升縣令已耄矣，謁撫軍時要求調往可飽囊橐處，受到訓斥，同僚皆稱其為「趙古董」的《夢廠雜著・趙古董》、寫一盜稱其與官均為盜，官且殺人，盜遂胠官篋中千金徑去的《北東園筆錄・盜脅官》、寫一縣刑書被劫後流落他鄉，竟得到其多年前從刀下所救者大力相助的《妙香室叢話・救人獲報》、寫朱某以縣丞待缺，因設法討好按察司甥女，最後竟至封疆的《瞑庵雜識・朱某》、寫程某總督雲貴時聞一小官咏炭「一味黑時猶有骨，十分紅處便成灰」，遂予提拔的《明齋小識・詠炭》、寫一縣令巧妙斷案，迫使侮辱鄉下人之某武生給鄉下人磕頭的《明齋小識・還磕頭》、寫高某年逾古稀樂於助人，竟隻身進入盜窟拿下二賊歸案的《蝶階外史・高二爸》、寫縣令秦某觀劇時，命人將《雷峰塔》中許仙捉來鞭笞，優人喊冤，秦道：「若真許仙則笞死矣」的《庸閑齋筆記・糊塗官》、寫江蘇縣令某見一貧窮鄉民借洋入城兌錢購糧膳母，錢莊欲強行克扣，被其重罰，人皆稱快的《三借廬筆談・判事》、寫一貪墨刺史懸自撰聯標榜：「我如枉法腦塗地，爾莫欺心頭有天」，致仕後因上山躲避義軍竟失足觸石頭破腦裂的《庸庵筆記・墨吏設誓受譴》、寫廣東某縣令察獄時讓百多名囚犯捉為人質，旬日後挾縣令至五十里外才將其釋放，然大部分皆被捕獲的《庸庵筆記・獄囚囚官》、寫一盜攜贓物竄跡他省，捐官後仍賊心不少死，常夜出為盜的《嘻談錄・盜官》、寫縣令張某貪贓枉法敗露後被籍沒財產，其人乃得免死的《右台仙館筆記・張某棄妻》、寫縣尉毛某橫行一方，其愛犬被鄰居擊斃後，竟讓該人具棺以葬，並為之披麻戴孝的《右台仙館筆記・狗葬禮》、寫樵夫羅某妄稱打虎手，被招募去殺敵時英勇無比，累功至將軍，衣錦還鄉後始言虎實自斃的《仕隱齋涉筆・羅將軍打虎》、寫一優人捐官者脫朝靴當場露出醜態的《清代官場百怪錄・脫朝靴當場驗纖足》、寫一禦史奉旨詣各妓院查察時，逛妓院之某翰林扮龜奴持琵琶得以脫身的《清代官場百怪錄・挾樂器太史巧脫身》、寫一富民被枉殺並籍沒家產，其子成人後除掉致仕之縣令以替父報仇的《趼廛筆記・秦中令》、寫一杭州太守入都時因向某邸獻西湖水百桶，遂擢升山東鹽運史的《趼廛筆記・西湖水》、寫某太史因在酒樓上無意中得罪某高官，竟嚇得匆匆請假出都的《趼廛筆記・某太史》、寫某名妓買通下人誘一潮州幕客上船妓之舟，居數十日幾乎耗光所積萬金金的《清稗類鈔・容憐餌陸某》等。

一、清代差役故事

清代的差役故事，數量少於同期的官吏故事，內容也包含對其肯定與否定兩個部分。其中，有一些作品頗為精彩。譬如：

> 粵之潮屬揭陽，大邑也。有二班皂沈清者，修髯大耳，為人憨直，綦貧。衙退，一醉之外，正不問事大如天也。其妻交謫之，沈嘗曰：「杖頭錢不可用，但添我一杯酒，獨不顧人家覆盆冤耶？」妻乃去幃，沈一人愈覺無累。

有邑豪李姓，艷鄰家霍氏女。女父固窮，不願為李妾，李厚以金，不可；挾以勢，亦不可。李又折鄰堵，霍出，堵乃覆。霍懼及禍，攜女避之。李復訴霍負李債，賕行於官，欲誣服之。李托沈，倘責霍，重斃之，遺以錠金。及訊，果下霍於階。沈乃左手執杖，右手持金，而告尹曰：「李以金賂我杖，我不敢以杖售其金。杖則猶是也，而金曷反諸？」尹慚，遂釋霍。故李謀終不能傷霍者，沈之力也。

後人以沈行事不同於役，且有大遠乎役者。死之日，塑其像於城隍廟之東廊，猶左杖右金，青衣爪牙之態宛肖其生。今邑人有以鬥酒豚蹄供其前，提其耳而祝曰：「沈二班頭，某事乞為佑之。」事多應云。

《小豆棚・二班頭》

阿爈哥者，忘其姓，新會縣獄卒也。新會土俗：凡生子最少者曰「爈」。（「爈」字土音呼「賴」，字典不載。）為人淳樸好義，凡被罪入監者，他卒必索賞，不如意輒詬誶鞭撻。爈每為之排難解紛。故獄中咸愛敬之，推為獄卒之長，視其言動，莫敢違者。

時當小除，獄囚念及家室，咸欷歔泣下。阿爈惻然於中，大言曰：「今夕釋諸君歸家，對妻孥而醉椒酒樂乎？」諸囚唯唯，疑其戲言以博笑也。阿爈曰：「予素無誑語。諸君能於明正二日如約歸來，則兩無所害，否則予立斃杖下矣！」眾指天矢地，遂為之脫械縱去。其儕輩皆咎其妄，曰：「君主之，無相累也。」至期，囚皆逡巡返獄，無一失。時阿爈方踞地獨飲，喜極擲杯，大笑曰：「諸君至，予可告無愧。當從此逝矣！」兀坐不動，視之氣絕。諸囚感其義，為肖像於狴犴。

《夢廠雜著・鄉曲枝辭・獄卒縱囚記》

這兩則故事中的差役，都是以令人感佩的正面形象出現的，他們以其高尚的品格受到民眾愛戴，身後均被人們供奉。前一則故事中的二班頭，以勇於揭露豪紳劣跡和保護弱者著稱；後一則故事中的獄卒，以富有同情心，敢於承擔責任著稱。他們的事蹟，在平凡中見真情，有口皆碑。他們在舊時的差役當中，可謂鳳毛麟角，實屬難得。

這個時期的差役故事，尚有寫諸捕請求保定一名捕相助，其人因病遂令其妻前往，立即殺退群賊而奪回被劫銀兩的《虞初新志・名捕記》、寫一富人被誣告，某役索二百金而巧妙使其獲免的《誌異拾遺・蠹役》、寫老捕某善於觀察，通過種種跡象判定一船為盜船，將盜賊捉拿歸案，令眾役拜服的《誌異續編・老捕》、寫崇文門兵役索難過客特苛，周某故意研疥痂入鼻煙讓其攫去，令門兵旬日後皆疥的《瞑庵雜識・門兵皆疥》、寫捕快曹某善緝捕盜賊，一次因發現小舟夾底藏有金銀贓物而捉住積年滑賊的《蟲鳴漫錄・湖口捕快・搜船捉賊》、寫皇太后賓天時，上海一衙役勒索穿棗紅馬褂者，竟被其人耍弄的《跗廛筆記・詐賄被侮》、寫緝捕大盜時一捕役殺害無辜以製造假象邀賞，後來事洩受到嚴懲的《劄記小說・誤累》等。

第四節　清代的諷刺故事

清代的諷刺故事，數量相當大，內容主要涉及嘲諷官場貪污腐敗、官員卑鄙無能，譏刺富豪劣跡、醜態，抨擊世間歪風、惡習等等。其中，佳構頗多，不乏給人留下較深印象的篇什。

嘲諷官場貪污腐敗、官員卑鄙無能的故事，譬如：

> 松江趙某者，以販布起家。其後捐一通判。引見吋，上問其身所自，對以向來販布。上曰：「然則何以捐官？」對曰：「竊以做官較販布生涯更好也。」上怒，即著革職。某憤然，退至吏部堂上，大噪索金，曰：「既奪我官，應須還我捐貲也。」堂官聞之，發所司掌嘴五十、笞一百，逐去。
>
> 《埋憂集》卷八〈捐官〉

> 某太守者，好立名，而文字不甚了了。會府試文童，有賄囑幕友，冀得首名者。幕友知某守不學又多疑，往往微行竊聽。一夕閱

卷，偵守將至，拍案嘆息曰：「佳文，佳文，可惜！」呼一友曰：「君試觀之，童子中乃有此才。」其一人曰：「頃吾已閱百卷，間有佳構，似此作色色精到，竟罕其匹，雖擬以第一、無愧也。」某曰：「是決不可，微聞此生富於貲。東人善疑，寧少抑之，吾輩毋受惡名。其三五之間乎？」一人曰：「說亦良是，然此生屈矣。」某曰：「衡文當否，責在東人，我輩誰知者！」守悉聞所言而去。他日薦卷，守攜一卷出而笑曰：「公等目不識文耶？此卷突過首作，乃列之第四、何也？」某笑不答。一友踧踖以情告，守搖首曰：「否，否。避嫌非賢者事，科第中甯無富家郎乎？」卒首拔之，而幕中瓜分八百金矣。

《金壺浪墨》卷三〈某太守〉

這兩則故事，內容各不相同，其嘲諷都具有比較含蓄的特色。前一則故事挖苦捐通判的布商，其鋒芒不僅指向捐官者，而且指向賣官鬻爵者。後一則故事在揭露幕友收受賄賂，預設圈套之惡行的同時，也將鋒芒對準不學無術、裝腔作勢的官僚，讓其備受譏笑和鄙夷。

譏刺富豪劣跡、醜態的故事，譬如：

某翁富而吝，善權子母，責負無虛日。後以年且老，艱於途，遂買一驢代步；顧愛惜甚至，非甚困憊，未嘗肯據鞍。驢出翁胯下者，歲不過數四。值天暑，有所索於遠道，不得已與驢俱。中道翁喘，乃跨驢。馳二三里，驢不習騎，亦喘。翁驚，亟下，解其鞍。驢以為息己也，望故道逸歸。翁急遽呼驢，驢走不顧，追之弗及也。大懼驢亡，又吝於棄鞍，因負鞍趨。歸家，亟問驢在否，其子曰：「驢在。」翁乃復喜，徐釋鞍，始覺足頓而背裂也；又傷於暑，病逾月乃瘥。

《耳食錄》二編卷三〈愛驢〉

有人延師教其子，而館餐殊菲，頓頓冬瓜而已。師語主人曰：「君頗嗜冬瓜乎？」主人曰：「然。其味固美，且有明目之功。」

一日，主人至館中，師憑摟窗眺望，若不見者。主人自後呼之，乃謝曰：「適在此看都城演劇，遂失迎迓。」主人訝曰：「都城演劇，此豈得見？」師曰：「自吃君家冬瓜，目力頗勝。」

《一笑》「冬瓜」

這兩則故事，從不同的角度來譏諷富人的吝嗇秉性，無不令人忍俊不禁。前一則故事採取正面描寫的手法，帶著嘲諷的口吻來講述那個放高利貸的富翁愛惜驢子的一舉一動，將其愛財如命的嘴臉描繪得惟妙惟肖。後一則故事採取旁敲側擊的手法，挖苦有錢人不但摳門，而且還愛面子的劣根性，綿裡藏針，在溫和中顯出力度。又如：

東陽有貧士鄰於富家者，每羨其鄰之樂，旦日衣冠謁而請焉，富告之曰：「致富不易也，子歸齋三日而後告子。」士如言，後謁富，乃命侍於屏間，設高几，納師資，揖而進曰：「大凡致富之道，當先去其五賊，五賊不除，富不可致。」士請問其目，富曰：「五賊非他，即今之所謂仁、義、禮、智、信是也。」士胡盧而去。

《廣談助・除五賊》

世之以貧而起家者，多由節儉，喜佔便宜；因以便宜，致有吃虧。浙人有姓陳者，始為佃傭。有子四人，同力合作，春則鋤雨犁雲，冬則樵山漁澤，妻孥織席紝衣，漸成小康；心思體面，欲托京客代捐監生。既懼銀之過大，又防吞之不捐，朝夕躊躇，遊移未決，仍然一老農夫。

其鄰居監生王姓者，深知陳意。將居除夕，無以卒歲，欺其不顧利害，只圖便宜，將計就計，以監照與之賣之，彼必受餌樂從，吾可安耽過年矣。謂陳曰：「子欲捐監，必托京客。今之可信者，寧有幾人？見銀圖吞者，往往有之，且部價難減。不如將我監生買之，我願讓價。子怕吞銀，我將監照交與收執，老靠已極。我為民，子為監生，何如？」陳曰：「要銀多少？」曰：「一監生須捐銀一百三十鎰，今讓三十、子與我百金可也。」陳曰：「八十金才買。」王曰：「如命。」陳曰：「年內先交三十金，余俟新年二月付畢。」王以挪措無門，得此三十金，亦可度歲，又許之。陳曰：「爾將監照賣我，必要立券，免生後悔。」王遂寫據，並監照交與陳姓。陳取銀三十兩與之。餘銀王亦欲其寫立限字。陳亦邀人書據，而畫押交之。

王得安逸過年。至元旦，陳戴頂欣欣得意，敬神拜祖賀年。鄰居問曰：「子何時捐納功名？吾輩竟不知也。」陳曰：「王某已將監生賣與我矣。爾等往看王某，已不戴頂矣。」鄰眾笑曰：「他物可買，功名不可賣也。」陳曰：「功名以執照為主。今王之照，已在我手，亦不怕其翻悔也。」眾曰：「執照載明三代履歷，子能買照，不能改其三代履歷。若使官知，或被告發，非特不能戴頂，並欲治冒濫功名之罪。由此，爾家業恐不能保也。速還之為是。」陳曰：「我已付銀三十、奈何？」眾曰：「棄之為妙。」陳即往王家曰：「憑照戴頂，眾以為不能將子之照作我之照也。吾將照還汝，即還我銀也。」王曰：「賣買分明，不能翻悔。尚有五十金，吾已抵用，爾有票在，至日不可延緩。」陳曰：「眾說買照有罪，吾以農夫受刑，何足為羞；子寧肯丟臉乎？」王曰：「我貧窶甚矣，監生尚欲賣人，焉懼丟臉？子賴銀，吾將控之。」陳見事不諧矣，挽鄰居說情，又與王銀二十兩，始得還票納照，以致喧傳一時，競為美談。

《咫聞錄》卷四〈賣監生〉

這兩則故事，內容差別較大，繁簡不同，風格迥異。前一則故事嘲諷富人缺德，不講仁、義、禮、智、信，情節簡單，比較直露；後一則故事既奚落乍富之人的虛誇、慳吝，又嘲諷破落監生的奸詐、無賴，情節曲折生動，著重人物性格的刻畫，將各自的嘴臉描繪得活靈活現。

抨擊世間歪風、惡習與愚昧、自私的故事，譬如：

浙東一倅[1]，勤好仙道，遂有方士陽作呂仙乩語以弄之，期以明

[1] 倅：州郡長官的副職。

年中秋，會於靈鷲洞中，授以長生之藥。倅心喜，至期齋沐而至。方士預飾一古貌者，匿洞隱處，誡以勿言。倅偕方士同往。既至，止方士於外，獨入遍尋。始遇見一叟瘫顏鶴髮，危坐於岩石之上。見倅，把麈柄而笑。倅以為不世之遇，稽顙若舂，泣述上年之約，祈求金丹。道者擲一物於地，倅者膝行而取之，向明而視，乃青荷葉裹也。啟裹，一丹焰然。倅復泣叩：「荊子久同修玄，願不遺愚蒙，並賜救拔。」道者搖首。倅復哀禱不已。道者復擲一粒，倅方禮，舉首已失所在。於是欣喜無量，遂廣出金錢，托方士建閣，以奉仙靈，並厚贈方士，大有獲焉。既而，古貌者以賞輕，洩之於人。人問：「所懷何藥邪？」曰：「肥兒丸也。」

《山齋客譚・偽乩》

某甲，惑於堪輿家言，母死，久不葬，偕其兄股涉求吉地。未幾，兄亦死，地猶未得。又逾數年，乃卜得一大吉之地，謂葬之子孫富貴不可言，顧又不以葬其母。人問其故？曰：「以葬吾母，則將發及吾兄之後，故吾欲留為己用，則發者惟吾子孫矣。」未幾，甲病殆，其友某來省視，問疾已，忽稱賀。甲他曰：「吾病且死，何賀為？」友曰：「子不病不死，雖有吉地不得葬，子孫富貴，期於何日？今子將死，是子子孫孫之富貴且至矣，胡為不賀！」甲聞之・掩面自慚。未幾，竟以愧悔死。

《跰蹮筆記・卜地》

這兩則故事，均以揭露裝神弄鬼、宣揚迷信者和譏諷愚昧無知、自私自利者為內容，筆鋒犀利，立意不俗。前一則故事讓好仙道、求長生的地方官吏顏面丟盡；後一則故事讓妄想大富大貴、極端卑鄙自私的傢伙醜態畢現。又如：

有二狂生郊外閒步，至河邊見白鵝一群互相征逐，一生吟曰：「湖邊一群鵝，」一應曰：「我來趕下河。」兩人拍手大笑，且曰：「我等出口成章，實非易易。具此才華，何患不出人頭地也！」既而又大笑曰：「顏回三十而卒，王勃早歲而亡。我二人者，得勿亦為蒼蒼所忌耶。」言未畢．有一老者至，蒼頭白髮，衣冠灑然，問曰：「若輩何為哭？」二生以前言告，老者曰：「我為續之。」遂吟曰：「白毛浮綠水，紅掌泛青波。」二生不禁大駭曰：「公莫非歐陽條先生乎？」老者笑曰：「『修』字尚且不識，盍速用功！顏回、王勃面上俱生奇骨，二公無之，無慮壽之不永也。」二生聞言慚愧交集，老者亦忽失所在。

《此中人語》卷二〈狂生〉

有秀才進省鄉試，在路雇一力夫，代負行囊。秀才欲叨吉利語，卜中舉兆，問之曰：「負物重否？」叶「中」音也。力夫言：「不重，只未收拾整齊，常在後打股臀耳。」秀才大恚，斥為妄言。及抵省錄遺，名落榜。值學憲出，約多人攔輿求補，學憲不准。大眾皆去，秀才猶呶呶未已，出語不遜。學憲怒，當掌嘴十下，驅之去，乃悟打股臀者，實應在臉上。造化機緘之巧，誠戲謔而虐矣。

《仕隱齋涉筆》卷七〈趣林四類〉「打股臀」

這兩則故事，以狂生、腐儒為譏刺對象，詼諧有趣，謔而不虐。前一則故事讓自命不凡的二狂生當場丟醜，無地自容；後一則故事讓才疏學淺、迷信輕率的秀才一再倒楣，有苦難言。

這個時期的諷刺故事，尚有寫吳中一監司書「似我」匾額置惠泉上以自我標榜，諸生竟將其移至廁上的《皇華紀聞．惠泉匾額》、寫某僧對待寫化緣簿軍人時冷時熱，不斷變化，藉以揭露勢利小人醜惡嘴臉的《笑得好．看寫緣簿》、寫一講學者常以苛禮約束生徒，眾生徒買通一藝妓冒充狐女與其寢處，讓其當眾丟醜的《閱微草堂筆記．假道學》、寫一居會館選人被耍弄，黑夜中常來與其寢處者並非美艷鄰婦，而是館人之母的《閱微草堂筆記．選人與館母》、寫某令竟將一張葉子戲紙牌夾在送審詳文中，被上司發現，費三千金始寢其事的《誌異續編．某令》、寫一名士為巨富王某新樓題匾曰「闌玻樓」，暗諷其為東門王皮匠的《履園叢話・闌玻樓》、寫某相國孫與某學士孫皆貧窮為傭，相互抱泣於街頭，被人嘲笑的《埋憂集・扛米》、寫某富翁子買回身上染有其亡父姓名之犬奉養，後來方知受侮的《明齋小識・認犬作父》、寫某廣文欲將白髮染黑，因上當受騙竟染為紅髮，被戲稱為「紅鬍子」的《夜雨秋燈錄・某廣文》、寫一生員為取「頭名」之意，竟將一蟬置於儒巾中令其鳴叫，同坐者聞聲哄堂大笑的《嘻談錄・頭鳴》、嘲笑某些詩人之作品「臭得難聞」的《嘻談錄・詩客留宿》、譏諷秀才之中無能耐者比比皆是的《嘻談錄・陰陽學台》、寫某人討吉兆未得，與抄其文章者俱列榜尾的《仕隱齋涉筆・趣林四類・歲試失意》、寫酒鬼楊某醉倒在田塍下，醜態百出的《仕隱齋涉筆・趣號・過河老者》、寫何某性最饕，主人作鮓肉時故將舊棉裹面蒸之，何咬後方知被捉弄，眾人笑稱其為「破棉絮」的《仕隱齋涉筆・趣號・破棉絮》、寫揚州某甲將祖產敗光，其家木主數個無處存放，只好置於一電線杆下，揚州城即嘩傳神讓其賣木主於電局的《趼廛筆記・謠言二則・置木主》、嘲誚辦外交者畏懼洋人的《俏皮話・活畫烏龜形》、諷刺一班鼠輩極會鑽營，因而擁居高位的《俏皮話・貓虎問答》、譏笑守財奴之子欲以洋錢生子，貪財多有父風的《俏皮話・守財虜之子》等。

第五節　清代的機智故事

清代的機智故事，故事主角是現實生活中不同性別、不同年齡、不同身份的各色人物，包括正面形象與反面形象兩類，而以正面形象居多。不少佳作，通過生動有趣的故事來展示主角的機捷、睿智，讓讀者、聽眾從中受益，且多有回味。譬如：

> 滿媼，余弟乳母也，有女曰荔姐，嫁為近村民家妻。一日，聞母病，不及待婿同行，遽狼狽而來。時已入夜，缺月微明。顧見一人追之急，度是強暴，而曠野無可呼救。乃隱身古塚白楊下，納簪珥懷中，解絛繫頸，披髮吐舌，瞪目直視以待。其人將近，反招之坐。及逼視，知為縊鬼，驚仆不起。荔姐竟狂奔得免。比入門，

舉家大駭，徐問得實，且怒且笑，方議向鄰裏追問。次日，喧傳某家少年遇鬼中惡，其鬼今尚隨之，已發狂譫語。後醫藥、符籙皆無驗，竟顛癇終身。

《閱微草堂筆記》卷三〈荔姐〉

某婦，廣東番禺縣人，年約三十餘，有一子甫五歲。一日。值母家喜事，備酒一樽，燒豬一隻，燒鵝一隻及雞鴨果餅之類，偕一僕攜子雇小舟往。母家故住虎門，是日舟渡獅子洋，值快艇如飛而來，上坐十餘人，喝令過船。婦識為盜，知其意在擄人勒贖也，急囑僕並舟人毋恐。婦問曰：「來者莫非大王差來乎？」曰：「然。」婦佯喜曰：「今日好采，得遇眾位！」好采者，猶言好運、遇會好事。此廣東土語也。眾問何謂？婦曰：「因欲見大王，所以不避險阻，雇小舟備微禮，沿海尋訪，祈眾位帶我一見，生死不忘。」眾曰：「汝因何欲見大王，抑與大王有親故乎？」婦曰：「此時不必細論，見時自知。」眾然之，遂帶婦船同行。蓋盜匪擄人，本宜稟明大王聽候處置，不敢自專也。

於是出大門，渡大海抵大舟，眾將婦言以告。命帶婦見。婦一見即攜子跪陳曰：「妾不幸夫亡，止生此子居恆多病，不能成人。求神問卜，看相算命，皆謂要另拜父母，且須當今英雄，方能保全。妾夙聞大王在海上輕財重義，抑強扶弱，非英雄而何？所以持薄禮，選吉日，雇小艇，負此子，沿海尋訪。正慮大海茫茫，無緣得見，不意天從人願。伏乞大王容納。」言畢，一手攜子叩首不住。盜首驗所帶之物，果係禮物，且查本日實係吉期，因謂婦曰：「我從不收人為乾兒，今見汝誠心可取，汝子亦相貌非凡，准汝子拜在我名下為兒。」言已，命將禮物全收，出綢二端、番銀四十元給之，仍著人送回原處。

當倉猝之際，能隨機應變，轉禍為福，婦誠智矣哉！惜未詳訪其夫族裡居為恨。此嘉慶九年九月事也。

《誌異續編》卷二〈某婦〉

這兩則均為展現急智的故事，故事主角皆為婦女，只不過一個出自農家，一個出自富戶，一個更比一個強。前一則故事寫年輕農婦夜行時臨危不亂，巧扮縊鬼嚇倒圖謀不軌的惡少，令人嘆服。後一則故事寫富家婦女去吃喜酒時突遇盜匪，隨機應變巧安排，竟化險為夷其人非有大智慧不能如此從容不迫，如此滴水不漏。又如：

> 一富人最貪刻，凡租伊田地耕種者，必先與伊銀一百、二百兩不等，名曰「壓莊」。恐少租，則將此銀扣抵。更佃之日，原銀退還惟不加利．蓋佃戶圖得田耕，而富人則得租之外，兼得利銀也。壓莊之外，又有所謂上莊銀者，或一十、二十兩，如弟子見師長用贄敬然；否則，亦不得田耕。但佃戶二三年，必尋故更換，冀另得上莊銀耳。
>
> 有佃戶某，甫耕二年，伊忽換人。妻怨曰：「稔知若田不得久耕，何苦徒費上莊為？」某曰：「雖費上莊，壓莊自在，寧不能別謀乎？但行則行矣，必欲至若家，饜若酒肉而後快。」妻曰：「若平日滴水不肯與人飲，焉有酒肉與汝？」曰：「我自有處。汝收拾先行，我往若家去矣。」
>
> 比至，富人一見，即怒形於色，曰：「汝何尚未移去？來至我家何為？豈敢有意抗拒耶！」某曰：「不敢，闔家已經移去。所以來此者，一則辭行，一則有喜事奉報耳。」富人和顏問曰：「有何喜事？」曰：「昨於二更時始寢，正在欲寐未寐間，因思黎明即當起行，園中尚有蘿蔔未拔，遂用鐵鋤挖取。鋤甫入土，鏗然有聲，乃一銅盤。揭開視之，下一大甕，甕內悉屬白銀，此非喜事而何？」曰：「此汝福命，汝自取之，何為報我？」曰：「銀上悉鐫翁名，我何敢取？」富人聞言，不覺喜形於色，命家中出酒餚對酌。戲問曰：「汝豈絲毫未取乎？」曰：「實不敢欺，當見銀可愛，已取一錠矣。」富人默忖曰：「信哉是人，非特見銀不隱，即取銀亦不稍諱。」於是，命家中更換美酒，另出佳餚，殷勤相勸。
>
> 某已不勝酒，告辭。止之，復戲問曰：「度汝必不止取一錠。」曰：「雖知為翁物，奈愛心難割，當欲再取，不意賤內忽伸

足，將我驚醒，至今猶怏怏焉。」曰：「然則汝所言皆夢耶？」曰：「然。翁猶以為實耶？」富人不禁拍案大怒，責其欺己。某乘醉踉蹌出門去。

《誌異續編》卷三〈貪刻受愚〉

這兩則故事，都與農人農事有關，故事主角均為男性；但其內容與風格多有不同。前一則故事寫佃農用夢境戲弄無比貪刻的田主，展現出過人的智謀與風趣。後一則故事寫告荒的莊稼人反唇相譏，令官員張口結舌，其機敏與聰慧不能不令人叫絕。再如：

某性好古玩，尤愛字畫，日日周流各古玩店。偶見一鋪懸山水畫，軸中有老人挾傘過橋，某喜其筆意蕭疏，過輒諦視不已。一日天雨，見畫中人所挾傘忽張起，異而識之。至天霽過此，則畫中人所挾傘仍掩。自後留心覘察，傘之張掩，與天之陰晴絲毫不爽。因問價幾何？鋪主曰：「此是祖遺手澤，並非待價而沽者。」某願以百金買之，不允；益至二百金，鋪主若甚不願賣者。然遲回許久，而後許之。某大喜，當兑銀訖，攜畫歸，藏密室。朝夕玩視，謂可為驗陰晴。乃他日天雨，畫中傘翕而不張，後乃知鋪主以兩畫隨時更調也。

又一家懸一畫，茅屋數間，旁為牛圈，餘係曠地，一牛俯首齧草，甚生動有致。及晚，曠地無牛。細視，則牛臥圈內。觀者神之，咸以為仙筆。一富翁厚價購得之，珍若拱璧。後有入告曰：「比用某藥染漬，故一晝現夜隱，一夜現晝隱。」此周公錫厚為余言，並述其為某藥，今惜忘之。

《誌異續編》卷三〈好古玩〉

吾鄉有某生者，中年無子，謀置簉室，乃買舟渡江，赴通州一帶訪購。某生既省小費，又欲速成。會有客來，言一鄉民願鬻其女。導往觀之，其色甚美，問其價則甚廉，但須以花轎迎娶。某生大喜，亟與定議，屆期以花轎迎至舟中。女家有二媪來扶女出轎登床，衣服楚楚，紅帕障首，某生但覺其穠纖合度而已。然二媪方伴坐床上，不能遽前揭帕。

某生犒輿夫等既畢，二媼亦即辭去。某生步至床前，見新人端坐不動。私念此必因羞畏而矜持也，乃以手微撼之，仍不動。遽揭其帕，則一泥像，甚為端麗，蓋系百年前所塑，近時無此良工也。

某生懊悶已極，正欲追媒媼理論，已有村人數十嚾噪而至，且曰：「此吾村觀音庵之大士像也，環而祈福者且千戶，汝何得擅抬至此！」或欲鎖其舟，或欲系其人，某生惶遽失措，一老翁出為排解。某生乃苦訴某見紿之狀，老翁對眾言曰：「姑念此人異鄉遠客，願諸君稍恕其褻嫚之愆，但令出洋銀二百元示薄罰，吾輩自舁佛回村何如？」眾作勉強允許之狀，某生不得已出洋銀二百元付之，眾共舁泥像歡呼馳去。某生踉蹌歸里，大喪資斧，而妾仍未得。此可為見小欲速，謀事不慎者戒。

《庸庵筆記》卷四〈娶妾得泥佛〉

這兩則故事，無不通過施行騙術來展示智慧，思想傾向各不相同。前一則故事寫的是商業欺詐行為。賣畫者為了謀求暴利而煞費苦心，其智商雖高卻令人鄙夷。後一則故事寫的是一出敲詐討小妾者的鬧劇。欲討小之人急於少花錢找來美色，竟一再讓鄉民們（內中甚至有老頭兒，老太太）耍弄，損失良多，竟一無所獲，但一點也不值得同情。

這個時期的機智故事，尚有寫一鄉下富人剃頭受到怠慢竟加倍付錢，再來時店主屈意奉承卻所得極少，謂此次所付前次剃頭錢的《誌異續編・剃頭錢》、寫江蘇某知府壽誕時一縣令因大江風阻遲到，知府怒而封門，一優人急中生智，連忙演戲為其解圍的《誌異續編・優人》、寫一婦跟某甲父子私通，一日正與某甲狎時甲父及婦夫相繼進屋，此婦均巧妙應對，未露破綻的《妙香室叢話・淫婦奇智》、寫主人欲私僕妻，被僕人夫婦耍弄，竟不敢追回被索取之三百金的《蟲鳴漫錄・欲私僕婦者被紿》、寫一童子獻計以數百斤飴糖拌麥糠遍佈於麥場，待老虎來後讓糖糠密附其體成為大球而被捉的《見聞近錄・擒虎巧妙智》、寫告荒的莊稼人反唇相譏，令官員張口結舌的《笑笑錄・告荒》、寫把兄具帖以「半魯」請把弟，桌上僅有魚一盤：把兄弟後回帖以「半魯」請把兄，只讓其曬日頭的《嘻談錄・半魯》、寫某甲中年娶妻，一媒人替眼瞎且足大之女子保媒，因巧言遮掩，遂獲成功的《燕南瑣憶・媒氏》等。

第六節　清代的訟師故事

清代的訟師故事，數量不少，其內容大多與各類訴訟有關，思想傾向性多有差異。在作品裏面，故事主角的所作所為，有的受到肯定和讚許，有的受到否定和譴責，講述人和錄寫者的愛憎頗為鮮明。

故事主角受到肯定和讚許的作品，譬如：

湖州有嫠婦，號「疙瘩老娘」，能刀筆，為訟師，遠近皆耳其名。凡有大訟久年不結者，憑其一字數筆，皆可挽折，雖百喙不能置辯。因之射利，許利厚則蔑理甚。邑有富甲之媳早孀，欲改適，翁不許，強其貞守。媳丐於老娘，老娘索其一千六百金，弁其狀十六字曰：「氏年十九、夫死無子。翁壯而鰥，叔大未娶。」官遂令其他適。

《小豆棚・疙瘩老娘寫狀》

重慶江北令福公潤田，滿洲人，初蒞任，雷厲風行，痛恨訟棍，犯者例辦無赦。有民爭田界，系甲之田塍，墮下乙田，甲齊墮處截為界，約占乙丈寬地面。乙不服，訟於官，福公以為就墮處築田塍，便而近理，不計占界，轉斥乙誣，幾受笞。案定，有訟師扛請復訊，挺身代乙伸屈。公大怒，立為提訊，盛氣向訟師曰：「案已了，爾敢翻案，真惡棍也！」訟師昂然曰：「公斷甚偏，小民實難心服。」公詰其故，對曰：「此界易明，小民當罕譬喻之：如堂上公案一幅地，甲界也，小民所跪一幅地，乙界也。倘公案一倒，便占所跪地，如將公案移大堂外，便占大堂許多地，有是理乎？理合將甲之田塍，仍歸甲界，不得因其墮而占乙若干界，方持平。」福公恍然悟，遽悔前判從之。此亦訟師之有膽有舌者。

《仕隱齋涉筆》卷七〈訟師猾吏〉「某訟師翻案」

這兩則故事，主角分別為女性與男性兩位訟師。他們一個為年輕寡婦寫了十六字狀，言簡意賅，擊中要害，讓其如願以償，得以改嫁；一個挺身主持公道，說服縣令改判，平服田界之爭，合理化解了矛盾。如果說前者的作為尚有利益驅動，得到了重金酬謝的話，後者作為完全出於正義感，並沒有任何索取，這在當時更為難能可貴。

故事主角受到否定和譴責的作品，譬如：

> 洙涇盛某以訟師起家，陰險，多機智，鄉里咸畏之。時有徽商開木行於其地者，杯酒之歡，獨不及盛。盛心銜之，而不發也。一日，行破廟中，見一丐者，驚視曰：「若非吾家某耶？十餘年出外，何至於此？」丐知其誤，心念：「為此人眷，計亦得。」遂佯應之，與俱歸。薰沐而冠履焉，呼之曰弟。吳淞俗，秋稻登場，凡運租船出，例燒神紙。是年，盛命丐同往舟中，多攜爆竹，沿木簰處亂之，竹纜皆焚。徽商知之，率眾毆擊。家人故溺丐於水，以人命控官，商遂破產焉。鄉人始知其修杯酒之怨也。
>
> 《涼棚夜話・訟師惡報・假弟訛人》

> 鄰村某甲，鄉農也。妻某氏有外遇，甲亦聽之。一日甲他出，所歡復來，值甲醉歸，與之遇，忿甚，操刃將殺之，少年驚逸。甲怒猶未已，遂殺其妻，醒而悔之，曰：「我未獲登徒子，殺妻無證，不將按律以償命乎！」懊恨無及，求援於楊（訟師楊某）。楊曰：「事已至此，可速歸，今晚勿掩扉，擎孤燈於室中，操刃伺門後，苟有人至，急殺之，李代桃僵，罪可逭也。」蓋舊律凡奸案男女同時並獲者，本夫可以格殺勿論。
>
> 甲如所言，返家靜候之。其地風俗，凡人夜行困乏，途經廬舍，無論其居停是否相識，苟未闔戶而有光，皆可入內休息。二更向盡，果有人攜燈冉冉而至，入室少憩。甲大喜。乘其坐尚未定，出不意，突自後戕之。天未明，即叩門往告楊，邀共議事。楊甫至，急視屍，細審之，不禁大慟，蓋所殺者為楊之子也。楊子久客經商，與甲素不相識，值省親歸，遂為甲所誤殺矣。楊僅此一子，

哀號而絕。甲不得已，詣縣自陳。縣宰廉其情，知楊咎由自取，乃更逮某少年，科以罪，笞甲而釋之，令為楊子厚葬焉。

《清稗類鈔・獄訟類・訟師伎倆・咎由自取》

這兩則故事，內容各不相同，但故事主角的惡劣表現皆讓人不齒。前一則故事寫訟棍盛某為人陰險，並且心胸窄狹，為一點點不快，便不惜用弄死人的手段進行報復，訛詐錢財，乃至使對方破產，狠毒之極。後一則故事寫訟棍楊某為人出餿主意，用濫殺無辜的辦法讓人脫罪；誰知竟導致楊某的獨子被殺，真可謂咎由自取。

這個時期的訟師故事，尚有寫訟師盛某陰險多智，收受重酬後為手刃淫婦而未捉住姦夫者脫罪，竟讓其子成為刀下鬼的《涼棚夜話・訟師惡報・盛子被殺》、寫訟師某為一年輕寡婦寫狀稱：「妾不幸，夫早亡，姑多病，翁年少」，因准其另嫁的《誌異續編・訟師》、寫一子被父毆而觸父隕二齒，父告官後子求於訟師酈某，酈齧子耳，讓其稱父噬耳因傷父齒，遂免死罪的《夢廠雜著・訟師齧耳》、寫一富家覓故紙精心制作假契券，欲以吞沒他人產業，訟師吳某從蠹痕、藏器等諸多方面辨認，令其不能得逞的《三異筆談・訟師・識偽契券》、寫富翁徐某對其貧婿栽贓陷害，一訟師為其女寫狀稱「不告害夫，告則害父，不可告，不得不告」，遂救夫婿而得以完婚的《咫聞錄・嫌貧害婿》、寫一逆子被其父告官，訟師某讓其在公堂上將左右手掌上之「妻有貂蟬之貌、父有董卓之心」示官，因而逃過一劫的《客窗閒話・書訟師・父有董卓之心》、寫一無賴縊於某甲門外以洩憤，某甲獻重金求計，訟師某讓其釋屍再懸，報官後因屍頸有二縊痕而以移屍被勒索得免的《客窗閒話・補訟師・釋屍再懸》、寫某甲妻經訟師指點，賄吏入獄以重金收買一已判死刑之盜匪頂罪，從而使其夫得釋的《客窗閒話・補訟師・買盜頂罪》、寫一寡婦誘某婦至其家讓惡少強姦，某婦之父設計使該寡婦與惡少遭到報應的《客窗閒話・補訟師・奸報》、寫一訟師貪賄夏日作牒，預知其事必敗，竟披裘烤火寫狀子，事敗追究，其人以握筆時圍爐披裘對，訟師乃得免的《蟲鳴漫錄・盛暑披裘》、寫某人還債未揭約，債主之子讓其人再還錢，一訟師乃為其打贏官司的《仕隱齋涉筆・訟師猾吏・對簿公堂》等。

第九章　清代的寫實故事（三）

第七節　清代的家庭故事

清代的家庭故事，數量相當大，包括夫妻故事，父子、母子故事，婆媳故事，兄弟、姊妹、妯娌故事，翁婿、連襟故事等等。此類作品都從各個家庭層面來反映現實生活，大都描寫生動、細膩，貼近民眾，富於生活氣息，具有一定的社會意義和審美價值。

一、清代的夫妻故事

清代的夫妻故事，數量較其他各類家庭故事多，大都通過夫妻之間的悲歡離合來描述家庭生活來揭示社會面貌，表現人們的思想情感和願望，具有較強的現實性和表現力。譬如：

> 康熙時，耿逆作亂浙閩間，土寇出沒，道路梗阻。新選閩中令王公，挈眷之任，中途遭寇掠，夫人為賊將所得。將犯之，泣曰：「妾本將從夫之任，今滿地烽煙，重逢亦未可必。自顧荏弱無依，幸將軍見憐，得以蒲柳之姿，奉侍巾櫛，於願足矣。然妾固世家女，祖父皆前明顯宦，苟合所不能堪。若備禮而後薦，則可以永締白頭耳。不然，請就刀俎。」賊從之。
>
> 夫人故善飲，及合巹，著意勸酬。賊已醉，屢欲犯之，夫人索金斗滿斟自飲，然後再斟一杯，手持以進曰：「今夕妾之侍飲，天緣也。請將軍更進此杯，共諧好事，豈不更增佳趣乎？」賊益喜，笑曰：「佳人愛我哉。」就手中一吸而盡，然不覺玉山頹矣。時漏已二下，夫人尚獨酌，命侍者取飲。侍者出，亟起，就賊腰間抽佩

刀刺之，立斃。遂隱身門後，伺侍者入，斬之，扃其扉，由寨後潛逃，幸中夜無覺者。

天既曉，乃毀妝以垢塗面，乞食於野。至西安，乃齧指血題絕命詞於壁，將投井死。村人救而免，以告邑宰。宰詢悉顛末，為之惻然。且嘉其節，請姑留署內，為女公子師。乃出示訪王所在。未幾，王忽至，投刺謁宰。延入，細詢歷難狀，王語及其妻，流涕不止。宰亦為之慘惻也者，然不以夫人告也。退而陰使夫人治饌以進，酒半，王復泣下。宰佯問故，曰：「此味絕類亡荊所治，其斷蔥亦以寸為度，對此不覺感觸耳。」宰佯為太息，既請以妹妻之。王曰：「亡荊此去，不知其存其沒，高誼所不忍聞。」再三強之，終不可。

宰乃別設館舍，治奩具，而以夫人歸之。戒婢僕，蒙夫人以巾，扶令交拜。王輒轉身面壁，絕不一顧。其夫人固聞其謀，至是則悲喜不勝，更難少忍，泣而語曰：「王郎，王郎，乃猶念及糟糠乎？」王驚顧，乃其妻也，遂前相持而哭，各述流離之狀。至賊中之事，王益痛哭不止。宰從旁解之曰：「賢閫此事，智勇兼之，足與費宮娥並傳矣，不獨節義可欽也。僕以為當喜不當悲耳。」王乃收淚，拜之曰：「非老父母收恤之恩，亦何得復見於此時。」

王文憑已失，宰許為詳諮補給，俾攜之到官。夫人願拜宰為父，宰遜謝不敢。入閩後，歲時饋問不絕，若兄妹然。王尋以行取擢御史。

《埋憂集》卷六〈夫婦重逢〉

京師又有一部郎家，傭一少婦，乃三河人。婦與其夫成親，甫一月而別。別時與夫約曰：「歲暮，宜至京城某媒媼家，訪我所在而見我焉。我必有以畀汝。」

及歲暮，婦日至門前候其夫。一日，有鄉人徘徊其門婦見之，誤以為夫也。蓋相聚不久，而別已經月，面貌音聲，不甚了了矣。遽招之曰：「爾今日始來耶？我望眼欲穿矣！汝少待，我取錢與汝。」其人惘然莫測，姑待之。婦果攜錢券數紙出付之。其人大喜，持去。

明日，其夫果來，閽者達於婦。婦訝其復至，出而詰之曰：「昨付爾之錢，尚不足用乎？我則無矣。」夫曰：「我昨暮始至城中，宿於汝所言媒媪家。今日倩其幼子導引而來。昨豈曾至此？爾得無夢歟？」婦始悟昨日之誤認，癡立無語，嚶嚶啜泣。夫固問之，乃哭失聲。內主人聞之，呼入問故，知其事，大笑。憐其少年夫婦，以貧故別離，以錢十餘貫與之，使畀其夫焉。

《耳郵》卷三「三河少婦」

這兩則故事，均描述夫妻別離後的境遇，有悲有喜，儘管情況差別很大，但都頗為真實生動，感人至深。前一則故事寫的是夫妻亂世重逢的故事。其中的女主角有膽有識，被虜後臨危不懼，竟施計殺死賊將，逃出賊營，終得與丈夫團圓。而西安某邑宰有情有義，收留逃亡之王夫人，促使其夫妻團聚，為這一則故事增添了喜劇色彩。後一則故事寫窮夫妻新婚別離的故事。其中的女主角婚後即進城為傭，由於與丈夫僅見過一面，竟誤將辛苦掙來的工錢給了他人，傷心之極。幸得好心主人解囊相助，才未釀成悲劇。又如：

某村錢翁，業農。薄田十餘畝，粗可自給，性寬厚好善，人以長者稱之。一日，村中來一丐婦，瘡癩滿體，穢惡不可近，臥於錢之門外，將就殆。村人咸加叱詈，欲其他徙。翁獨憫之，飲其粥糜，並市藥令其敷治，越宿少瘥。婦留不去，日求哺於翁。翁施捨無吝。月餘，瘡痂盡脫，婦謂翁曰：「惡疾沾身，而兼以凍餒，其不為溝中瘠者，皆翁之德也。今疾雖愈，而夫死，身無所依，求食非良策，願役於翁家，不求值，得啖飯足矣。」翁許之。婦早起晏息，操作甚勤，而米鹽經其掌管，必力求撙節，無苟且。翁與家人俱信任之。

後數年，翁妻死而鰥，子婦以婦能襄理家事，且年未四十，勸翁納之。戚友聞其事者，咸來慫恿，翁遂納婦為繼室。逾年生一子，婦謂翁曰：「曩所以隱忍不言者，特未知君心耳，今既與君生子，當不相棄，妾有藏金一萬，在某處大樹下，事雖多年，或未有發掘之者，請與君跡之。」翁問金所自來，因言其前夫乃劇盜，嘗劫巨室得金，無可匿，埋之地中。事發被獲，拷掠終不承，瘐死於獄，故贓猶存爾。翁大喜。至夜，與其子駕舟，令婦往覓其處，發地果得金，滿載而歸，家遂大富。後婦又舉兩子，翁至七十餘始歿。鄉農得受橫財，而年登耄耋，子姓繁興，或其人忠厚之報歟！

《香飲樓賓談》卷一〈錢翁〉

有唐某者，以采樵為業。一母一妻，以捆屨織布佐之，而常苦不給，饔飧缺焉。聞鄰村有王姓者無子，欲典人妻以生子。唐謀於母。將以妻典焉。妻不可，唐曰：「婦人失節，固是大事。然使母餓死，事更大矣。」婦乃諾之。典於王．以一年為期。而婦有姿，王嬖之。及期往贖，王將典契中「一」字改為「十」字。唐不能爭。婦告眾曰：「吾悲忍為此者，以為日無多，而可以活姑與夫之命也。若遲至十年，吾行且就木矣，其奚贖焉！」乃投水死。

《耳郵》卷四「唐某典妻」

這兩則夫妻故事，內容不同，結局有天壤之別，亦都頗為感人。前一則故事寫錢翁以仁愛之心厚待貧病交集的婦人，後來收其為繼室，終得善報。只可惜結尾處寫錢翁得到劇盜藏金致富，立意不高，有損故事的思想價值。後一則故事寫樵夫唐某在萬般無奈之下典妻，一再受到打擊，竟引出妻子投水身亡的悲劇，讓讀者、聽眾格外揪心。

這個時期的夫妻故事，尚有寫浙東亂時一對新人被掠，幸遇杭人釀金贖難民，小夫妻倆及其兩家骨肉才得團聚的《池北偶談．一家完聚》、寫任妻在少室山墜崖成為野人，被人發現後，丈夫急往迎歸，情好益篤的《簪雲樓雜說．墜崖婦》、寫九十九歲樵翁用所拾之萬金娶十九歲姑娘為妻，抱孫後才去世，壽一百四十的《子不語．百四十村》、寫耿某被誤認為負氣出走杳無音信之王某，在其入贅之後善待其親人，過了多年才回老家與髮妻團聚的《小豆棚．耿姓》、寫某夫妻婚後分離，長期音耗全無，均以為對方已死，後彼此輾轉到異鄉再婚，竟又成為伉儷的《閱微草堂筆記・再娶元配》、寫盜劫富室執主人夫婦後，小妾帶領諸僕擒盜救夫，妾嫡乃相睦的《閱微草堂筆記・妾救夫》、寫金氏婦被賊虜，其夫往贖，婦竟與賊同樂不願歸，後死於賊子刀下的《夢廠雜著・金氏婦》、寫一遠貿者多年歸來，疑妻或不貞，乃化妝入室強暴，被其妻戮要害斃命，遂釀成悲劇的《蟲鳴漫錄・遠貿者歸來》、寫某戶在家庭遭到變故時，妻子毅然挑起生活重擔，讓殘疾丈夫學會謀生技能，使其家居然富足的《蟲鳴漫錄・賢妻》、寫某人見所狎妓嫌其裹腳布髒而髮妻不憎其穢，大有感悟，發誓終身不去勾欄，琴瑟遂篤的《蟲鳴漫錄・終身不去勾欄》、寫陶某在盜賊陷城時被擄，與妻子父母離散，多年後攜貿易所得銀兩並續娶之聱婦自川陝返家團聚的《右台仙館筆記・金陵陶某》、寫阿保被養母賣與某氏為妾，受盡大婦虐待，後讓大婦逐出，竟服毒自盡的《右台仙館筆記・阿保》、寫林氏女執意嫁給發狂之夫婿黃生，住在山中進行調護，竟使其夫病癒還家的《右台仙館筆記・黃生妻》、寫某家貧而妻頗有姿，將其妻「放鶉鴿」（假賣妻於人）後，竟一去不復返的《右台仙館筆記・放鶉鴿》等。

二、清代的父子、母子故事

清代的父子、母子故事，數量也比較多。其作品具體描述涉及父子關係或者母子關係的各種故事，從一個特定的視角揭示當時的家庭生活，表現人們的精神面貌。在此類故事中，有不少作品比較精彩，頗為引人注目。譬如：

> 曩游蜀中，聞土人言：鄉有某生者，幼聘舅氏女一妹為妻，以中表親，素不避面。生成童，從塾師讀。他日歸，過舅氏之門，見女獨自在家推磨。生入，問舅妗俱他出，戲曰：「妹役良苦，我為效勞好否？」女曰：「甚善。」時女已及笄，兩人情竇俱開，調笑甚樂，以無人，遂私焉。生素畏舅，既訖事，自念女脫有孕，舅知之奈何？別女而出，徘徊中道，遂逃亡不知所之。越日，師使人探諸其家，家固以為在塾，彼此詰究，互相駭詫。到處使人蹤跡之，

卒無朕兆。而女身果妊，久之，腹漸膨脝。母察有異，詰之，計不能隱，遂吐其實，乃使人告生父母。其父母僅此一子，以出亡，方切隱憂，聞女有孕大喜，商諸冰人，以禮迎歸，待生歸家，再為成禮。

初，生出亡，乞食至漢口。質庫主人某翁，見生貌不類乞人，留使學賈。即喜其勤謹，委司會計，大為寵任。生頻年蓄積，不下萬餘金。爰與人合夥開張布店，特歸省視。既至鄉裏，見道周鼓吹傖儜，車馬喧耀，詢之旁人，謂某氏子親迎。是固有母無父者，今娶妻矣。生聞驚喜，既念生平只一索，那便有子？試詳探之，果然。

先是，一妹迎歸分娩，果幸得男。比長，讀書甚慧，十三歲應童子試，學使賞其文，拔冠一軍，名噪庠序。同里某富翁有愛女，遂以字之，今適於歸。生到家，見賓客滿堂，姑與為禮。僉謂客從何來，生詭言至自楚北，為某生作寄書郵者。其子聞有父書，喜出叩見，問父書何在？生笑撫其背曰：「兒不知耶，我即汝父是也。」問父母，已先後去世，不勝淒然。其子驚喜猶疑，生窺其意，謂曰：「兒如不信，可呼汝母出見，自能知之。」其子不得已，入請母出。生遽前揖之曰：「卿幸別來無恙？推磨推磨，不如我與汝磨。」其母聞之，喜謂其子曰：「果兒父也。」蓋生所云，乃當日推磨時相謔之詞，非他人所與知也。賓客聞之，交口稱賀，僉請具香燭酒醴，即於是日父子、姑婦同拜祭天地、祖先，行廟見禮而合巹焉。

《里乘》卷六〈父子同日合巹〉

山西一富翁，年四十無子，每至親串家見有小兒，輒喜而抱弄之。嘗幹役於中州，騎馬過中牟縣城外，見樹陰之下一小兒，才四五歲，婠妠可愛。下馬就視，兒初不啼，抱之上馬，幸無見者。諦視此兒，眉目姣好，肥白如瓠，愛不忍釋，竟擁之懷中，馳馬而去。比至家，遂以為子。

而翁自得此子後，連舉二子，三子皆長，並為娶妻。然翁之家人每竊竊私語，謂翁既有子矣，焉用此他人子為？翁微聞之，自度己死後，必不相容。於是召此子語之曰：「吾自中牟攜汝來，今幸成立。然久居此，終少味也。葉落糞本，汝其歸乎！」乃為具萬金之裝，使攜婦俱去，戒之曰：「汝至中牟，但至某所訪之，必有骨肉相逢。此吾遇汝處也。」子不得已，涕泣辭去。

既至中牟，止其妻於逆旅，而自至城外訪求，逢人必問，冀有所遇。久之，有人語之曰：「吾村某氏老嫠婦，曾失一子，得毋是乎？」其子喜甚，亟使導之往，至則一老婦出曰：「吾夫亡後，遺腹生一子，至某歲失之，今且二十年，雖見之，固不識矣。然有可辨認者，此子面有豆花，吾曾識其數，今雖久遠，猶未忘也。」乃言其數。眾人視此子之面，果有豆花，數之與婦言合，皆喜曰：「此真是矣。」其子泣拜，歷言前事，即從逆旅中迎其妻至。老婦家本貧，自失子後，又悲思成疾，一旦有子，又有子婦，且有多金，乃大喜慰。

《右台仙館筆記》卷十六「中牟還子」

這兩則父子故事，情節均較為曲折。其中，故事人物的經歷雖然飽含離合悲歡，但都以團圓的結局告終，令人感到溫馨和欣慰。前一則故事由夫妻故事與父子故事交織而成，曲折地反映出舊時男女婚戀所受的桎梏，以及社會生活變化所帶來的機遇，蘊含一定的社會意義。後一則故事由母子故事與父子故事交織而成，那位丟失遺腹子的農婦經歷了人生的大悲大喜——由悲慘辛酸的遭遇開頭，以溫暖幸福的結局告終；而那位抱走他人孩子的富翁，二十年後良心發現，終於讓孩子帶著重金回故里去尋找親人，使其骨肉團聚，總算知錯能改，免得抱憾以終，無不給人以啟迪和教益。又如：

順治初，京師有賣水人趙遜，未有室家，同輩醵金謀為娶婦。一日於市中買一婦人，歸去其帕，則發毿毿白，居然嫗也。遜曰：「嫗長我且倍，何敢犯非禮？請母事之。」居數日，嫗感其忠厚，曰：「醵錢本欲得婦耳。今若此反為君累，且奈何？吾幸有藏珠一囊，紉衣服中，當為君易金娶婦，以報德。」越數日，於市中買一少女子。入門見嫗，相抱痛哭，則嫗子女也。蓋母子俱為旗丁所掠而相失者。至是，皆歸遜所。嫗即為之合卺成禮。嫗又自言洪洞人，家有二子，今尚存珠數顆，可鬻之為歸計。乃攜婿與女俱歸。二子者固無恙，一家大喜過望。嫗乃三分其產，同居終其身。人以為遜忠厚之報云。

《香祖筆記》卷四〈京師賣水人〉

趙瓚，柏鄉余舍村農人也，家貧，事母孝。一日出汲水，其母向院落取薪，有虎突入村，直趨趙瓚家。瓚歸村，人遙呼曰：「虎在汝家，不宜往。」瓚急持柴擔，踉蹌入，見虎方銜母來，奮力擊之。院宇小，虎不能轉身，又以銜人，不舍不能鬥。瓚與持益力，虎遂舍其母，將奔瓚。會縣胥率健勇至，射殺之。令旌其門曰「純孝」。

《蝶階外史》卷一〈虎口奪母〉

這兩則故事，短小而有感染力。其故事主角無論身處城市或鄉村，都是淳樸、忠厚的普通勞動者，富有人格魅力。前一則故事中的都市賣水人，以赤誠的愛心待人，將素不相識的老嫗當作老母侍奉，後來竟得到厚報，過上了美滿的家庭生活。後一則故事中的農夫，奮不顧身地與猛虎搏鬥，終於從虎口中救出老母，其孝心令人感佩。

這個時期的父子、母子故事，尚有寫某父娶一少婦續弦，二子恐父復育，乃趁父醉而潛割其睾丸竟死，皆伏誅的《聊齋誌異‧單父宰》、寫啞孝子傭工養其跛父病母，遇災年乞食以進，使父母賴以生存的《虞初新志‧啞孝子傳》、寫姦夫淫婦合謀勒死親夫後，又將三歲孩兒賣掉，小孩令奸人暴露伏法，竟為其父雪冤的《客窗筆記‧三歲孩雪父冤》、寫某父至金陵尋子，不慎落入妓館陷阱，耗竭資斧，孑身而歸的《山齋客譚‧以妓餌父》、寫李某中年所得之子逃課外出為丐，被收養成人，娶妻生女，養父母死後遇荒年，意外與生父母得以團聚的《夜雨秋燈錄‧李老》、寫小販樂某將誤以為已死之劉子救活並養大成人，後又贈其返回原籍尋親的《醉茶志怪‧劉氏子》、寫在兄長被繼母虐待致死後，童子因裝瘋才得以存活的《右台仙館筆記・童子裝瘋》、寫嚴孝子出家為僧，四處尋父，終於迎父歸家的《薈蕞編・嚴孝子》等。

三、清代的婆媳故事

清代的婆媳故事，數量較少。但其中湧現出一些很有思想內涵的作品。它們描寫細膩，感情真摯，具有較大的震撼力，社會影響良好。譬如：

> 郭六、淮鎮農家婦，不知其夫氏，郭父氏郭也，相傳呼為郭六云爾。雍正甲辰、乙巳間，歲大饑。其夫度不得活，而出乞食於四方。瀕行，對之稽顙曰：「父母皆老病，吾以累汝矣。」婦故有姿，里少年瞰其乏食，以金錢挑之，皆不應，惟以女工養翁姑。既而必不能贍，則集鄰里叩首曰：「我夫以父母托我，今力竭矣，不別作計，當俱死。鄰里能助我，則乞助我，不能助我，則我且賣花，毋笑我。」（俚語以婦女倚門為「賣花」。）鄰里趑趄囁嚅，徐散去。乃慟哭白翁姑，公然與諸蕩子遊。陰蓄夜合之資，又置一女子，然防閑甚嚴，不使外人覿其面。或曰：「是將邀重價。」亦不辯也。
>
> 越三載餘，其夫歸，寒溫甫畢，即與見翁姑，曰：「父母並在，今還汝。」又引所置女見其夫曰：「我身已汙，不能忍恥再對汝。已為汝別娶一婦。」夫駭愕未答，則曰：「且為汝辦餐。」已往廚下自剄矣。
>
> 縣令來驗，目炯炯不瞑。縣令判葬於祖塋，而不祔夫墓，曰：「不祔墓，宜絕於夫也；葬於祖塋，明其未絕於翁姑也。」目仍不瞑。其翁姑哀號曰：「是本貞婦，以我二人故至此也。子不能養父母，反絕代養父母者耶？況身為男子不能養，避而委一少婦，途人知其心矣，是誰之過而絕之耶？此我家事，官不必與聞也。」語訖而目瞑。
>
> 《閱微草堂筆記》卷三「郭六」

山東有陳媼者，老寡婦也。有二子，其長子甲早卒，而甲婦甚賢。甲死後遺有千金，貸於人而食其息，姑婦二人頗足自給。次子乙及婦均不孝。陳媼自從甲婦居，乙不顧問。無何，甲所遺千金盡為人乾沒。甲婦無以為生，鬱鬱不樂，久之遂成迷惘之疾，饑飽寒燠皆不自知。媼憐之，晝夜調護之，又苦無食，力作以自食。甲婦之母族謂陳媼曰：「此非可長也，且以久疾累尊章，豈母家無人乎？」迎之歸。

媼自是從其次子居，乙夫婦雖不樂，然無以拒也。而乙婦悍甚，乙亦畏之。乙恒外出，乙婦亦時還母家，每為姑具五日之糧，則其返也必十日，具十日之糧，則其返也必二旬，媼於是恒不得飽。甲婦雖還母家，然猶念其姑，月必一來，來必居數日。每日巡行庭除間，見地上破瓴甋、或敗絮、或故紙、或枯木朽株，一一拾起，以奉其姑。且呼之曰：「娘，俟此等物化為金銀，我與娘皆不餓死矣。」鄰舍人聞之，皆為嘆息。而乙婦殊厭惡之，不為具食。媼節食食之，故事不能久留。留數日，輒好言遣之，曰：「吾兒家去，勿念老身。」如是者十餘年矣。

陳氏之鄰，故客舍也。會有達官稅駕於此，以病小留，盡得其狀，嘆曰：「是其罪在乾沒者。夫兩嫠婦所恃以活命者，而乾沒之，此非人也。」命有司窮治其事，悉返其金。陳媼得金，亟召甲婦告之。甲婦見多金，大喜，神識頓清，夙疾若失。仍奉姑同居，且嗣族人子為子，娶婦生孫焉。乙客死於外，乙婦挾其資再嫁，而後夫好博，不事恒業，不數年罄其所齎。俄後夫亦死，乙婦不能自存，乞食於路。甲婦時時飲食之，未幾以癘死。

《右台仙館筆記》卷十五「陳媼二媳」

這兩則婆媳故事，通過日常生活的具體行為來描述兒媳對待公婆的態度，整篇作品均以對比的表現手法來敘事，善惡分明，使正面主角的形象分外鮮活、動人。前一則故事中的郭六、大災之年在丈夫棄家出走之後，一個人挑起奉養公婆的重擔，含辛茹苦，任勞任怨。直到實在難以為繼時，她才忍受奇恥大辱，用賣笑所得來養活丈夫拋下的二位老人，奉獻出一個孝媳赤誠的愛心。她的所作所為，讓人感到無比心酸，同時又讓人對其肅然起敬。在贍養雙親、孝敬父母方面，她的態度與丈夫的態度截然不同，形成強烈對比。後一則故事中的甲婦，無論有錢無錢，奉養寡居婆母都十分盡心；當其有病在身時，對於婆母照樣體貼入微。而乙婦虐待寡居婆母，其尖酸刻薄竟達到了無以復加的程度。兩個兒媳在侍奉寡居婆母方面的態度有天壤之別，形成強烈對比。兩則故事在塑造正面主角的藝術形象上，無不顯示出一定的藝術功力。

這個時期的婆媳故事，尚有寫惡媳自食好面，而以粗面餿水作餅與婆婆，大雷雨時一巨蛇入惡媳口令其喪命的《閱微草堂筆記・蛇齧惡媳》、寫陳氏獨身一人奉養老年且臥病在床公婆，不遺餘力，公婆臨終時稱無以為報，願來生做其兒媳的《後聊齋誌異・孝媳》等。

四、清代的兄弟、姊妹、妯娌故事

清代的兄弟、姊妹、妯娌故事，數量都不太多，但有不少作品具有較高的思想性、藝術性，頗為耐人尋味，給讀者、聽眾留下很深的印象。譬如：

> 謝有穀，黔鄉細民。夫婦勤謹，具兼人之力，工作恒倍於他農，以是富家爭致之。三十餘年，汗積工資二百餘千。生子二、長曰恭，次曰順，均已成丁，各分錢百餘千，娶妻鬻田，耕種自食其力。恭事親至孝，謹守田園。順日事飲博，數年將分析之田，只餘其半；又輕聽婦言，乖離骨肉，日與兄詬罵。無如父母溺愛小子，並不斥其忤兄之非，亦不教以敬兄之道。順得藉此強佔兄田，不遵親，命父母不能為左右袒，任其興訟多年。官亦以田土細事，不與訊斷。嗣父母相繼病歿，順益肆橫，頻頻訐控。
>
> 一日，恭路遇黃二、手攜鮮菌一筐。恭足素弱，步履維艱，蹣跚而行。黃二先行，售於順之門。順妻見菌肥嫩可愛，喜極買之；撿摘洗淨庖烹，陳於几上。方欲舉箸，聞恭入門，順遽起藏匿，恐兄見此佳味，欲共啖之。恭曰：「我見黃二攜菌來此。我至石橋上，見人掇菌已盡。我因病，裹足不前，略坐歇息；見草中熱氣如

煙，騰騰而上，土中蜿蜿糾纏，乃黃二原采菌處也。倏而突起白菌數百莖。固其異，而曳手移步視之，有一烏梢蛇，蟠屈於旁，張口吐沫，流涎結成也。我見黃二來此，傾筐而去，莫非弟家買此菌乎？當速棄之。」順妻聞言，將熟菌用銀簪試之，果黑；又試以白蒜燈草，亦黑；遂以菌傾於地，湯流處，土為之墳。順夫婦乃極口謝之。

又逾數日，恭往田間，荷笠耔耘，見路上古木，一大蛇懸於枝間，俄跌於地，宛轉盤旋，化為巨鱉。時有漁者過而獲之，攜入市。恭思吾弟貪食鮮庖，見之必買也。急趨而至順宅，見釜鬶內有物，累累如珠．兄覺有異，順亦為之毛戴。恭問何物，順以鱉對。恭曰：「鱉又不可食矣。我親見此鱉乃蛇所化，食之恐傷其生。不如先將一臠，與雞犬食而試之。」順妻喚犬食，嚎嗥而斃；雞啄仆地，立化血水。順曰：「葉底鶯聲，疏茲雁影，悔無及矣。」相與泣於中庭，跪於恭前曰：「弟得無恙，皆吾兄再生之德也。兩救危命，心難圖報。兄之愛弟若此，弟甯同木偶乎？他人雖稱至交，未必有如此之關切也。弟兄能和睦於家庭，父母得安寢於泉壤。吾當悔此訟，以息此案也。」由是友愛如初。

《咫聞錄》卷六〈情格〉

道光二十四年夏，歸自寶應。同舟彭貳尹者，江西人，說新城王氏兄弟，甲乙同居。甲妻李，乙妻陳，陳美而賢，李妒而狠，而貌亦中人。乙為土寇所掠，數年無音耗，甲與李謀曰：「乙久不歸，其殆死矣！今有婦在，惰而能食，不如嫁之，且姿美可得厚聘。」他日示意於陳，不可，強之，以死自誓。由是變易素服，深自謹飭。李言於夫曰：「是不可以善處，若與媒氏議之，第求多金，強載而去，何患不從？」甲曰：「善。」

城有富人將納妾，以百金聘之。甲既得金，私與媒氏約曰：「陳善作偽，語以為妾必不願，若夜以火入，見白飾髻髮載之，及城而後改妝焉，事則諧矣。」居期，甲先出，若為不知者。陳氏將臥，聞門外喧擾聲，既又刺刺作私語。竊聽一二、知有變，急滅燈火為投繯計。李遽闖入，曳陳出，陳不從，互相支拄，兩人假髻皆墮地。時迎取之人，催促擾攘，李曰：「勿亟，行即出矣。」匆遽間，足蹴地上有物，拾之，髻也，戴之而出。眾見髻髮白飾，洶洶扶曳登輿。李呼誤，眾人皆不聞。

及城妝易，李復自辨非是，富人舉酒笑曰：「是遁辭也，新人豈有誤者。即誤，不可反矣！」代解衣扣，遂與成婚。明日甲歸，大恚。陳初不解其故，至是始知李之誤代己行也。甲欲反婦，詐索富人多金，不允。將訟諸官，眾人調停未定，而乙竟還家。陳訴知變服之由，相持大哭。甲聞乙返，棄婦於富室而遁，終身不敢復歸。

《金壺浪墨》卷四〈王甲〉

這兩則兄弟、妯娌故事，均以兄弟、妯娌不和為內容，充分表現了人性的善與惡，結局大相徑庭。前一則故事寫弟惡兄善，弟為惡常受到妻子的慫恿和父母偏袒，父母亡故後弟更為蠻橫無理。所幸經過兩件事的警醒，弟與弟媳皆改惡從善，於是兄弟友愛如初。後一則故事寫妯娌倆性格截然不同，弟妻陳氏美而賢，兄妻李氏妒而狠，當弟被土匪掠走後，李氏和丈夫愈加歹毒。為了得到厚聘，居然要將陳氏嫁與富人作妾。誰知陰差陽錯，竟把李氏抬走。他們夫妻倆自己坑害了自己，惡人終於遭到報應，真是大快人心。

這個時期的兄弟、姊妹、妯娌故事，尚有寫因分家不均，弟與其婦欲殺兄，忽見惡鬼閃現而頓有所悟，乃連夜叩兄門道其故，遂和好如初的《述異記・兄弟復和》、寫兄被虎銜去，弟持鐵耙窮追不捨，將虎擊斃而救了兄長性命的《聽雨軒筆記・虎殘》、寫劉某貧病中往土地廟乞神賜，族弟以假銀相戲，竟弄假成真的《咫聞錄・劉議》、寫因癡弟學嫂沐浴時一句戲語，竟導致嫂嫂自經，夫家翁與娘家父相繼投水、懸樑身亡的《咫聞錄・一言害三命》、寫因三弟調皮藏匿舟中，使兩位兄長出海遭遇危險時得救，倖免於難的《右台仙館筆記・三兄弟》、寫合浦縣吳氏三兄弟入山掘土時，二兄長先後為虎所傷，小弟拼命相救，在眾人幫助下均得不死的《薈蕞編・吳氏兄弟》等。

五、清代的翁婿、連襟故事

清代的翁婿、連襟故事，數量更少，也不乏佳作。譬如：

石門縣南鄉某村，有夏開基者，高祖為前明顯官。至開基則式微矣，屋盡頹廢，惟存廢園中低舍數楹棲其身，業農自食。妻高，即其母舅之女。妻父麟昭，與夏各村而居。先亦寥落，後以貿易起家，資產雄一鄉，常鄙其婿貧寒，略不為之周恤。某年秋間大水，田禾盡沒。夏拮据過日，窘不可言。歲將暮矣，索逋者蝟集。其妻囑往岳家借貸數金，以還所欠，並作度歲資。夏明知事必不諧，而出於不得已，遂彳亍而往。至則適遇高買田，與賣主中人議論不已，日晡始散。夏遲回又久，甫進言，而高即厲聲回復，且以惡語加之。夏忍氣遄歸。

天已昏黑，將及家，忽踉蹌仆地。自念已過歲除，毫無生路，且為鄙賤，不如以一死了之。其所居屋後有池，遂不入門而趨赴之，踴身跳下。詎冬間池淺，水僅及腰，泥淖中有物觸兩足，痛不可忍。俯而摸索之，則一元寶也。遍踹其旁，或大或小，累累皆是。夏大喜，匍匐上岸。敲門入而告其妻，乘夜搰之，不能盡。次日，以數小錠洗刷垢汙，托言借自其岳，悉還逋負，而每夜則下池搰銀。運至十餘日，方畢。約略計之，已及十餘萬兩，黃物居其三、白物十之七焉。窖而藏之內室，恐動人駭異，不敢有所為。

至次年，則田禾大熟，絲繭倍收。夏飽食暖衣，無復故態。高亦禮貌之。又次年，妻歸甯久，夏往省之，徘徊於堂，頻以手指因度其庭柱之粗細。高異而問其何為？夏曰：「敝居房屋將傾，欲仿式以謀改造耳。」高大笑曰：「汝甫得飽粥吃，便起妄想，得非夢語乎？」夏妻適在旁，乃謂父曰：「使婿果能若此，父當如何？」答曰：「汝夫果能造屋，則工值飯食，我承辦之。」蓋笑其無力購料也。夏夫婦遂與高諄諄相訂。高曰：「汝自去辦，吾決不食言。」夏曩時屋宇雖坍，地基故在。還家即鳩工庀材，仿高屋之崇卑營造數十間，極其堅致。高負氣如約，而所費不貲。

方夏破土開工時，夢一紗帽紅袍而白鬚者，告以舊基後牡丹台石，不可使他人鑿動。醒而異之，遂乘夜獨自往移。石下有四瓷缸，黃白之物滿焉。乃其高祖之靈示之也，於是又獲十餘萬。夏自念貧兒忽富，天實佑之，甥舅至親，安可尚氣？且當時岳若貸以數金則決無入水獲銀之事，其富貴實岳致之也。因計其所費而還之，歡好無間。後力行善事，延師訓其子，中康熙某科舉人。孫曾亦科第不絕，有出仕者。予蓋聞諸亡友史善焜云。

《聽雨軒筆記》卷四〈夏開基〉

某顯宦寓於揚州，有七女，婿皆名下士。其第七婿，尚未娶，年少有才，貌亦都雅。然往年應歲試，曾以誤犯穆宗廟諱，列四等，心甚恥之。

一日，會飲婦翁家。某等五婿，有口辯詼諧。偶言及其同鄉某生歲試，考列四等，學使者將施夏楚。某生厥角於地，額血漉漉然，請甚哀，繼以泣。同學諸友，皆為代求，始免撲責。第七婿以為有意譏刺之，面赤不作一語。罷飲歸舍，思之轉益慚憤，竟自經死。其所聘妻聞之，次日亦縊於房。

《耳郵》卷四「一言三命」

這兩則故事，分別描寫翁婿關係與連襟關係。前一則故事為翁婿故事，以惡岳欺婿為內容，情節較為曲折，比較注意人物刻畫。它描述該婿雖然曾經受到岳父嫌棄、凌辱，但富裕之後不計前嫌，終於同岳父和解。這種在親人之間，甚至在人與人之間的寬容精神，至今仍然具有一定的現實意義。後一則故事為連襟故事，簡短而發人深省。它描寫連襟之間以取笑他人為樂事，竟傷人害命，釀成大禍。此則故事不但告誡世人，處事應當厚道，切不可任意恥笑他人，以免帶來惡果；而且提醒世人，處世應該心胸開闊，切不可自尋煩惱，甚至走上絕路。

這個時期的翁婿、連襟故事，尚有寫富人徐某生性不善，因嫌棄未來女婿家貧，買通一夥亡命徒欲將其害死，竟受到懲罰，婿與女終得團聚的《咫聞錄・嫌貧害婿》、寫栗某家貧讓一富翁招為上門女婿，因翁子被殺而不能辯，竟將其論抵的《墨餘錄・栗毓美》、寫江寧徐某因貧贅於汪家，不堪受虐而歸，婦翁將遷皖時徐某乃奪子去的《右台仙館筆記・徐氏奪子》、寫某婦歸寧時，其夫往迎而留宿岳家，半夜去與妻寢處，竟翻倒醬缸面目如鬼，令人捧腹的《仕隱齋涉筆・趣林四類》「醬婿」。

第八節　清代的婚戀故事

清代的婚戀故事，是同期家庭故事的一種延伸。它通過有關世人的戀情、婚姻故事來展現當時的社會生活、人際關係、家庭生活狀況，從而揭示民眾的精神面貌和理想願望。譬如：

> 康熙間，總兵王輔臣叛亂。所過擄掠，得婦女，不問其年之老少，貌之妍醜，悉貯布囊中，四金一囊，聽人收買。三原民米薌老，年二十未娶，獨以銀五兩詣營，以一兩賂主者，冀獲佳麗。主者導入營，令其自擇，米逐囊揣摩，檢得腰細足纖者一囊，負之以行。至逆旅起視，則闖然一老嫗也，滿面瘢耆，年近七旬。米悔恨無及，默坐床上，面如死灰。無何，一斑白叟，控黑衛載一好女子來投宿。扶女下，繫衛於槽，即米之西室委裝焉。相與拱揖，各叩里居姓字。叟自述劉姓，蝦蟆窪人，年六十七。昨以銀四兩，自營中買得一囊人，不意齒太稚，幸好顏色，歸而著以紙閣蘆簾，亦足以娛老矣。米聞之，心熱如火，惋惜良深。劉意得甚，拉米過市飲酒。米念借他人酒杯，澆自己塊壘，計亦得，乃從之去。
>
> 嫗俟其去遠，躡蹤至西舍，啟簾入。女子方掩面泣，見嫗，乃起斂衽，秋波凝淚，態如雨浸桃花。嫗詰其由，女曰：「奴平涼人，姓葛氏，年十七矣。父母兄弟皆被賊殺，奴獨被擄，逼欲淫汙。奴哭罵，群賊怒，故以奴鬻之老翁。細想不如死休，是以悲耳。」嫗嘆曰：「是真造化小兒，顛倒眾生，不可思議矣。老身老

而不死，遭此亂離，且無端窘一少年，心亦何愁？適見爾家老翁，龍鍾之態，正與老身年相當。況老夫少妻，未必便利。彼二人一喜一悶，不醉無歸。我二人盍李代桃僵，易地而寢，待明日五更，爾與吾家少年郎早起速行，拼我老骨頭，與老翁同就於木。勿悲也！」女踟躕不遽從。嫗正色曰：「此所謂交易而退，各得其所，一舉兩得之策也。可速去，遲則事不諧矣。」即解衣相易，女拜謝。嫗導入米房，以被覆之，囑勿言，乃自歸西室，蒙首而臥。

二更後，叟與米皆醉歸，奔走勞苦，亦各就枕。三更後，米夢中聞叩戶聲，披衣起視，則老嫗也。米訝曰：「汝何往？」嫗止之，令禁聲。旋入室閉戶，以情告之。米且驚且喜曰：「雖承周折，奈損人利己何？」嫗哂曰：「不聽老人言，則郎君棄擲一小娘，斷送一老翁矣！於人何益，而於己得無損乎？」米首肯。嫗啟衾，促女起，囑之再四。米與女泣拜，嫗止之，囑：「早行，恐叟寤，老身從此別矣！」即出戶去。米亟束裝，女以青紗幛面，米扶之出店。店主人曰：「無乃大早發？」米漫應之曰：「早行避炎暑也。」遂遁去。

翌日，叟見嫗，大驚。詰知其故，怒極，揮以老拳。嫗亦老健，搒掠不少讓。合店人環視如堵。叟忿訴其冤，欲策蹇追之。聞者無不粲然。居停主人曰：「彼得少艾而遁，豈肯復遵大路，以俟汝追耶？況四更已行，此時走數十里矣。人苦不自知耳，人苟自知而安分者，竟載此媼以歸，老夫妻正好過日，勿生妄念也。」叟癡立移時，氣漸平，味主人言，大有理。遂載嫗去。迄今秦隴人皆能悉之。

《夜譚隨錄》卷三〈米薌老〉

粵中女多癩疾，必與男子交，移毒於男，女乃無患，俗謂之「過癩」。然女每羞為人所識，多夜要諸野，不從則啖以金。有林氏女染此症，母令夜分懷金候於道左。天將曙，見一少年來詢所往，曰：「早失怙恃，孑身無依，將貸諸親友作小經紀耳。」女念身染惡疾，已罹天譴，復嫁禍於人，則造孽滋甚！告以故，出金贈之，少年不肯受，女曰：「我墓木已拱，無需此，君持去亦可少佐衣食。」少年感女意，拜請姓氏，叩謝而去。

女歸不以實告母。未幾疾作，肢體潰爛，母怒其誑，且懼傳染，逐之出門，女乃行乞他郡。一日至某邑，有鬻胡麻油者，女過其門，覺馨香撲鼻，腑腸皆適，乞焉。眾憎其穢，不顧而唾，一少年獨憐而與之。女飲訖，五內清涼，痛癢少止。後女每乞，少年輒挹與，不少吝。久之女瘡結為痂，旬餘痂盡脫，肌膚完好，肆中人共異之！先是，有巨蛇浸甕油器內，人不知也，至是器盡乃見之，始知油能去毒，蛇能去風，女幸值之，蓋有天焉。

方女之行乞也，睹少年即昔日贈金者，屢欲陳訴，自慚形穢而止，少年亦以女音容全非，莫能辨識。疾愈，乃托鄰嫗通意，少年趨視不謬，流涕而言曰：「我不有卿，何有今日？贈金之惠，無日忘之！若非天去卿疾，竟覿面失之，永作負心人矣。」欷歔不自勝，女亦泣不能止，旁人稱羨不已。咸重女之存心，而多少年之不負也。為之執柯，諧琴瑟焉。

《香草談薈·奇緣》

這兩則故事，分別描寫了兩樁奇特的婚姻，無不說明好人終有好報。前一則故事寫的是亂世姻緣。敘述一被買來的老嫗熱心幫助一被買來的姑娘，竭盡全力促使一對年輕人成為恩愛夫妻；而她自己，儘管經過一些波折，也終於找到了歸宿。後一則故事寫的是重症姻緣，結局亦頗美滿。敘述一痲風女極富愛心，不願犧牲男青年以活己命，並將自己的活命錢贈與這位男青年，結果非但治愈了她自己的痲風病，而且找到了一個可心的終身伴侶，得到了真正的幸福。又如：

乾隆丙午，淮北大饑，道殣相望。有書生韓姓，年甫弱冠，讀書鄉塾，離家百里，廢學而返，蹇以代步。天晚，行至十字路，驢蹶而起，視之，乃一餓殍，橫臥於路。大驚，急急南去。口渴心燥，鬼磷狐嘯，毛髮竦然，策蹇疾行。約更許，月落參橫，至一朱門，門啟不閉。生幸有人居，徑歷階趨進，乞求水火。無童僕應門。隨喊隨行，直至後院。聞樓上有少女嬌惰聲，生曰：「失路借宿。」女曰：「可在左首樓房。」拾級而上。女於床頭取出火具，令取火燃燈。生燭之，見女年輕，容雖病色，乃畫中人也，愛之慕之。女曰：「我饑矣，幕後有米炭，為我煮一甌粥。」生如其言，煎熟進之。女一飲而盡，坐而言曰：「子何人斯？夤夜至此。」生曰：「讀書人也，由館至家，路隔百里，驢乏力行，不能趕歸。」並述路上之景。女涕泗漣如，曰：「吾父死於痢，吾母死於疫，一家百口，盡為癘死；大廈百間，剩我一人。」生聞之大恐，擁女而臥。黎明視之，上下積屍橫床。女曰：「我名門華胄，積鏹巨萬，尚未許字，亦無葭莩親。今病月餘，一生九死。昨夜君來，汗出而愈。此乃天緣，請速議婚。」詣鄰居，延老人作伐，即日委禽。迎己之父母，登市置棺槨，瘞葬積屍。天生以咿唔之人，倉卒間居然素封之家，是若人之置富成豪者，為韓而積也；家盡斃而遺一女者，欲使其女攜財於韓生也。

《咫聞錄》卷五〈韓生〉

高郵一農家，衣食粗足。生一女極美，父母愛之，擇婿殊苛。其後門臨大河。有宦家子泊舟河幹，見女而豔之，停橈不去。一日，見有尼自其門出，遂尾之至庵。告以故，許以重賂，尼諾之。

越數日，醉女以酒，而送之至舟，遂揚帆而去。女醒大啼，宦家子曲意撫慰之，矢以白首。比至家，則有翁在。女哭訴於翁。翁曰：「是吾兒之過也。然既至此，毋戚戚，吾為汝玉成其事。」乃倩媒妁，具彩幣，至其父母家，聘為子婦焉。

農家失女，正愁苦無策，至是喜出望外，遂結朱陳之好。好事者為譜《意外緣傳奇》。

《耳郵》卷四「意外緣」

這兩則故事，分別描寫了與富家有關的兩樁婚姻，一詳一略，都出現較大的情緒起伏。前一則故事描寫大災之年的一樁特殊婚配——在特殊的場合下相戀，在特殊的氛圍中議婚，得到了出人意料的特殊結果。故事主角韓生以極大的愛心對待染病在身的孤女及其亡故的家人，終於喜結良緣。後一則故事寫的是農家女的意外姻緣。因為有一位正直、善良、深明大義的老翁出現，農家女的遭遇發生了根本性的變化，由官宦子弟騙婚變為聘親，從強暴開始變為善待告終，有幸得到了一個較為圓滿的結果。

這個時期的婚戀故事，尚有寫陳生救起被主母投水之徽商小妾婉蘭後，出千金聘其續弦的《見聞錄・婉蘭》、寫維揚某生與鄰居富室女相戀，受其父反對，女鬱鬱而亡，某生竟殉情與女幽合的《廣新聞・維揚生幽合》、寫周女之母嫌唐生家貧而毀婚，唐生中進士授知縣後，周氏婦幾被氣死的《簪雲樓雜說・巧婚》、寫朱生與一少尼相戀半載，幽會時竟裸抱身亡的《聽雨軒筆記・漓渚朱生》、寫金某為其解難之乞丐實為一富室，後與其女結為夫妻後，以貿易致富的《聞見異辭・一錢致富》、寫西泠某生與一船家養女邂逅，日久生情，竟結為夫妻的《夜雨秋燈錄・船女奇緣》、寫武生某人欲強娶一村女，不但促成村女與其夫婿合巹，而且讓武生、奸僧等受到懲罰的《蟲鳴漫錄・村氓女》、寫一富家女未婚有孕，出嫁時其家乃以佃戶女冒充，竟弄假成真的《蟲鳴漫錄・姻緣顛倒》、寫一富翁為養子議婚時，失於兵亂之親子又返回家中，其親翁巧作安排讓兩婿兩女成親，雙雙偕歸的《右台仙館筆記・兩婿兩女完婚》、寫一貧女見賣糕者心善而與其結親，婚後賣糕者又助女之兄嫂興家的《右台仙館筆記・賣糕者成親》、寫蘇州一小家女之兄騙人退婚錢被官府鞭笞，並判該女仍歸前聘之夫的《右台仙館筆記・蘇州小家女》、寫歲除鄔三與眾賭友合謀，覓一妓女假拜堂來騙取姑母錢財和田產，女父見鄔有錢果以女妻之的《右台仙館筆記・弄假成真》、寫新婚夜，與新娘相好之屠夫縛新郎為人質而擁婦睡，夫家計無可出，三日後官府趕來方才獲救的《右台仙館筆記・以少子為人質》、寫陳生與文女相悅，雙方父母均不允婚，二人悉病，始結秦晉之好的《此中人語・陳璋》等。

第九節　清代的巧女智婦故事與呆子故事

清代的巧女智婦故事、呆子故事，數量都不很大。它們均從一個特定的視角來描寫現實生活，反映人情世態，揭示民眾的好尚與情趣。其中，不乏比較精彩的作品，令人回味。

一、清代的巧女智婦故事

這個時期有關巧女智婦的故事，試看：

> 蜀中多養鴨，鴨以億萬計。村設篷，篷中人合東西南北為隊，多至百餘人。一村有婦人居與篷距數武。夫外出作小負販。夕有客來寄宿，拒之。客曰：「我攜三百金，暮無依。不得已，求托一席地，雖戶外無妨也。」婦曰：「我孤身，如子戶外也不便留，客盍赴鴨篷求棲止？」客如言去。
>
> 至二更，聞篷中呼救甚慘。婦度篷中人謀客資，宜速救，因縱火自焚其室。村鄰咸來，婦曰：「且無顧火，速往鴨篷救人！」至則已肢解付鴨食之，僅餘一股矣。因縛送官，分首從問擬。官畀婦百金，俾復葺室，懸額旌之。
>
> 《蝶階外史》卷三〈蜀婦〉

> 把弟兄都有口頭語。把兄愛說「豈有此理」；把弟愛說「哪有這麼件事」。把兄與把弟曰：「我兩人這口頭語，應該改一改。自今日為始，如果誰再說，罰錢兩串、米二鬥。」把弟說：「很好。」第二日，把兄來找把弟，一見面，把兄說：「了不得，昨晚失了盜。」把弟說：「失了何物？」答曰：「被賊把後院井偷去了。」把弟說：「哪有這麼件事？」把兄說：「犯了口頭語，罰你，罰你，明日一早來取錢、米。」
>
> 把弟懊悔而回，見了婦人，愁眉不展。婦人問曰：「你今日回

來，如何這樣愁煩？」丈夫說：「我犯了口頭語，輸給把兄錢二千（兩串）、米二鬥，明日就要來取，因此愁煩。」婦人說：「我倒有一個主意。你明日一早裝死，我把你停在門板上，用紙蓋好。把兄來了，我自有道理。」丈夫應允。次日，如法裝死。把兄一早就來叫門。婦人開門將把兄讓進．掩面假哭。把兄看見房中停屍，弟婦在旁啼哭，忙問：「把弟在哪裡？」婦人說：「昨日回家，走至院中，被鴨子一腳踢死了。」把兄說：「豈有此理！」把弟在紙裡翻身爬起，大聲呼曰：「不該，不該。」

《嘻談續錄》卷下〈口頭語〉

這兩則故事，從不同的生活層面來展現家庭婦女的智慧，都寫得十分生動。前一則故事寫四川有一個小販之妻，為了搭救為難中人，毅然自焚其家，因而引來四鄰，使得兇手全部被捉，受到懲處。這位下層婦女自焚其家的舉措，屬於急智。只有如此，方可達到懲兇的目的。否則，她去非但救不了別人，很可能自己也被殺害。而富有自我犧牲精神，則是這位下層婦女的高尚品質。這種高尚品質，乃是她急中生智的支撐點。沒有自我犧牲精神，是不會作出自焚其家的抉擇的。後一則故事寫把弟因口頭語輸於把兄，在無可奈何的情況下，其妻自告奮勇前往應對，利用口頭語贏了把兄，幫助丈夫挽回面子。該故事展示出這位家庭婦女既有過人智慧，又活潑風趣的性格，也頗繪聲繪色。

這個時期的巧女智婦故事，尚有寫一夥劇盜夜入富家搶劫時，在其家主事老媼操土音與盜首認同鄉，以姐弟相稱，使其不好下手，從而逃過一劫的《螢窗異草‧智媼》、寫一賊目捉住陳女欲施強暴，陳女素善泅，突摟其人滾入溪中淹死，急斷其頭而去的《夜雨秋燈錄‧大腳仙殺敵三快‧計斷賊頭〉、寫一騎馬賊目欲強暴周氏婦，婦佯笑讓其繫韁繩於兩足，隨即以剪刺馬腹，令馬痛狂奔將其拖死的《夜雨秋燈錄‧大腳仙殺敵三快‧周氏婦除賊〉等。

二、清代的呆子故事

這個時期有關呆子的故事，試看：

師向主人極口讚揚其子沉潛聰慧，識字通透，堪為令郎伴讀。主曰：「甚好。」師歸謂其子曰：「明歲帶你就學，我已在東翁前誇獎，只是你秉性癡呆，一字不識。」因寫「被」、「飯」、「父」三字，令其熟記，以備問對。及到館後，主人連試數字，無一知者。師曰：「小兒怕生，待我寫來，自然會識。」隨寫「被」字問之，子竟茫然。師曰：「你床上蓋的是甚麼？」答曰：「草薦。」師又寫「飯」字與認，亦不答。曰：「你家中吃的是什麼？」曰：「麥粞。」又寫「父」字與識，子曰：「不知。」師忿怒曰：「你娘在家，同何人睡的？」答曰：「叔叔。」

《新鐫笑林廣記》卷二〈叔叔〉

一富翁克薄成家，積買數萬，猶時時吝嗇，較量錙銖。人皆怨恨，咒之曰：「此等人悖入悖出，定有報應。」富翁聞之，憤恨已極。有一子年已成人，性憨傻，最奢侈。富翁教之曰：「你已成人，尚不辨黍麥，我欲令家人帶你出門，看看物力艱難，試試東西貴賤。」傻子欣然樂從。令家僮帶之出門。出得城來，行至山中，看見石匠在那裡鑿石，打成大小石獅二個。傻子甚愛，一定要買。忙問：「價值多少？」石匠認得是富家傻子，乃誆之曰：「小獅子要銀三千，大獅子要銀五千。」傻子說：「要價不多，快給我抬了家去。」石匠先將小石獅送到家中。傻子回家，見了父親，欣欣然告之曰：「我買便宜回來了。」父問：「買何物？」傻子令人將石獅抬進。父問：「價值若干？」傻子說：「價值三千。」翁大怒，罵之曰：「你用重價買此無用之物？真乃敗家之子！怪不得人說我總有報應。」傻子鼓掌大笑曰：「我告訴你罷，這還是小報應，還有一個大報應在後頭呢。」

《嘻談續錄》卷下〈富家傻子〉

前一則呆子故事，通過寫塾師兒子傻氣十足，嘲諷窮塾師的自私及家風不良。後一則呆子故事，寫富家子憨傻而奢侈，譏笑悖入悖出、為富不仁者必然得到報應，不會有好下場。兩則故事雖然內容各異，題旨不同，但都善於虛構與誇張，有較強的藝術性，結尾處的對話有抖包袱的效果，引人發笑。

這個時期的呆子故事尚有寫某愚人祛盜，或者貼「此路不通」於室內，或者掩門稱「有人在此」的《笑倒・祛盜》、寫除夜一呆女婿念中堂長條，將吉利語念成喪氣話的《笑得好・不打官事》、寫赴婚宴時癡兒不滿其父叮嚀，竟說「我曉得娶親比不得送殯」的《笑得好・比送殯》、寫一呆婿將岳家凍水美味納腰間帶走，回家後驚呼「如何撒一泡尿便逃了」的《新鐫笑林廣記・攜凍水》、寫一呆子去岳家拜年時帶皮吃生柿，令其妻叫苦不迭，其人忙說「苦到不苦，就是澀」的《新鐫笑林廣記・呆子》、寫一癡婿目不識丁，剛學認「此處不許撒尿」，去岳家時竟將舅媽裙上所繡吉利語讀成「此處不許撒尿」的《新鐫笑林廣記・癡婿》、寫一代人受杖之愚者用委託人所給二金賄衙役，以求其輕打，事後向委託人致謝稱：「非公金為賄，杖幾死」的《耳食錄・忘誤・代人受杖者〉、寫某癡子娶妻後生子，人往賀，其人竟道：「子非我生也，何賀之有」的《誌異續編・某癡子》、寫癡子對人埋怨，昨夜我夢見婢女，婢女卻說未曾夢見我的《笑笑錄・癡人說夢》、寫一傻子到岳父家赴宴，謹遵妻囑，每說一物均加個「古」字，讓人啼笑皆非的《嘻談錄・傻子赴宴》、寫某鈍生新婚不知伉儷之樂，令新婦只好啜泣的《此中人語・鈍生》等。

第十章　清代的寫實故事（四）

第十節　清代的美德故事

清代的美德故事，作品較多。其內容涉及故事主角行善積德、仗義疏財、拾金不昧、知恩圖報等，往往具有不同程度的感染力和教育意義。這類故事，在當時對於淨化世風，促進社會發展都不無裨益；在現今社會仍然有一定的啟示作用。

有關行善積德的故事，譬如：

> 有佃戶錢益者，其主人因謀占鄰田不遂，心生毒計，令益以稗子撒鄰田中。益謂其妻曰：「竟撒則害人，不撒則逆主命，將奈何？」妻曰：「何不以蒸熟稗子代之。」益遂如法行。其主察之，見已撒而止，而鄰田毫無所損。後益子登進士第，夫妻皆受封偕老焉。
>
> 《北東園筆錄》初編卷四〈佃戶善行〉

> 山左程姓者，寓於吳中。有一婢，嫁農家葉氏子。庚申之亂，程全家避於葉氏，器用財賄悉寄焉。不數年，程氏相繼死，止遺一幼子在襁褓中。婢撫以為子，使與諸子齒。俄而其夫亦死，婢守義不嫁，撫程子及其子俱成立。為程子聘鄰村一女為妻。
>
> 成婚之日，請姑出，將以新婦見。而婢遽出，自房登氍毹而先拜焉，程子大驚。婢對眾自陳曰：「我非新郎之母，乃程氏之婢也。主人不幸遭亂，流離死亡殆盡。我以郎君年幼，無人管束，故十餘年越主婢之分，冒母子之名。今敢不道其實歟？」於是具述顛

末，並出資財，盡以歸之。程子欲分其半以與，婢不受。乃使其妻以姑事之，而己仍呼為母焉。

《耳郵》卷三「婢撫程子」

這兩則故事，內容各不相同，但都涉及貧富關係，無不表現出貧賤者的高尚品格，後一則尤為突出。前一則故事中的佃農富有同情心，其善行以一時的機巧取勝，受人稱許。後一則故事中的婢女重義忘利，襟懷坦蕩，其善行以十數年的韌性著稱。一旦時機成熟，婢女立即說明真實情況，並且歸還代為保管的全部財產，分毫不佔有其主人家產。她與她撫養成人的程家兒子都有情有義，實在令人欽佩。

有關仗義疏財的故事，譬如：

桐城張翁，明季人，年三十餘。偶於後圃鋤地見一罎，白鏹滿中，共得二十罎。翁起視之曰：「某窮儒也，當此亂世，驟得多金，恐轉速禍，願留此為闔境賑饑之用。」力掩之。入國（清）朝，以訓蒙終其身。臨卒，呼二子至榻前告之曰：「我有遺志未償。後圃埋銀若干，留之以賑濟饑荒，遭際聖朝，桐城數十年風雨和甘，竟無歉歲。我死，汝二人當守我志，如敢妄動毫釐，非吾子也。」囑畢而逝。

二子殯殮畢，相與同至後圃，發視良信，遂泣誓必繼父志，雖妻子未嘗少露。又堅守二十餘年，桐城大荒，兄弟赴縣擊鼓，白前人意。令親至發兑之，得十四萬餘兩。令即囑教官趙公經理其事。趙故常熟巨族，性方剛，自查災以至散賑發銀，皆親手自兑，無一絲苟且，桐人感頌焉。

一夜，趙夢有人推手車數輛，車上悉載紅藍水晶硨磲等珠，如核桃大者，以數千計。問何往，曰：「送張氏。」後另有一珠車，曰：「送於趙者。」夢醒不解所謂。至雍正十年，始加頂戴，趙始悟所送者此也。後張翁孫八人，皆八座，文和公最著名。人祇羨張氏功名之盛，不知所以積累者固有在也。

《妙香室叢談》卷十二〈桐城張翁〉

這則故事，寫張氏父子將所得鉅資，悉數用以賑災，並且由一位廉吏主持其事，使桐城一帶的成千上萬災民得以度過大劫難，從而確保一方平安。他們的這一義舉，實在是難能可貴。因為此舉是由兩代人共同完成的；他們堅持的時間非常長，前後達數十年之久；而且他們面對十幾萬兩的鉅資卻絲毫不為所動。張氏父子的行為無比高尚，完全展示出忠厚仁愛的道德品質——這也充分體現了中華民族的傳統美德。

有關深明大義的故事，譬如：

> 天津海河多海船，洋貨麇集。購貨客率乘小舟，船戶皆天津人，或招洋賈來船議價。一客攜重貲駕船往，二洋賈來議，故遲至夜，紿船戶掉舟至空曠處，出刀殺客，分其貲，貽船戶金二百。船戶不肯，將並殺之。船戶思得金，計亦得。乃如所謀，攜金歸，時漏甫四下也。船戶妻問金所從來，具以告。妻曰：「此不義財，胡可納也？明日屍主必訟，訟必獲洋客，子得金，禍必不免。不如持此金自首，尚可保身家。命應得財，終為我有。」船戶靳，不肯。妻曰；「不聽良言，明日必敗。我不甘為賊子妻，將來見汝流離，且累及我。」因大呼四鄰，船戶不得已，首焉。遲明，屍主亦至，官命役從船戶偵洋客，立擒至伏法。官謂船戶明大義，勞以花酒，並二百金賜焉。
>
> 《蝶階外史》卷二〈船戶妻〉

這則故事，寫船戶妻不願接受贓銀，強令丈夫前去自首，因而得以將兇手——殺人越貨的二洋客置諸法。值得稱道的是，故事主角本是一個出身貧賤的婦女，卻知道是非曲直與利害關係，深明大義，面對鉅額金錢的引誘而不為所動，當機立斷，作出正確的抉擇，確實非同尋常，令人刮目相看。

有關拾金不昧的故事，譬如：

> 江北張某為人經紀，收債於江寧，歲暮將歸。黎明肩行李出城，門未啟，立市簷以待，倦甚，以置金之布搭坐身下。方閉目，

城遽啟，忘攜身上布搭，僅肩行李趨出。行里許始覺，急返覓舊所，已各肆俱張，人如雲集，而布搭不知去向矣。於此愁眉觀望，徘徊不已。一老者詢故，以實告，邀張入曰：「今早啟門，得有遺物，未識相符否？」張曰：「為東人物者兩大封，其小封己物也，錠數分量各若干。」老者驗系原物，即還之。張感泣，願以己金奉。老者笑曰：「吾果愛財，頃則不言矣。君何不諒也。」張不敢強，因拜謝，各道姓名而別。

張抵江待渡，而風大作，渡舟多覆，溺人無算。張惻然曰：「吾所攜之金失而復得，吾命亦屬再生矣。」悉出己金買救生者操舟往救，立拯數十人，皆感謝。彼此通姓氏，中有一少年，江甯人，往江北貿易，回家度歲，即還金老者之子也。張異而告以故，聞者莫不嘆息，後二氏結婚姻焉。

《熙朝新語》卷十五「老者還金」

這則拾金不昧的故事，充分展示出品德高尚者的人格魅力。失金人受到還金人的感染，同樣重義忘利，用助人為樂的精神待人接物，應對和處理突發事件。他們往往在幫助別人的時候，也得到了別人的幫助。故事中還金人與失金人兩家締結婚姻，不失為一段佳話。

有關知恩圖報的故事，譬如：

凡人煙輻輳之區，遇吉日嫁娶恒十餘起。一日兩家俱嫁女，一巨富，一極貧。至途中相值。雨甚至，舁者各以彩輿置亭中，散為避雨計。貧女於輿中哭甚哀。久之，富家女亦心動，遣媵婢問之曰：「女子適人離父母，遠兄弟。誠大苦，然何至傷慟乃爾？」貧女曰：「我母家故窮，所適又乞人子，明日即不知何若，以是悲。」富家女為之惻然。俗於嫁娘兩袖中必置墜物，謂之「壓袖」。富家女袖貯荷囊二、各緘金錠一、約重二十餘兩。乃出使婢納諸貧女之懷，語以：「萍水相逢，無可為贈，持此謀饘粥，或不致遽凍餒。」貧女受之，正欲問姓名，適雨霽輿夫坌集，兩兩分路。

貧女嫁後，出所贈金，俾其夫權子母，逐什一之利，遂臻繞裕。乃行大賈家驟起，廣市田園。然所置產，田必兩莊，屋必兩所。本資與所獲利必相埒。眾莫解其意之所在。性好施予，一鄉稱善人。

顧艱於嗣息，逾十年生男，視若掌珠，擇乳媼哺之。媼來時諸婢僕指示屋後樓三楹，云每清晨主母盥洗畢，即捧香屏從人詣其上，汝慎勿登，違則必不恕也。問何故？眾言我輩來此有十餘年者，皆不知，但謹守條約而已。媼所哺子漸能夠行，忽攀躋欲上，媼阻之則號跳，不得已從之登。入其中，則空洞無物，惟設香案，南向一龕障以幕。媼揭視久之，不覺失聲哭。眾聞聲告主母，爭訊之。媼伏罪言小郎欲登，恐其蹉跌，匆促間不及細思，致干犯，應如何示罰，惟主命。問何為哭？媼又揮涕曰：「適見其中所懸荷囊，與我嫁時壓袖者相似。是日行至途中，並所貯金贈一嫁娘。爾時母家夫家皆極盛，初不介意，亦不知其可貴也。不圖今日落魄至此。」語罷復泣，諸婢喝之止。主問汝嫁為何時？媼以某年月日對。問是日遇雨否？媼曰：「不雨，則我之荷囊固在也。」主聞而默然，亦不之罪，但尋其夫來。媼以為將遣己也，益悲不自勝。

次日，主家張燈彩，召梨園，若將宴貴客者，並召其族人皆至。屆時，堂中排二席設兩座，旁列二几，堆簿籍高尺許。媼之夫在外廂，命四僕引入，四婦自室中擁媼出，令二人上坐，勿使動。主人、主母側身下拜，拜已起而言曰：「曩蒙贈金者乃我。賤夫婦非媼無以有今日。藏度荷囊示不忘也。日日頂禮，冀相遇也。財分為二、不敢專利也。今幸天假之緣，不致負恩沒世。此田產簿二份，願存其一而以一歸翁媼，並示族人不得有異說。」翁媼慌遽，惟同聲連稱不敢不敢而已。主乃促坐定，奉酒卮，筵開樂作。至二鼓，挑燈送歸所居之東院宿。凡几案衾榻，與主居無少異。翁媼本富家出身，亦安之若固有。媼初生女，寄養他人而身出為傭，至是迎歸。後長成遂以字其所乳子，兩家世為婚姻如朱陳村焉。

《北東園筆錄》三編卷二〈貧女報恩〉

這則作品，講述了一個貧富轉換，悲喜交替的曲折離奇故事。通過這樣一個感人的故事，讚美知恩圖報的傳統美德，說明人間自有真情在。世間的這種品格，這種情愫，是不會因為時間的推移，身份的更改而變化與消失的。

這個時期的美德故事，尚有寫一丐兒將乞食時拾到的金銀歸還給為夫伸冤婦人，後被失主收養的《堅瓠集・丐兒還金》、寫孫某應童子試時將拾得二百兩銀歸還奉化縣解差，讓其逃過一劫，後受到重用的《果報聞見錄・還金之報》、寫一乞丐將還金所得贈銀為貧女償債後被誣入獄，遺金者為其作證乃得平反的《續子不語・屈丐者》、寫生員林某已有妻室，毅然斷絕與一村姑來往，誓不做損德之事的《小豆棚・一枝花》、寫潘翁除夜贈二十金與來竊鄰子，讓其以一半還賭債，一半做小生意養家的《履園叢話・德報・除夜贈金》、寫夏某將所拾得三百金歸還木行夥計，後來得店主扶持而發家致富的《履園叢話・德報・還遺金》、寫陶翁將十年前摯友托其保管之貨金以及代為營運所得共二十多萬銀一並歸還友妻，友妻不受，陶翁只好留下一半子金的《妙香室叢話・金陵陶翁》、寫王某被劫落魄時，得到五年前所搭救溺水者幫助而成為富人的《道聽塗說・王祚》、寫陳某赴省試時火中救人，因受鄰生幫助而得中的《北東園筆錄・救難巧報》、寫廣西懷集縣小卒馬某將載銀數百千錢票歸還失主，並謝絕贈金，後得到失主垂青而成為富商的《北東園筆錄・黃壁庵述六事・馬某》、寫某翁平素以濟貧為務，待乞丐尤厚，後逃難遇險時眾丐竭力相救的《金壺七墨・乞丐報恩》、寫某絲店一年輕人代逃荒女付飯錢，因而覓得幸福的《蟲鳴漫錄・絲店少年》、寫李氏寡婦一再拒絕同邑富人各種誘惑，得以保全名節的《右台仙館筆記・李氏婦》、寫殷翁收留輸光家產之友人兒子，讓其發奮攻讀，還將暗中買下之家產歸還此子的《右台仙館筆記・殷翁高義》、寫一貧士用回家過年之錢搭救投水孕婦，後來貧士科考時竟得到其子幫助的《右台仙館筆記・杭州貧士》、寫一盜賊知其所竊錢財乃老寡婦十數年攢下之孤子婚費，立即退還並且致歉的《耳郵・退還原物》、寫某寇首虜王女一家，令女為先鋒妻，女逐一放走家人後乃絕食死的《趼廛筆記・紹興女》等。

第十一節　清代的俠義武林故事

清代的俠義、武林故事，故事主角既有各路英雄豪傑，又有形形色色的武林高手與另類。有關作品的數量甚大，涉及面廣，內容相當豐富多彩，包括反貪鋤奸、殺賊除惡、矜貧救厄、名家高手、僧侶武俠、俠女奇婦等類別。其作品大多故事性強，生動曲折，繪聲繪色，頗為引人入勝。

有關反貪鋤奸的俠義、武林故事，譬如：

某中丞巡撫上江，一日遣吏齎金三千赴京師。途宿古廟中，扃鐍甚固。晨起，已失金所在，而門鑰宛然。怪之，歸告中丞。中丞怒，亟責償。官吏告曰：「償固不敢辭，但事甚疑怪，請予假一月往蹤跡之，願以妻子為質。」中丞許之。

比至失金處，詢訪久之，無所見。將歸矣，忽於市中遇瞽叟，胸懸一牌云：「善決大疑」。漫問之，叟忽曰：「君失金多少？」曰：「三千金。」曰：「我稍知蹤跡，可覓車子乘我，君第隨往，冀可得也。」如其言。

初行一日，有人煙村落。次日入深山，行不知幾百里，無復村疃。至三日，逾亭午，抵一大市鎮。叟曰：「至矣。君但入，當自得消息。」不得已，第從其言。比入市，則肩摩轂擊，萬瓦鱗次。忽一人來訊，曰：「君非此間人，奚至此？」告以故。與俱至市口覓瞽叟，已失所在。

乃與曲折行數街，抵一大宅，如王公之居，歷階及堂，寂無人，戒令少待。頃之，傳呼令入。至後堂，堂中惟設一榻，有偉男子科跣坐其上，髮長及骭，童子數人，執扇拂左右侍。拜跪訖，男子詢來意，具對。男子頤指語童子曰：「可將來。」即有少年數輩扛金至，封識宛然。問曰：「甯欲得金乎？」吏叩頭曰：「幸甚，不敢請也。」男子曰：「乍來此，且將息了卻去。」即有人引至一院，扃門而去。日予三餐，皆極豐腆。是夜，月明如晝。啟後戶視之，見粉壁上纍纍有物，審視之，皆人耳鼻也。大驚，然無隙可逸去，彷徨達曉。前人復來傳呼，復至後堂，男子科跣坐如初，謂曰：「金不可得矣，然當予汝一紙書。」輒據案作書，擲之揮出。前人復導至市口，惝恍疑夢中，急覓路歸。

見中丞，歷述前事。叱其妄，出書呈之。中丞啟緘，忽色變而入。移時，傳令歸舍，並釋妻子，豁其賠償。吏大喜過望。久之，乃知書中大略斥中丞貪縱，謂勿責吏償金。否則，某日月夫人夜三更睡覺，髮截若干寸，寧忘之乎？問之夫人，良然，始知其劍俠也。日照沈洗馬應麐聞之望江龍簡討燮云。

《池北偶談》卷二十三〈劍俠〉

明萬曆中，有宦於浙者，貪虐自縱，托其子捆載而歸。選勇士數人，督役夫而行。至莒中，見一翁策蹇至，相與談，甚洽。抵暮過長林，翁忽曰：「公子裝歸之物，皆非理所得，曷不假我，以為娛老之具？」公子怒，諸勇士厲聲呵之。翁加鞭而前，行約半里許，飛一彈中一勇士之指。諸勇士皆持兵欲與角。又數彈，遍中其指。復躍至，謂役夫曰：「隨我行則生若。」諸勇士悉投兵而拜，公子乃揮役夫去。悵然自失，反走訴於其父，乃令人廣捕。

逾月，公子訪求技勇，偕遊西湖，見此翁行堤上，兩少年從之。公子命從者突出擒之。翁大笑，一少年略舉手，而仆者三人，餘人遂不敢動。翁謂公子曰：「姑至我舟中小酌可乎？」則畫舫泊於九溪，揖公子及群從登焉。酒肴之陳，非人世所易有。所言者皆述生平賑貧恤困、鋤抑強暴之事。公子欲啟口，輒獻巨觥。酒酣，翁掀髯曰：「為我達尊公，無相覓也。」呼童設筆硯，疾揮數行。攜公子手，登岸共覽十八澗之勝。坐石上，聽瀑聲，笑謂公子：「宜勉為賢人，干父之蠱，我欲將此水滌爾塵襟也。」出一緘與別，謂：「一二日間，消息可到，勿以微物瑣瑣長者為。」公子歸語其父，開緘視之，則歷數其罪狀也。

翼日，父子晨起，各云所臥之枕截而為兩，旁有白絹，大書曰：「官改前非，子改父惡，以枕代爾，尚其戒之！」自此召還捕者，竦然自戢，父子俱得令名。

《香天談藪・浙中宦者》

這兩則反貪鋤奸的故事，一則寫俠客派人劫走贓官運往京師的金銀，並且致信歷數其罪狀；一則寫綠林豪傑親自劫走贓官運回老家的財物，並且投書告誡其父子應改惡從善。它們不但具有積極的社會意義，而且故事情節跌宕起伏，很吸引人，且帶有一些神秘氣氛，俠義人物描寫繪聲繪色，讓讀者、聽眾頗有身歷其境的感受，在清代俠義、武林故事中屬於上乘之作。

有關殺賊除惡的俠義、武林故事，譬如：

子琴又言，無錫縣城中典庫後有曠園，大逾十畝。忽有一壯夫負竹篙一竿，修而多節，白司事者求寄存園中，訂日來取。詰旦，泛埽夫趙乙見之，問司事者：「此篙從何而來？」司事告之，趙太息不語。司事察其言狀有異，轉詰之，乃曰：「小人向日流蕩江湖，略知暴客號訣。此篙即若曹信物，數節之多寡，便知黨羽人數。今倚園牆西隅，其來必由此處，是不可不預防之。」司事聞之大驚，趨告主人。眾意乙非常人，因謂：「汝既知此篙，必能辨賊，果爾，當重賞不吝。」乙初不肯，再三央之，乙乃數篙節，凡三十有三、曰：「賊數如此之多，非以計殲之不可。」眾問：「計將安出？」乙笑曰：「公等勿慮，小人自有料理。」乃請買豆數百石攤布園中，約厚尺許，又買大甕三十具置牆下聽用，主人如言部署。

一夜，天月陰黯，乙謂眾曰：「賊至當在今夜，小人當一一殲之。公等如膽大不畏，請作壁上觀可也。」主人駭懼，恐乙眾寡不敵，出資募健兒百餘人，各持器械，為乙助威。乙麾之去，曰：「爾曹鹵莽無能，在此攪擾，徒亂人意，請速去，勿敗乃公事！」悉命舉室吹滅燈燭，自袖利刃潛伏牆陰以伺之。少選，竹竿窸窣作響，一莽男子自竿溜下，足踏豆上，滑而顛，乙暗中以刀剚其首，擲甕中；未幾，一人繼下，顛如前，又剁之，連剁十餘人。外賊以其黨多人入牆，寂不聞聲，慮內有備，中一黠賊躍登牆上，次且不敢下，俯首覷察良久，輕拊其掌者再，內無應者，知事敗，遂率餘黨遁去。無何，東方漸明，乙招諸健兒置屍甕中。計之，共剁十有六賊，命悉舁而瘞於野，以滅其跡。

主人大喜，厚犒諸健兒。自是，除乙泛埽之役，待以殊禮。惟時惴惴焉，慮盜復來報怨，而盜竟不敢復至。

《里乘》卷三〈趙乙〉

有客襄陽者，路遇一僧，擔二小箱，求附舟。舟人不可，客曰：「世外人料無歹意。」客命載之。行未半，又一童年僅十餘歲，亦求附。僧不可，舟人叱曰；「出家人方便為本，何有己無人乃爾！」亦載之。僧微有慍色，遂亦相安無他。

明日，行至某處，地闊人稀。僧與客及童共飯。客先畢，僧亦畢。僧向童曰：「你只管吃飯！」童不應。僧忽拔短刃向客曰：「爾欲死刀下乎？不然，速赴江死！」客大訝，長跽哀泣。僧不顧，按刀叱咤，旁若無人。忽兩箸飛入僧鼻孔中，透腦立斃。客顧童已飯畢兀坐，有碗無箸，乃知童異人也。因向童謝，童亦不言，遽起，以僧所遺二箱投入江，乃曰：「此僧為盜，惟我知之。跡之三年，今日始得除害。昨若來遲一炊，則客遭毒矣！」問：「棄箱何故？」曰：「此中乃僧之兩徒也，少緩即出。」客大敬服，童徑登岸去。

《廣新聞・盜僧》

這兩則殺賊除惡的故事，發生在長江中下游地區。故事主角都來自平常的百姓人家，有的甚至是個帶幾分稚氣的童子，卻無不手段高強，舉止非凡，令人刮目相看。這兩則故事，或者寫泛埽夫後園消滅十六個盜賊，或者寫童子飛箸擊斃殘的暴盜僧，其故事情節無論長短，均有十分驚險、出彩之處，對聽眾、讀者頗有吸引力。

有關名家高手的俠義、武林故事，譬如：

南陽縣有楊二相公者，精於拳勇，能以兩肩負糧船而起。旗丁數百以篙刺之，篙所觸處，寸寸折裂，以此名重一時。率其徒行教常州，每至演武場傳授槍棒，觀者如堵。

忽一日，有賣蒜叟，龍鍾傴僂，咳嗽不絕聲，旁睨而揶揄之。眾大駭，走告楊。楊大怒。招叟至前，以拳打磚牆，陷入尺許，傲之曰：「叟能如是乎？」叟曰：「君能打牆，不能打人。」楊愈怒，罵曰：「老奴能受我打乎？打死勿怨。」叟笑曰：「老人垂死之年，能以一死成君之名，死亦何怨？」

乃廣約眾人，寫立誓券。令楊養息三日。老人自縛於樹，解衣露腹。楊故取勢於十步外，奮拳擊之。老人寂然無聲，但見楊雙膝跪地，叩頭曰：「晚生知罪了。」拔其拳，已夾入老人腹中，堅不可出；哀求良久，老人鼓腹縱之，已跌出一石橋外矣。老人徐徐負蒜而歸，卒不肯告人姓氏。

《子不語》卷十四〈賣蒜叟〉

嘉興萬永元者，素多力，後學武藝於少林僧孤雲，遂以拳勇著名江浙間，自號「萬人雄」，從而習藝者以百計。一日，率其徒教技於東塔寺，觀者如堵。永元自炫其能，知其奧妙者，咸嘆賞之。

有老叟攜一童子，約十餘歲，在旁耳語曰：「手段亦有來歷，但破綻多耳。」聞者皆駭。永元知之，叱叟曰：「汝係何處人，敢來譏我？」叟遜謝無有，童子以永元聲色俱厲，因忿然曰：「汝技僅止此，而敢於行教，故吾與老父偶論之。今汝發言驕慢，意欲何為？」叟頻以目示，而童不肯止。永元曰：「汝敢與較技乎？」童遽曰：「有何不敢？但此地逼仄，難以展舒耳。」時已薄暮，永元約明日教場相較。問其籍貫，答以「姓莊，長興雉山人。因女將出嫁，故來此買物，寓於舟中，晚間當去。今君欲見教，又遲歸一日矣。」遂相訂而去。

永元使人伺察之，則其舟泊於宣公樓畔。尚有伴侶二人，見叟回，方欲理楫解纜，叟止之。告以明日與萬較技，而怨童子多事，以致遲留。然於較技絕不商量，若裕如也。探者回告，永元曰：「何物么麼，敢與吾角？」而心亦儆備之。

次日至教場，則叟與童先在，迎而謂之曰：「吾欲遄歸，故候之久矣。君欲角力乎？較拳棒乎？比刀槍弓劍乎？所事惟命，吾父子遵教焉。」永元見叟臒而童稚，因曰：「先試力。」教場有石墩，中通一洞，約重四百餘斤，蓋操兵時用以樹大旗者。永元兩手掇之，行十餘步而墮於地，觀者嘖嘖驚嘆。叟使童試焉，石巨人小，僅可離地，而礙足不能行，遂置之。然手掇處，指已入石半寸許，石屑霏霏落，眾皆駭然。叟笑曰：「孩童不中用乃爾！」手提石擲之空中，落而陷於地者盈尺，復提起置諸原所。永元自謂拳法無雙，欲與較拳。叟曰：「吾筋骨久憊，展動為難，且手重，恐或傷君。吾今但立於此，任君來撲可也。」因凝立於演武廳之月臺上。永元竭盡所能，欲揮而仆之。拳腳將及叟，叟不舉手而微搖其身，永元不覺退走二丈餘。叟挾之曰：「君不致挫跌，平日功夫亦深。今尚欲較何技乎？」永元更請試棍。叟命童與較，而諄囑其不可傷人，童唯唯。兩棍飛舞，宛若游龍，忽「格」然有聲，一棍飛起高數丈，落於飲馬池中，視永元則空手矣。

永元大慚，揖謂叟曰：「吾習技十餘年，自謂無敵。今服輸於叟矣！然叟之師系何人而精妙至此？」叟不肯言，拱手將別。適有兩鳩鳴樹間，叟顧謂童曰：「船中無物下飯，盍取此以佐午餐。」童探懷中出小矢二、除指上鐵環，貫矢於中，而次第以指抵之。矢去如飛，轉瞬間鳩皆墮地。遂拾之，從容而去。永元送至河幹，則二人者已操櫓以待，問叟贏絀何如，叟答以「萬君絕技，非吾所及也」。與永元握手珍重別，同童子下船。舟行疾如奔馬，頃刻已杳。

永元惝恍不寧者累日。後晤其師孤雲，述遇長興莊叟事。孤雲大驚，曰：「此吾師叔也！技與力迥絕同輩，吾師亦遜之。幸其少時曾於神前設誓，永不傷人，故汝不致受虧，否則殆矣！」永元自後不復事拳棒，業商販以終。

《聽雨軒筆記》卷四〈莊叟較力〉

這兩則武林名家高手的故事，發生在長江三角洲地區。兩則故事的主角均為貌不驚人的老者，在平凡中顯現出非凡的本領與高尚的武德。前一則故事寫龍鍾傴僂的賣蒜叟高超的內功，一舉征服不可一世的楊二。後一則故事寫攜一童子的莊叟與號稱「萬人雄」的拳師接連進行三次較量，使其一敗塗地，從此改行。故事中的這兩位主角，一位交代了具體的身份，一則卻未作交代。他們在武林名家高手之中，具有一定的代表性。後一則故事描寫細膩，從容不迫，對於故事主角的刻畫尤為成功。

有關僧侶的俠義、武林故事，譬如：

三和尚，不知何許人，雍正間，祝髮寶坻城北宏福寺。善拳勇，某家延之守望。自言少年為盜，誓不採花，不竊善良，故生平未破案。後十八人同至關東，夜盜一家，牆甚峻，躍而登，推藝絕倫者一人下，杳無聲息；又推其次，如之。次當至三和尚。和尚素執一熟銅杖，杖首銜鏈，長丈許，遂先投杖，聞琅琅有聲，掣鏈，已削去半段。刀鋒棱棱，群盜懼，如鳥獸散。三和尚遂棄去為僧，洗心滌慮，雖大戒律不啻也。

夏夜，宿某家廳事。門不闔，橫置二凳，一擱腦後，一擱足根，空其中，鼾齁如雷。某家小公子輩，戲以鐵杖擊其腹，膨脝作皮鼓聲。目微張，呵欠曰：「勿惡作劇。」齁聲又作矣。某家有樓，高數丈，前後有門。令小公子面北立門中，三和尚當面立，曰：「汝面向南。」公子轉身，和尚已從樓脊躍而過，又當其面。俄頃之間，已數十度，飛鳥騰猿，遜其矯捷。

遍體傷痕鱗鱗，撫以手，膚內隱小鐵丸無數。問之，笑不言。臨示寂，始言某年走關東，官兵合圍，夥伴數人悉就擒，火槍如雨，伊身被數十創，潰圍出。每陰雨傷處輒隱隱作痛。其徒間以告人云。

《蝶階外史》卷二〈三和尚〉

莆田有官家子，年少出家里之某寺中。寺前多龍眼，僧眾資之以自給。已而為里中無賴子百十人所嬈，龍眼熟，盡而取之。寺僧弱，不能與爭，寺遂零落。是僧既出家，得其故，憤然棄去，不知所往。

閱三年，復歸寺。寺僧怪而問之，是僧曰：「吾入少林學拳勇，將以禦暴也。」及龍眼熟，無賴子數人復來取。是僧執之而不擊也，叱之曰：「吾知若輩成群有百十人，來嬈吾寺，若輩恃眾也。若輩敢與我一人鬥力乎？若輩能勝吾，一寺前後龍眼惟若輩取之。我一人勝若輩，若輩當服我。」數人叩首去，約於某地鬥力。至期，無賴輩執兵械以待。僧以一棍入，揮之如折枝也。於是無賴子盡伏地，誓不敢嬈寺，並戒以勿嬈里中也。於是拳勇之名震莆田。然其技一試於此，後遂絕口不道。

有少年，嗜拳勇，且自負其技甚高，慕僧名，欲一得當於是僧。既見，僧絕口不言拳勇。少年曰：「吾嗜拳，勇甚，以是遊於世，所游之地莫余敵者。慕師久，敢以是謁師，師其以是教我。」僧堅拒之，少年請益力。僧不得已，乃曰：「試若技，或能當吾意，略以吾法示若可耳。」少年大喜，踴躍試棍法。僧止之曰：「若技甚俗，不足以進於是也。」少年心不服，大言曰：「師欺我。」僧曰：「我何為欺汝？汝棍圓而不方，濯而無毛。」少年益不服曰：「棍本圓而濯者也，奈何以為俗？」僧曰：「圓者方之，濯者毛之，進乎技矣。」少年曰：「奚為而方？奚為而毛？」僧曰：「是難言也。若與我交，則知之矣。」少年踴躍，以棍與僧交。僧執一竿坐迎之。棍交竹竿，竹竿東，棍隨之東，欲西不得西；竹竿西，棍隨之西，欲東不得東；若膠之不可解，若風絮之不自主也。如是久之，竹竿忽上指，棍入雲霄。僧曰：「是之為方，是之為毛。」少年乃自愧其俗，不敢請。

《薈蕞編》卷十三〈莆田僧〉

這兩則僧侶武俠的故事，內容各異，故事主角都是通過不同的管道成為禪林武藝高手的。前一則故事中的武僧原本是一個良心尚存的盜匪，洗心革面後遂削髮為僧，值得肯定。後一則故事中的武僧原本是官家子弟，為了抗暴護寺才憤然習武，名震一方。他不但不矜功自伐，而且能夠循循善誘，以德服人，有很高的品行，無疑是武僧中的佼佼者。

有關俠女奇婦的俠義、武林故事，數量甚多，不少作品內容新穎，藝術性較強，頗為引人注目，譬如：

益都西鄙人某，娶妾甚美。嫡遇之虐，日加鞭棰，妾甘受之無怨言。一夜，盜入其居，夫婦惶懼不知所為。妾於暗中手一杖，開門徑出，以杖擊賊，踣數人，餘皆奔竄。妾厲聲曰：「鼠子不足辱吾刀杖，且乞汝命，後勿復來送死。」賊去，夫詢其何以能爾？則其父故受拳勇之技於少林，以傳之女，百夫敵也。問何以受嫡虐而不言？曰：「固吾分也，何敢言？」自是夫婦皆重之，鄰里加敬焉。今尚在。

《池北偶談》卷二十六〈賢妾〉

甲寅歲，三藩作反，南征之士，養馬兗郡，雞犬廬舍一空，婦女皆被淫汙。時遭霪雨，田中潴水為湖，民無所匿，遂乘桴入高粱叢中。兵知之，裸體乘馬，入水搜淫，鮮有遺脫。惟張氏婦不伏，公然在家。有廚舍一所，夜與夫掘坎深數尺，積茅焉；覆以薄，加蓆其上，若可寢處，自炊灶下。有兵至，則出門應給之。二蒙古兵強與淫。婦曰：「此等事豈可對人行者！」其一微笑，啁嗻而出。婦與入室，指蓆使先登。薄折，兵陷。婦又另取蓆及薄覆其上，故立坎邊，以誘來者。少間，其一復入。聞坎中號，不知何處。婦以手笑招之曰：「在此處。」兵踏蓆，又陷。婦乃益投以薪，擲火其中。火大熾，屋焚。婦乃呼救。火既熄，燔屍焦臭。人問之。婦曰：「兩豬恐害於兵，故納坎中耳。」

由此離村數里，於大道旁並無樹木處，攜女紅往坐烈日中。村去郡遠，兵來率乘馬，頃刻數至。笑語啁嗻，雖多不解，大約調弄之語。然去道不遠，無一物可以蔽身，輒去，數日無患。一日，一兵至，甚無恥，就烈日中欲淫婦。婦含笑不甚拒。隱以針刺其馬，馬輒噴嘶，兵遂縶馬股際，然後擁婦。婦出巨錐猛刺馬項，馬負痛奔駭。韁繫股不得脫，曳馳數十里，同伍始代捉之。首軀不知處，韁上一股，儼然在焉。

《聊齋誌異》卷十一〈張氏婦〉

這兩則俠女奇婦的故事，前一則故事寫一個常被正妻虐待的小妾，奮勇痛擊盜賊，因而備受家人與鄰里敬重。後一則故事寫兗州一帶在鄉村被大水困擾，婦女遭到士兵蹂躪的時刻，一農婦能夠巧計燒死淫兵、讓奔馬拖死淫兵，為民除害，得以替眾鄉親的報仇雪恨，非常令人敬佩。兩則作品均塑造出一個個有膽有識、身手不凡婦女形象；後一則的故事主角更為突出，更具有藝術魅力。又如：

張太守墨谷言：德、景間有富室，恒積穀而不積金，防劫盜也。康熙、雍正間，歲頻歉，米價昂。閉廩不肯糶升合，冀價再增。鄉人病之，而無如何。有角妓號「玉面狐」者曰：「是易與，第備錢以待可耳。」乃自詣其家曰：「我為鴇母錢樹，鴇母顧虐我。昨與勃谿，約我以千金自贖。我亦厭倦風塵，願得一忠厚長者托終身，念無如公者。公能捐千金，則終身執巾櫛。聞公不喜積金，即錢二千貫亦足抵。昨有木商聞此事，已回天津取資。計其到，當在半月外。我不願隨此庸奴。公能於十日內先定，則受德多矣。」張故惑此妓，聞之驚喜，急出穀賤售。廩已開，買者坌至，不能復閉，遂空其所積，米價大平。穀盡之日，妓遣謝富室曰：「鴇母養我久，一時負氣相詬，致有是議。今悔過挽留，義不可負心。所言姑俟諸異日。」富室原與私約，無媒無證，無一錢聘定，竟無如何也。此事李露園亦言之，當非虛謬。聞此主年甫十六七、遽能辦此，亦女俠哉！

《閱微草堂筆記》卷十八「俠妓玉面狐」

幼時，家用一傭婦，清遠人。言其鄉一健婦，自邑城返鄉，身懷數金，一無賴涎之，懷刃相隨，將尾之至野外，要而劫之也。婦屢回顧，知其意，解所束帶，就澗邊濯之，提帶徑行。無賴四顧無人，拔刀相向，婦笑曰：「能勝老娘，便如所願。」無賴揮刀下，婦揮帶迎之，帶濕而軟，與刀相撞，彼端即就刀反卷數匝，婦力拔之，無賴幾仆，刀墮地，婦急拾刀在握，笑相向曰：「來來！」無賴蹌踉遁。此不以勇勝，以智勝也。

《箚記小說·清遠健婦》

這兩則故事所塑造的，均是以智慧見長的俠女奇婦形象，無不在平凡之中顯現出智慧的光彩。前一則故事中的「玉面狐」，是一個具有俠肝義膽的風塵女子。她在大災之年，施計播弄囤積居奇的富人，讓其出穀賤售，為四鄉民眾解了燃眉之急，深得人心。後一則故事中的農婦，臨危不亂，巧於應對，使持刀相向的歹徒不能得逞，倉惶逃竄，令讀者、聽眾拍案叫絕。

這個時期的俠義、武林故事，尚有寫縣役某解官銀數千兩赴濟南時被劫，一個年十八、九之女俠助其消滅盜匪而奪回官銀的《池北偶談·女俠》、寫有富家姑嫂二人同游乍浦，至駐防署前各舉重三百斤鐵墩十數次，觀者如堵的《述異記·女子神力》、寫在歸家途中某女之父母被二賊殺害，女巧與周旋，竟除掉二賊為親人報仇的《述異記·奇女殺賊》、寫一俠客因有急需，神不知鬼不覺地將某布商密藏於布捆中之千金「借」走，後如期連本帶利奉還的《堅瓠集·異俠借銀》、寫陳某以徒手滅虎和火場救人名動天下，後因對流賊寬容而被彈劾，免官罷歸的《廣陽雜記·陳文偉》、寫一挾琵琶瞽女武藝高強，某貪墨縱淫之朝貴欲羅致而被其狠狠教訓的《曠園雜誌·瞽女挾琵琶》、寫某公辭官歸家時，一功夫非凡婢女為其擊斃兩名匪首，從而降服前來搶劫之群盜的《諧鐸·青衣捕盜》、寫一女俠擲簪猶如飛箭，夜間出取一毆母垂斃之逆子人頭以伸張正義的《客窗筆記·女劍俠傳》、寫某富室被劫時，一灶婢蛇行至後院焚燒積柴，引來本村及鄰村鄉民而使盜賊就擒的《閱微草堂筆記·灶婢捉盜》、寫少年「鐵臂猴」在青州道上先後擊斃三盜僧，搭救了護標之葛某，讓其仍回梨園重操舊業的《涼棚夜話·葛花面》、寫曾某喜為人排憂解難，在遭盜匪打劫時，有一曾受其幫助之綠林好漢前來相救的《涼棚夜話·曾三陽遇盜》、寫某拳師幼女身懷絕技，能器中跌人，眾師兄均不是對手，被譽為「裙裡腿」的《賓存・裙裡腿》、寫某生為復仇學拳於少林寺，技成時經一僧甥女指點方擊敗守門猴而得出，復仇後即娶該女歸家的《咫聞錄・巧才少林》、寫一跛者不遠千里去少林寺習武，歷五年而得以報父仇的《誌異續編・跛者》、寫白某自恃其技，屢挫江湖之客，後為偶遇之兩兄妹之所折服的《誌異續編・白泰官》、寫一翁路劫宦者運回老家財物以賑貧恤苦，並作書歷數其罪行的《天香談藪・浙中宦者》、寫金某武藝得叔父真傳而聞名魯豫秦晉各地，入川時與人賭氣竟被刺傷一目的《見聞近錄・金瞎子》、寫金某得祖傳拳法，讓來試其藝者知道天外有天，深為其折服的《埋憂集・金三先生》、寫女俠空空兒盜走巡察鎮江府之某太保項上珠寶，以示警告，令其不敢囂張的《埋憂集・空空兒》、寫賊目正欲對一鄉婦施暴時，鄉婦臨危不懼，竟巧計讓驚馬將其拖死的《夜雨秋燈錄・周氏婦除賊》、寫一被虜良家女子在新婚之夜將賊首殺死，後著賊首衣服逃去的《客窗閒話・智女》、寫文某雖文士而習武，入都會試時因幫助被欺負之陸孝廉而與其成為莫逆的《客窗閒話・文孝廉》、寫一欄中人被押到公堂受審時當中眾指責貪庸陋劣官員，言畢即自脫鐐銬遁去的《蝶階外史・欄中人》、寫孫某隨女俠宋四娘學藝，得到治病防身之術的《蝶階外史・宋四娘》、寫一俠女被其搭救性命之某公子娶為二房，與正妻和睦相處，誼勝同胞的《蝶階外史・俠女》、寫一少年客在去上海途中發現並處置了數名行將殺人越貨之惡徒，使全船乘客得以幸免的《里乘・少年客》、寫一番僧持鐵魚逐戶索募時被學徒某趕走，後尋仇欲殺害該學徒，竟被其姐置於死地的《澆愁集・記勇》、寫津門某俠妓贈百金幫助一遇盜者謀事，事成後其人前來致謝時俠妓已不知去向的《右台仙館筆記・俠妓助人》、寫李某矯捷過人，與一驍勇僧人互訪交友，遂不角技的《右台仙館筆記・互訪較量》、寫一少女在入室行竊者面前大顯身手，讓盜賊目瞪口呆，連連叩頭乞命的《右台仙館筆記・少女降盜》、寫馮某功夫超群，名震綠林，後遇功夫絕之少年兄妹，從此不敢再談拳勇的《此中人語・馮雄》、寫龍某拳棒出色，膽量過人，因夜行茶山時除掉剪徑者二為人稱道的《此中人語・龍大海》、寫某妓全力資助情郎，並以假死促使其東渡留學的《札記小說・俠妓》等。

第十二節　清代的僧道故事

清代的僧道故事，作品數量較大。其故事主角既有佛教的出家人，也有道教的出家人，而以和尚、尼姑最為常見。作品的內容差別很大，既有帶有揭露性的，又有帶表彰性的，從各種不同的視角了展示出家人和寺廟的生活，表現民眾的愛憎。其中有不少故事頗為生動、精彩，令讀者、聽眾大開眼界。

有關揭發誆騙斂財的僧道故事，譬如：

> 杭州道士廖明，募錢立聖帝廟塑像。開光之日，鄉城男婦蜂集拈香。忽一無賴來，昂然坐聖帝旁，指像侮慢之。眾人苦禁，道士曰：「不必。聽其所為，當必有報。」須臾，無賴仆地呼腹痛，盤滾不已，遂死，七竅血流。眾人駭，以為聖帝威靈。香火大盛，道士以之致富。
>
> 逾年，其黨分財不勻，出首：去年無賴之慢神，乃道士賄之，教其如此。其死乃道士先以毒酒飲之，而無賴不知也。有司掘驗其骨，果青黑色。遂誅道士，而聖帝香火亦衰。
>
> 《子不語》卷十四〈鴆人取香心〉

> 粵中某道士，能以無稽之談娓娓言之，使人動聽。一日，偶與諸妓言冥中事。道士曰：「冥中極重科名仕宦，即婦女亦然。曾受五花誥、披一品衣者，閻摩天子亦降階相迎；次則立與語；又次則頷之而已。」妓問：「我曹何如？」曰：「卿等既無名位，又無夫婿。生為蕩婦，死作遊魂。血湖肉池，正為卿等而設。」諸妓大懼。道士曰：「冥府新開捐例。曩者龍虎山張真人過滬，與我箚符數十道。卿等如能出金畀我，代市冥鏹，焚付泉台，便可榮叨誥命、玉旨褒封，視人世芝泥更豔也。」問所需。曰：「一品須銀一百八十兩。減一品，減二十兩。」於是諸妓爭先輸納，惟恐其箚符之盡。捐後即互呼曰：「某夫人」、「某淑人」，姊妹花小稱謂為之一變。

其罰符以黃紙為之。得者即詣城隍廟，焚之於爐，故泯然無跡。然輸者日多，而罰符不見其盡，頗疑其偽，為之少衰。道士曰：「朝廷且減成數，以廣招徠。冥中因賑百萬由旬無祀孤魂，需用甚急，亦宜稍示變通。今為一五折上兑。」眾貪其價廉，又復雲集。奸民之奸，愚婦之愚，書之可一笑也。

《耳郵》卷一「售罰符」

這兩則故事，描述的均為道士設置騙局，運用騙術誆騙錢財的劣跡。前一則故事寫杭州廖道士為了賺得源源不斷的香火錢，藉以發財致富，設下騙局顯示神威，竟將所收買的托兒毒死，足見其卑劣、狠毒，誅之罪有應得。後一則故事寫粵中某道士用出售札符手段，一再騙取諸多妓女的錢財，殊為貪婪、狡詐。而受騙的諸多妓女亦不值得同情。兩則故事的藝術風格不甚相同，前一則比較尖銳、辛辣，讓人憤怒；後一則比較輕鬆、詼諧，令人發噱。

有關披露姦情穢行的僧道故事，譬如：

賈生名化，太原人，疏狂瀟灑，寄居肇慶塔腳寺。對岸南去百餘步，有觀音庵，住尼僧。內兩尼姿媚年輕，清雅精潔。賈目搖心動，嘆其何故削髮為尼也。時進庵於隙穴窺之。一日，老尼外出，賈入庵中，諸尼款留，素肴甚美。賈愛尼之豔，而勸飲甚勤，竟酩酊大醉。醒則蘭麝醺溢，繡幕珠帷，有兩麗人，一抱持，一擁被。驚視之，乃尼改裝也。大駭欲遁，環視壁上，無門可出。少頃，尼寤，笑曰：「先生休矣。對此佳麗，無慮不樂也。」晝夜宣淫，不堪其擾。兩餐之奉，自壁穴中入，惟淡白肉湯，白飯兩碗而已。數月，始則身體肥壯，繼則尪羸骨立，拳曲臃腫，不堪供尼使令，苦求去。尼曰：「俟子有代，或可去。」如是月餘，忽於複壁中來一少年，尼曰：「子有疾病，無能為役，本欲毒死，念汝異鄉人，可急去。」歷曲室迴廊，紆徐而去。賈遂星夜兼程回里，不敢復至閩、廣矣。

《咫聞錄》卷五〈太原賈生〉

浙有嘉禾生，為邑之巨富。將入棘闈，偕其妻與姑母、僕婢輩，同赴武陵，寓西湖山莊，以便遊觀。生婦少艾而佞佛，以天竺進香為請。生從之，命僕喚肩輿。僕體主人省約意，不投行家，散雇輿六乘，價甚廉。生婦豔裝盛飾，羅綺滿身，珠翠盈頭，價值千金。乃與姑母、僕婦、婢女輩乘輿而行，生騎馬在先，僕攜香燭隨行。

至半途，生婦之輿杆折，五乘皆隨騎而前，是輿落後。一夫抽取折杆回去，謀易新者。一夫守之，僕亦立候。輿夫笑曰：「主人將抵山門矣，汝不以香燭去，有不失誤詈汝者乎？況五乘前行，僅一乘，夥回易杆即來，何須呆守耶？」僕信其言，追奔而去。一夫以杆來，共舁入亂山中。生婦惶惑詰問：「何以行僻徑？」輿夫曰：「為時已久，恐官人守候，出捷徑，入廟之後戶，不甚便耶？」婦亦信之。

未幾停輿，見牆缺朱門。輿夫輕叩其銅環，一沙彌拔關出曰：「來耶！」至輿前，請夫人下輿。生婦曰：「我家人安在耶？」沙彌曰：「多在前殿，候夫人久矣。」生婦視沙彌，年不過八九齡，諒無他，不得已，從之入門。曲折引入密室，請夫人少坐。沙彌去而健婦四人至，生婦益惶急，亟詢：「官人安在？」健婦笑曰：「休問官人。我輩皆香客，亦為大師掠至，無奈相從。汝若婉順，則此間吃著不盡，且人盡夫也，何樂如之！否則暴虐相加，無從逃避。」婦知入危地，悲憤覓死。一僧突入曰：「何來潑婦！入我法門中，敢肆横耶？」喝令健婦並沙彌齊上，將生婦衣飾洗剝，以布帶縛其手足於醉翁椅上，強姦之。生婦痛罵。又一僧以麻桃塞其口而遞淫之。婦亦昏沉如醉，聽之而已。至夜，健婦以米粉湯執鼻而灌，不得不咽。仍勸其相從，自苦無益。生婦任以巧言，合目不答。健婦以衾覆之而去。次日來，除其矢溺，為之洗沐，焚香於室。群僧復入，互相嬲也。如是六七日，忽見群僧變色相謀，交頭接耳，不可聞。是夜健婦灌之以藥，冥然如死。

當生之入廟也，姑母與僕婦、女婢俱至，惟不見其妻。未幾，僕亦奔至。眾問：「主母何在？」曰：「隨即到矣。我恐香燭有誤，是以先來。」生曰：「今何在？」僕始以「輿杆斷折，易換需時」對。生惶急，命速追之，自亦乘馬往尋。窮日之力，毫無影響。復使僕往接其姑婢人等，則輿亦不知去向矣。喚他輿舁歸，生在寓毆僕罵婢，終宵躁急，無法可施。次日入縣鳴冤，官為飭緝。過三日，仍無蹤影。生乃投省候試，與親友商之。老成者曰：「今大中丞愛惜士子，君鳩同考者百餘往訴之，較縣官得力多矣。」生從之，集多士投轅門。巡官以公狀入，中丞命傳原告與老成者數人，謂之曰：「某生應試而帶室人，且率之遊蕩，本屬非禮，以致誨盜誨淫，皆未可定。然屬有此巨案而不能破，亦大吏之責也。」即令中軍率健卒五百，改裝易服，散佈西湖各廟訪緝，限三日獲犯有賞。旋傳府縣官至，曰：「屬有大憝，敢誘掠良婦，官不能破，朝廷何虛縻爵祿為耶！期三日不獲，必登白柬！」府縣諾諾而退，命役數百人，假作香客，布散各廟，使生僕為眼目訪之。

逾二日無跡，文武員弁惶恐，共謀將挨搜僧之密室。僧大懼，藥迷生婦，夜使健者負置乞丐茅棚。丐者驚呼，兵役咸集，見一蓬首垢面著僧衣褲之婦，奄奄一息，勢將斃矣。急喚生來認，確係其妻。呼僕婦來，舁之歸寓，以開通之藥灌之，窮日夜乃醒。見姑母在旁，泣訴所苦。時兵役因已得婦，皆回署稟報，生亦以前情補呈府縣。各官聚謀曰：「雖有婦而不知其地其人，將何以定案？無已，盡拘西湖僧，使婦辨之，冤可白矣！」乃使生歸而謀諸婦，婦愧作難言，乘人不備而縊。生又鳴諸官，官亦無可如何矣。時諸僧已集千餘人，無不來呼冤者；即有奸僧在內，無可對證，良莠莫辨。以告中丞，乃命兵役遍抄靜室，於蘭若內搜得女舄，即以所住之僧鍛煉成獄而斬之。冤乎不冤，未可知也。

《客窗閒話》續集卷二〈奸僧獄〉

這兩則南方發生的故事，暴露的均為佛教寺廟出家人的奸情穢行，無不觸目驚心，令人感到憤怒。兩者多有不同之處，不但繁簡各異，而且結果亦有差別。前一則故事寫肇慶某庵諸尼將一書生引誘到庵內晝夜宣淫，直到其氣息奄奄，不堪役使，而且有了替代者，方才繞他一命。而該庵的眾尼姑，則繼續害人，仍舊過她們無恥的淫樂生活。後一則故事寫杭州某寺，已成為一夥兇僧姦淫婦女，為非作歹的魔窟，危害一方，給百姓帶來極大的痛苦和不幸，令人髮指。因為惹出重大案情，這才受到清查和打擊。但是否將奸僧一一正法，是否徹底搗毀魔窟，根絕後患，就很難料定了。

有關讚美為民除害的僧道故事，譬如：

> 胡書雲為余言幼時父老傳聞云：江南鹺賈屢失盜，一年中眾商被失几遍，前後核計不下數萬金。雖奉官府嚴拿，而贓賊兩無所據，惟立限比緝而已。後復有某商失去漢白玉瓶，價值數千金，為主人所珍重，乃招集諸捕役，許以重賂，務在必獲。僉曰：「賊已偵知，但非役輩所敢獲者。」詢曰：「何如？」曰：「民間無此巨賊。或南面為官者，方具大力量、大手段耳。邑丞行蹤詭秘，甚為可疑。某寺有異僧焉，擅奇技，盍往謀之？」
>
> 商人遂偕役叩禪關。見一僧趺坐蒲團，低眉善相。客至，肅起致敬。商人細訴顛末，乞蹤跡之。僧笑曰：「出家人慈悲為主，吾何能為？」固請之，僧意似動．諸捕亦哀懇曰：「師即慈護一官，獨不為吾儕計耶？五日一比，臀肉作飛，師其憐我！」僧曰：「吾謹守戒行垂十數年，今老矣，賤軀肥重，非若少時飛簷走壁，捷如猱猿。今攘臂破戒，恐事無濟，自貽伊戚。」眾又固請，乃徐曰：「罷！居士輩合有緣法，老僧賊魔未退，姑從眾下凡一走！但此去，必裹三日腹，方可從事。居士輩請先歸，具牛豚半肩、面餅十斤、酒一罎以待。」眾諾之退。
>
> 次日薄暮，僧打包而來。飲啖畢，解破衲易以黑衿、黑褌、黑襪，一縱上簷，倏忽已杳。僧潛伏丞署近屋，三鼓後見一人越署垣出，裝束略與己同。僧心知其為邑丞也，而邑丞飄忽疾走，如陣風吹雲，僧急尾之。至一處雕牆峻宇，丞躍入，僧繼從。遙望室中，猶圍坐作葉戲。丞伏簷俯視，不覺神移，撲通一聲，墮入魚缸。其家驚嘩，丞已起遁。僧躡其後，見其帶水速行，飛度數十家，屋瓦絕響，悄然回衙。
>
> 僧亦歸商家，呼眾捕語所見。眾稱賀，且曰：「即求老師作一

干證，堂上大令明察如神，弗累及矣。」僧笑曰：「是也，吾籌之熟矣！」當夜聞於宰，宰命僧坐，與之語，曰：「事固敗露矣，顧何法以治？」僧曰：「彼所盜者，吾力能取之，罄其贓宦之囊，然後相機而動，何如？」宰曰：「可！」僧即越丞署，轉瞬間負重而出。驗之，皆商家所失物。宰大喜，送僧歸寺。

詰旦，丞以被竊申詳。宰邀丞至，密令駐防弁兵圍其署。因出諸物陳於庭，顧丞曰：「贓已查得，只須擒賊子耳！」丞色變起辭，宰命左右騶縛之。搜其署，得一紙，識金珠甚夥，與眾商被失單悉吻合。惟白璧數件已易白鏹，封志欲揖同知，使未發也。遂解送柏台，秘其事，杖斃之。以原贓令失主收領焉，自是官場肅然。

《昔柳摭談・異僧善捕》

此則故事描述一個食量驚人、本領高強的異僧，經再三請求而出來捕盜。他經過認真分析和查找，發現該縣縣丞實乃巨盜，終於在縣令安排下以高明的手段拿下其人，為百姓除去了一大禍害。

其他內容的僧道故事，作品數量較大，涉及與出家人有關的各種各樣的人和事。譬如：

方丈住持命沙彌買犬肉，歸，值師秉拂上堂，沙彌不便顯言，乃取坐具展拜，曰「踏破鐵鞋無覓處，得來全不費工夫，請師道著。」師曰：「鑊湯爐炭始得。」沙彌素知師吝，復進曰：「金剛三十二分，未審某甲有分也無？」師曰：「茫茫一片西江水，不許漁人下釣鉤。」彌曰：「如是，某則告白大眾去也。」師罔措良久，曰：「只待夜深人靜後，和盤托出大家餐。」拄杖下座。

《寄園寄所寄》卷十二「沙彌買犬肉」

有林下大老，與鄰寺主僧善。一日，相與手談，不覺日昃。僧命徒在座隅，以白水調麵切細縷，仍以白水煮之熟，加清醬少許，奉上兩碗。大老辭以不用，僧曰：「略嘗一著何如？」大老勉強舉箸，味美異常，一啖而盡，翻嫌其少。

歸諭廚人曰：「昨在某寺，食白湯麵甚美，自後不用和羹。」他日備以進膳，殊味同嚼蠟，不堪入口。廚人日日受罰，因懷刃至寺，覓主僧，舉刃示曰：「爾以何物作面，食我主人，使我日日受苦？直告則已，否則伏屍二人矣。」主僧初猶強辨為素麵，後情急，只得直言：「用肥雞雛，生片其肉，和細麵搗勻曬乾，重上石磨，羅篩篩之，食時不用他味調和，自然鮮美。」

《誌異續編》卷二〈素麵〉

這兩則故事都與寺廟飲食之事，主要涉及當家和尚的飲食。前一則故事通過吃狗肉之爭，揭示出當時某些寺院生活的一個側面。作品比較文雅含蓄，而且頗為風趣，既表現了小沙彌的詼諧與機智，又揭示出方丈的霸道與無奈，令人回味。後一則故事通過方丈的一種特殊麵食，透露出某些寺院上層僧侶縱口腹之慾，刻意追求享受的程度。如果說前一則寫的是一座小寺院的話，後一則寫的則是一座比較大的寺院，這從其中方丈的交際範圍、生活水準以及談吐、作派是不難窺見的。

這個時期的僧道故事，尚有寫三教庵僧人將王生致啞，製造「人蛸」騙財，後敗露置僧於法的《觚賸・人蛸》、寫眾惡僧弄死一僧人以製造活佛「升天」騙局，從而騙取香火錢財的《續子不語・凡肉身仙佛俱非真體》、寫村民以葷腥而不以蔬筍施乞食行腳僧，僧餓不擇食而吞下數枚雞蛋，作偈曰「混沌乾坤一口包，也無皮血也無毛，老僧帶爾西天去，免受人間宰一刀」的《續子不語・禪師吞蛋》、寫固安某庵眾尼與附近一寺廟眾僧淫亂，通過地道往來，竟無人知曉，令某公發覺後乃受懲辦的《螢窗異草・固安尼》、寫某些僧徒製造破寺假象迷惑民眾，藉以騙取香火錢的《閱微草堂筆記・僧徒巧騙》、寫翁嫗二人武功極高，因勸告武僧教師莫要追殺一少年竟引來數十僧圍擊，不得不斷僧師之臂以絕後患的《涼棚夜話・翁嫗擊僧》、寫一盜僧重情義，不但饒了允許他搭船之縣役性命，而且殺掉前來搶劫錢財之群盜的《涼棚夜話・雪中頭陀》、寫某人與友夜宿少林寺時遇險，隨後又有僧人追殺至家中，幾乎將其害死，某人從此不敢仗恃武技的《見聞隨筆・少林僧》、寫淫僧可師因姦情洩露而殺死一沙彌，兇案告破後被置諸法的《埋憂集・可師》、寫昭慶僧與某妻通，為董生知悉，僧欲殺董時被縛送官，遂置諸法的《埋憂集‧昭慶僧》、寫一書生與尼交相孌惑，遂削髮混於尼中，久難辨識的《明齋小識‧男尼》、寫三和尚少時為盜，但不採花不竊善良，至關東後改惡從善為僧的《蝶階外史‧三和尚》、寫一行腳僧置包擔持刀搶劫，被追殺者反而將其包擔挑走，得珍寶不下數千金，僧無可如何，竟自刎死的《見聞隨筆‧行腳僧自刎》、寫一餅店夥計被誘入尼庵，與老幼七八個尼姑日夜交媾，力竭而遭遺棄的《蟲鳴漫錄‧尼庵穢行》、寫一士戲問僧人「為何將『南無』誤作『拿麻』？」僧反問「相公為何將『於戲』讀為『嗚呼』」的《鋤經書舍零墨‧僧謔》、寫青蓮庵尼勾引一農婦與惡少淫亂並殺死其夫，事洩皆論如法的《右台仙館筆記‧青蓮庵》、寫一寺僧淫亂之事被某甲發覺後，派人送重金與利刃進行利誘和威脅的《右台仙館筆記‧海巨集寺僧》、寫某寺僧以百金收買一無賴，乃冒充某人姦污其新婚之妻，令新婦自經，後淫僧與某人皆被法辦的《耳郵‧無賴與淫僧》、寫某僧一貫欺貧重富，逢迎權貴，有人對其十分反感，作詩嘲諷，罵其為「死禿」的《此中人語‧死禿》等。

第十三節　清代的醫生故事

清代的醫生故事，作品數量不少，大多生動描述與醫生、醫術以及人們求醫問藥相關的各種活動和事件，從一個特定的視角揭示清代各社會階層的生活面貌和世態人情，比較真實地表現出世人的愛憎與願望。譬如：

> 某素業醫，家最貧，住錢塘城內，人無有延之者。值歲暮，諸債蠅集，不可摒擋。夫妻相對泣，某與妻訣曰：「今屆除夕，甑塵竈蛙，枵腹奈何？生不如死，與子永別矣！」妻挽之，不得，徑出門去。至西湖畔獨行徘徊，為自盡計。有老僧見而異曰：「君何面現死氣？」某以實告，僧曰：「察君之面雖明露兇氣，卻暗藏吉光。明日當交好運，從此腰纏十萬貫矣，幸勿短見。貧僧雖力不能周，但些許薪米當可奉獻。」即袖出數金與之，某拜謝喜躍而歸。妻見其喜形於色，叩故，備述之，妻共感謝。

里有富翁某，年六十餘矣。生一子，視若珠玉，甫十月忽得一疾，不寒不熱，惟不住啼、不食乳，百藥罔效。眾醫束手，舉家倉皇。王生者，某醫戚也，力舉揚某。富翁家距城三十里，聞王生言，即著人持銀二十兩往迎。是時正元旦四鼓，某聞剝啄聲，開戶迎入；具陳來意，且出銀。某收訖，即同去，至則天明矣。細察氣色，詳審脈紋，似無大病，但滴乳不食，哭不絕聲，以藥投之亦不下嚥。

某計窮散步於花園池畔，見一婦年約三十、臨池哭泣。詢故，曰：「妾乳母也，恐兒難救，故悲耳。」某曰：「既是乳母，必詳悉是兒起病之由。我即醫是兒者，曷備言以便施治！」婦欲言囁嚅，半晌始泣曰：「妾不言，諒先生亦不知。但可治則幸甚，萬一不治，審毋洩妾言；如洩，則妾死矣。」某曰：「第言無傷。」婦曰：「前抱兒在此閒遊，見一田螺，兒欲之，因拾以與兒。不意兒持螺入口吞之，今所以啼哭不食乳者，乃田螺横哽喉間也。」某紿曰：「頃察小兒病症已十得八九、聞子言益信不誣。是病吾能治，但恐爾主人吝嗇，不肯重謝耳。」婦曰：「主人非負德者，如不見信，當令主人先說明謝金，然後施治何如？」某曰：「可。」婦趨白翁，翁即對某啟曰：「倘蒙妙計保全小兒，闔家頂祝，願奉銀二千兩稍酬萬一、決不食言！」某曰：「如能奏效實萬幸，豈敢圖謝。但需用藥方恐一時難辦耳。」翁曰：「試言之。」曰：「須得鴨百隻備用。」翁曰：「此易耳。」俄鴨齊。某令人將鴨握固，自以指探入鴨喉內攪之，用杯刮取指上涎。已攪之鴨不用，復取第二隻如前，再攪再刮。取至數十只得涎半杯，即用匙灌入小兒喉中，頃刻啼止能乳矣。翁大喜，備銀二千兩，並衣服等類，送至家。

某由是著名，延請無虛日，竟成富人。某感僧活命恩，思有以報之。僧故雲遊無定蹤，迄不得一遇，遂設位朝夕供奉焉。

《誌異續編》卷一〈某醫〉

東關吳氏婦，偶然發寒熱，邀醫視之，曰：「暑也。」為其治暑，不能愈。易醫視之，曰：「濕也。」曰：「風寒也。」為治濕、治風寒，又不愈。纏綿四五月，四肢漸腫，腹漸大。心衣不能約，則曰：「榮衛（中醫稱『血氣』為『榮衛』）不和，虛矣。」極力補之，腫不退。凡城中讀《靈樞》、《素問》者，悉延之，悉袖手無策。乃請專治臌症者來，曰：「此臌也，久為庸所誤。」攻之，瀉之，如故。逾旬腹痛，復問前醫，曰：「痧耳。」至晚生子，乃知前此有身也。然以攻亂投，母與子俱不能生。

《明齋小識》卷六〈庸醫〉

海甯周某家，雇一僕，貌殊寢，眇一目，唇缺一寸許，牙黃外露，垢痕膩然。主母使送米佃家，佃婦貌娟好，微渦渾頰，流波動人，見僕嫣然一笑，蓋哂其陋也。僕誤以為有情，歸涉遐想，久之成病，日就尫瘠。其母聞之來省疾，疑主人之督責嚴，而過於勞頓也。叩之，殊非是。再三致詰，始以實告。母痛子切，委曲致於婦，婦殊無難色，欣然許諾，靚妝潔服，偕其母往就之。僕伏枕愧謝，母方欲避出，婦止之曰：「毋庸。」遽前問之曰：「若果愛我乎？」亟應之。「若知我愛若乎？」亦赧然應之。婦大怒，力批其頰曰：「我家男子勝齷齪奴萬倍，屑向爾耶！」悻悻遂去。僕病旋瘳。

《箚記小說・息妄念法》「醜僕病瘳」

這三則醫生與治病的故事，內容各不相同，藝術風格殊異。第一則故事帶有一些傳奇性，寫在眾醫束手無策的情況下，某醫被推薦至富人家治療小兒的怪病，終於藥到病除，因而改變了某醫的命運。它讓人從中感悟到，遇到困難之時切不可喪失信心；治病或者處理類似的問題，只有深入調查，探明就裡，找到癥結，才能獲得成功。第二則故事帶有較強的諷刺性，寫一群庸醫為孕婦治病而絲毫不知實情，猶如瞎子摸象，令人啼笑皆非，所幸未造成嚴重損失。庸醫誤人由此可見一斑。第三則故事屬於民間解心結的療法，寫一醜僕因誤會而導致單相思，竟達到病情危急的程度。由於當事人採取果斷行動，才得以挽救其人性命，正可謂道是無情人卻有情。

這個時期的醫生故事，尚有寫沂蒙山區貧民張某用民間偏方，治好了久咳不愈之青州太守的《聊齋誌異・醫術》、寫徐某因偶以白虎湯使傷寒者起死回生而名聲大振，隨後凡遇病者皆與白虎湯，不出兩月竟醫死十餘人的《咫聞錄・醫者》，寫某富家子縱欲得了不睡症，醫無效驗，一老翁索千金，謊稱富家子將死而令其大哭不止，連睡三晝夜乃愈的《誌異續編・富室兒》、寫吳某碰巧治好一富翁子遂名聲大噪，因以致富，後醫死人將被控於官，竟服生鴉片身亡的《埋憂集・名醫》、寫一弄簫女因常聞悠揚笛聲而相思成疾，醫生探明病情後，令女得窺吹笛人面目可憎，病遂霍然的《聞見異辭・聞笛動情》、寫某醫醫死人外逃後重新開張，其妻弟因誤用信石而治好一將軍，遂得重賞，從此請者盈門的《客窗閒話・時醫》、寫揚州一鹽商服人形何首烏而斃命，其家人追尋賣藥翁，已不知去向的《右台仙館筆記・服藥斃命》、寫無錫一啞丐因其父曾開藥肆，從小知醫，治好富家病危幼子後醫名大噪，就診者日以千計的《耳郵・啞醫》、寫一七旬老嫗發乳癰，業已潰爛，幸遇得三代秘傳良醫而治癒的《鸝砭軒質言・危症獲救》、寫中元夜某商幼子被紙鬼驚嚇後，寒暑大作，腹脹如鼓，庸醫投方無效，遇一儒醫始轉危為安的《鸝砭軒質言・儒醫》等。

第十一章　清代的寫實故事（五）

第十四節　清代的盜賊故事

清代的盜賊故事，數量較多，從不同的視角揭示當時有關盜賊的各種複雜紛繁的生活場景、人物事件，描述盜賊搶劫、偷盜、分贓、仇殺、報復、感恩等作為以及世人防盜、抗盜、捕盜、滅盜的行動。大部分作品的故事性強，曲折生動，具有一定的認識功能和警示意義，對聽眾、讀者頗有吸引力。試看以下數則作品：

雷於粵為最遠郡。崇禎初，金陵人某，以部曹出守。舟入江，遇盜，知其守也，殺之，並殲其從者，獨留其妻女。以眾中一最黠者為偽守，持牒往，而群詭為僕，人莫能察也。抵郡逾月，甚廉幹，有治狀，雷人相慶得賢太守。其寮屬暨監司使，咸誦重之。未幾，太守出示禁遊客所隸，毋得納金陵人只履。否者雖至戚必坐。於是雷人益信服新太守，乃能嚴介若此也。

亡何，守之子至，入境無敢舍者。問之，知其禁也，心惑之。詰朝，守出，子道視，非父也；訊其籍里名姓，則皆父。子悟曰：「噫，是盜矣。」然不敢暴語，密以白監司使。監司曰：「止。吾旦日飯守而出子。」於是戒吏，以卒環太守舍，而伏甲酒所。旦日，太守入謁，監司飲之酒，出其子質，不辨也。守窘，擬起為變，而伏甲發，就坐捽之。其卒之環守者，亦破署入，賊數十人卒起格鬥。胥逸去，僅獲其七。獄具如律，械送金陵殺之。於是雷之人乃知向之知守非守也，盜云。

《諾皋廣志・雷州盜》

京師一大家，富於資，傭一僕婦，為昌平州人，服役有年。性甚黠，能得主人心，故主婦頗委任之，凡金帛所藏，悉與知焉。一夜人定後。有盜六人，自屋而下，皆塗面執刃，群僕驚逸。此婦聞聲趨出，為盜所執。以刃擬其頸曰：「爾主人何在？」曰；「值內班未歸。」盜揮其徒曰：「速縛其主婦來。」婦跪而泣曰：「主母遇我厚，願勿嚇之，我願以身代。」盜曰：「既如此，爾但告我金帛所在。」婦囁嚅不欲言，盜舉刃欲斫之，婦大駭，乃具告焉。盜搜括既已，意猶未足，復以刃脅使盡言。婦曰：「金帛盡矣，尚有珠寶首飾在某所。」於是盜又盡取之，笑謂婦曰：「汝所言未必盡，實念汝頗忠誠，姑留餘地。」乃呼嘯而去。主母深感此婦，出而慰謝之，而婦則面色如土，不作他語，連呼「嚇殺，嚇殺」而已。

比曉，主人歸，知狀，亦慰謝之。然念婦雖為盜所劫，何必盡情洩露，當遑遽時，乃纖悉不遺如此乎？且僕婦甚多，何以獨劫此婦？其事似有可疑。而婦自此即云驚悸成疾，越三日以病重告歸。主人重賞而遣之，密遣幹僕尾之行。婦初臥車中，出齊化門，即自起遣車反，而別雇一車以行，至昌平州某村止焉。有數人迎門而笑，婦亦笑而入。僕即奔告於官，遣役偕往。時已半夜，奪門而進，則婦正與眾分所盜之物，金帛首飾俱在，縛送官，論如律。

《右台仙官筆記》卷三「盜婦」

這兩則描述盜賊作案與落網的故事，分別錄寫於清代初年與清代末年，具有較強的紀實性。前一則故事敘寫一夥殺人越貨的盜匪冒充太守，卻頗為廉幹，甚得民心。後來被真太守之子識破，才得以將假太守拿下正法，可惜匪徒未能一網打盡，亦頗發人深省。後一則故事敘寫一盜婦以女傭身份做盜匪引線，讓主家損失慘重。其人深藏不露，又善於表演，卻仍然留下疑點與破綻。此婦與其同夥最終難逃法網，真可謂罪有應得。

李春潭觀察言：蘇州有某甲，在杭州作賈，美丰姿，年十八九、遵父母回蘇完娶。路過太湖，覓船以進。船戶兄弟二人，乃大盜也。盜有一妹，年十七八、色美而能武。某登舟後，見女少艾，心動，頻目之。女亦目注不已。少刻，船戶二人赴岸拉縴，舟中惟女與某四目相視。女忽問曰：「子何以視我？」某婉答之，語帶調笑。女曰：「子今夜恐不妙！」某尚不覺，女以手去板，出白刃示之，刀光閃爍可畏。某乃投地求救，女因問曰：「爾曾娶妻否？」某告以未娶，並言奉親命回蘇完婚。女乃不言。

少刻，船戶回船少憩，又登岸。某又哭泣求救。女情動，乃問曰：「爾箱中有多金否？」某白以無。女為設計，可佯病呼痛，付匙與二船戶開箱覓藥，冀可免禍。迨船戶回舟，某如其言，船戶果開箱細視，以無藥告，某自言誤記。二人又登岸，另坐小舟。女告某曰：「子雖無銀，衣服甚華好，恐終不免。」因授以刀使伏暗中，俟其鑽首而進，即手刃之。時已昏暮，某手顫，渾身戰慄，女乃進艙持刀。少頃，某長兄果鑽首進，女即手刃之。其次兄見無聲息，疑客有備，不敢入，趨至船頭。女躍上篷，持刀刺之，次兄亦死。某欲逃，女含涕告曰：「事已如此，子將何往？吾當與爾同首官。」因手持一包袱，內皆伊兄所殺之人髮辮也。

到官後，歷言其兄平日兇暴殺人狀，今日之事，實出不得已，因泣涕請死。官既見髮辮累累，又檢查舊案，二船戶實係江湖大盜。女子雖有殺兄之罪，然大盜因此而殄，功不可沒。憫其齒稚無歸，命某妻之，以報其活命之恩。某自言有室，且見其手刃二兄，心懷惴惴。官乃諄諭再四、並給以執照，令攜之歸。

某之岳聞某已有妻，遂另婚。女乃隨某至家成夫婦。女事翁姑孝，德性柔順，伉儷亦相得，稱賢婦。

《北東園筆錄》四編卷三〈盜妹〉

楊八、南匯人，本樑上君子，飛簷走壁，武藝頗精。後囊中充裕，即去邪歸正，耕種度日，已十餘年矣。適同邑某宦家失朝珠一串，值銀千兩，久難破案。縣中捕役比責殆遍，不得已詢諸楊。楊嘆曰：「我前者雖曾業此，今此調久不彈矣，公等豈不我諒？」捕答以實緣案懸以久，比責數數，因來求計也。楊乃隨捕往見官，官問以朝珠事，楊曰：「事不知。但群捕嚴比無措，而案不見破，某不忍，願代其役，乞限一月之期，當破此案。」官諾之。

楊遂孑身四處察訪，竟無蹤跡。一日至浙江某鎮，見一大宅，狀有可疑。造其門，乞為客。閽人諾之，因導至一室休息，几榻俱全。少頃，有童子送飯。試詰之，童不答。楊悶甚，食畢即寢。次晚，俄傳東人請客。楊亦往，則見一人坐首席，意必東人也。餘數十人一人一席，肆意亂啖，絕無聲息。席罷，東人各贈一小包，楊亦如之。眾退出，至亭中，一一向空飛去，若燕然。楊亦隨眾飛上，僅見一人以包打開，取黑衣套身上。楊又如之。諦視包中，火煤、鐵鑿羅列其中。楊擇房屋富麗之家，越牆而過進。時人俱睡熟，衣服、銀兩無暇去取，只取金條數十枝而返。

隔十餘日，又傳東人宴客，仍如前狀。宴畢，見眾人俱探囊取物，獻於東人之前。甚微細而若不勝尊重，且有赤手覆命者。楊思彼等所得皆不逮我，遂將己所獲送上。眾見之大嘩，執楊而繫於柱，詰之曰：「我等取物皆擇珍寶，價在千兩以內者，皆置之。他如金銀等物，視同腐朽耳。爾今以多金為位尊，必非吾党中人也。速白之尚可釋爾。」楊知不能隱，遂以實告。中有一童，總角紅衫，笑而起曰：「此事是我所為。我於月光之下，估得此物不盈千兩，仍置於彼處階石下耳。」楊聞言駭極，乞放回，眾許之。楊路無盤費，不敢再為妙手，求乞而歸，取珠獻之，得重賞。而浙江之事，官亦未暇根究云。

《此中人語》卷二〈楊八〉

這兩則盜賊故事，視角都比較特殊。前一則故事敘寫一盜匪之妹為了搭救其意中人，大義滅親，殺掉兩個以殺人越貨為生的兄長，因此改邪歸正，喜結良緣。後一則故事敘寫一早已洗手之梁上君子被請去破盜案，竟探知巨盜及其手下為盜劫財的隱秘，讓人大開眼界。兩則故事均描寫細膩，氣氛緊張，非常注重人物形象的刻畫，有較高的藝術性。

某室頗富，內主待人甚有惠。有一丐棲村旁大樹下，常多病，內主心憫，日出三餐豢養之。丐亦不他往，如是者有年。丐一日病且死，謂內主曰：「我受府上豢養，無以報德，數年來無鼠竊狗盜之擾者，皆我夜夜邏察故也。今且死，有一百衲袍，可拆為襯履之用，敢以奉贈，幸勿以穢物棄之。殯葬之費，還望出之府上。」其內主接入手，覺甚重，怪之。燈下拆視，中皆黃金。有知其事者，謂此漏網之盜也，遁而行乞，富室待之厚，故以此報之。今之受人恩而不知報者，對此乞丐能無自愧？

《誌異續編》卷一〈丐報恩〉

甲與乙皆福州南臺人，素相善。乙偶辭甲去，不知所往，甲思之甚。甲精於賈，家漸裕，廣廈連雲，食指數百，門前開酒店，日坐其中，稽出入焉。一日，乙過其門。甲大喜，挽入店中．敘契闊，且曰：「比余家計日繁，必須相助力理。」乙難之，強而後可。甲優待之如親兄弟，亦日坐店中。

有挈瓷瓶來沽酒者，就壚頭飲。瓶將罄，復沽益之，而已入醉鄉，乃攜瓶去。不數武，跌於牆邊，瓶碎酒潑牆，不顧而去。乙熟視之，問曰：「牆內有室否？」曰：「有。」曰：「今夜須防賊，渠之醉跌皆偽也。牆土得酒而松，易於掘耳。」乃篝燈於室伺之。

夜過半，果聞牆外登登聲。俄而牆穿，一腿先進。遽持其腿，而開門捉賊，則一無頭人橫臥牆外，眾皆駭。乙令速將死人碎為數段，裝大酒罈中，連夜抬至江邊沉之，仍閉門睡。至天明，乙告甲曰：「此三日內，宅中人不許擅出入。來者無論何人，作何事幹，皆須一一告我。」

越三日，甲告乙曰：「前兩日並無一人入，惟今晨有村農來議購糞事。緣宅牆盡處有一廁坑，約明日早晨來盤糞，已許之矣。」乙默然。待至夜深，即率宅中人先盤糞，糞盡而人頭見，乃取頭出，盡覆其糞，而以囊盛頭，加石而投之江。翌日，果有村農五六人來盤糞，事畢，無所見，相率去。於是乙告甲曰：「此後可高枕無憂矣。」

居無何，乙復辭去。苦留之，不可。詰其所往，則模糊以應。時吾鄉海寇正熾，被獲者輒斬，每案至少亦十餘人。一日，有押海盜案赴市曹中，則乙在焉。甲大驚愕，就抱之而哭。押者皆側目。乙忽舉腳踢之曰：「便宜了汝，我正想誣攀汝，今無及矣。」甲被踢暈仆地，久而始蘇。徐悟乙以一踢數言救之。否則，海寇之黨，鮮不被逮矣。乃感乙之恩，越日，私往收其屍，而經紀其家室焉。

《北東園筆錄》初編卷六〈盜報恩〉

這兩則故事，一簡一繁，均描述為盜者重情誼，知恩圖報，頗有感人之處。前一則故事情節簡畧，敘寫某富家內主常年善待一年老多病的乞丐（往昔之盜賊），乞丐每夜暗中為其守護，臨終時又贈送藏有黃金的袍子，藉以報恩，讓人有所感悟。後一則故事情節曲折，文筆生動，敘寫甲乙素有交誼，乙曾幫甲避免一樁盜匪劫難。當乙因海盜案被捕後，他極力不讓好友甲受到牽連；而甲則為好友乙收屍，並且善待其家屬，不忘舊情。這在舊時，也算難得。

乾隆庚子六月，馮在田先生自江南歸，閑中偶及所聞異事云：泗州人張姓者，以漁為業，與其妻棹小舟往來洪澤湖。一日薄暮，見岸上有頎而髯者，負行李傴僂而至，急聲喚渡。張以正在下網辭之。其人曰：「汝捕魚不過欲得錢耳，今吾倍償汝值，可乎？」張始允。其人至船，謂張曰：「吾欲渡至某處，而天色已晚，且有病，不能夜行。今晚宿汝舟中，明日五更，渡我上岸，多與渡資何如？」張亦許之。

其人臥於頭艙，呻吟不絕。至夜半而聲漸息。張於五更棹至其處，喚之起，不應，視之死矣，驚惶無措。與妻相商，將舉而投諸水。舁其身重甚，探之，則腰纏皆黃白物也。檢視行囊亦然。妻曰：「我得其若干財物，何忍棄其屍於水。若買棺以殮，則又恐人疑，奈何？」張曰：「吾見某處墩上向厝一棺，今乘天色未明，撥開，而以此屍入之，何如？」妻然之，遂棹至其所。土墩周圍皆水，四無人居。張先上岸，啟棺蓋則棺滿幾與蓋平，上鋪破衣數件，已微爛矣。其下但有骨殖，而無髑髏，細視皆羊豕骨也，尚有餘臭。再搰其下，黃白之物滿焉。張大喜，與妻共運於船，納屍棺中，復為釘蓋完固，棄羊豕骨及破衣於水而去。

嗣後仍每日捕魚，以探此棺消息，而藏其物於隱密處，未敢用也。未幾，鄰縣破一盜案，夥犯咸獲矣，惟首在逃。夥犯招稱所劫金銀藏於某山者若干，藏於某湖者若干，而土墩棺中之物亦與焉。官帶犯起贓，至其所啟之，則並并無財物，而有死屍，顏色未變。官詰盜，盜群視之，咸駭曰：「此即盜首某也，何為入此！」官復視，與緝案所開之年貌同，捕役亦有識之者，然不解財去屍存故。遂帶犯回縣，另審結案。張知之，益自韜晦。

事定數年，盜者之棺漸圮。張念之，與妻私檢其骨埋諸高阜。夜夢盜首謂曰：「君取我財，原非有意。前既殮我，今又葬我，君施德於我者深矣。今當投為君之子，以報洪恩。」是年果生一子。張後不復業漁，漸出其所藏以營運，遂為富人。其子少時勇而尚氣，然一聞父母呵叱，即屏息不敢動。後漸馴謹，能保其家業云。

《聽雨軒筆記》卷一〈泗州漁人〉

紹興偏門外有張鳳翔者，孑然一身，以此（劃跳白船捕魚）為業。其叔開綢緞店於杭，屢招之往。張樂此，不願改業也。一夕，棹船出，遙見義塚間火光雜起，有十餘人笑語聲，一船停於岸側。比張至，人皆入船飛棹去。上岸視之，則傍河新厝一棺，紙錢之火猶熒然未滅。張心念此輩大抵皆舁棺者，然以其倉皇而去，疑之。

嗣後往來其處，漸見棺縫血水涓涓，穢氣四達。張疑屍在棺底，何以近蓋處亦有血流，且其臭亦不類死人潰爛之氣。夜靜無人，上岸開其蓋而驗之，見棺之上下，俱置豬肉半體，已發變矣，而其中悉貯黃白物。張知為豪客所藏也。因船小物多，不敢重載，每夕逐漸運回，穴地深埋於缸灶下，而棺則仍為蓋掩之。私念若徙而他住，恐豪客尋求，反致不測之禍。因執故業自如，惟不敢至義塚旁，祇於南塘一帶人煙稠密處跳白而已。後故於橋柱撞破其船，泅而得免，患病者月餘，以船破不能捕魚，漸至口食不充，行乞以度朝夕。

未幾，有狀貌魁岸者數人尋張買魚，於其鄰家察問張之行狀。鄰人以船破行乞告之。張適傴僂攜籃歸，啟門而入，則蕭然四壁，景狀可憐。破船兩截，猶存室中。數人皆周視點首而去。又旬余，張乞食遠出。偷兒夜入其室，凡臥床上下及缸甕盆盎、灰堆草窠之屬，檢搜殆遍，無所得而去。蓋若輩厝棺之時，惟見一跳白船。至今所藏盡失，疑其所為。此外遍查，又無敢取其物者，是以屢次向張尋求。幸其善於裝飾藏弆[2]，故不致為其所獲耳。

張歸，亦心知之，料其數覓見蹤，應不復至，懼禍之心漸釋。因潛至杭州，告其叔，密移所藏。人皆以為行乞遠出，而不知其陸續運物也。又數月，其叔至紹興，偽為尋姪也，見其憔悴困苦，欲攜之去。張故作不肯狀，叔大罵，逼其同行。鄰人咸勸之，於是張以屋托諸鄰家，隨其叔而去。於杭娶妻營運，遂為富人。每年兩次還家，省其墳墓。然布衣草履，猶不敢改其常也。

至五六年，見事已冷，借叔之名，漸於故鄉置田產，買房屋。十餘年後始移家而歸，仍造一跳白船，常棹而夜出。所親或勸之，張曰：「此吾素業，安可以溫飽而昧其本來。且吾非跳魚，亦安能至是。」因舉其人以告之，始知其致之由云。

《聽雨軒筆記》卷二〈跳白船〉

《聽雨軒筆記》所收的這兩則作品，均以江、浙水鄉為背景，描述漁人無意中得到盜匪所藏大量金銀因而致富的故事，從一個側面來揭示當時的盜匪生活。其故事情節都頗為曲折生動，引人入勝，無不具有神秘緊張，令人驚心動魄的特色。前一則故事，通過安葬過世老人（盜魁）以及後來掩埋其骸骨等情節，突顯出故事主角——張姓漁民夫婦為人忠厚，富有善心的性格特徵。後一則故事，描述紹興漁人張某得到意外之財——無數金銀之後，深藏不露，並故意破船行乞，十多年間艱苦度日，備嘗辛苦，不斷與強盜鬥智鬥勇，終於如願以償；當其人發家致富之後，仍然不忘舊業，以跳白船捕魚為生。整篇作品將故事主角工於心計和勤謹樸實的個性特徵刻畫得頗為鮮明、生動。

---

[2] 弆（ju舉）：收藏。

這個時期的盜賊故事，尚有寫一黠盜婦下毒讓與其野合者死於綢緞鋪，竟訛得五百金而去的《述異記・黠盜婦》、寫梁上君子某乙翻然自改，因貧窶乃與眾盜共劫而獨負贓還家，後來案發眾盜落網，乙因無名籍獨得免的《聊齋誌異・某乙》、寫萬曆時一御史將審盜石所得之碩大紫玉作賀以進，乃詔貯庫的《簷雲樓雜說・盜石》、寫一賊白日偷畫出門時恰遇主人歸來，忙假裝求出售祖宗畫像者，因被斥去的《子不語・偷畫》、寫一巨盜正欲打劫時，被一少年標客彈掉雙手拇指狠狠教訓一番，後棄家為僧的《東皋雜鈔・少年標客》、寫某客以鬧楊花膏置酒內將群盜迷倒在船中，急上岸報官盡縛之的《廣新聞・鬧楊花》、寫某偷盜者假扮溺鬼驚嚇獨守藏金一老翁，將其積蓄席捲而去的《廣新聞・假溺鬼》、寫響馬中最豪者袁某以彈彈子劫財，一次被人彈缺雙耳，自是再不敢胡作非為的《誌異續編・袁彈子》、寫一響馬痛擊一群赴京會試以膂力自矜之武舉，並驅走負行李牲口，讓諸人得到教訓的《誌異續編・響馬賊》、寫一富人有盜竊癖好，常以盜竊質庫中小物和家裏人小物為快事的《履園叢話・富賊貴賊》、寫桐鄉某知縣在二堂小酌時，以酒灌醉剛捕來之小賊，令其供出三十餘賊，從而處理了大量積案的《履園叢話・治賊》、寫華某貨款失竊後只好命舟子返回，誰知盜款賊又搭上其舟被眾人擊沉，華不但拿到原款，還得到珍珠百十粒的《北東園筆錄・騙賊巧還》、寫周生被友人徐某請去教海盜之子，周懼而求歸，徐為海盜同夥，後將周毒死的《香飲樓賓談・周生》、寫綠林之魁鄭甲帶人打劫一押解餉官輦時，同夥全部身首各異，他死裏逃生後乃改惡從善的《里乘・鄭甲》、寫某盜捐官成為道員後仍然賊性不改，時時作案，竟被名捕拿下的《蟲鳴漫錄・盜捐道員》、寫為了防盜，傭工夫婦枕攜回家之綢緞而臥，一入室賊設法讓二人交歡，趁機將綢緞偷走的《蟲鳴漫錄・賊竊緞》、寫一夥盜賊欲對鹹寧某氏女非禮，以殺死其家人相威脅，女先後讓父母及未婚夫一家人逃生，乃觸賊刃身亡的《右台仙館筆記・某氏女》、寫李某返家時說服眾人讓一衣衫襤褸少年搭船，該少年係以術取財者，後給李某許多幫助的《右台仙館筆記・鐵算盤》、寫一盜發現偷來之金銀首飾乃窮老寡婦為兒子娶親所備，立即將其退回的《耳郵・退還原物》、寫某人貧不能養母遂為賊，母死乃負其屍下葬的《薈蕞編・孝賊》、寫一匪徒蒙皮扮假虎搶劫過往客商，後敗露立即杖甕的《仕隱齋涉筆・假虎搶劫》、寫某縣令買通盜夥而醉捕南海巨盜，竟引出一場場驚心動魄變故，令人嘆為觀止的《跻廛筆記・南海巨盜》等。

第十五節　清代的騙子無賴故事

一、清代的騙子故事

清代的騙子故事，作品數量非常多，而且作品大都頗為精彩，涉及世俗騙子行騙、出家人騙子行騙、鬥騙子等內容。此外，運用騙術對付歹徒、惡人的作品，與騙子故事多有關聯，也在此處一併論析。

清代揭露騙子行騙的故事，大多發生在當時的各個大都會，尤其是京師地方。無論世俗騙子還是出家人騙子，其作案時通常都事先做了精心的策劃和周道安排，成功率相當高。騙子作案行騙，既有單槍匹馬者，也有二三人乃至一個團夥者。他們之所以能夠讓那些上當受騙者墮入陷阱，往往與其抓住某些人貪心、好占小便宜的毛病，或者利用某些人性的弱點密不可分。

在清代的騙子故事中，揭露世俗騙子行騙的故事數量最多。其中，有不少作品故事性強，生動有趣，能夠給世人以警示和教益。譬如：

> 京中富人，欲買磚造牆。某甲來曰：「某王府門外牆，現欲拆舊磚換新磚，公何不買其舊者？」富人疑之，曰：「王爺未必賣磚。」某甲曰：「微公言，某亦疑之。然某在王爺門下久，不妄言。公既不信，請遣人同至王府，候王出，某跪請，看王爺點頭，再拆未遲。」
>
> 富人以為然，遣家奴持弓尺偕往。故事：買舊磚者，以弓尺量若干長，可折二分算也。適王下朝，某甲攔馬頭跪，作滿州語喃喃然。王果點頭，以手指門前牆曰：「憑渠量。」甲即持弓尺，率同往奴量牆，縱橫算得十七丈七尺，該價百金。
>
> 歸告富人，富人喜，即予半價。擇吉日遣家奴率人往拆牆。王

府司閽者大怒，擒問之。奴曰：「王爺所命也。」司閽者啟王，王大笑曰：「某日跪馬頭白事者，自稱某貝子家奴，主人要築府外照牆，愛我牆式樣，故來求丈量，以便如式砌築。我以為此細事，有何不可；故手指牆命丈。事原有之，非云賣也。」富人謝罪求釋，所費不貲，而某甲已逃。

《子不語》卷二十三〈偷牆〉

都中淮郡會館有二、新館本為客店。館之南鄰某姓者，當日店主人也，家小康，一子一女，以賃寓為生。嘗有客從江南至，云是縣令引見入都者。起居服禦，意氣自豪；僕從三四人，出入裘馬甚都。主人子朝暮聚談，亟相契洽。一日，有老僕倉卒問訊至，叩頭呈書。客展讀未竟，號泣失聲。問之，則夫人產難亡矣。主人勸慰至再，每語及夫人令德，輒哽咽不能已。時主人女年方及笄，姿色端麗。媒氏為客議婚，客不可，曰：「先室亡未逾年，何忍及此？」主人益重之。屢議而後許，擇期入贅。逾月，忽晨起不知所之，奩篋釵釧盡失。急尋之，杳無蹤跡。市中索逋負者，聞信踵至，計又不下千金，皆曰：「是汝婿也。不然，誰貰貨者？」主人遍起客笥，空無所有，惟存鉛錫數十方而已。由是賣屋代償，生計大窘。而明府夫人，寡居至今，不能作渡口石尤風，只合為山頭望夫石耳。同邑曹衛川先生云。

《金壺浪墨》卷六〈騙婿〉

這兩則騙子故事，都發生在京城之中，並且無不與官吏有這樣那樣的關聯。前一則故事裡面的騙子，是一個熟悉王府的滿人或會滿語的漢人，很可能如他自己所言，曾經在王爺手下幹過事。他隻身行騙，利用其特長製造錯覺，讓買牆的富人上當，卻很難找到破綻，足見其騙術之高超。後一則故事裡面的騙子，為一個小小的團夥。他們事先精心籌畫，分工合作，有的假扮引見入都的縣令，有的假扮隨從與老僕，通過騙色來騙財，最終將店主家的財物捲走，還讓店主賣房為其償債，損失至為慘重，令人慨息。又如：

騙術之巧者，愈出愈奇。金陵有老翁，持數金至北門橋錢店易錢，故意較論銀色，嘵嘵不休。一少年從外入，禮貌甚恭，呼翁為老伯，曰：「令郎貿易常州，與姪同事。有銀信一封，托姪寄老伯。將往尊府，不意姪之路遇也。」將銀信交畢，一揖而去。老翁拆信，謂錢店主人曰：「我眼昏不能看家信，求君誦之。」店主人如其言，皆家常瑣屑語，末云：「外紋銀十兩，為爺薪水需。」翁喜動顏色，曰：「還我前銀，不必較論銀色矣。兒所寄紋銀，紙上書明十兩，即以此兑錢何如？」主人接其銀稱之，十一兩零三錢。疑其子發信時，匆匆未檢，故信上只言十兩。老人又不能自稱，可將錯就錯，獲此餘利，遽以九千錢與之。時價紋銀十兩，例兑錢九千。翁負錢去。

少頃，一客笑於旁曰：「店主人得毋受欺乎？此老翁者積年騙棍，用假銀者也。我見其來換錢，已為主人憂。因此老在店，故未敢明言。」店主驚，剪其銀，果鉛胎，懊惱無已。再四謝客，且詢此翁居址。曰：「翁住某所，離此十里餘，君追之猶能及之。但我翁鄰也，使翁知我破其法，將仇我。請告君以彼之門向，而君自往追之。」

店主人必欲與俱，曰：「君但偕行至彼地，君告我以彼門向，君即脫去，則老人不知是君所道，何仇之有？」客猶不肯，乃酬以三金。客若為不得已而強行者，同至漢西門外，遠望見老人攤錢櫃上，與數人飲酒。客指曰：「是也，汝速往擒，我行矣。」店主喜，直入酒肆，捽老翁毆之曰：「汝積騙也，以十兩鉛胎銀換我九千錢。」眾人皆起，問故。老翁夷然曰：「我以兒銀十兩換錢，並非鉛胎。店主既云我用假銀，我之原銀可得見乎？」店主以剪破原銀示眾。翁笑曰：「此非我銀。我止十兩，故得錢九千。今此假銀似不止十兩者，非我原銀，乃店主來騙我耳！」酒肆人為持戥稱之，果十一兩零三錢。眾大怒，責店主。店主不能對。群起毆之。店主一念之貪，中老翁計，懊恨而歸。

《子不語》卷二十一〈奇騙〉

光緒中葉，金陵有外科王立功者，合城知名者也，設醫室於三山大街。一日晨，有人以銀餅二圓饋王，且曰：「吾外甥為綢莊學徒，遭人奸騙，致患臀風。吾今薄暮約其來求診，先以此為贈。第外甥畏羞，請勿於人前說破也。」王允之。其人遂至綢莊，購綢緞約三百金，謂莊主曰：「請遣一學徒隨我往外科王先生處付銀。」市人皆知王，固無不信者，即遣徒挾貨物隨之行。至王室門外，其人曰：「以貨與我，在此坐候，爾隨王先生上樓可也。」王見其人偕一童子來，以為必其外甥也，相喻無言，邀童子登樓。童子以為必給銀也，孰料王謂之曰：「爾有病勿害羞，請脫袴，我為爾治之。」童大怒。王曰：「爾母舅先言之矣，勿諱疾也。」童曰：「孰為我母舅者，其人來我肆購物，我隨來取資耳，何病之有！」王至此始悟遇騙，亟下樓視其人，已杳矣。乃訟於官。時湖南翁延年令上元，斷令王賠其半，綢莊亦認其半，而騙子終不可捕。

《清代野記》卷中〈瘍醫遇騙〉

這兩則騙子故事都發生在南京，其騙術均甚高明，而且各有特點。在前一則故事中，騙錢非一人所為，那些騙子能夠讓一個精通業務的銀店主栽在他們的手裡，主要是利用了其人貪小便宜的弱點。否則其人不可能發現不了贗品，也不會發生明明是假銀卻無法退還的怪事。足見識別騙子，當從戒除貪心開始。後一則故事的騙子也是一個高手，他主要利用醫生與綢莊學徒彼此間產生誤會來行騙，設計精巧，很難發現破綻，真是防不勝防。再如：

塔院僧性鄙吝，不念《法華經》，不理《梁皇懺》，醃臢可厭。有江西客來寓，間以酒肉啖僧，頗相中。後密謂曰：「我習種銀術，欲助汝，汝有意乎？」僧問何謂，曰：「以銀埋地，有符籙拜禱法，閱七日，一可得十。」僧未信，姑付銀一、邀其種。客禹步庭前，喃喃作咒語，掘地埋之。扃戶出，囑弗窺探。至期啟視，則粲然者十矣。僧大喜投地，曰：「可多種乎？」曰：「何不可？

毋多則子愈多，唯紙鏹亦須多焚耳！」僧乃罄其己之所有，又將衣帽及鐘磬、撓鈸之屬盡質於典，不足復借鄰寺之鐘磬、鐃鈸，亦質於典。侵曉，詣城買紙鏹數十千，欣欣付客作法。客如前狀，閴然扃戶。至明午，客亡，兩三日無跡。急掘所藏，則零磚碎瓦而已。僧搶呼欲絕。

後十餘年，復有外科醫徐甲者，傳種洋錢事，遇賺略同僧，而所賺更多。故徐之盈門索債，亦倍於僧。

《明齋小識》卷六〈種銀子〉

浦東某鎮鄉間，有拐兒橋一條。相傳該處人民某甲，家本小康，而人極刁詐，變計百出。一日游吳門，偶於街市間見一丐嫗，龍鍾傴僂，衣不遮體，殊有饑寒交迫之形。甲遂回舟，囑隨人喚嫗上船，衣以文繡，食以膏粱。嫗大喜拜謝，甲止之。

明日偕舟子等扶嫗上岸遊玩，因囑嫗曰：「如我等有言問爾，爾但曰好，切勿多言。」嫗喏之。甲於是亦衣服華麗，偕嫗上岸，迤邐而行。至一最大之綢莊，昂然而進。店夥等知是富家宅眷，百般趨奉，甲惟大模大樣，點頭整坐而已。從人等俱呼嫗為太太，揀選對象，頻頻問之於嫗，嫗遵甲囑，但應曰「好」。迨對象配全，約計銀一千餘兩，甲乃囑從人取下船去，自己但言赴莊上取銀，因令嫗少待。嫗不知其意，亦應曰「好」。店夥以為太太在此，並不起疑。甲回舟，即解纜開行，去如黃鶴。而該莊店夥久待不到，因問嫗，嫗亦曰「好」。夥知有變，固詰之，嫗始吐其實。急甚，即令人四處找尋，絕無影響，遂將嫗逐出。而該夥不僅賠銀，且脫生意矣。

夥滿腔氣憤，無處可伸，竟得狂疾，到處訪問。一日，至浦東某鎮，逢甲於市，夥執甲而訴諸眾。眾素知甲譎，俱斥甲。甲無可置辯，願還銀一千兩。夥不可，欲控於官。甲懼甚，挽眾調停；夥遂罷，並罰造一橋於自己宅前，題其名曰「拐兒橋」焉。

《此中人語》卷五〈拐兒橋〉

這兩則騙子故事既有相同之處，又有不同之處。相同之處在於騙子使用的騙術，包括種銀術和假親術都不甚高明,但是由於受騙人自身原因——前者由於貪心，妄想暴富，後者畏懼有錢人，放鬆警惕，所以上當受騙。不同之處在於結局差別明顯，前者的騙子得手，竟席捲財物逍遙法外；後者的騙子終於被捉退贓，甚至罰其修「拐兒橋」——被釘在恥辱柱上。而打拐的勝利，則全憑受騙人堅持不懈的努力。這對於讀者、聽眾而言，不無借鑑意義。

清代揭露出家人騙子行騙的故事，涉及混跡於佛門中的騙子和混跡於道觀裡的騙子，其數量少於世俗騙子行騙的故事，但不乏引人入勝的作品。僧道騙子行騙，其手段未必有何過人之處。他們大都利用某些民眾的迷信心理與貪財的劣根性，因此每每能夠得逞。此類故事，同樣具有認識價值和警示作用。譬如：

徽州土厚而松。有一遊僧至新嶺涼亭，棲足三宵，忽揚言見嶺上放光，當有異事。越日，果見金佛從土而出，先透頂，次露面，三日全身自現。僧以為活佛降世，日夜誦經，勸人施捨，落成殿宇，哄動愚民，聚眾數萬。眾見佛像自土中漸漸而出，真佛欲棲此土也。僧又雕木如意簪數千枝，凡有善心施捨者，投之以銀，即拔簪而與之，曰：「帶之可以延壽。」不二十日，而獲舍金萬餘，僧卷之而走。

後查知是僧，在破寺中，偷取一尊木佛像，在新嶺旁挖坑，先以黃豆數斗墊底，裝木佛於上，用土埋之。早夜以水灌之，豆漲上松，聳佛而上，裂土而出，豆漲透而佛身全現。民見佛能從土中自出，並不假手於人，雖至靈之人，亦以為奇，初不知佛下有黃豆也。是僧之巧，可稱絕世；若此，可作騙子手矣。

《咫聞錄》卷三〈佛從土出〉

山西賈人鬻絨貨於南京三山街。一日，有客偕一道者至，開單購絨貨，值百金，然體制特異。肆中適無此貨，乃先留銀一大錠為定，俟貨足再付。自後，兩人來催貨，時至肆中，至則兩人必耳語，指天畫地，狀甚秘密。賈人疑而問之，不言。再問，客乃屏人語曰：「吾道兄善望氣，夜來見寶氣騰空，知是地有藏金千萬當出世。詳察其處，在尊店第三重屋下。誠發之，富可敵國。」賈人性貪，因信之。乃延客引道士入內，審視一周，曰：「在是矣！計自此至彼，凡三丈餘，皆金穴也。」殷殷為賈人賀。

乃訂期集工人數十輩，先祭告天地。道者復為之披髮仗劍，作法良久。夜深，钁鋤並舉，發至五尺，並無所見。天已大明，忽聞門外呵殿聲，則制軍某以通家紅帖來謁。賈人方驚訝，而制軍已登堂求見。賈人出，拜伏於地，某掖起之，曰：「聞足下發窖金千萬，富可敵國，某特奉賀。方今邊餉告匱，誠以數萬佐國家之急，萬戶侯不足道也，某當為足下奏聞。」賈人觳觫謝無有，某直入內室，見地下開鑿縱橫，而客與道士俯伏前謁，曰：「金實有之，但不甚多。」賈人不能白，懼禍，不得已饋三千金求免，並還定貨銀，而所業由此廢矣。

《騙術奇談・掘藏受騙》

這兩則揭露僧道騙子行騙的故事，流傳於長江下游一帶。前一則故事的騙局，系一個披著袈裟的騙子所設，目的是騙財。他的騙術其實並不新鮮，但是他不失時機地利用了某些愚昧無知者的迷信心理，故而容易得逞，一下卷走大量的錢財。後一則故事的騙局環環相扣，是由那個披著道袍的騙子與其同夥相互配合來完成的，也以詐騙錢財為目的，下手狠毒，讓受害人蒙受慘重的損失，從此一蹶不振。受害人栽在騙子手裡，也是由於貪婪與迷信蒙住了眼睛所致，世人當引以為戒。

清代有關鬥騙子的故事，大多描述在騙子行騙之後，受害者或者打抱不平者起來與其較量，採取行之有效的辦法對付騙子，將其騙術曝光，甚至令其大吃苦頭。此類故事數量比較多，有不少作品生動有趣，具有一定的認識價值和欣賞價值。譬如：

南京市中有賣丸藥治病者，擔頭供一大士像，袒肩而垂手，肩有溝。置丸其上，滾至掌中，丸粘住不墜者，則藥驗，不然則否。

然其藥實未嘗驗也。市有黠者覺其詐，而未得其術。漸與昵，且招之飲，入一肆中，曰：「但醉飽，不取值也。」食已，以扇障面，掉臂竟去，肆中人若勿見也者。如是者屢，其人異曰：「子之術可得聞乎？」黠者曰：「易耳，且試言子之術。」其人曰：「吾無他，大士掌中暗置磁石，所賣則鐵沙丸也。」黠者曰：「然則吾亦無他，實先付錢肆中而邀子飲耳。」其人相視大笑而去。

《涼棚夜話・鐵沙丸》

嘉興某典肆中，一日有青衣輩數人，袍服整潔，侍從皆小艾，入肆問有朱提幾何，答曰：「若有物質，不拘多寡，具質之，奚必問資數也？」其人去。移時，舁一篋至。延之入，啟視之，皆黃金所制重器，燦爛耀目，約值不啻萬金。對肆人而言曰：「此乃某府之物，緣主人有要需，欲質銀三千。」肆人知若府之有是物也，允其質，而如數書券，平金交訖。既去，細視之，乃銀胎而金衣也，然已無及矣。

肆中定議，凡質偽物而虧其本，攤償於肆中執事人。此物虧金過多，而執事修工[3]無幾，即終歲停支，非十餘年不能清此賠項。而依肆度活者，家口賴何養贍？咸皆瞪目呆癡。肆主出，見眾執事之形，問之，具以情告。肆主亦以賠金數多，不能令其枵腹從事。因念彼以偽物誑金，必不來贖，乃生一計，令各執事不許聲張，命另書偽券，密棄諸途，俾行路者拾之，必將利其中之所贏而具資以贖焉，則嫁禍於人矣。

早起，有某生赴市，拾焉。視券中之質本甚大，意必貴介所遺，若贖而鬻之，獲利必厚。無如家僅糊口，並無餘資，遂欣欣然謀諸親友。咸皆念某生平日之清正謙和，樂與湊銀以贖，使之得利，以豐其家，均皆允諾。生邀親友同至肆中，持券向問，請開篋以視。肆中人曰：「當僅兩日，即來看物，足下寧能買此券乎？」曰：「然。」肆中人即發篋陳示，且炫稱物之貴重，以歆動之。歸即湊

[3] 修工：工資、薪水。

三千金與生。生加子金，依券贖回。載而鬻諸五都之市，歷視數家，俱曰偽金，竟無售主。砍而驗之，乃白金為胎，外裹黃金許厚，計所值不過數百金。某生計鬻以肥家，今傾家不足以償貸，號哭而回。

次早，徘徊河幹，赴水覓死。忽有過而問者曰：「子非贖偽金者乎？」曰：「子何以知之？」曰：「吾見子之形而知之也。子即回家，攜所贖偽金，隨我而往，必獲償子之資，毋戚也。我在此候汝，然勿令人從而來。」生思鬻偽金，死也；不鬻，亦死也，不如即並其偽而棄之，因從其言，回家攜偽金而從，聽其所為。

攜生同登小舟，行一晝夜，其人先登岸。入門有頃，數人出，向舟揖生登舟，引進其門。見堂高數仞，廊廡華麗，蓋即向當質金之家也。舁進質物，驗視無訛，謂生曰：「子之累不少矣。」設宴款待，留數日，計償質及子金外，又贈資斧，遣之歸。生於是得無苦。

不數日，前青衣者，忽挾資持券，至某肆中，取所質物。肆中大驚，肆主無策可解，願受罰賠，喪資數萬，乃完其事，肆中資本一空。肆主曰：「吾憐眾執事之不能受此重賠，而設此計也，誰知自拆其肆，此亦數也。」付之一嘆而已。

後逾年，金陵某典肆，亦有質偽金器，一如禾（嘉興）中故事。肆主曰：「禾中肆欲脫己害而陷人，其心尚可問乎？不如隱忍焉，其失也猶小。」既而密搆金匠，仿其物而為之，輕重大小，一如所質，無少差異。越月始成。因號於眾曰：「某質偽金，喪本已多，是物恰可以偽亂真，然難逃識者之目。與其見是物而欷歔，不如毀此物而免害。」約某日攜赴報恩寺，邀郡中各肆商，同往觀之。眾商閱畢，即熾火於鼎而冶熔之。眾商不知其計也，郡中喧傳其事。質金者聞物已毀，心起訛詐，具資持券來購。肆中人裝若慌張，執券故為遲遲，質金者逼其平銀而納諸櫃。須臾，舉篋舁之，質者再四熟認，喪氣而去。

《咫聞錄》卷九〈嫁禍自害〉

這兩則鬥騙子的故事，發生在江、浙一帶，有簡有繁，各具面貌，都頗為精彩。前一則情節簡單，敘寫一黠者略施妙招，即讓賣鐵沙丸騙取金錢者吐露秘密；其人知道上當時，後悔莫及。後一則由兩個故事組成，彼此呼應並且形成對比。第一個故事描述典肆主人得知該店收到偽金器，蒙受巨大損失時，竟使出損招坑人，卻反而越發被動，令店中資本一空，成為反面教員。第二個故事描述典肆主人在該店收到偽金器時，沉著應對，憑藉自己過人的智慧和對於典當業務的精通，給騙子下套，讓其將贋品贖回。此舉既為典肆挽回損失，搭救了經手人，又打擊了騙子的囂張氣焰，在商界樹立了正氣。

這個時期的騙子故事，尚有寫某店主以姪屍體冒充被毆者屍體詐人百金，事洩將其置諸法的《見聞錄・嚇詐》、寫一騙子冒充某翁在四川為官兒子來蘇州採辦之同事，請某翁墊付買走三斤人參的《涼棚夜話・騙術》、寫某騙走三十兩赤金後，銀樓方知留下守封銀者為其人騙來之鞋店夥計，而其人留下之兩封銀圓全是銅錢的《咫聞錄・巧騙》、寫進城求售時二豬被騙走，某怒不可遏，失手將兒子打死，回家後其妻哀號投水斃命，某亦懸樑自盡的《咫聞錄・騙二豬害三命》、寫一奸徒探知吳生行蹤與愛好，假冒狐仙騙走其裘衣馬匹的《誌異續編・吳生》、寫一人假扮女鬼披髮立荒塚中哭泣，藉以驚嚇行人，強奪財物，因被挑擔者擊倒而敗露的《履園叢話・人而鬼》、寫兄弟二人製造掘得窖銀致富假象，不斷向熟人借貸，數年後本利無償的《明齋小識・假掘藏》、寫某假扮五品銜貴客到綢緞莊選三千金貨，做手腳將已驗紅票換成假票，滿載而去的《道聽塗說・金陵騙》、寫某肆主以一金羅漢與騙兒打得賭，竟讓其落入騙兒手中，還被騙兒譏笑一番的《道聽塗說・賭騙》、寫晁某羨慕錢商富有，一經紀人騙得其欲送往上海入錢商股份之資產，假死而去的《翼駉稗編・晁彭年》、寫某客假扮日本國王，騙姦一尼庵新住持並騙走尼庵所藏二十多萬金的《翼駉稗編・聞妙庵尼》、寫朱某攜數百金赴都謀事，落進入贅圈套，最後只得乘夜逃走的《翼駉稗編・巧騙》、寫某冒充一到揚州暗查鹽務親王，從兩淮鹽政詐得十餘萬兩銀子，兩淮鹽政後閱邸報才知上當的《翼駉稗編・冒充親藩》、寫一騙子用送貨店夥計冒充其僕人，以試騎方式騙走價值數百金之大騾的《客窗閒話・試騎騙騾》、寫假扮撫浙蔣中丞者至溫郡查訪，某太守懼而賂以重金，後來方知受騙的《客窗閒話・某官受騙》、寫一幫騙子扮為貴客及其僕婢往蘇州某銀飾肆購買金鈿珠釵無數，故意讓一同夥將店主引走，後客人與錢貨竟渺無蹤跡的《澆愁集・巧騙・銀飾肆被騙》、寫一騙子往肆中挑價值千金之皮貨數件令店夥送至公寓，然後以借機攜貨脫逃的《澆愁集・騙貴皮》、寫騙子利用托兒行騙，讓人上當買走其假水晶鏡的《澆愁集・假晶鏡》、寫某以修葺西湖一廢寺為名，帶人將其中明塑十八羅漢三世佛上赤金刮走的《妙香室叢話・修寺奇騙》、寫典肆閉門幫助三客捉盜，待將捉盜者與被捉者一併送走後，才發現典肆被劫的《妙香室叢話・以偽盜為真盜》、寫蘇某入贅於一擁有厚資寡婦家，耗費極大，後發現上當受騙，乃落荒而逃的《妙香室叢話・巧騙》、寫某人假扮王爺騙走十八尊金羅漢，使兩淮鹽政大受損失的《妙香室叢話・假王騙金佛》、寫某假扮和中堂子引起懷疑後，在驗書法時因巧於應對而躲過一劫，地方官還贈銀賠禮的《蟲鳴漫錄・假和中堂子》、寫某形似一王爺寓居金陵承恩寺，府縣以上皆來厚贈財物，後忽不知去向的《蟲鳴漫錄・假王爺》、寫某買妓假扮夫妻，捉住到家中來偷情之某觀察，使其聽任擺佈的《夜雨秋燈錄・騙子・某觀察受騙》、寫一班偽役以查鴉片為名四處搜船攫銀，卻被某客商誆騙，將其所詐騙之銀運走的《夜雨秋燈錄・騙子・騙偽役》、寫一騙子借老嫗之銅爐烤化膏藥，隨即貼在老嫗嘴上，然後劫銅爐而去的《姜露庵雜記・膏藥騙爐》、寫上元佛會時一嫗裸臥僧房以訛詐錢財，僧人斷指自明，其人乃踉蹌而出的《右台仙館筆記・姑蘇某寺僧》、寫紹興某生在京城閒逛時叩門買荷包，被引入私娼家中將所有銀兩耗盡的《右台仙館筆記・荷包騙局》、寫某人租房時被一少婦引入室內，被搜走所攜銀券，踉蹌而出的《右台仙館筆記・招租騙局》、寫風雨夜一謊稱被逼為娼女子來投銅匠，天明時一夥人以誘騙良家女罪縛銅匠送官，借此將其全部積蓄搶走的《右台仙館筆記・銅匠受騙》、寫蘇州某甲用一百洋錢買一女回家時，有數人登船尋釁，待該女逃脫後即一哄而散的《右台仙館筆記・放白鴿》、寫金陵一以假屍募錢者，有老翁不慎將煙灰落在假屍腳上，因而露餡的《右台仙館筆記・假屍騙錢》、寫顧生應試時不小心被一老嫗引至少婦樓上，因生疑而乘間逸去，差一點落入「仙人跳」圈套的《右台仙館筆記・顧生脫逃》、寫一騙子謊稱得古磚需金沙煉銀磚，騙走生性吝嗇之某翁五百兩銀，還留書指責其為守財奴的《仕隱齋涉筆・買金沙》、寫一少年與隨行五六人於水路設賭局騙錢的《仕隱齋涉筆・水路設局》、寫某嗜古癖鹽商將騙子留下之假古笄拍碎後，竟被其人訛走三千金的《騙術奇談・購古笄》、寫一騙子既將同鄉陳某一船蠶絲騙走，又以醉倒之陳子冒充女人騙得六百金，再將來船戶之船一併騙走的《騙術奇談・絲客》、寫一騙子勾結托兒，出售用松脂和紅硃製成假釧騙人，謀取暴利的《清稗類鈔・售假釧》、寫一騙子假扮南洋富商人特派員在揚州經營鹽業，先後騙子得三四萬金遂潛逃的《清稗類鈔・巨騙得妻及珍物》、寫一騙子使阿七買婦得銀，再將其銀騙走的《清稗類鈔・騙押櫃銀》等。

二、清代的無賴故事

清代的無賴故事，作品大都以揭露社會上刁蠻、無恥之徒即無賴子的劣跡為題材。其篇幅一般都較為短小，數量並不太多，遠遠少於同期的騙子故事。但是，其中一些作品亦頗為有趣，值得一讀。譬如：

> 一人借銀六兩，每月五分起息。年終該利三兩六錢，不能還，求找四錢，換十兩欠帖，許之。次年十兩加利，年終該六兩，又不能還，求找四兩，改二十兩欠帖，亦許之。至第三年，本二十兩、利十二兩，共該三十二兩，又不能還，求找八兩，換四十兩文契，主人遲疑不發。債戶怒曰：「好沒良心！我的本利哪一年不清楚你的，你還不快活呢？」
>
> 《笑得好》二集〈轉債〉

> 一無賴子路逢某親，意欲款之，而囊無一文。邀至酒館飲以酒，己起身先索麵一碗，對客曰：「我送與家母，再來奉陪。」至家，易以己碗，捧至小鋪。有老媼腳踏一大銅爐坐櫃內，誑曰：「某家壽誕，央我送麵與你老人。」媼起身致謝。又曰：「某家客多，煩老人另以一碗易之。」嫗起入內，即掇其銅爐去質錢。乃至家取碗來館，與客大啖。嫗以一大銅爐換一碗面吃，聞者笑倒。
>
> 《亦復如是》卷六〈一無賴子〉

這兩則無賴的故事，都很短小，對於舊時的無賴一類社會渣子，有較強的揭露性。前一則故事通過在借貸過程中玩花招來暴露無賴蠻橫不講理的醜惡嘴臉；後一則故事通過以誑騙手段奪走老媼銅爐來暴露無賴欺哄訛詐的醜惡嘴臉卑劣行徑。

這個時期的無賴故事，尚有寫屠家向一無賴討要賒豬頭銀子，其人百般刁難，就是不給的《笑得好・要豬頭》、寫一無賴子在人大門前撒尿，卻強詞奪理，百般抵賴的《笑得好・當門撒尿》、寫一無賴子兩度盜竊堂嫂及其姪兒稻穀，逼得堂嫂自縊的《耳食錄・無賴子》、寫無賴呂四夥同諸惡少夜間在村外輪奸一少婦，哪知此婦竟是其歸寧返家之妻子的《閱微草堂筆記・呂四妻》、寫一被邀到家中小坐者竟豪飲不去，並以自殺相威脅，訛走主人不少銀兩的《鏡花水月・惡客》、寫某翁將一衣食無著者迎至家中供養，半年後其人竟以死要脅，不得不給予厚資的《誌異續編・惡客》、寫無賴周爛面使其母縊於某家，得以訛詐某家重金的《埋憂集・周爛面》、寫一無賴調戲少女，竟被少女剪斷手指的《見聞隨筆・輕薄賈禍》、寫一小偷耍弄無賴子，奪走其所得之物的《見聞瑣錄・小底》、寫戚某素無賴，何某向其討債時，所持借券竟變為空無一字之白紙的《右台仙館筆記・空紙賴債》、寫無賴子某甲娶妻時收淫僧重金，讓其李代桃僵，為所欲為，甲妻因此自經，事敗後均受到法辦的《耳郵・無賴與淫僧》、寫無賴莊某幼習吞刀吐火諸幻術，去某家作客時吞下一顆寶珠，回家吐出即據為已有的《耳郵・無賴吞珠》、寫上海一諢號「小塌餅」之混混，數次玩弄官府捕役，終對其無可如何的《趼廛剩墨・小塌餅》等。

第十六節　清代的商賈故事

清代的商賈故事，既有褒揚性的內容，又有批判性的內容，通過各式各樣的商貿活動，從不同的側面反映當時的社會生活，並且描繪出形形色色的各種商賈形象。其中，有不少作品，生動細緻，真實可信，具有一定的認識價值和欣賞價值。

熱情稱頌商賈高尚品德與感人事蹟的作品，譬如：

王翁以緞肆起家，人呼為緞子王。翁，京師舊家子，習書算，少孤露，遂流為丐。年弱冠，尚夜宿雞毛房。（京師為諸丐室，儲雞毛盈數尺，丐輸三錢，輒棲毛中一宿以禦寒。）時同寓有旗下某公，年相若。一日，翁謂之曰：「我儕皆昂然丈夫，此豈安身立命之地？盍改圖，各謀生路乎？」某公曰：「甚善。寒陰冰雪，何逝而可？然請以改歲為期，誓不再作如此行徑。」兩人因約為昆弟，焚香盟於神曰：「苟富貴，毋相忘。」時醉司命日也。

元旦，各分手去。王翁去為典肆傭職，炊爨灑掃，以勤慎，頗為肆主者所倚。至除夕，主者核計簿，屢舛，甚焦灼。時翁侍側，睨而笑。主者曰：「子胡笑？」曰：「此亦無難算。」曰：「試核之。」翁持籌一核，符合。主者大喜，曰：「吾不能早識子，屈子久。明年畀汝資本，為我職廟市。」廟市者，隆福、護國諸寺，各有市，百貨雲集。典肆縑帛之屬，期滿弗贖，別有人售於市。市列攤，職此者，月俾數金，酬其勞。翁司此，和氣迎人，售速而利三倍。時太監某來購貨，談甚愜，曰：「以子才，宜為大賈，何小就為？」翁曰：「只此已過望，敢多求乎？」太監曰：「汝明日辭居停，我居南池子第幾門。後日汝來，我將與汝合為賈。」翁曰：「諾。」

歸請假於典肆主者，交代經理事，來去分明。越二日，至太監處，已張筵俟矣。太監畀以萬金，俾設緞肆於東華門。翁驟得志，然不改其度。懋遷獲利，其門如市。時乾隆四十年間事也。海外各國，年年例貢。一日，純皇帝問日本、高麗諸使臣曰：「汝觀我中國風俗何如？」稽首而對曰：「中華沐大皇帝教化，不但士大夫讀書明理，雖市賈亦知信義。即如某緞肆王某者，陪臣與交易，海外遐荒，坦然賒與，且約觀劇，饋食物、荷囊、佩刀、針黹各物，厚意深情，有加無已。中華風俗，實大皇帝時雍之化所致，非海國所敢望其萬一也。小臣心悅誠服。」奏畢，復稽首稱賀。天顏大悅，以國體所系，默識姓名，翌日召見，翁以布衣奏對稱旨。越日，由內務府拔銀五十萬兩，命翁司之。翁辭舊主人，仍業緞肆。時內務府諸公咸與往來，公亦極意交歡，無弗各得其意以去。

越三載，有郎中某，向翁假貸，翁偶未應，銜之。會某郎中司緞匹庫，以庫底舊存老緞五十餘箱，奏明發商變價，緞皆朽敗，實欲以害翁也。箱發下，啟視，果皆黴變，色如漆，質如灰，翁亦拼折閱數十萬金。乃每匹中，各卷金葉若干，蓋前明籍沒魏璫（魏忠賢）物，當時大吏籍以媚璫者，閱兩朝，竟無人知也，翁以此益富。業鹽於豫東、長蘆，引地四十八處，鹺務中推巨擘焉。

後翁以查引地至河南，問巡撫何人，則旗下某公以筆帖式歷轉員外郎，已由府、道薦升中州丞矣。具柬往拜，中丞啟中門，迎於堂皇，握手曰：「猶記在雞毛房所語乎？」丞曰：「唯，不敢忘。」各大笑。中丞留之，歡宴數日而去。

《蝶階外史》卷二〈緞子王〉

金陵某甲，就上海賃樓一楹，辟酒肆，覓蠅頭，藉以自給而已。越數年，市面衰落，肆將不支，又值歲暮，竭蹶摒當，無復可望，擬明日閉門休業矣。

是夕，一叟荷囊至，入座沽飲，命治饌，輒曰無矣，歷數品皆然。叟曰：「夜未深，何以諸品皆罄？」曰：「實告君，明即休業，是以多不備也。」曰：「吾屢飲於此，生涯頗不惡，何便休業？」曰：「主者資本既竭，雖生涯盛，又將奈何！」問主者誰？曰某甲。叟即請見，謂之曰：「聞君明將休業，余以為深可惜也，苟非有萬不得已者，勿宜棄之。」甲曰：「房稅積三月未償，租界業主，有苛待居客之特權，積租三月而不償，彼即逐去居客，而封其門，門內物，彼得據而有之，謂以抵租金也。明即其期矣。」叟曰：「三月之租，為數幾何？」曰：「六十金。」曰：「苟有以償租金者，又將幾何而後可以繼此業？」曰：「是無定資，厚固佳，即不爾，數金數十金，皆足以支目前也。」叟發囊出二百金畀之，曰：「持此仍營汝業，毋中輒也。」甲大驚喜，轉疑是夢。叩叟姓氏，叟曰：「吾某姓，居某鄉，家人以紡織為業，織績多則販於上海而售之。歲凡再至，至則必飲於此，故聞子休業，而不能恝然也。」甲謹志其姓氏里居，買饌於別肆以烹之，叟醉飽去。

明即營主之如故，由是業驟盛，獲利倍蓰。而經年叟不至，甲懷金至其里，將報之；遍訪無此人，大異之！既返，與家人竊議，疑叟為狐仙，潔一室以奉之，朝夕禮拜為謹。業亦大盛。又十餘年，甲女得侍貴人，貴人有房產於通衢，命甲遷其肆居之，免其租值，於是竟煌然大酒樓矣。

《箚記小說・某酒樓》

這兩則故事，分別以北京與上海南北兩個極具代表性的都市為背景來描述商業活動和刻畫商賈形象，都比較有分量。前一則故事為京城巨賈緞子王的發跡史，從一個側面反映出清代前期商業經濟的繁盛和對外貿易的發達，同時又揭示出當時官吏與商人之間相互利用和勾心鬥角的狀況，令讀者、聽眾大開眼界。故事主角緞子王，具有勤奮聰慧、精通業務、志向遠大、有情有義等優點，受到肯定和褒獎。後一則故事通過上海租界一家酒店的興衰史，既揭示出舊時租界華商的艱辛與困苦，又展現出我國商界互助友愛的新氣象，使人有所感悟，並且受到鼓舞。

無情揭露商賈惡劣行徑與醜惡嘴臉的作品，譬如：

有山西商居京師信成客寓，衣服僕馬皆華麗，云且援例報捐。一日，有貧叟來訪，僕輩不為通。自候於門，乃得見。神意索漠，一茶後別無寒溫。叟徐露求助意，咈然曰：「此時捐項且不足，豈復有餘力及君？」叟不平，因對眾具道西商昔窮困，待叟舉火者十餘年；復助百金使商販，漸為富人。今罷官流落，聞其來，喜若更生。亦無奢望，或得囊所助之數，稍償負累，歸骨鄉井足矣。語訖絮泣。西商亦似不聞。

忽同舍一江西人，自稱姓楊，揖西商而問曰：「此叟所言信否？」西商面赬曰：「是固有之，但力不能報為恨耳。」楊曰：「君且為官，不憂無借處。倘有人肯借君百金，一年內乃償，不取分毫利，君肯舉以報彼否？」西商強應曰：「甚願。」楊曰：「君但書券，百金在我。」西商迫於公論，不得已書券。楊收券，開敝篋，出百金付西商，西商怏怏持付叟。楊更治具，留叟及西商飲。叟歡甚，西商草草終觴而已。叟謝去，楊數日亦移寓去，從此遂不相聞。

後西商檢篋中少百金，鐍鎖封識皆如故，無可致詰。又失一狐皮半臂，而篋中得質票一紙，題錢二千，約符楊置酒所用之數。乃知楊本術士，姑以戲之。同舍皆竊稱快。西商慚沮，亦移去，莫知所往。

《閱微草堂筆記》卷四「山西客商」

山西省城外有晉祠，地方人煙輻輳，商賈雲集。其地有酒館，所烹驢肉最香美，遠近聞名，來飲者日以千計，群呼曰「鱸香館」，蓋借「鱸」為「驢」也。其法以草驢一頭，養得極肥，先醉以酒，滿身排打。欲割其肉，先釘四樁，將足捆住，而以木一根橫於背，繫其頭尾，使不得動。初以百滾湯沃其身，將毛刮盡，再以快刀零割。要食前後腿，或肚當，或背脊，或頭尾肉，各隨客便。當客下箸時，其驢尚未死絕也。此館相沿已十餘年。至乾隆辛丑歲，長白巴公延三為山西方伯，聞其事，遂命地方官查拿。始知業是者十餘人，送按司治其獄，引謀財害命例，將為首者論斬，其餘俱邊遠充軍，勒石永禁。張味石大令為余言。

《履園叢話》卷十七〈殘忍〉「吃活驢」

這兩則故事，發生在京、晉兩地，各有特點。前一則故事具有一定的喜劇性。作品在揭露一山西商人忘恩負義的醜惡嘴臉和卑鄙行徑之後，又描寫一江西術士幫助老者得到百金並且戲弄山西商人的趣事。江西術士的舉動，使那位晉商得到了應有懲罰，大快人心。後一則故事別具一格，它以細緻的筆法描述了「吃活驢」的全過程，有力揭發出某些酒店老闆為了賺取高額利潤，十餘年間喪心病狂地戕害生靈的行徑，令人髮指；而那些食客（大多數為富商），為了滿足口福，竟然樂此不疲，充分暴露出他們的殘忍已達到了無以復加的程度，讓人瞠目結舌。

這個時期的商賈故事，尚有寫一古董店主挖苦鄉下人所還之價，只配買羊脂白玉壺壺嘴，其人付三十金後果然敲下壺嘴的《誌異續編・古董店》、寫查翁在京城為鹽商查某理事，官府找碴欲拿問店主時，乃竭力使其獲免，後贈其鹽業之半讓查翁致富的《妙香室叢話・查翁暴富》、寫韓生進京謀生，以忠厚勤奮受典鋪主重用，日漸發達，自開典鋪後仍不忘攻讀，竟連捷春秋榜，選授廣東縣令的《妙香室叢話・韓生進京》、寫一往江西販印章石料者見舟子欲謀財害命，乃謊稱覓物遍啟關鎖，出石置外，遂免殺身之禍的《見聞近錄・商販自救》、寫二徽商在蘇州將資產揮霍乾淨後，竟發憤圖強，以一文錢起家，不數年遂財雄一方的《里乘・一文錢》、寫京師糧店掌櫃亢某外出運糧時，遠戚平某攔路對其訛詐，被一峨冠義士所解救的《鸝砭軒質言・亢掌櫃》、寫川中某客到漢口販賣大宗白蠟，因當地貨多價低而買舟他去，隨後得知漢口失火燒掉大量白蠟，立即返回，獲利倍增的《箚記小說・販蠟客》等。

第十二章　清代的寫實故事（六）

第十七節　清代的詩對故事

清代的詩對故事，和先前各個時期的同類故事一樣，包含吟詩故事與對對子故事兩個部分，大多出自下層知識份子和粗識文墨的勞動者之手，兼有抒發感情、普及詩對常識、自我娛樂等多種功能。其內容較為豐富，廣泛涉及士農工商、五行八作，往往信手拈來即成故事，大都通俗詼諧，生活氣息濃郁，讀來饒有興味。

一、清代的吟詩故事

清代的吟詩故事，數量比較多，不乏流傳廣泛的佳作。譬如：

> 一石匠初不識字。後入山，遇異人授以術，便能作詩，隨口應答。一人令以自身試作一詩。即答曰：「省事心常逸，無營機更忘。庸人多自擾，癡客為人忙。性癖交遊少，疎狂興趣長。日長無俗事，高枕樂羲皇。」適又有一人至，其人貧困不堪，令其即以為題。答曰：「最怪攢眉客，胸襟不放開。人生貴瀟灑，天運任輪回。好景休孤負，黃金買不來。百年渾是夢，回首即塵埃。」
>
> 《堅瓠五集》卷三〈石匠能詩〉

> 有欲留客飲者，有酒無殽，搜囊止得八文錢，計窘甚。老奴知之，承言易辦，以六文買兩雞蛋，一文買韭菜，一文買腐渣。第一殽韭面鋪蛋黃，奴捧上曰：「雖不成肴，卻有取義，名為『兩個黃鸝鳴翠柳』。」第二殽，韭面砌蛋白一圈，奴曰：「是名『一行

白鷺上青天』。」第三殺，炒腐渣，奴曰：「其名『窗含西嶺千秋雪』。」第四殺，清湯一碗，兩蛋殼浮湯面，奴曰：「是名『門泊東吳萬里船』。奴愛此詩，勉強湊成，幸勿見哂。」客大獎賞。

《誌異續編》卷二〈趣僕〉

這兩則吟詩故事的作者，均是下層文人。作品中的善於吟詠、熟悉杜詩的勞動者無不出自下層文人的想像，與現實生活中的石匠或者僕人並不完全相像。而這種似是而非的藝術形象，人們在欣賞過程中反倒會產生某種趣味性。又如：

有人行一酒令，要三個字同形的兩句，後以二句出意。隨說云：「大丈夫，江湖海，走過江湖海，方為大丈夫。」一人云：「官宦家，綾羅紗，穿的綾羅紗，方為官宦家。」一人云：「屎尿屁，講說話，胡亂講說話，就是屎尿屁。」

《笑得好》二集〈三字同形〉

一鄉下訓蒙先生在館遇雨，東家使長工持傘送之回家。行至途中，先生問長工：「識字不識？」答曰：「豈止識字，還會作詩。」先生說：「何不以送我為題，作詩一首？」長工說：「先生不要怪我，詩曰：『山前山后雨濛濛，長工打傘送長工。酒席筵前分上下，一年工價一般同。』」先生大怒，說：「你敢與我比拼！明日一定告訴東家。」次日來到書房，遇見奶媽送學生上學，將長工之事告之。奶媽說：「他也配比先生，我才與先生一樣呢。」先生詫異，問：「如何一樣？」答曰：「我也是哄孩子，你也是哄孩子，豈不是一樣？」先生又與奶媽爭吵。適東家接一妓在家，出而勸之曰：「先生不必生氣，先生倒與我一樣。」問：「何故？」妓曰：「我用下頭嘴掙錢，你用上頭嘴掙錢，豈不是一樣？」

《嘻談初錄》卷上〈先生妙喻〉

這兩則吟詩故事，皆出自沒有多少文化的勞動者之手，在清代的詩對故事中有相當的代表性。它們語言曉暢，來自生活，比喻貼切，直抒老百姓胸臆，粗俗而不庸俗，十分有情趣，並且運用了民間故事經常採用三段體的結構，易於流傳，後來都逐漸發展成為民間故事類型——一個為「三字同形型故事」，一個為「先生妙喻型故事」。

這個時期的吟詩故事，尚有寫青州府縣宴請一狀元，值大雪題詠，道曰「剪碎鵝毛空中舞」，府曰「山南山北不見土」，縣曰「琉璃碧瓦變成銀」，狀元曰「麵糊糊了青州府」的《寄園寄所寄・詠雪》、寫太守路遇一能詩僧命其賦涼傘詩，僧乃云「眾骨攢來一柄收，黃羅銀頂覆諸侯，當時撐向馬前去，真個有天無日頭」的《堅瓠集・涼傘詩》、寫聽說鄰居士人新婚吟詩後，鐵匠某對妻子吟道：「你黑我如漆，兩人黑黜黜，夜來雲雨事，好似鬍子銜假墨」的《笑倒・鐵匠吟詩》，寫三個陝西人為石榴、竹子、鷺鷥題詩，題鷺鷥者云「慣在水邊捉魚蝦，雪裡飛來不（音『布』）見它，它家老子咱認得，頭上有個大紅（音『渾』）疤」的《笑得好・陝西詩》、寫某士人在廟內題寫歪詩，被僧人嘲弄：「出在山門路，撞著一瓶醋；詩又不成詩，只當放個破（屁）」的《新鐫笑林廣記・歪詩》、寫杭州有一負販者好度曲，母死其人呼號：「叫一聲，哭一聲，兒的聲音娘慣聽，如何娘不應」的《熙朝新語・負販者哭母》、寫有人作謠嘲弄討人厭之尹某曰「伊無人，羊口是其群，斬頭筍，滅口君；縮尾便成醜，直腳半開門；一根長轎杠，杠個死屍靈」的《笑笑錄・尹字謠》、寫某秀才與光棍經紀會飲時各以所志行令，秀才最後道：「妄想心，妄想心，但願低試官射瞎子驢眼睛，拿我個屁文章，圈滿子考第一名」的《笑笑錄・蘇州笑話》、寫某年縣考，一老人入場作《未冠》題，或嘲曰：「縣試歸來日已西，老妻扶杖下樓梯，牽衣附耳高聲問，『未冠』今朝出甚題」的《笑笑錄・未冠詩》、寫一以「人主」自稱被置之重典前寄信家中曰：「特論鄉里眾卿臣，孤家不日見閻君，三日以前見人主，三日以後看寡（剮）人」的《嘻談錄・妄自尊大》、寫某賣水酒夫婦與一沽酒者作問答詩，夫問妻「天一生來竟何如」？妻曰「甕中壬癸（水酒）已調和」，沽酒者曰「有錢不買金生麗（『五行相生』謂『金生水』）」，夫曰「前面青山綠（水）更多」的《嘻談錄・水酒詩》、寫有人作詩嘲一吝嗇東家館膳用肉太薄：「薄薄批來淺淺鋪，廚頭娘子費工夫，等閒不敢開窗看，恐被風吹入太湖」的《嘻談錄・嘲館膳詩》、寫一淋雨儒者做詩祝壽：「奈何奈何可奈何，奈何今日雨滂沱：滂沱雨祝陶公壽，壽比滂沱雨更多」的《此中人語・祝壽》、寫某父以為垂釣乃下流之事不可為，其子口占一絕：「男曾偏覽古春秋，垂釣何能為下流，昔日太公漁渭水，文王訪去相西周」的《此中人語・垂釣》、寫一名士吟詩嘲諷某富商待課子塾師刻薄：「青菜縫中藏肉屑，黃齏白上頂肝油」的《南亭四話・某富翁》等。

二、清代的屬對故事

清代的屬對故事，其數量較這一期的吟詩故事少一些，但其中也不乏生活味濃、幽默風趣的篇什，有較高的藝術質量。譬如：

> 某中堂，故明相也。曾降流寇，世論非之。老歸林下，享堂落成，數人直宿其中。天明，見堂上一匾云：「三朝元老。」一聯云：「一二三四五六七、孝弟忠信禮義廉。」不知何時所懸。怪之，不解其義。或測之云：「首句隱『亡八』，次句隱『無恥』也。」
>
> 《聊齋誌異》卷八〈三朝元老〉

> 陸浚明粲幼善屬對。一日同陸象孫會客，兩客對弈飲酒。客曰：「圍棋賭酒，一著一酌。」客無以應。粲即曰：「坐漏觀書，五更五經。」又一客曰：「彈琴賦詩，七弦七言。」
>
> 《堅瓠三集》卷一〈奇對〉

這兩則對對子故事，均出自己作自下層知識份子之手，內容各不相同。前一則故事產生於清代初年，它通過一副藏尾聯來當時的表現作者的政治態度，在民間容易引起共鳴，流傳較廣，後來竟演變成為一個民間故事類型——「亡八無恥型故事」。後一則故事以聯語的形式來揭示某些知識份子的生活，帶有一點書卷氣，在對對子故事中別具一格。又如：

萬曆中，湖廣張孝廉某，奸李屠兒之妻。方執手調笑，屠兒適歸，鎖閉其門，用杖擊孝廉脛。哀求得脫，告屠兒於官，稱往渠家買鹽，被毆。縣令已悉前情，乃置一聯於狀尾云：「張孝廉買鹽，自牖執其手；李屠兒吃醋，以杖叩其脛。」

《堅瓠二集》卷一〈買鹽吃醋〉

東家供先生飲饌甚薄，每飯只用蘿蔔一味，先生怨而不言。一日，東家請先生便酌，欲考學生功課，先生預屬曰：「令尊席前若要你對對，你看我的筷子夾何物，即以何物對之。」學生唯唯。次日設席，請先生上坐，學生側坐。東家曰：「先生逐日費心，想令徒功課日有成效矣？」先生曰：「若對對，尚可。」東家說：「我出兩字對與學生對，曰：『核桃。』」學生望著先生，先生拿筷子夾蘿蔔。學生對曰：「蘿蔔。」東家說：「不佳。」又曰：「綢緞。」先生又用筷子夾蘿蔔。學生對曰：「蘿蔔。」東家曰：「綢緞如何對蘿蔔？」先生曰：「蘿是絲羅之羅，蔔乃布疋之布，有何不可？」東家抬頭一看，見隔壁東嶽廟，又曰：「鼓鐘。」先生又用筷子夾蘿蔔。學生又對「蘿蔔。」東家說：「這更對不上了。」先生說：「蘿乃鑼鼓之鑼，蔔乃鐃鈸之鈸，有何不可？」東家說：「勉強之至！」又出二字，曰：「岳飛。」先生又夾蘿蔔。學生仍對「蘿蔔。」東家說：「這更使不得。」先生說；「岳飛是忠臣，蘿蔔是孝子，有何不可？」東家怒曰：「先生因何總以蘿蔔令學生對？」先生亦怒曰：「你天天叫吃蘿蔔，好容易請客，又叫我吃蘿蔔。我眼睛看的也是蘿蔔，肚內裝的也是蘿蔔，你因何倒叫我不教令郎對蘿蔔？」

《嘻談初錄》卷上〈蘿蔔對〉

這兩則對對子故事，亦出自下層知識份子之手，無論寫縣令審案還是寫東家考蒙童，都頗為貼近日常生活，頗十分活潑風趣。值得特別一提的是，後一則故事膾炙人口，乃是中國古代對聯故事裏面的一個名篇。它通過訓蒙先生一再讓蒙童用「蘿蔔」來作答，左右逢源，詼諧成趣，對刻薄的東家竭盡挖苦諷刺之能事，具有較高的藝術性和欣賞價值。

這個時期的屬對故事，尚有寫京師某牙行市儈因攀附權貴、巨富，一日宴請，有人指壁間孔竇曰：「手腳眼」，蓋工匠攀附置手足處；一客應聲道：「吾有對句——頭口牙」，合坐大笑的《池北偶談・善謔》、寫一客指知府馮馴曰：「馮二馬，馴三馬，馮馴五馬諸侯。」一童對曰：「伊有人，尹無人，伊尹一人元宰」的《堅瓠集・馮馴伊尹》、寫某人少時因表弟告其握婢手被舅父責怪，舅父出「奴手為拿，從今休拿奴手」令對，某對「人言是信，以後莫信人言」乃得免的《誌異續編・某先達》、寫某童生年八旬，學使詢其經傳多不復記憶，或嘲曰：「行年八秩尚稱童，可云壽考；到老五經尤未熟，不愧書生」的《笑笑錄・童生對》、寫某令罷官歸家築一園，有人題一聯於門云：「造成東倒西歪屋，用盡貪贓枉法錢」的《笑笑錄・園門對》、寫一書吏子尊父命詠月「憑甚文書離海外，給何路引到天涯？更有一般違法處，夜深無故入人家。」父怒其不離本行的《嘻談錄・不離本行》、寫一皂隸驟富欲改換門楣，其子讀書仍不改父業，先生出對「大伯手中搖羽扇」，學生對「家君頭上戴鵝毛」，先生出「讀書作文臨帖」，學生對：「傳呈放告排衙」的《嘻談錄・不改父業》、寫某令到任時於書「愛民若子，執法如山」以標榜自己，其後大肆貪墨，被人添為長聯：「愛民若子，牛羊父母，倉廩父母，供其子職而已矣；執法如山，寶藏興焉，貨財殖焉，是豈山之性也哉」的《南亭四話・某令對》、寫某醫供奉藥王、財神於一龕，某名士為其題聯曰「縱使有錢能買命，須知無藥可醫貧」的《南亭四話・藥王財神》等。

第十八節　清代的動物故事

清代的動物故事，作品甚多，內容豐富，廣泛涉及捉兇、鬥獸、求治、救主、報恩、養老等各個方面的題材。其中，大部分作品的動物主角與人同時出場，少部分作品的出場角色則完全是動物。此類故事的出場動物角色，計有虎、犬、牛、馬、豬、貓、猴、驢、狼、熊、麂、雞、鼠、蛇、蜂、鳥等，其中以虎和犬最為常見。譬如：

太行毛大福，瘍醫也。一日，行術歸，道遇一狼，吐裹物，蹲道左。毛拾視，則布裹金飾數事。方怪異間，狼前歡躍。略曳袍服，即去。毛行，又曳之。察其意不惡，因從之去。未幾，至穴，見一狼病臥，視頂上有巨瘡，潰腐生蛆。毛悟其意，撥剔淨盡，敷藥如法，乃行。日既晚，狼遙送之。行三四裡，又遇數狼，咆哮相侵，懼甚。前狼急入其群，若相告語，眾狼悉散去。毛乃歸。

先是，邑有銀商寧泰，被盜殺於塗，莫可追詰。會毛貨金飾，為寧所認，執赴公庭。毛訴所從來，官不信，械之。毛冤極不能自伸，唯求寬釋，請問諸狼。官遣兩役押入山，直抵狼穴。值狼未歸，及暮不至，三人遂返。至半途，遇二狼，其一瘡痕猶在。毛識之，向揖而祝曰：「前蒙饋贈，今遂以此被屈。君不為我昭雪，回去搒掠死矣！」狼見毛被縶，怒奔隸。隸拔刀相向。狼以喙拄地大嗥；嗥兩三聲，山中百狼群集，圍旋隸。隸大窘。狼競前齧縶索，隸悟其意，解毛縛，狼乃俱去。歸述其狀，官異之，未遽釋毛。

後數日，官出行一狼銜敝履，委道上。官過之，狼又銜履奔前置於道。官命收履，狼乃去。官歸，陰遣人訪履主。或傳某村有叢薪者，被二狼迫逐，銜其履而去。拘來認之，果其履也。遂疑殺寧者必薪，鞫之果然。蓋薪殺寧，取其巨金，衣底藏飾，未遑搜括，被狼銜去也。

《聊齋誌異》卷十二〈毛大福〉

山東萊州戈二者，村野人也，依山而居。一日採薪荒岡，腥風乍起，轉盼間遇一斑斕猛虎，懼而伏地。虎以唇含其頸，竟不齧噬，啣二衣領，踰嶺兩重，置於山溝。溝中落葉積四五尺，虎以足開葉，藏二於內，仍以葉覆，眈視良久而逝。二度虎去已遠，從葉出，四望溝旁適有大樹，亟援以上，隱身高枝。縛薪之繩猶在腰也，更解繩自縛於樹，使不易墮。遙見前虎背負一獸，遍體斑文，狀亦類虎，而馬頭獨角，負之矩步緩行，若輿卒之舁貴人者。漸近棄溝下而坐之，將獻二以供其飽。忽失二所在，驚惶戰慄，屈足前跪。獸怒以角觸虎額去，虎腦潰而死。二乃下樹脫歸。

《觚剩》續編卷四〈諂虎〉

這兩則動物故事，無論長短均生動而帶有懸念，比較吸引人。其中的動物都是野獸，但其對人的態度卻各不相同。前一則故事中的狼，對於醫者知恩圖報，有情有義，當醫者被誤為殺人兇手時，狼立即前去營救，並且幫助官府捉拿真兇，徹底還醫者清白。後一則動物故事中的老虎，專門捉人來供奉給傳說中的食虎獸六駮享用，當「獵物」逃逸後，六駁一下翻臉，竟將其觸死。由此可見，為主子賣命、幹壞事者，定然沒有好下場。又如：

高官農家畜一牛，其子幼時，日與牛嬉戲，攀角捋尾皆不動。牛或嗅兒頂，舐兒掌，兒亦不懼。稍長，使之牧。兒出即出，兒歸即歸，兒行即行，兒止即止，兒睡則臥於側，有年矣。一日往牧，牛忽狂奔至家，頭頸皆浴血，跳踉哮吼，以角觸門。兒父出視，即掉頭回舊路。知必有變，盡力追之。至野外，則兒已破顱死；又一人橫臥道左，腹裂腸出，一棗棍棄於地。審視，乃三果莊盜牛者。始知兒為盜殺，牛又觸盜死也。是牛也，有人心焉。

《閱微草堂筆記》卷二十四「農家子與牛」

趙甲，年五十、娶妻而美。其妻以為老也，常不能安其室。有鄰家子羅某者，年少而美。趙妻誘之，遂私焉。趙察覺之，而陰誡其妻曰：「汝以我為老耶？汝之有私，我蓋知之。若羅某者倘復來，吾將殺之，且手刃及汝矣！」其妻不應，陰以告羅。羅懼其不利於己也，乃與其妻謀而毒之死焉，埋屍荒山中，鄰人無知之者。

趙家有犬，自趙死後即不食其家食，亡之山中。守其塚，雖風雨不去也。每有人過其處，犬輒呼號，搖尾作乞憐狀，而人不之覺。越數月，犬乃去，臥於道旁。一日，其縣官下鄉，道經於此。犬直撲馬前，狂奔號，如呼冤狀，役從麾之不去也。縣官疑其有異，語之曰：「汝有何冤？吾當為汝伸之。但汝不能言，奈何！」犬乃西向號走，卻而復前，若有所指示也者。官乃命役尾之行，至荒山中趙某葬處。犬以爪搔其墓，見屍焉。役以告，出其屍驗之，蓋鴆毒也，然不知死者為何人。傳土人詢之，亦無知之者。官復問犬曰：「死者為汝主人耶？汝主為何人？毒汝主者為何人？汝必知之，盍明以示我。」犬復向南號走，指示如前狀。官乃命役隨犬所之。先至，時趙妻方與羅某對坐飲。犬直撲羅，傷其足。趙妻起，執杖逐之，而巡緝隊已至，遂將趙妻與羅某併拘到案。一訊而服，皆論抵。

讞既定，犬乃觸柱死。縣人咸嘉其義，具衣冠殮之，葬之趙甲塚旁，表其碑曰「趙家義犬之墓」，而記其事於碑陰焉。

《南皋筆記》卷二〈義犬記〉

這兩則動物故事的主角都是家畜，它們與主人有極為深厚的感情。前一則故事中的那頭牛，與小主人一起長大，相依為命。當小主人被殺害後，它奮不顧身地將兇手觸死，得以替小主人報仇雪恨。後一則故事中的義犬，在主人被其妻與姦夫毒死之後，一心一意地為其守墳，並且四處奔走告狀，讓官府將姦夫、淫婦繩之以法。最後，它竟為主人獻出了生命，至為感人。

這個時期的動物故事，尚有寫一虎飼養落入虎穴樵夫月餘，並將其送至大道旁的《池北偶談‧義虎》、寫一犬為主人保護遺金斃命，主人感其義乃買棺葬之的《聊齋誌異‧義犬》、寫經公堂審判後，一食人老虎即常年奉養被食者老母，並為其送終守孝的《聊齋誌異‧趙城虎》、寫一屠暮行遇狼急奔進道旁空室，用小刀割破從壁中探入狼爪，以吹豬法令其脹大不能動彈，遂負之與歸的《聊齋誌異‧狼》、寫一雄鴻含半鋌黃金與弋人，救下雌鴻後雙雙飛去的《聊齋誌異‧鴻》寫一雞為主人報仇，連續兩次啄破僧面，從而使殺人奪財兇手落網的《諾皋廣志‧義雞》、寫某徽商被害投江後為一犬救起，眾惡徒最終受到了嚴懲的《諾皋廣志‧義犬》、寫群蜂擁蜂王出時，被鷙鳥攫殺，群蜂乃環守不去，數日俱斃的《觚賸‧蜂君臣》、寫康熙年間某人墮深澗後被一母熊抱入山洞，餵以水果肉食，久而成為夫妻，先後生下三子的《子不語・熊太太》、寫大理一鄉民夜間誤騎虎背而不敢跳下，乃緊握虎耳任其騰山躍水，讓其力盡而斃的《子不語・執虎耳》、寫一豬引導衙役找到兇器，並且捉住宿州殺人投屍案兇手的《子不語・良豬》、寫一小兒見虎至即跳河泅水，時出時沒，虎躍起撲兒竟溺死的《續子不語・虎投河》、寫某人持千枚饅頭至天目山齋猴，見群眾猴畢讓一老猴先食，然後共食，食畢叉手拜謝而去的《續子不語・齋猴》、寫一虎銜走童子之藤斗，虎口因而無法張合，三日乃斃的《續子不語・虎困藤斗》、寫董子得知其家老牛曾經救過已故老父，立即打消賣到屠肆念頭，而為其養老送終的《閱微草堂筆記・董家老牛》、寫丈夫外出後長妻將次妻嬰兒棄於穢室，嬰兒讓母狗哺育旬日才被母親找到的《咫聞錄・狗哺嬰兒》、寫被虎捉住之某人蘇醒後躲到樹上，見虎領豹來找不到所食人，竟被豹咬死的《咫聞錄・虎口餘生》、寫田某養猴行竊致富，賊猴後被老鷹捉住擲地而殞的《咫聞錄・猴子賊》、寫一屠夫殺客奪金，被客人放生之狗為其守屍，並領衙役捕獲兇手的《聞見偶錄・義狗》、寫吳郡某藥材鋪主人出診時，一家犬必隨行以助其療病，人稱「狗醫」的《履園叢話・狗醫》、寫一屠戶因為搭救被殘害婦人而惡徒報復，慘死於河中，其犬替主報仇使兇手伏法的《埋憂集・義犬塚》、寫一猴到公堂替主伸冤，使謀殺親夫之淫婦與姦夫雙雙伏法的《聞見隨筆・猴報仇》、寫一日被某婦搭救之麂突然用角將其幼子從家中弄到田間，某婦追出後其家房屋竟全部坍塌的《北東園筆錄・麂報》、寫一被小叔買通之收生嫗謬言某婦所產遺腹子已死，將其埋於後園，竟為一牝犬救活的《北東園筆錄・義犬》、寫一虎垂尾江邊釣魚時讓大黿銜住不得脫，雙雙被擒的《里乘・虎釣》、寫主人外出後二賊入室掠財去，馬忽從廄中逸出將盜踢倒，主歸後將其解送司衙的《後聊齋誌異・馬報主》、寫一犬驅走盜賊，並救起落水主人使其免難的《右台仙館筆記・救主狗》、寫一牛護牧童而與虎鬥，重傷殞命後主人買棺將其安葬的《右台仙館筆記・義牛》、寫某販所挑一擔葵扇被群猴奪走後，遂設法給以教訓，令其歸還原物的《此中人語・猴》、寫某乙窮愁潦倒時以鼠為友，多次得到其幫助，鼠死為之下葬樹碑的《醉茶志怪・鼠友》、寫一犬因噬虎莖救主而喪命，主人獲救後殮犬並其為立碑的《趼廛筆記・說虎》等。

第十九節　清代的奇聞趣事

清代寫實故事中的的奇聞趣事，內容較為分散，涉及面很廣，出現遍及全國各地的形形色色人物和事件。其故事情節大都具有新奇、獨特之處，往往能夠引起讀者、聽眾的欣賞興趣。譬如：

> 紹興張元公，在閶門開布行。聘夥計孫某者，陝人也，性誠謹而勤，所經算無不利市三倍。以故賓主相得，三五年中為張致家資十萬。屢乞歸家，張堅留不許。孫怒曰：「假如我死，亦不放我歸乎？」張笑曰：「果死，必親送君歸。三四千里，我不辭勞。」
>
> 又一年，孫果病篤。張至床前，問身後事。曰：「我家在陝西長安縣鐘樓之旁，有二子在家。如念我前情，可將我靈柩寄歸付之。」隨即氣絕。張大哭，深悔從前苦留之虐。又自念十萬家資，皆出渠幫助之力，何可食言不送？乃具賻儀千金，親送棺至長安。
>
> 叩其門開，長子出見。告以尊翁病故原委，為之泣下。而其子夷然，但喚家人云：「爺柩既歸，可安置廳旁。」既無哀容，亦不易服。張駭絕無言。少頃，次子出見，向張致謝數語，亦揚揚如平常。張以為此二子殆非人類，豈以孫某如此好人，而生禽獸之二子乎？正驚嘆間，聞其母在內呼曰：「行主遠來，得無饑乎？我酒饌已備，惜無人陪，奈何？」兩子曰：「行主張先生，父執也。卑幼不敢陪侍。」其母曰：「然則非汝死父不可。」命二子肆筵設席，而己持大斧出，劈棺罵曰：「業已到家，何必裝癡作態？」
>
> 死者大笑，掀棺而起，向張拜謝曰：「君真古人也。送我歸，死不食言。」張問：「何作此狡獪？」曰：「我不死，君肯放我歸乎？且車馬勞頓，不如臥棺中之安逸耳。」張曰：「君病既愈，盍再同往蘇州？」曰：「君命中財止十萬，我雖再來，不能有所增益。」留張宿三日而別。終不知孫為何許人也。
>
> 《子不語》卷十四〈借棺為車〉

瑪納斯有遣犯之婦，入山樵採，突為瑪哈沁所執。瑪哈沁者，額魯特之流民，無君長，無部族，或數十人為隊，或數人為隊；出沒深山中，遇禽食禽，遇獸食獸，遇人即食人。婦為所得，已褫衣縛樹上，熾火於旁，甫割左股一臠。倏聞火器一震，人語喧闐，馬蹄聲殷動林穀。以為官軍掩至，棄而遁。蓋營卒牧馬，偶以鳥槍擊雉子，誤中馬尾。一馬跳擲，群馬皆驚，相隨逸入萬山中，共噪而追之也。使少遲須臾，則此婦血肉狼藉矣，豈非若或使之哉！

《閱微草堂筆記》卷九「遣犯婦得救」

這兩則故事，分別以內地的蘇、陝和邊陲的新疆為背景，內容與風格各異。前一則故事以詼諧逗趣為特色，描寫一家布行有一位中年雇員裝死脫身，以棺當車，從蘇州返回長安故里，既表現了雇員的精明能幹，又反映出主人與雇員之間的深厚情誼，給讀者、聽眾留下比較深的印象。其中的人物刻畫，落墨不多，卻活靈活現，如行主、孫某、孫妻、孫之二子，個個都頗有性格。後一則故事善於描繪驚險氛圍，寫在萬分危急的關頭出現一個突然變故，使即將成為瑪哈沁刀下鬼、盤中餐的那個無助婦人獲救，讓人為之慶幸。又如：

莫維型，沿鄉賣貨為業者。日間與乙口角，懷恨而歸。夜半忽起，妻問故，不答，徑出門去。少頃歸，意甚倉皇，涕泣與妻別，且告之曰：「適聞人喚，心疑是乙，出果與乙遇，乙負日間氣毆我，我不能忍，舉手毆殺之。明旦必報官，我乃無生理，惟急逃，冀或可免耳。」妻泣問何往，曰：「此去行止難定。行與子永訣矣。」匆匆檢些許資徑去，不復顧。

及旦，乙固無恙，而莫已不知所往。閱數年，其妻弟楊某，細細物色，探在四川涪州開京貨店，然已易姓名。楊至，亦佯若不相識。楊備告乙並無恙，終不肯信，惟哀懇楊勿洩姓名。楊無可如何，歸，邀乙同往四川迎莫。莫一見乙，爽然若失，頓悟前此實在夢中，遂攜資歸家，獲利數千金，計逃去已十年矣。

《誌異續編》卷一〈莫維型〉

鄞有卜者，設肆於市。一日，有男子在肆中大罵，勢將用武。眾人環問其故，人曰：「夏間因人口不安，就彼問卜。彼問灶何向，我對曰：『南向。』彼曰：『宜改西南。』我謹如其言，乃至秋而仍多疾病。又來問卜，彼仍問灶何向，我曰：『西南』。彼曰：『宜改正西。』我亦如其言。今入冬後，病者未愈。加以貿易折耗，無聊之至，姑再卜之。彼問如前，及我告之，則曰：『宜改南向。』是仍復其初矣。自夏徂冬，我奉彼為蓍龜，乃顛倒如此乎！」眾大笑，為解勸之而去。

余因憶親串中有從相宅者之說，一歲之中，三易其灶，而復其初。與此相類。然彼則三人三說，此則一人而前後異說，尤可笑也。江湖術士之說，固無足據矣。

《耳郵》卷三「鄞有卜者」

這兩則故事，內容差異很大，藝術風格迥異。前者是一則有關夢幻與心理治療的奇聞，在古代民間故事中並不多見。它寫故事主角誤將夢中毆人致死情景當成真事，倉惶出逃。而讓其回歸，只有請夢中的受害人出場——采用打開心結辦法才能解決問題。作品既有較強的趣味性，又有一定的科學價值。後者是一則揭露卜者騙人的趣聞，頗具喜劇色彩和諷刺意味，讀來亦有令人回味之處。

這個時期的奇聞趣事，尚有寫一異人經常終日不食，冬不衣布，以草繩系一虎歸其住處的《觚賸・阿顛》、寫某舉人讓一與其攀親之鄉翁受陷害入獄，任其擺布，以致家破人亡的《山齋客譚・聯貴賈禍》、寫一毛人捉掘參人為為捕虎誘餌，月餘送其回原處，並以歷指參地相報的《子不語・關東毛人有人為餌》、寫陝西某鄉婦夜出野溺時被一大毛人攫去，其夫追二十里卒不能及，次日見其已死乃厚為殯殮的《子不語・大毛人攫女》、寫二十餘浙商販洋飄至某海島，被一人熊捉住縛於樹上，諸商割藤逃回船上後，該人熊讓所邀來分食浙商之眾熊毆斃的《子不語・人熊》、寫閩客陳某泛海飄至一山下，看見土窟中出一碩大怪獸一下吞食三四野獸，驚詫無比的《子不語・土窟異獸》、寫二商人在西藏被眾毛人挾至山坳，毛人烤獸肉時亦分與二人，後將二人送回官道並贈大綠松石的《閱微草堂筆記・西藏毛人》、寫儲某冬日避雪時在野廟與一氣度非凡老乞丐同飲甚歡，數年後方知其為某高官之父，因病罰願行乞的《誌異續編・江南儲某》、寫赴秋闈時某少年以怪異行動進行自我調節，竟一鳴驚人，考中頭名的《誌異續編・某少年》、寫一優人通過演戲為惹怒知府之縣令解圍的《誌異續編・優人》、寫某地牛疫令一農家連死數牛而無力耕作，兄弟倆偷牛時竟全力搭救自經婦受到善待的《誌異續編・牛疫》、寫歲暮陳妻怒將丈夫用當衣錢買回之畫擲於地，畫軸中國竟滾出十數枚大珍珠，售得萬金的《聞見異辭・賣畫得珠》、寫某生因善於烹調而被太守賞識，後提升為司總的《客窗閑話・一技養生・善烹調者》、寫某婦善哭，通邑無二、因被喪家爭相延聘而得小康的《客窗閑話・一技養生・善哭婦》、寫一少僕因為不堪夜夜皆要入室與垂帳而臥之老少婦人交合，只得辭出的《蟲鳴漫錄・少僕自辭》、寫賣柴子誤以為富家女悅己而成疾，女叱之使其病癒的《右台仙館筆記・賣柴子》、寫某生討吉兆未得，與抄其文者俱列榜尾的《右台仙館筆記・歲試失意》、寫一賊入室聞辣椒面而嚏被追趕，所丟棄物品價值千餘金的《仕隱齋涉筆・聞嚏捉賊》、寫某生被毒蛇咬後毒發幾死，夜渴喝花瓶中水竟得救的《跗塵剩墨・瓶水解毒》、寫一富家兒使友人白衫受污染而大為快意，友人揮衣讓富家四壁字畫點染殆盡，卒不可治的《札記小說・富家兒》、寫某甲妻子因思慕一聲音清越之歌者而成疾，某甲設法讓其妻窺見歌者為一相貌醜陋之魚販，其病乃癒的《箚記小說・魚販歌聲》等。

第十三章　清代的民間笑話

清代是中國民間笑話史上的又一個重要發展階段。清代笑話繼續保持了明代笑話興旺發達的態勢，並且有所發展，有所創新，跟明代笑話一樣十分耀眼。

清代民間笑話有著較為鮮明的時代特色，它比明代民間笑話更加平民化、生活化，非常貼近民眾，生活氣息更為濃郁，深受各個社會階層民眾的喜愛，不脛而走，廣為人知。清代民間笑話，是中國民間笑話史上的一個重要的、承上啟下的過渡階段。它的出現為現當代口傳民間笑話的發展打下了堅實的基礎，並且將古代民間笑話與現當代口傳民間笑話自然而然地銜接起來。

清代民間笑話同樣包括嘲諷笑話、勸戒笑話、諧趣笑話三個組成部分，每一部分的作品都相當豐富。

第一節　清代的嘲諷笑話

清代嘲諷笑話的鋒芒所指，既有腐敗的官場和貪官污吏，又有為富不仁者以及刻薄鬼、逢迎拍馬者、地痞、色鬼、庸醫等等。清代嘲諷笑話的藝術風格不盡相同，有些作品詼諧而辛辣，對於被譏諷者不留情面，竭盡諷刺挖苦之能事，使人感到痛快淋漓：有些作品對於被譏諷者並不鋒芒畢露，往往幽默風趣卻不失深刻。其中，湧現了少笑話名篇，廣為流布，膾炙人口。

嘲諷官吏貪贓枉法、胡作非為的笑話，譬如：

昔有一官，上任之初，向神發誓曰：「左手要錢，就爛左手，右手要錢．就爛右手。」未久，有以多金行賄者，欲受之，恐犯前誓。官自解之曰：「我老爺取一空盤盒來，待此人將銀子擺在內，叫人捧入。在當日發誓是錢，今日卻是銀，我老爺又不曾動手，就便爛也只爛得盤盒，與老爺無干。」

《笑得好》初集〈爛盤盒〉

有縣令堂懸一聯以誓曰：「得一文，天誅地滅；聽一情，男盜女娼。」然饋送金帛者頗多，無不收受，而勢要說事，亦必徇情。有曰：「公誤矣，不見堂聯所志乎？」令曰：「吾志不失，所得非一文，所聽非一情也。」

《看山閣閒筆》卷十五〈誓聯〉

這兩則笑話，寫貪官污吏一方面賭咒發誓，標榜自己清廉；一方面又大肆貪贓枉法，從不過任何機會。他們不得不找出各種辦法和理由來進行辯解，實際上是自欺欺人，足見當時官場腐敗，官吏無恥的程度。又如：

吳中一監司常書「似我」二字，置匾第二泉上，自譽清摻如惠泉，再過之，匾已不見，責令寺僧大索，乃為諸生移置廁上矣。

《皇華紀聞・惠泉匾額》

一官好酒怠政，貪財酷民，百姓怨恨。臨卸篆，公送德政碑，上書「五大天地」。官曰：「此四字是何用意？令人不解。」眾紳民齊聲答曰：「官一到任時，金天銀地；官在內署時，花天酒地；坐堂聽斷時，昏天黑地；百姓含冤的，是恨天怨地；如今交卸了，謝天謝地。」

《嘻談續錄》卷上〈五大天地〉

這兩則笑話都藉助匾額來諷刺貪官污吏，各有妙處，令人玩味。前一則笑話寫年輕的知識份子將貪官污吏用來自我標榜的匾額移動位置，一下改變了匾額的含義，藉以譏諷其人如廁中糞便一樣污穢。後一則笑話寫老百姓贈送匾額來揭露和挖苦貪財酷民的官吏，並對其表示出強烈的憤懣。再如：

縣官太太與學官、營官太太共席閒談，問及誥封是何稱呼？縣官太太說：「我們老爺稱文林郎。」學官太太說：「我們老爺稱修職郎。」問營官太太是何稱呼？營官太太說：「我們老爺是黃鼠狼。」問因何有此稱謂？營官太太說：「我常見我們老爺下鄉查場回來，拿回雞子不少，自然是個黃鼠狼了。」

《嘻談續錄》卷上〈黃鼠狼〉

一客束裝歸里，路過山東，歲大饑，窮民死者無算，旅店蕭條，不留宿客。投一寺院，見東廂停棺數十口，西廂只有一棺，巋然獨存。三更後，棺中各出一手，皆焦瘦黃瘠者，惟西廂一手稍覺肥白。客素負膽力，左右顧盼，笑曰：「汝等窮鬼，想手頭窘甚，向我乞錢耶？」遂解囊，各選一大錢與之。東廂鬼手盡縮，西廂鬼手伸如故。客曰：「一文錢不滿君意，吾當益之。」添至百數，猶然不動。客怒曰：「窮鬼，太作喬！可謂貪得無厭。」竟提兩貫錢置其掌，鬼手頓縮。客訝之，移燈四照，見東廂之棺，皆書饑民某字樣，而西廂一棺，書「某縣典史某公之柩」。

《嘻談續錄》卷下〈死要錢〉

這兩則笑話，從兩個比較特殊的角度來揭露並譏諷貪官污吏，亦頗為有趣。前一則笑話用官太太之口吻，罵下鄉強奪民眾財物的官吏是黃鼠狼，讓人感到痛快。後一則笑話通過鬼伸手要錢的奇特情節，挖苦縣尉這樣的官員貪得無厭，入木三分。

嘲諷官吏蠻橫無理、官場互相傾軋的笑話，譬如：

新官上任，巡街看城。市民皆躲門內，不敢喧嘩。行至橋頭，忽聞蛙叫，怒曰：「誰敢大膽嘈嚷。」衙役稟曰：「這是蛙兒。」官誤聽作小呱兒，即吩咐快把這小蛙子拿來，衙役取蛙呈上，官曰：「看你還沒有雞巴大，敢在我面前大喊大叫，說甚的亂話。」

《笑得好》二集〈拿蛙〉

浙江義烏縣出鯽魚，小而肥，甲於通省。每至夏季，要送上司，用大桶多裝，連夜赴省。如此小心，猶有斃者。縣官因公上省，謁見各憲，當面致謝曰：「貴縣好鯽魚！可惜斃者甚多，是何緣故？」縣官忙立起答曰：「想是你擠我，我擠你的緣故。」上司曰：「大兄，有你沒我。」

《嘻談續錄》卷上〈有你沒我〉

這兩則笑話，都利用動物形象來譏刺當時的官場和某些官吏，頗為尖銳。一則笑話通過虛構的捉蛙情節，揭露官吏欺凌百姓、蠻不講理的醜態，並予以辛辣的諷刺。另一則笑話借贈送鯽魚之事來嘲諷官員相互排擠，弄個死我活的殘酷現實。

嘲諷官場腐敗、官吏昏聵無能的笑話，譬如：

一官最貪。一日，拘兩造對鞫，原告饋以五十金，被告聞知，加倍賄托。及審時，不問情由，抽籤竟打告。原告將手作五數勢曰：「小的是有理的。」官亦以手覆曰：「奴才，你講有理。」又以手一仰曰：「他比你更有理哩。」

《新鐫笑林廣記》卷一〈有理〉

某地方有蝗蝻為害，鄉民入城稟報。知縣官禱於城隍神，城隍神即傳蝗蝻來問話，命知縣側坐觀審。不一時蝗蝻盡到，羅跪階下，幾於恒河沙數，城隍亦為之駭然！問判官曰：「此等小么魔，何來如此之眾？」判官稟曰：「此是水漲時，魚蝦之類，遺子田中，水退後，遂化成此物。」城隍笑曰：「原來專為民害的，是這些雜種東西。」遂一一訊問。蝗蝻中，多有言只齧樹葉，不傷禾稼的。城隍曰：「我也不能分辨你等誰是害民的，誰是不害民的，待我諮行雷部，但是害民賊，都與我殛斃了罷。」知縣聞之，手足無措，倉皇告辭。城隍問何故？知縣曰：「我要回去找一間密室來避雷部。」

《俏皮話・蝗蝻為害》

這兩則笑話，以暴露和譏諷官場腐敗為內容，而官場的腐敗主要表現為主政官吏大都是貪污腐化、禍國殃民的敗類。前一則笑話通過貪官審案來抨擊官場貪腐成風。後一則笑話藉助虛構的故事情節來勾畫地方官乃是害民賊的醜惡嘴臉。又如：

有失牛而訟於官者，官問曰：「幾時偷去的？」答曰：「老爺，明日沒有的。」吏在旁不覺失笑，官怒曰：「想就是你偷了！」吏灑兩袖曰：「任憑老爺搜。」

《新鐫笑林廣記》卷一〈偷牛〉

一捐班不懂官話，到任後，謁見各憲上司，問曰：「貴治風土何如？」答曰：「並無大風，更少塵土。」又問：「春花何如？」答曰：「今春棉花每斤二百八。」又問：「紳糧何如？」答曰：「卑職身量，足穿三尺六。」又問：「百姓何如？」答曰：「白杏只有兩棵，紅杏不少。」上憲曰：「我問的是黎庶。」答曰：「梨樹甚多，結果子甚小。」上憲曰：「我不是問你什麼梨杏，我是問你的小民。」官忙站起答曰：「卑職小名叫狗兒。」

《嘻談續錄》卷上〈堂屬問答〉

這兩則笑話，以嘲謔官員的昏聵無能為題旨，非常風趣。前一則笑話嘲諷審案官員是個沒頭腦的蠢貨。後一則笑話則對不通文墨的捐官竭盡挖苦諷刺之能事，酣暢淋漓，成為久傳不衰的笑話名篇。

嘲諷為富不仁者的笑話，譬如：

有張三者向施氏攬田。施曰：「此田不與張三種。」既而張三取雞餉之，施轉語曰：「不與張三卻與誰？」張三曰：「施相公如何頃刻間兩樣說話？」施曰：「方才這句話是無稽（雞）之談。此刻這句話倒是見機（雞）而作。」

《堅瓠十集》卷四〈攬田〉

東陽有貧士鄰於富家者，每羨其鄰之樂，旦日衣冠謁而請焉，富告之曰：「致富不易也，子歸齋三日而後告子。」士如言，後謁富，乃命侍於屏間，設高几，納師資，揖而進曰：「大凡致富之道，當先去其五賊，五賊不除，富不可致。」士請問其目，富曰：「五賊非他，即今之所謂仁、義、禮、智、信是也。」士胡盧而去。

《廣談助・除「五賊」》

這兩則笑話，以暴露為富不仁者醜惡嘴臉為內容，各有特色。前一則笑話通過田主在出租耕田時兩次態度的變化，譏諷富人只認財物，不講信義。後一則笑話通過富家者傳授「致富經」，抨擊其人赤裸裸地宣揚摒除「仁、義、禮、智、信」這些傳統道德。又如：

果中核桃忽向人問曰：「世人敲我吃，也不怨。只恨有一等人，把我敲將出來，用水浸我，剝去皮吃我，所以我恨他。」其人答曰：「因你過於嗇（澀），所以剝你的皮。」

《笑得好》二集〈剝核桃〉

時疫流行，每每朝發夕死，倉促間多有不及備辦後事者。時人每指之為虎疫，言其猛於虎也。某甲染時疫死，其家人至市上買棺，苦無佳者，不得已歸而熟商之。聞某富室之主人，備有長生木在，便往求借用，許以事後照樣奉還一具，富室不允。其家人躊躇再三、默念富室之人，素喜重利盤剝，何不以利動之。因而對之曰：「尊棺如肯借，他日奉還時，除照樣大小之原本奉還外，再加添小棺材二三具，以為利錢如何？」

《俏皮話・借用長生》

這兩則笑話，皆以旁敲側擊的手法嘲諷為富不仁者。前一則笑話采用指桑罵槐法，借核桃說事，揭露和譏笑守財奴吝嗇（「澀」與「嗇」同音）。後一則笑話以借棺木許諾加量償還來嘲笑富室重利盤剝的惡劣行徑，既誇張又深刻。

嘲諷守財奴的笑話，譬如：

一翁見江灘遺錢一枚，遂往取之，俄頃潮至，避之不及，被淹致斃。次日屍浮巨木而出，手尚握錢。見者嘆曰：「此翁深得財命相連之旨矣。」

《看山閣閒筆》卷十五〈財命相連〉

狗銜一銀錠而飛走，人以肉喂他不放，又以衣罩去，復甩脫。人謂狗曰：「畜生，你直恁不舍，既不愛吃，復不好穿，死命要這銀子何用？」

《新鐫笑林廣記》卷十一〈狗銜錠〉

守財虜生一子，既長成，猶不使出門一步，蓋恐其浪用也。故其子雖已弱冠，猶不辨牝牡，而吝嗇乃有父風。一日，所畜貓忽生小貓數頭，子見之，詫為異事。問人曰：「貓何故而能生子？」人笑告之曰：「此雌貓也，配以雄貓，自能生小貓矣。」子默然久之。一日，持洋錢問父曰：「此洋錢不知是雌的，還是雄的？」父曰：「洋錢有何雌雄之別？」子嘆曰：「真是可惜，倘洋錢亦有雌雄之別，一一代配合之，所生小洋錢，正不知幾許也。」

《俏皮話・守財虜之子》

這三則笑話都以嘲諷守財奴愛財如命為題旨，各具特色。第一則笑話運用虛構手法寫富人至死也不放棄手中的銀錢，將其守財奴的性格特徵表現得相當鮮活。第二則笑話運用指桑罵槐法，借罵狗來恥笑守財奴不愛吃、不愛穿，死命攢錢，錢即是命。第三則笑話通過寫守財奴之子妄想洋錢配種生子，挖苦其人一家老小愛財如命，都鑽進錢眼兒了。

嘲諷逢迎拍馬者的笑話，譬如：

昔日巡按，深喜逢迎，屬吏回話，必屈一足。一官極善趨承，下膝過重，傷其筋骨，遂至拘攣成疾，勢若弓彎。接任巡按，深惡迎合，此吏進見，則腰不折而自折，乃深責之曰：「為官當以清慎為懷，不致逢迎為事，爾何卑污若此？」吏曰：「卑職病也。」

《看山閣閒筆》卷十五〈逢迎〉

有錢富翁於客廳偶放一屁，適有二客在旁，一客曰：「屁雖響，不聞有一毫臭氣。」一客曰：「不獨不臭，還有一種異樣香味。」富翁愁眉曰：「我聞得屁不臭則五臟內損，死期將近，吾其死乎？」一客用手空招，用鼻連嗅曰：「才臭將來了。」一客以鼻皺起，連連大吸，又以手掩鼻蹙額曰：「我這裡臭得更狠。」

《笑得好》初集〈臭得更狠〉

這兩則笑話，著力刻畫官場上或者富人家那些逢迎拍馬者令人作嘔的醜態。兩則笑話中的逢迎拍馬者一個比一個骯髒，一個比一個卑鄙。

嘲諷好色之徒的笑話，譬如：

有一士人年老，納二寵，托其友命名。友以忠娘、孝娘名之，其人曰「忠孝誠美，然以名妾則非稱。」友曰：「有出處：孝當竭力，忠則盡命。」

《寄園寄所寄》卷十二「忠娘與孝娘」

一色鬼宿柳眠花，淫蕩無度。家止一妻，雲雨之事竟無虛夕。其妻疲於奔命，已至厭厭瘦損。閻王查知此事，命兩小鬼拘之。小鬼領勾魂牌潛至色鬼家中，先在窗外竊聽，聽婦人說：「你饒了我罷，我實在擱不住你再鬧了！我瘦的已經成了鬼了！」色鬼說：「我全不管，就是鬼我也要玩。」兩小鬼一聞此言，大驚，抱頭鼠竄而逃。來至陰曹，見閻王以實告之。王勃然變色，曰：「這色鬼，好大膽！連你兩個都不放過，不知他問我沒有？」

《嘻談初錄》卷上〈鬼怕色〉

這兩則譏諷好色之徒的笑話，各有特點。前一則笑話以嘲諷老年色鬼為內容，比較含蓄，它勸告沉溺於色慾之徒，弄不好會力竭喪命。後一則笑話帶有黑色幽默的味道，挖苦好色之徒荒淫無恥，連閻王爺也怕他幾分。這種人照樣不會有好下場。

嘲諷庸醫的笑話，譬如：

> 有儒生習醫者，往往不屑用藥箱，診脈後，即索紙筆寫一方，命病者往藥鋪取之。後儒生連寫數方醫人，而人即死，人往咎之，生曰：「汝輩尚未知也，我是死方兒。」
>
> 《笑倒》初集〈死方兒〉

> 一庸醫與名醫比鄰，見名醫懸牌掛匾，病者盈門，請者接踵，心竊慕之。私憶：「此人必有秘傳方書，始能如此得心應手。我若謀得此書，何愁不並駕齊驅？」於是，逐日徘徊名醫門外，欲謀此書。偏這日名醫持書而出，庸醫出其不意，奪之而逃。回至家中，出書捧讀，即懸牌治病。有患痢者來治，庸醫曰：「此病不必服藥，用大蒜一頭，插入穀道，其痢自止。」病人如法治之。誰知，大蒜毒發，脹滿難出，連肚腹皆腫，病家以庸醫害人訟之官。官拘庸醫至，問之曰：「用大蒜治痢，是何人所傳？是何方所載？」庸醫曰：「是某名醫所傳，是他的秘書所載。」官傳名醫質訊。名醫曰：「此人素昧平生，只有某日，我拿帳簿出門，與人算帳，被他奪去，至今尚未尋獲。」官問庸醫：「你搶帳簿當醫書，與人治病，是有心害人。」庸醫曰：「簿中實載治痢之方，上寫『某人利已全消，惟有算本止利』。」
>
> 《嘻談初錄》卷下〈庸醫治痢〉

> 某甲，庸醫也，凡有病往醫者，輒應手而斃。然不知其手段之辣者，仍多往乞診，坐是斷送人命愈多。一日，忽有人鼓吹送一匾來以贈之，甲亦不知伊誰所送，惟念自懸壺以來，未經如是榮幸，竟受而懸之而已。鄰從亦互相疑訝，以為此專送人命者，何來

此物？及細訪之，始知為某棺材店所送。好事者遂至棺材店訪問，曰：「某甲愈若病耶？何以送之匾也？」店中人曰：「否否，小店生意向來清淡，自某甲懸壺以來，生意驟為起色，故送此以志不忘耳。」

《俏皮話・送匾奇談》

這三則嘲諷庸醫的笑話，視角不同，各有趣味。第一則笑話從結果來審視，諷刺庸醫醫術差到極點，所開的全是讓人喪命的死方兒。第二則笑話寫庸醫學醫過程，戳穿其不通文墨、水準極為低下的本來面目，對其加以無情的奚落和戲謔。第三則笑話寫棺材店老闆給庸醫送匾，挖苦其人行醫後不斷害死病人，足以讓棺材店生意一下興隆起來。

除上述作品外，這個時期的諷刺笑話尚有嘲諷東家待蒙師刻薄的《笑倒・滑字》、嘲諷貪財者為了五兩銀子甘願讓人打得半死的《笑得好・打個半死》、嘲諷一經庸醫治療病人必定性命難保的《笑得好・切莫動手》、嘲諷吃庸醫之藥無病者自然得病的《笑得好・遷居奉藥》、嘲諷愛錢貪官在銅錢眼裡做工夫的《看山閣閒筆・畫錢孔》、嘲諷富翁洋洋自得，不過是個酒囊飯袋的《看山閣閒筆・米珠》、嘲諷新官利慾薰心、貪婪成性的《新鐫笑林廣記・發利市》、嘲諷贓官以貪腐發跡，最能傷人的《新鐫笑林廣記・牙蟲》、嘲諷庸醫任意醫死小兒，恬不知恥的《新鐫笑林廣記・包活》、嘲諷庸醫被人唾棄，仍強詞奪理的《新鐫笑林廣記・疆蠶》、嘲諷官吏拚命搜刮百姓，知縣是掃帚，太守是畚鬥，布政是叉袋口的《廣談助・知縣是掃帚》、嘲諷一昏官自我標榜，恬不知恥的《笑笑錄・三不要》、嘲諷某縣令剛到任不久即廣通賄賂的《笑笑錄・嘲邑令》、嘲一諷儒學教官訛詐錢財的《嘻談錄・小恭五兩》、嘲諷一官斷案昏瞶無比的《嘻談錄・糊塗蟲》、嘲諷某高官那副嘴臉醜惡無比，實在難看的《嘻談錄・三不看》、嘲諷一奴僕發跡以貲得官的《嘻談錄・鼻頭官》、嘲諷巡撫、縣令等人皆是一班懼內之輩的《嘻談錄・懼內令》、嘲諷一出錢捐官成為縣令者在郡守面前丟醜的《嘻談錄・幹令》、嘲諷某富翁不通文墨的《嘻談錄・借馬》、嘲諷逢迎巴結者猶如狐群狗黨的《俏皮話・狗懂官場》、嘲諷當時為官者皆是一班鼠輩的《俏皮話・貓辭職》、嘲諷吞噬民脂民膏的官吏是一群屍蛆的《俏皮話・論蛆》、指斥頑固黨豬狗不如的《俏皮話・畜生別號》、嘲諷外交官畏懼洋人的《俏皮話・活畫烏龜形》、嘲諷官員自我炫耀的《俏皮話・賞穿黃馬褂》、嘲諷愈是有錢之輩愈要吃人的《俏皮話・狗》等。

第二節　清代的勸誡笑話

清代勸誡笑話，涉及面異常廣泛，不但譏誚世人的鄙吝、自私、虛偽、貪婪、刻薄、庸俗、迂腐、猥瑣、懶惰等不良性格，而且嘲訕不學無術、言不由衷、強詞奪理、誇誇其談、偷奸使滑、死愛面子等言行舉止，表達世人對于此等劣根性和言行舉止的不滿、鄙夷，並且期望被嘲笑的對象有所警覺，有所反省，有所改正，從而起到改善社會環境，淨化世風的作用。其中許多作品，寓莊於諧，立意不俗，有較高的思想性和藝術性。

譏諷鄙吝者的笑話，譬如：

> 客訪主人，主人不留飲食，起送至門，謂客曰：「古語云：『遠送當三杯』，待我送君幾里。」恐客留滯，急拽其袖而行。客笑曰：「從容些，我吃不得這般急酒。」
>
> 《笑倒・遠送當三杯》

> 兄弟二人同拜客，弟甚愚昧，及坐定，彼家以番桃乾點茶。弟問兄云：「此何物？」兄答云：「蠢才。」及換第二鐘，以橄欖點茶。弟又問兄云：「此何物？」兄又答云：「蠢才。」及至出門，弟謂兄曰：「適間第一個『蠢才』雖然酸，尚有甜味；那第二個『蠢才』全是鄙嗇的。」
>
> 《笑得好》二集〈蠢才〉

這兩則笑話從不同的角度恥笑吝嗇者，都頗為有趣。前一則笑話通過送客時失態，將其人既小氣而又愛面子的性格刻畫得相當生動。後一則笑話採用指桑罵槐的手法，嘲諷吝嗇之人是蠢才。

諷刺待人刻薄者的笑話，譬如：

一家延師，供膳甚薄。一日，天雨，館童攜午膳至，肉甚少，師以其來遲呵之，童曰：「天雨路滑故也。」師曰：「汝既云路滑，可寫滑字與我看，便饒你的打。」童曰：「一點兒，又是一點兒，又是斜坡頭一點兒，其餘都是骨頭了。」

《笑倒．滑字》

一人赴席，主人斟酒，每次只斟半杯。其人向主云：「尊府有鋸子，借我一用。」主問：「何用？」客指杯云：「此杯上半節既然盛不得酒，理該鋸去，留它空著何用？」

《笑得好》二集〈鋸酒杯〉

這兩則笑話，均以比較曲折的手法來譏諷東家待塾師刻薄，或者奚落主人對客人摳門，無不含蓄而富有幽默感，令人回味。

譏諷虛偽自私、損人利己者的笑話，譬如：

除夜遇送年禮至者，以舊曆勞之。僕曰：「恐無用了。」主曰：「我留在家也無用。」

《笑倒．賞曆》

有一家婆手持數珠，口中高聲念：「阿彌陀佛，阿彌陀佛。」隨即叫云：「二漢，鍋上的螞蟻甚多，我嫌他得狠，把火來代我燒死些。」又高聲念佛，隨又叫云：「二漢，你代我把鍋下的火灰巴去些，糞箕莫用我自己家裡的，恐怕燒壞了，只用鄰居張三家的。」

《笑得好》初集〈燒螞蟻用鄰箕〉

這兩則笑話，都通過具體的事件來揭露其人的惡劣表現，對其虛偽自私、損人利己者的心態作了無情的嘲諷和批判。前一則笑話落墨不多，卻很準確地得示出那個主人虛偽自私的醜惡嘴臉，讓人感到厭惡，無地自容。後一則笑話僅僅偽善者在燒螞蟻這件事上的兩句話，就將其人虛偽自私、損人利己的醜態勾勒出來，使之受到恥笑和譴責。

譏諷摻雜使假者的笑話，譬如：

> 酒店煩人寫賣酒的招牌，其人寫完，乃於牌頭畫刀一把。酒保驚問：「畫此何用？」答曰：「我要這刀不定期殺殺水氣。」
>
> 《笑得好》二集〈畫刀〉

> 有一酒店，來買酒的但說酒酸，就鎖在柱上。適有道人背一大葫蘆進店問之，店主曰：「他謊說我酒酸，故此鎖他。」道人曰：「取杯我嘗嘗看。」道人咬著牙吃了一口，急急跑去。店主喜其不說酸，呼之曰：「你忘記葫蘆了。」道人曰：「我不要！我不要！你照著踏扁了，做醋招牌。」
>
> 《笑得好》二集〈醋招牌〉

這兩則譏諷酒店摻雜使假的笑話，均出自《笑得好》一書，但視角各有不同。前一則笑話通過招牌來嘲諷其酒中摻水；後一則笑話寫道人害怕說話被鎖，不得不落荒而逃，藉以嘲諷其酒酸，無不令人發噱。

譏諷不學無術者的笑話，譬如：

> 一子喜遊蕩，不肯讀書。其父怒閉一室，傳送飲食，教令眼睛仔細看書，心思仔細想書，如此用功，自然明白。過了三日，父到房內，看其功課，之對曰：「蒙父親教訓得極妙，讀書果然大有利益，我才看得三日書，心中就明白了。」父喜問曰：「明白了何事？」子亦喜曰：「我一向只認這讀的書是用筆寫成的，仔細看了三日，才曉得一張一張的書，都是印版印成的。」
>
> 《笑得好》初集〈書是印成的〉

> 有一乳母哺養小兒，因兒啼哭不肯安睡。乳母無奈，驀然叫官

人快拿本書來。官人問其何用？應曰：「我每常間見官人一看書，便睡著了。」

《笑得好》二集〈瞌睡法〉

這兩則笑話，都通過平淡無奇的對話來揭露和挖苦不思進取，虛度光陰的讀書人，相當尖刻，讓聽眾與讀者感到解氣。前一則笑話寫一個只知遊玩的浪蕩子被關在家中讀書，用了三天時間，竟弄明白書是印成的，真是讓人哭笑不得；後一則寫一個飽食終日，無所用心的讀書人，一看書便睡著了。兩則笑話對於故事主角的鄙夷與嘲諷，都達到了無以復加的程度。

譏諷吹牛者的笑話，譬如：

兩人好為大言，一人說：「敝鄉有一大人，頭頂天，腳踏地。」一人曰：「敝鄉有一人更大，上嘴唇觸天，下嘴唇觸地。」其人問曰：「他身子在哪裡？」答曰：「我只見他有一張大口。」

《笑得好》初集〈一張大口〉

幫閒人除夜與妻同飯，忽然笑曰：「我想一生止受用一個『熟』字。你看大老官，那個不熟？私窠小娘，那個不熟？遊船上，那個不熟？戲子歌童，那個不熟？簫管唱曲的朋友，那個不熟？」說未畢，妻忽大慟。其人問故，曰：「天殺的，你既件件皆熟，如何我這件過年布衫，偏不替我贖（熟）！」

《新鐫笑林廣記》卷七〈件件熟〉

這兩則笑話在譏諷誇誇其談者方面，著眼點和藝術手法各不相同。前一則笑話以誇獎嘴大來嘲諷其人只會吹牛，含蓄而尖刻。後一則笑話以嘲諷其人除夕胡亂吹牛擺闊，卻連一件布衣衫都無力贖回，既可悲又可憐。

譏諷小偷小摸者的笑話，譬如：

一翁有三婿，長裁縫，次銀匠，惟第三者不學手藝，終日閒遊。翁責之曰：「做裁縫的，要落幾尺就是幾尺。做銀匠的，要落幾錢就是幾錢。獨汝遊手好閒，有何結局？」三婿曰：「不妨。待我打一把鐵撬，撬開人家庫門，要取論千論百，也是易事，稀罕他幾尺幾錢！」翁曰：「這等說，竟是賊了。」婿曰：「他們兩個，整日落人家東西，難道不是賊？」

《新鐫笑林廣記》卷三〈有進益〉

一廚子往一富家治酒，偷肉藏在帽內。適為主人窺見，有意使拜揖，好使帽內肉跌於地下。乃對廚子曰：「連日辛苦，我作揖奉謝。」廚子知主人已覺，恐肉跌出，對主人曰：「萬不敢當主人拜揖，小人在這裡跪下了。」

廚子偷油，煉好灌在腸內，趁腸未熱，圍在腰間，用衣遮蓋，忙忙來至二門。恰遇新姑娘回門走進，腸已透熱，只好挨著疼，躲在一旁。姑奶奶一見太太，眼中落淚。太太見了姑娘，起心裡心疼，說：「我的心肝，你疼死我了！」廚子在旁應之曰：「我的大腸，你燙死我了！」

《嘻談續錄》卷下〈偷肉偷油〉

這兩則譏諷小偷小摸行為的笑話，諷刺的對象均為手腳不乾淨的各種手藝人，都比較詼諧風趣，帶有喜劇色彩。前一則笑話寫老翁誇獎兩個女婿會偷有本事，遊手好閒的小女婿不以為然，譏諷這家的三個女婿無不讓人鄙視。後一則笑話由兩個小笑話組成，讓偷肉偷油的廚師丟人現眼，狼狽不堪，在笑聲中達到警示的目的。

譏諷懶惰無能者的笑話，譬如：

有人極懶者，臥而懶起，家人喚之吃飯，復懶應。良久，度其必饑，乃哀懇之。徐曰：「懶吃得。」家人曰：「不吃便死，如何使得？」復搖首漫應曰：「我亦懶活矣。」

《新鐫笑林廣記》卷五〈懶活〉

一婦人極懶，日用、飲食皆丈夫操作，她只知衣來伸手，飯來張口而已。一日，夫將遠行，五日方回，恐其懶作挨餓，乃烙一大餅，套在婦人項上，為五日之需，乃放心出門而去。及夫歸，已餓死三日矣。夫大駭，進房一看，項上餅只將面前近口之處吃了一缺，餘餅依然未動也。

《嘻談續錄》卷下〈懶婦〉

這兩則譏諷懶人的笑話，其誇張手法都運用得非常成功。前一則笑話嘲諷一懶人什麼都懶得幹，甚至懶得活，可謂懶到無以復加的程度。後一則笑話嘲諷一懶婦懶得挪動丈夫為其做好的烙餅，以致餓死，也懶到了極點。兩個懶人一個賽一個，均成為民間文學中的典型形象。

譏諷技藝不佳者的笑話，譬如：

有寫真者，絕無生意。或勸他將自己夫妻畫一幅行樂貼出，人見方知。畫者乃依計而行。一日，丈人來望，因問：「此女是誰？」答云：「就是令愛。」又問：「她為甚與這面人同坐？」

《新鐫笑林廣記》卷三〈寫真〉

一匠人裝門閂，誤裝門外，主人罵為「瞎賊」。匠答曰：「你便賊！」主怒曰：「我如何倒瞎？」匠曰：「你若有眼，便不來請我這樣匠人。」

《新鐫笑林廣記》卷三〈木匠〉

這兩則譏諷技藝不佳者的笑話均出自《新鐫笑林廣記》，兩位主角技藝之差，都令人啼笑皆非。前一則笑話以老丈人認不出所畫的女兒、女婿來嘲笑畫匠畫技低劣，其中的岳父與畫匠的對話讓人忍俊不禁。後一則笑話以裝門閂出大差錯來嘲笑木匠蠢笨，木匠搶白顧主，越發顯現出其人的不可救藥。

譏諷昏聵猥瑣者的笑話，譬如：

有賣母豬肉者，囑其子諱之；已而買肉者至，子即謂曰：「我家並非母豬肉。」其人覺之，不買而去。父曰：「我已吩咐過，如何反先說起。」怒而撻之。少頃，又一買者至，問曰：「此肉皮厚，莫非母豬肉乎？」子曰：「何如？難道這句話也是我說起的？」

《新鐫笑林廣記》卷五〈母豬肉〉

一人錯穿靴子，一隻底兒厚，一隻底兒薄，走路一腳高，一腳低，甚不合式。其人詫異曰：「今日我的腿，因何一長一短？想是道路不平之故。」或告之曰：「足下想是錯穿了靴子。」忙令人回家去取，家人去了良久，空手而回，謂主人曰：「不必換了，家裡那兩隻，也是一厚一薄。」

《嘻談續錄》卷下〈恍惚〉

這兩則譏諷昏聵猥瑣者的笑話，語言平實而詼諧，令人發噱。前一則笑話寫父子二人皆昏蒙而自以為是，喋喋不休。父子倆拎不清，他家之所以沒有生意，最根本的原因在於他們賣的是母豬肉。後一則笑話寫主僕二人面對穿鞋這樣極其平常的事情都無能為力，一個比一個糊塗，一個比一個沒頭腦，經人點撥也不開竅，竟達到讓人吃驚的程度。

這個時期的勸誡笑話，尚有嘲諷某人善寫別字的《遣愁集・曰字是白字》、嘲笑某婦與和尚通姦被打的《笑倒・打得好》、嘲諷好賭者輸光覓死的《笑倒・上吊》、嘲諷士子才思枯竭的《笑倒・湊不起》、嘲諷好面子者撒謊丟醜的《笑倒・吃糠》、嘲諷經常毆父之不孝子的《笑倒・望孫出氣》、嘲諷官場中皆是會鑽會刺之輩的《笑得好・讓鼠蜂》、嘲諷老秀才沒有學問，卻有不少笑料的《笑得好・笑話一擔》、嘲諷請客吝嗇者招人怨尤的《笑得好・吃水》、嘲諷兄弟倆人人均為自己打算的《笑得好・兄弟合買靴》、嘲諷瞞心昧己者至死不改的《笑得好・開天窗》、嘲諷富人不但不請客，還專門吃人家的《笑得好・吃人》、嘲笑好借貴人之名以矜誇的《笑得好・題呼》、嘲諷假謙虛者言不由衷，留下笑柄的《笑得好・粗月》、嘲諷外貌忠厚，行事狠毒者的《笑得好・門上貼道人》、嘲諷遇事愛誇大其詞者不能自圓其說的《笑得好・方蛇》、嘲笑讀書人無所用心的《笑得好・書是印成的》、挖苦做八股文者專在字句上落筆的《笑得好・三十而立》、嘲笑某人一看書便打瞌睡的《笑得好・瞌睡法》、嘲諷貧窮夫妻做發財的《笑得好・騎馬敗家》、嘲諷一客貪食不顧主人的《笑得好・心疼》、嘲諷東家慢待教書先生的《笑得好・忘記端午》、嘲諷不會說話者自以為是的《笑得好・比送殯》、嘲諷秀才納監者一身酸腐氣的《新鐫笑林廣記・酸臭》、嘲笑一考生慶倖沒完卷而被打，認為做完必定打死無疑的《新鐫笑林廣記・不完卷》、嘲笑一以銀入泮者非孔子弟子，而是孔方兄弟子的《新鐫笑林廣記・謁孔廟》、嘲笑某寺廟和尚既吃肉喝酒又有妻子的《新鐫笑林廣記・追度牒》、嘲諷一畫士寫真技藝太差的《新鐫笑林廣記・鬍鬚像》、嘲笑一閑漢窮而嗻糠，卻裝腔作勢的《新鐫笑林廣記・嗻糠》、嘲諷做了銀匠哪個不偷銀的《新鐫笑林廣記・銀匠偷》、嘲笑主子讓僕人在外面說大話裝体面一再露怯的《新鐫笑林廣記・說大話》、嘲諷性吝者弄巧反拙的《新鐫笑林廣記・莫想出頭》、嘲諷欠帳甚多者不以為恥的《新鐫笑林廣記・坐椅子》、嘲笑一賣鵝者之鵝被換為鴨，竟以為是餓瘦了的《新鐫笑林廣記・鵝變鴨》、嘲諷主人吝嗇，以小杯待客的《新鐫笑林廣記・吞杯》、嘲諷教書先生慵懶，誤人子弟的《嘻談錄・先生晝寢》、嘲諷年輕人貪圖享樂的《嘻談錄・送父上學》、嘲諷家貧者裝闊，不以為恥的《嘻談錄・魂作闊》、嘲諷撒謊吹牛者，恬不知恥的《嘻談錄・兄弟兩謊》、嘲諷婦人假哭，悲不由衷的《嘻談錄・我不去》、嘲諷秀才怕歲考，被學台嚇得驚惶失色的《嘻談錄・怕考生員》、嘲諷醉鬼鬧酒發瘋，無可救藥的《嘻談錄・醉鬼》、嘲諷一讀書人癡而多疑的《嘻談錄・癡疑生》、嘲諷胡亂吹噓者荒唐可笑的《嘻談錄・大蚊》、嘲諷某人延師教其子，館餐菲薄，頓頓吃冬瓜的《一笑・冬瓜》、嘲諷自命為滿腹詩書之人皆食而不化者的《俏皮話・蠹魚》等。

第三節　清代的諧趣笑話

清代諧趣笑話，數量不少。其作品均以逗趣為主旨，常以各種表現手法營造逗樂的藝術效果。它們大都取材於日常生活，非常貼近民眾，易於喚起人們的欣賞樂趣，頗受讀者、聽眾歡迎。其中，有一些佳作構思巧妙，運用各種表現手法抖包袱，在逗趣中表現一定的意蘊，比較耐人尋味。

以誤會法逗趣的，譬如：

> 和尚攜經一部，鐃一副下鄉，代人家做佛事。忽遇一老虎撲來，和尚驚慌無措，拋鐃擊之。虎張口接往，嚼碎吞下。和尚更怕，又用經拋去，虎見經來，急轉頭跑進洞。小虎問曰：「父親搜山，何來之速也？」虎曰：「真晦氣！我遇著一個和尚，只吃了他兩片薄銅，他就拋下緣簿來化緣。虧我跑得快，不然叫我把什麼佈施他。」
>
> 《笑得好》二集〈虎訴苦〉

> 有南人不食雞卵，初至北道早尖，店夥請所食，曰：「有好菜乎？」曰：「有木樨肉。」及獻於几，則所不食者也。慮為人笑，不明言，但問：「別有佳者乎？」曰：「攤黃菜如何？」客曰：「大佳。」及取來，仍是不食者。謬言尚飽，其僕謂前途甚遠，恐致饑，曰：「如此，但食點心可耳。」問：「有佳者否？」店夥以窩果子對。客曰：「多持幾枚來。」及至，則仍不食者，且慚且怒，忍饑而行，遂委頓不堪。
>
> 《笑笑錄》卷六〈雞卵〉

這兩則笑話的笑料都是由誤會引出的，擅長虛構與誇張，相當風趣。前一則笑話中的老虎落荒而逃，皆因誤以為和尚要化緣。後一則笑話中饑腸轆轆的南方客一再挨餓，皆因他不瞭解北方對雞蛋及其所做的菜肴尚有各種叫法，總是鬧誤會。這兩則笑話均有相當的藝術品位，它們在逗樂的同時，也傳達出一定的愛憎，譬如對某些僧人到處要佈施的反感；或者給人一定的啟迪，譬如希望世人到了不熟悉的環境要不恥下問，切忌不懂裝懂。

以對比法逗趣的，譬如：

一人在朋友面前捉著一虱，欲裝體面，故丟下地，啐曰：「我只道是個蝨子。」其友從容拾起來看，曰：「我只道不是個蝨子。」

《笑倒·蝨子》

父教子曰：「凡人說話放活脫些，不可一句說煞。」子問：「如何叫做活脫？」此時適鄰家有借幾件器物的，父指謂曰：「假如這家來借對象，不可竟說多有，不可竟說多無，只說也有在家的，也有不在家的，這話就活脫了。凡事俱可類推。」子記之。他日有客到門，問：「令尊翁在家麼？」子答曰：「也有在家的，也有不在家的。」

《笑得好》初集〈答令尊〉

這兩則笑話都採用兩段體的結構，其笑料都是由強烈對比造成的，也頗風趣。前一則笑話中某人扔掉蝨子並且予以否認，與友人拾起蝨子並且予以確認形成鮮明對比，因而逗笑；後一則笑話中腦子不靈光的兒子在回答父親是否在家時，跟回答借對象一樣用「活脫話」來回答，荒唐至極，因而逗笑。

以巧合法逗趣的，譬如：

學生問先生曰：「屎字如何寫？」師一時忘卻，不能回答，沉吟片晌曰：「咦，方才在口頭，如何再說不出。」

《新鐫笑林廣記》卷二〈屎在口頭〉

一粗心人過年，門前橫批上寫「春光明媚」四字。隨後完婚，又寫「五世其昌」四字，貼於其上。因紙裁小，盡前一貼，露出「媚」前「女」旁，湊成了「五世其娼」四字，貽笑大方。粗心人往往如此。

《嘻談初錄》卷上〈粗心〉

這兩則笑話中巧合的情況雖然各不相同，但都構成笑料，令人噴飯。前一則笑話的「在口頭」原本有兩層含義，與「屎」字巧合，便構成「將『屎』字掛在口邊上」與「將『屎』含在口中」兩種意思，把先生的話理解為後者，就無比滑稽。後一則笑話中的粗心人由於貼聯語橫批重疊不嚴，使後者多一個「女」旁，恰恰成為「五世其娼」，因而荒唐可笑。

以諧音法逗趣的，譬如：

一裁縫上廁坑，以尺插牆上，便完忘記而去。隨有一滿洲人登廁，偶見尺，將腰刀掛在上面。少頃，裁縫轉來取尺，見有滿人，畏而不前，觀望良久。滿人曰：「蠻子，你要甚麼？」答曰：「小的要尺。」滿人曰：「咱囚攮的，屙也沒有屙完，你就要吃（尺）！」

《新鐫笑林廣記》卷三〈要尺〉

一學使按監，有一生員入場時置一蟬於儒巾中，巾內蟬鳴，同坐者聞其聲自儒巾出，無不大笑。宗師以犯規喚之至，究其致笑之由。皆曰：「某號生員儒巾內有聲，故笑。」宗師喚其人至前，欲責之。生員大聲呼曰：「今日生員入場，被父親喚住，將蟬置於巾內，爬跳難受，生員以父命不敢擲去。」宗師怒，問其置蟬於巾之故。答曰：「取頭鳴之意。」

《嘻談初錄》卷上〈頭鳴〉

這兩則笑話，皆因諧音造成逗樂的效果。前一則笑話以「吃（chi）」與「尺（chi）」同音構成笑料，後一則笑話以「鳴（ming）」與「名（ming）」同音構成笑料，無不讓人捧腹。

以妙答法逗趣的，譬如：

武官與文官同席看戲，演《七擒孟獲》。武官曰：「這孟獲如此蠻野，不服王化，七擒七縱，猶且不服，想不到孟子後代竟會有這樣桀驁不馴之人。」眾皆掩口而笑。一文官曰：「吾兄所說極是，到底還是孔子的後代孔明比孟獲強多了。」

《嘻談續錄》卷上〈武弁看戲〉

一縣官謁見大憲，談畢公事，大憲閒談，問曰：「聞得貴縣出猴子，不知都有多大？」答曰：「大的有大人那麼大。」既而覺其失言，乃惶悚欠身而復言曰：「小的有卑職那麼大。」

《嘻談續錄》卷上〈問猴〉

這兩則笑話均以不符合常理的話語，或者以出人意料的回答來構成笑料，產生逗樂的藝術效果。前一則笑話寫一武官誤以為西南少數民族首領孟獲是孟子的後代，一文官以為諸葛孔明是孔子的後代，讓人樂不可支。後一則笑話以縣官在巡撫問及猴子時的愚蠢回答來逗樂，妙不可言。

以讀寫別字法逗趣的，譬如：

一監生愛讀白字，而最喜看書。一日，看《水滸》，適有友人來訪，見而問之曰：「兄看何書？」答曰：「《木許》。」友人詫異，說：「書亦甚多，《木許》一書，實所未見。請教書中所載，均是何人？」答曰：「有一季達（李逵）。」友人曰：「更奇了，古人名亦甚多，從未聞有名季達者。請問季達是何樣人？」答曰：「手使兩把大爹（斧），有萬夫不當之男（勇）。」

《嘻談續錄》卷下〈讀白字〉

一人愛寫別字。一日，因妻兄害眼，欲致書問候，恐寫別字，問友人曰：「『舅』字如何寫？」答曰：「一直，一個『日』字。」此人將一直移在日之下，寫一「旦」字。又問：「『茄』字如何寫？」答曰：「草字頭，一『加』字。」此人誤寫家人之「家」，寫一「蒙」字。又問：「『眼』字如何寫？」答曰：「目旁，加一『艮』字。」此人錯寫樹木之木字，乃援筆大書曰：「信寄大旦子，千萬莫吃秋後蒙，若要吃了秋後蒙，恐怕害了大旦子的根！」

《嘻談續錄》卷下〈寫別字〉

這兩則笑話，均以別字構成笑料。其中的念別字者抑或寫別字者的認字能力實在太差，往往一錯再錯，鬧出一連串的笑話，使讀者、聽眾忍俊不禁。

以自我解嘲法逗趣的，譬如：

有留客吃茶，苦無茶葉，往鄰家借之。久而不至，湯滾則加以冷水，加之既久，鍋都添滿，妻謂夫曰：「茶是吃不成了，留他洗了浴去罷。」

《笑倒‧留茶》

眾瞎子打平夥吃魚，錢少魚小，魚少人多，只好用大鍋瀵湯，大家嘗嘗鮮味而已。瞎子沒吃過魚，活的就往鍋裡扔，小魚蹦在鍋外，而眾瞎不知也。大家圍在鍋前，齊聲贊曰：「好鮮湯！好鮮湯！」誰知，那魚在地上蹦，蹦在瞎子腳上，呼曰：「魚沒在鍋裡！」眾瞎嘆曰：「阿彌陀佛！虧得魚在鍋外，若在鍋中，大家都要鮮死了。」

《嘻談續錄》卷下〈瞎子吃魚〉

這兩則笑話，都以故事主角的自我解嘲來造成逗樂的效果。前一則笑話在自我解嘲中，燒水的目的竟由留客吃茶變為留客洗澡，十分滑稽逗樂。後一則笑話通過自我解嘲，使一樁本來頗為尷尬的事情，變得瀟灑有趣，引人發噱。

以自作聰明法逗趣的，譬如：

一人做桌要省，木匠迎其意曰：「只做兩腳，倚楹而用，可也。」

一夕月明，欲移放庭中，難於安頓，召匠責問。匠曰：「你在家裡可以省得，若在外邊卻如何省得？」

《笑得好》初集〈兩腳桌子〉

一人謀做褲而吝布，連喚裁縫，俱以費布辭去。最後一縫匠云：「只須三尺足矣。」其人大喜，買布與之。乃縫一腳管，令穿兩足在內。其人曰：「迫甚，如何行得？」縫匠曰：「你脫煞要省，自然一步也行不開的。」

《新鐫笑林廣記》卷九〈獨管褲〉

這兩則笑話，皆以故事主角自作聰明構成笑料。前一則笑話為了省木料，只給桌子做兩條腿；後一則笑話為了省布料，只將褲子縫成一隻腳管。他們自作聰明的行為無不違背常理，使其處于尷尬境地，令人竊笑。

除此之外，像嘲諷迷信者討彩頭出洋相的《笑倒・利市》、嘲諷自我欣賞，洋洋得意者的《笑倒・腳像觀音》、嘲笑瞎子、矮子、駝子比拼說大話的《笑倒・爭座位》、嘲笑買賣雙方討價還價均把自己繞進去的《笑倒・賣糞買糞》、嘲笑一僕人怕羞，設法掩飾自己身份的《笑倒・插草標》、嘲笑有人掩飾其過失，卻無濟於事的《笑得好・響屁》、嘲笑赴喜酒壽筵說不吉利話的《笑得好・壽字令》、嘲笑修腳匠誤以為刻圖書者是同行的《新鐫笑林廣記・同行》、嘲笑客人沒筷子而讓主人賜水洗手，以便用指頭拈菜的《新鐫笑林廣記・借水》、嘲笑呆子連皮吃生柿子的《新鐫笑林廣記・呆子》、嘲笑新人初夜解不開褲子發急，被誤認為是害羞的《新鐫笑林廣記・死結》、嘲笑妻子防範老公與小妾同房的《新鐫笑林廣記・罰真咒》、嘲諷囉嗦可笑者的《嘻談錄・萬字信》、嘲笑賊子偷窮人非但一無所獲，而且險遭不測的《嘻談錄・窮人遇賊》、嘲笑性急者遇到性緩者頗為尷尬的《嘻談錄・問靴價》、嘲笑好睡主人請好睡客人，一個比一個好睡的《嘻談錄・好睡》、嘲諷遇事刻板，不知靈活應對的《嘻談錄・蘇空頭》、嘲諷一老生動輒說「淡而無味」竟鬧笑話的《一笑・淡而無味》、嘲笑性遲緩者與性急躁者各有特色的《一笑・緩者與性急》等，也這個時期比較有代表性的諧趣笑話。

第四節　清代的葷笑話

中國古籍文獻中保存的葷笑話，最初見於明代，但是數量非常有限，僅有《解慍編》卷四〈僧對鳥〉、〈大杜小杜〉，《廣笑府》卷四〈詠尼詩〉，卷五〈醉後〉、〈種韭菜〉、〈雙斧劈柴〉，卷六〈好色〉、〈倒烏龜〉、〈造化〉，卷十〈捶碎夜壺〉，《笑府》卷上〈燒香〉、〈咬牙〉，《古今譚概》卷五〈羅長官〉等。到了清代，葷笑話大量出現在笑話集中，《笑倒》、《笑得好》、《新鐫笑林廣記》、《嘻談錄》、《笑林廣記》等均收有數量不等的葷笑話。其中，以《笑得好》、《新鐫笑林廣記》、《嘻談錄》三書最為突出。清代的葷笑話，內容頗為豐富，涉及夫妻性愛、偷情、同性戀以及其他各種正常和扭曲的性生活。它們從性事的獨特視角曲折地反映當時的家庭生活、社會生活。這一類笑話，良莠不齊，既有生動有趣的作品，也有庸俗無聊的作品。其中的不少作品，帶有不同程度的記實性、揭露性、諷刺性，具有一定的認識價值和欣賞價值。

描述新婚生活的葷笑話，譬如：

> 有女嫁於異鄉者，歸寧，母問：「風土相同否？」答曰：「別事都一樣，只用枕不同。吾鄉把來墊頭，彼處墊在腰下的。」
>
> 《新鐫笑林廣記》卷六〈用枕〉

> 一窮人娶親，一切喜事所用，無一不是賒借而來。對新人曰：「為你多方設措，費盡苦心。今日見面，要與你暢所欲為，方酬我艱難辛苦。」於是攜手上床，寬衣。正要雲雨，忽聽有人叫門。披衣下床，出來一問，卻是討首飾錢的，答以「明日再來。」關門上床，正欲行事，門外又有人來叫，趕緊下床，到門前一問，說是討酒席錢的，答以「改日送去。」又關門上床，剛要動手，又聽叩門。窮人把婦人往旁邊一推，大怒曰：「我不想接了一個婦人，倒像摟著一個帳主。」
>
> 《嘻談初錄》卷下〈窮人娶親〉

這兩則有關新婚生活的葷笑話，都頗為有趣。前一則笑話從一個生活細節來表現新婚夫妻的性生活，含蓄而逗趣。後一則笑話描寫窮漢新婚之夜準備過夫妻生活時的特殊境遇，在取笑中把窮人的辛酸與憤懣表現得淋漓盡致，讀來讓人感慨良多。

描述再婚續娶的葷笑話，譬如：

老翁續娶一嫗，其子夜往竊聽，但聞連呼「快活」，頻叫「爽利」。子大喜曰：「吾父高年，尚有如此精力，此壽徵也。」再細察之，乃是命嫗抓背。

《新鐫笑林廣記》卷四〈抓背〉

有娶後婚者，初夜交合，夫將那話放入，而婦不覺也。問夫曰：「進去否？」夫曰：「早進去了。」婦遂假蹙眉曰：「怪不得，我此時有些疼。」

《嘻談初錄》卷上〈再醮〉

這兩則葷笑話，表現了不同年齡階段的再婚續娶者夫妻生活的不同狀況。前一則笑話從一個特殊的視角表現老年人的再婚生活，以性事來描寫老人的日常生活，其樂融融，讓人玩味。後一則笑話從正面描寫再婚者的夫妻性生活，通過性生活細節來表現再醮婦人的乖巧與體貼，平實詼諧，讀來趣味盎然。

描述老年夫妻生活的葷笑話，譬如：

翁與嫗行房，嫗恥其寬，以手向臀後捏緊。翁亦苦陽痿，以兩指襯貼，導之使進。嫗曰：「老兒，你緣何在那裡使搭頭？」翁曰：「老娘，強如你在背地打後手。」

《新鐫笑林廣記》卷六〈使搭頭〉

老翁好飲，老嫗總不與之飲。一日天寒，老夫婦對面向火，嫗興發動，拉翁行房，翁以天寒不舉答之。嫗曰：「有何術能使之舉？」翁曰：「非飲酒不可。」嫗忙與之酒，且令翁上床飲，屬曰：「如舉時，先要通知我。」翁曰：「你那老傢伙也宜烤一烤，如烤熱了，也要通知我。」翁遂上床，一味痛飲，瓶已告罄，忽聞嫗語曰：「熱了。」翁曰：「熱了，再給我斟一杯。」

《嘻談續錄》卷上〈翁嫗向火〉

這兩則有關老年夫妻性生活的笑話，讀來都讓人感到溫馨。前一則笑話著重表現歲數較大的老年人在性能力減退的情況下，勉強過性生活的狀況，老兩口彼此打趣，透露出相親相愛的深情。後一則笑話寫冬夜老夫妻倆一個對飲酒感興趣，一個對行房感興趣，相互調侃，相互照顧，其樂融融。

揭露爬灰的葷笑話，譬如：

一翁欲偷媳，媳與姑說明，姑云：「今夜你躲過，我自有處。」乃往臥媳床，而滅火以待之。夜深翁果至，認為媳婦，雲雨極歡。既畢，嫗罵曰：「老殺才，今夜換得一張床，如何就這等高興！」

《新鐫笑林廣記》卷六〈換床〉

昔某甲賣古董為業，其媳少艾，欲偷之。媳訴於婆。一日婆代媳臥，翁往摸之。嫗乃夾緊以自掩飾。翁認為媳，極口稱讚，以為遠出婆上。嫗罵曰：「臭老賊！一件舊傢伙也不認得，你還賣什麼古董！」

《嘻談初錄》卷上〈賣古董〉

舊時公公偷兒媳往往成為民間笑話的一個題材。這兩則嘲諷翁偷媳的笑話，都描寫爬灰翁欲對兒媳非禮時，婆婆李代桃僵，捉弄并指責其丈夫，讓爬灰翁出乖露醜，無言以對。前後兩則對於婆婆形象的刻畫，落墨不多，卻都非常生動。

揭露出家人的葷笑話，譬如：

官命道士祈雨，久而不下，怪其身體不潔，褻瀆神明，以致如此。乃盡拘小道，禁之獄中，令其無可掏摸。越數日，獄卒稟曰：「老道士祈雨，小道士求晴，如何得有雨下？」官問何故，獄卒曰：「他在獄念道：『但願一世不下雨，省得我們夜夜去熬疼。』」

《新鐫笑林廣記》卷八〈祈雨〉

一道士與婦人私，正行事，忽聞其夫叩門。老道慌甚，棄頭上道冠在床而去。夫上寐，摸著道冠一看，乃木雕空殼，中嵌泥塑小人，問曰：「此物從何而來？」妻曰：「是我下身常用的套子。」夫曰：「泥塑小人嵌在木雕空殼之中，明明是一個道冠。何能抵賴！」妻曰：「臭烏龜，你不要狐疑了，如今的冠（與「官」同音）哪個不是木雕空殼，哪個不是泥塑小人！」

《嘻談初錄》卷下〈木雕泥塑〉

這兩則葷笑話，描寫的都是出家人的不軌行為，幽默詼諧，富有揭露性和批判性。前一則笑話通過老道士祈雨、小道士求晴的反常舉措，披露並嘲諷道觀中的污穢行為。後一則笑話在揭露出家人與一婦人通姦劣跡的同時，亦對老百姓憎恨的官吏進行嘲諷，頗為辛辣。

嘲諷貪官污吏的葷笑話，譬如：

有稅司妻與閘官、獄官妻，三人會飲座中，偶談起夫男做官賺錢之法。稅司妻曰：「我們須要人來睡（稅）得多，銀子才索得多。」閘官妻曰：「我們全要水多，才有銀子用。」獄官妻曰：「我們全靠傢伙緊，人才肯出些銀子。」

《笑得好》二集〈官妻飲敘〉

一尼僧到施主人家化緣，天氣暑熱，見老爺赤條條睡在醉翁床上，露出陽物，豐偉異常。尼進內，對太太點頭贊曰：「你老人家幾世修來的？如此享受？」太太說：「阿彌陀佛，你只見他外觀有耀，你哪知他虛有其表。若有事用他之時，畏葸不前，連一點主腔骨兒都沒有，不過是一個最滑的官罷了！」

《嘻談初錄》卷下〈虛有其表〉

這兩則葷笑話，藉助性事的描述來揭露和嘲諷百姓痛恨的官吏，言辭尖刻，不留情面。在前一則笑話中，官太太們的談話仿佛都涉及性事，實際上無不在念斂財經。作品將貪官污吏比作妓女來譏諷，借此顯示出世人對他們的蔑視與憤恨。後一則笑話借官太太談夫妻性生活話語，來譏諷官老爺的奸滑狡詐，讀來亦頗解氣。

嘲諷庸醫爛醫的葷笑話，譬如：

一人有一妻二妾，死後，妻妾繞屍而哭。妻撫其首，曰：「我的郎頭呀！」次捏其足，曰：「我的郎腳呀！」又次者無可哭得，只得握其陽物曰：「我的郎中呀！」

《新鐫笑林廣記》卷三〈哭郎中〉

一呆子之婦陰內生瘡，癢甚，請外科治之。醫生知其夫之呆也，乃曰：「宜用『紅玉膏』搽之，然必須我親搽，方知瘡之深淺。」夫曰：「悉聽尊便。」乃以「紅玉膏」抹龜頭上，與婦行事。夫在旁觀之，點頭曰：「若不是這點紅在龜頭上，我就要疑心了。」

《嘻談續錄》卷上〈搽藥〉

這兩則葷笑話，採用幽默詼諧的表現手法，對醫術極差、不講職業道德的醫生加以抨擊和嘲諷。前一則笑話將世人憎恨的醫生比作死人的陽物來嘲誚，突顯出厭惡之情。後一則笑話揭露並諷刺不道德的醫生耍手段欺瞞弱智者，借機姦污其妻，缺乏做人、行醫的起碼道德，十分可憎可恨。

嘲諷舉人秀才的葷笑話，譬如：

一秀士新娶，夜分就寢，問於新婦曰：「吾欲雲雨，不知娘子尊意允否？」新人曰：「官人從心所欲。」士曰：「既蒙俯允，請娘子展股開肱，學生無禮又無禮矣。」及舉事，新婦曰：「痛哉，痛哉！」秀才曰：「徐徐而進之，渾身通泰矣。」

《新鐫笑林廣記》卷二〈行房〉

一舉子年少而美，每入場，即夢人戲其後庭，而總格格不能入。從此屢得此夢，屢落孫山，殊覺不快。後又進場，仍夢如前，覺身後物挺然特入，與前夢大不相侔，甚覺欣幸。自謂「今秋必中無疑！」既而思之，覺被人狎昵時·不像是夢；復又思之，簡直的不是夢。

《嘻談初錄》卷上〈嘲舉子〉

這兩則葷笑話，對舉人、秀才竭盡嘲諷挖苦之能事。前一則笑話通過新婚之夜行房的描寫，奚落秀才郎的酸腐勁兒，甚為可笑。後一則笑話譏諷某舉子才疏學淺，一次次名落孫山，為了討個好兆頭，竟以被人玩弄為幸事，實在可悲。

嘲諷陰陽先生的葷笑話，譬如：

一風水父子同室。其子與媳欲合，乃從頭摸起曰：「密密層層一座山。」至乳則曰：「兩峰高聳實非凡。」至肚則曰：「中間好塊平陽地。」至陰戶則曰：「正穴原來在此間。」父聽見，乃高叫曰：「我兒有如此好地，千萬留來把我先埋葬在裡面。」

《新鐫笑林廣記》卷三〈風水〉

一人善卜，又喜詼諧。有以孕之男女來問者，卜訖，拱手恭喜曰：「是個夾卵的。」其人甚喜，謂為男孕無疑矣。及產，卻是一女，因往咎之。卜者曰：「維男有卵，維女夾之。有夾卵之物者，非女子而何？」

《新鐫笑林廣記》卷三〈卜孕〉

這兩則葷笑話，對陰陽、蔔師的嘲諷，無論其思想性、藝術性都達到較高的水準。前一則笑話通過兒子行房前的戲耍與念唱，將風水先生父子「三句話不離本行」的情狀描繪得活靈活現，令人發噱。後一則笑話寫占卜師預卜胎兒性別時隨機應變、左右逢源，譏諷並抨擊其欺騙性，讓人厭惡。

以逗趣為題旨的葷笑話，譬如：

> 吳人種地者，為其鄰竊蔬果，大罵曰：「你們春天偷我的嬸（筍），夏天偷我的妹（梅）子，到冬天還要偷我的老婆（蘿蔔）。」
>
> 《笑倒・連偷》

> 鄉下親家新制佳釀，城裡親家慕而訪之，冀其留飲。適親家他往，親母命子款待，權為荒榻留宿。其親母臥房止隔一壁，親家因未得好酒到口，方在懊悶。值親母桶上撒尿，恐聲響不雅，努力將臀夾緊，徐徐滴瀝而下。親家聽見，私自喜曰：「原來才在裡面濾酒哩，想明早得嘗其味矣。」親母聞言，不覺失笑，下邊鬆動，尿聲急大。親家拍掌嘆息曰：「真是命窮，可惜濾酒榨袋又撐破了。」
>
> 《新鐫笑林廣記》卷九〈命窮〉

這兩則葷笑話，都非常逗樂、風趣。前一則笑話利用一詞多義（「偷」既有竊取之意，又有發生不正當男女關係之意）和諧音法（吳地「嬸」與「筍」、「妹」與「梅」、「老婆」與「蘿蔔」諧音）產生逗趣的效果，該人罵的是一種意思，聽的又是另外一種意思——無不同苟且之事有關。後一則笑話運用誤會法將濾酒與便溺兩件本來不相關的事情聯繫起來，接二連三地發生誤會，一個接一個地抖包袱，產生了強烈的逗趣的效果。

這個時期的葷笑話，尚有寫夫妻交合時用比喻來互相開玩笑的《笑倒・破傘之喻》、寫一中年娶妻者謊稱其為再婚的《笑倒・手氏》、寫有人為官司事上門找到書吏不遇，其妻回話露醜的《笑得好・不許看看》、寫過夫妻生活時，彼此以對方生殖器逗樂的《笑得好．又支又抽》、寫船戶與讀書人行酒令時，船婦用行房來對答的《笑得好．船戶酒令》、寫買萵苣時，一婦女說長道短被繞了進去的《笑得好．說萵苣》、寫三秀才與妓女調情的《新鐫笑林廣記．釁門》、寫接生婆嘲弄不正經傢夥的《新鐫笑林廣記．罵先生》、寫一人吃春藥興奮後贊不絕口的《新鐫笑林廣記．好郎中》、寫船家夫妻行房時互相以性事打趣的《新鐫笑林廣記．水手》、寫相士強為人看相，盛讚其人陽具的《新鐫笑林廣記．觀相》、寫一病婦誤會醫生話語，竟答非所問，十分尷尬的《新鐫笑林廣記．問有貓》、寫新婚之夜佳人以對聯挑逗新郎的《新鐫笑林廣記．洞房佳偶》、寫洞房花燭夜新娘教新郎行房的《新鐫笑林廣記．呼不好》、寫夫妻將行房而有礙兩子在旁，讓人啼笑皆非的《新鐫笑林廣記．嗔兒》、寫妻子設法讓好睡丈夫過性生活的《新鐫笑林廣記．捉蛇蚤》、寫老翁偷媳，一輩傳一輩的《新鐫笑林廣記．毛病》、寫老年夫妻行房，互相鼓勵的《新鐫笑林廣記．謝金口》、寫寺中避雨時僧人與尼姑調情的《新鐫笑林廣記．掙命》、寫皂吏防範妻子偷情的《新鐫笑林廣記．換班》、寫一好男風者與老翁胡來的《新鐫笑林廣記．壽板》、寫一老僧後園出恭時讓筍尖刺入臀眼，小沙彌罵其為「天報」的《新鐫笑林廣記．天報》、寫夫妻反目後行房，妻子稱丈夫陽具為「和事老」的《新鐫笑林廣記．和事》、寫某婦在丈夫面前掩蓋與鄰人私通醜態的《新鐫笑林廣記．聽笑話》、寫一賣茶客以問購買茶葉粗細來挑逗買茶婦人的《新鐫笑林廣記．茶屑》、寫一丈夫久客歸家過性生活的《嘻談錄．我也擠他》、寫小兩口過夫妻生活時彼此逗趣的《嘻談錄．吃齋》、寫老翁行房力不從心的《嘻談錄．打上頭來》、寫某人與一少年在夜船上發生同性戀關係的《嘻談錄．念書》、嘲諷愛潔嫖客嫖妓的《嘻談錄．聞洋煙》、嘲諷老和尚看見女色也動春心的《嘻談錄．和尚抱鼓》、嘲諷老爺好男風醜態百出的《嘻談錄．犬像老爺》、嘲諷別駕新婚之夜鬧笑話的《嘻談錄．六品銜》、嘲笑捕役貼封條防範妻子偷漢的《嘻談錄．驗封》、揭露稅局官員借罰漏稅之機玩弄鄉下人的《嘻談錄．怕雷》、嘲笑過性生活時丈夫因不滿足而與妻子爭吵的《嘻談錄．夫妻頂嘴》、嘲笑呆子過性生活傻氣十足的《嘻談錄．呆子成家》、嘲諷窮商人以其陽具挑逗新婦的《嘻談錄．有本有利》等。

第十四章　清代的民間寓言

清代民間寓言，廣泛見於這個時期的各種筆記本小說集、笑話故事集。就總體而言，清代民間寓言繼續保持了明代民間寓言的良好發展態勢，作品較多，涉及的社會生活面較廣，藝術品質較高。不僅如此，清代民間寓言，不論是人事寓言還是擬人寓言，其世俗化、生活化的特色都相當明顯，跟這個時期的幻想故事、寫實故事、民間笑話的狀況大體上是一致的。

第一節　清代的人事寓言

清代民間寓言中的人事寓言和擬人寓言，作品的數量大致相同。而在人事寓言所包含的具有幻想性特色的人事寓言和具有寫實性特色的人事寓言兩類作品中，前者略多於後者。

一、清代的幻想性人事寓言

清代具有幻想性特色的人事寓言，故事主角大多是民眾熟悉的各種市井人物，諸如商賈、店家、官吏、武弁、醫生、屠夫、僧道、僕役、小販、推車漢、接生婆等等。不少作品故事性較強，生動有趣，寓意較深，能夠給人們以啟迪和教益。譬如：

> 江甯有西域賈胡，見人家几上一石，欲買之。凡數至，主人故高其值，未售也。一日，重磨洗，冀增其價。明日胡賈來，驚嘆曰：「此至寶，惜無所用矣！石列十二孔，按十二時辰。每交一時，輒與紅蟢子布網其上，後網成，前網即消。乃天然日晷也。今蟢子磨損，何所用之？」不顧而去。
>
> 《香祖筆記》卷七〈賈胡買石〉

浙江衢州某村王老嫗者，貧無所賴，臨溪結草廬而居，日為人浣衣，藉以糊口。溪邊有巨石一方，每擣衣於上，既歷年歲，石遂光潤可鑑。忽有江西大賈過其地，願以千金購之。嫗喜訝兼集，知必有異，因請益無厭。賈曰：「囊中資不敷，俟我至餘杭更益千金，重來交易耳。」訂期而別。嫗思寶物而慢藏，未免誨盜，乃請人運石於床下，守護惟謹。

至期，賈匆匆至村，急詢石所在。嫗告以故，賈頓足不已，連呼可惜，曰：「我前日在數里外望見村有寶氣，蹤跡至此，識石中有活兔一、能吸日精月華，係希世珍，是以不靳重值。今來此地，正怪寶氣已散，孰意為爾閉置幽室，三光莫睹，兔必餓死矣！」嫗猶未深信，賈立召石工削之，果得小玉兔，大如鼠，潔白無比。嫗始神喪色沮，自恨福薄。以兔贈賈，賈仍予百金，俾作終老之資焉。

《里乘》卷九〈玉兔〉

這兩則寓言流傳於江、浙一帶，無論是西域胡人覓寶，還是江西客覓寶，他們所欲購買之寶物均為奇石。前一則寓言寫寶物主人毀寶，皆因盲動，而其人的盲動乃源於貪心。它告誡世人：凡事切忌盲動，更不可貪心。後一則寓言寫老嫗毀寶，則因過於小心謹慎。它提醒人們：遇事要多瞭解情況，不能憑主觀想像辦事，否則就可能造成難以彌補的損失。又如：

邑西白家莊民某，盜鄰鴨烹之。至夜，覺膚癢。天明視之，茸生鴨毛，觸之則痛。大懼，無術可醫。夜夢一人告之曰：「汝病乃天罰。須得失者罵，毛乃可落。」鄰翁素雅量，每失物，未嘗征於聲色。民詭告翁曰：「鴨乃某甲所盜。彼甚畏罵焉，罵之亦可懵警將來。」翁笑曰：「誰有閒氣罵惡人。」卒不罵。某益窘，因實告鄰翁。翁乃罵，其病良已。

《聊齋誌異》卷五〈罵鴨〉

吾鄉有甲乙相友善也，而皆貧。值寒食，甲墓祭歸，見道旁有破棺遺骸暴露。甲惻然，歸家取畚鍤為之掩覆。是夕夢一繭袍人來感泣作謝，曰：「蒙君子澤及枯骨，泉下無以為報。僕生時習六壬數，君從今可垂簾於市，僕當少效微勞，亦可為救貧之計。」甲疑為素所不習，鬼曰：「但聽我言，自當有驗。」甲謝之，醒而異焉。竊念一寒至此，何妨姑試其術。於是懸牌招紙，凡問卜者，鬼輒教之剖斷。有失物告者，鬼陰語甲曰：「此物在渠家房後西北廂複壁內，然非人所竊也。」甲以語某，果如其言獲之。蓋其妻臨臥，以珠環置鏡臺上，為鼠所銜入也。里中某翁家一白犬，忽於空中起，行至牆頭，翁遂病傷寒劇甚。往問之，占曰：「此有野鬼求食，祀之可愈。」家人歸祀之，病良已。由是其門如市，年餘積貲累千金。

乙偶詣甲，詢其何遽神驗乃爾。甲述其由，乙心羨之焉。歸後亦荷畚鍤至郊外，覓得敗棺，如其法行之而返。是夜果有一鬼來謝，其狀顰眉蹙額，襤褸如丐。乙遂告以所欲，鬼欣然願為效力。乙大喜，以為指日可作富家翁矣，遂亦托其術。無何，問以所卜，鬼輒曰：「明日來。」易一人，鬼又曰：「明日來。」乙皆知其言應之。其人輒懷卦金而返，翌日更無有過而問焉者。乙還以責其鬼，鬼曰：「某生前凡遇索債者，則應之以是。其他固未嫻也。」言已寂然，自是絕不復至。某懊恨不已，訪諸邑中，其人蓋以負欠累累，憂鬱成疾而死者也

《埋憂集》卷九〈負債鬼〉

這兩則寓言各有寓意，均故事性較強，讀來很有興味。前一則寓言用一個很獨特的故事，說明改過必須痛下決心，而痛下決心的前提則是承認過失。如果不正視過失，不痛下決心，是難以改過自新的。民間寓言的寓意往往具有多重性。後一則將甲乙二人的作為進行對比，不但說明凡事不可急功近利，做好事不應該貪圖報答；而且說明學習他人的優點、長處，不可盲目模仿，否則很可能不尷不尬，十分被動。再如：

金華山中多虎，有人於道上遇一勇士，自言善搏虎。款至家，扣其技，頗精，村中咸以酒肉啖之，求其捕虎。勇士每夜出，不操尺寸刀杖，村中好事者欲偕行，辭勿許。明晨歸，腥血滿身，而又一無獲，人咸疑之。晝臥於室，鼾聲如雷，窺之，虎也。驚相告語，操器刺之，啟門躍出，大吼而去。

《松筠閣鈔異・金華勇士》

河南孟縣民某甲，篤信神仙修煉之術，事呂仙甚虔，常以不得一見為恨。一日，獨游於西嶺湯王廟，徘徊瞻眺，冀有所遇。忽有人負衣囊匆匆而至，視之，乃素識之某乙，梨園中角色也。問甲曰：「君何所思，豈又思見呂仙乎？呂仙在天上，安可得見？無已，吾為君扮一呂仙可乎？」乃解衣囊出冠服服之，背負長劍，手執麈尾，曰：「君視吾似呂仙否？」曰：「甚似。」乙曰：「然則呂仙亦不過如此，求見奚為？此去十許里有某村，方演劇，待吾登場，吾去矣。」乃解所服佩，仍置囊中，負之而去。甲惘然久之，因亦徐行至某村，將睹優，則寂無所見。問之村人，皆言無其事，甚怪之。他日又與某乙遇，問何誑我？乙言：「是日我初未遇君，何誑之有？」乃悟所遇真呂仙，失之交臂矣。

《右台仙館筆記》卷十「失之交臂」

這兩則寓言，分別流傳於南北兩地，從不同的角度來探討識別真偽這一個既具有現實性，又富有哲理性的問題。前一則寓言通過打虎之事說明，識別真偽不能只聽一面之詞，或者僅憑一時印象來進行判斷。而必須仔細觀察，認真分析。否則很容易上當受騙，甚至鑄成大錯。後一則寓言通過遇到神仙之事說明，為人處事要想取得成功，達到預期的目的，不但要忠誠、執著，而且還要有分析能力和辨別能力。否則，即使機會來了也把握不住，往往失之交臂，後悔莫及。

這個時期的幻想性人事寓言，尚有寫膽小者夜宿畏鬼，竟被捕鼠狸貓嚇得喪魂落魄的《觚賸・鬼誤》、寫夢想得道升仙者，終因凡塵未淨而失掉機會的《述異記・遇仙得喑》、寫鬼魅貌似可怖，其黔驢技窮也就不可怕的《子不語・鬼有三技過此鬼道乃窮》、寫大言不慚者自以為了不起，一經考驗便狼狽不堪的《夜譚隨錄・永護軍》、寫沒有能力解決問題者，不能貿然行事，否則會引來麻煩，甚至遭遇不測的《夜譚隨錄・朱外委》、寫盲目行動很可能把事情辦壞，造成損失的《閱微草堂筆記・額都統》、寫邪不勝正，膽大無畏者必將立於不敗之地的《松筠閣鈔異・褐衣道士》、寫畏鬼者越是怕鬼，越會被鬼戲弄的《耳食錄・賣酥餅者》、寫心存恐怖者勢必難辨真假，很容易帶來惡果的《耳食錄・雲陽鬼》、寫夫妻反目就可能給邪惡勢力留下可乘之機，很可能帶來危險的《耳食錄・床上鬼》、寫用人不當，勢必事與願違的《笑得好・吃人》、寫被嚇後膽小如鼠，往往會從一個極端走到另一個極端的《明齋小識・旅店怪》、寫奸猾者處處損人利己，最終不會有好結果的《咫聞錄・鄉民趙子壽》、寫人們遇事不可貪得無厭，否則會竹籃打水一場空的《咫聞錄・陳安張福》、寫世人妄想學道成仙者猶如癡人說夢的《誌異續編・學仙》、寫攻克難關者貴在堅持，否則很可能功虧一簣的《聞見異辭・煉丹》、寫世人得意外之財產，禍事很可能接踵而至的《蔗尾叢談・金蠶》、寫安貧樂道者無災無害，見利忘身者自尋煩惱的《蝶階外史・捉雞得銀》、寫貧者吃苦耐勞，才不會被鬼神揶揄，甚至小康日子的《里乘・樵夫某甲》、寫無畏者有恃無恐，往往在不經意處失誤的《庸庵筆記・鬼笑可畏》、寫耍花招者可能事與願違，很可能弄得狼狽不堪的《嘻談錄・土地還願》、寫某鬼一旦當上土地神後即忘恩負義，必然被人唾棄的《右台仙館筆記・批神頰》、寫因不識寶物竟將寶物遺棄，勢必後悔莫及的《醉茶志怪・白塔寺》、寫不聽勸告，趕快懸崖勒馬者，終將自取滅亡的《醉茶志怪・杜生》、寫從小事得到啟發，在最倒黴之時把握住機會，必將時來運轉的《趼廛筆記・一文錢》、寫世人採取某些措施非但達不到目的，有時甚至適得其反的《俏皮話・開門揖盜》、寫心存善念者會逢兇化吉，怙惡不悛者必遭報應的《南皋筆記・獵者記》等。

二、清代的寫實性人事寓言

清代具有寫實性特色的人事寓言，也比較豐富。它們大多從日常生活中發掘創作題材，以小見大，闡發比較深刻的寓意。此類寓言較之前一類人事寓言更加富有生活氣息，更加貼近民眾。譬如：

鄉人某者，偶坐樹下，捫得一虱，片紙裹之，塞樹孔中而去。後二三年復經其處，忽憶之，視孔中紙裹宛然。發而驗之，虱薄如麩，置掌中審顧之。少頃，掌中奇癢，而虱腹漸盈矣。置之而歸，癢處核起，腫數日，死焉。

《聊齋誌異》卷八〈藏虱〉

邑有農夫，見田間烏與蛇鬥，掘其下，得元寶二枚，懷歸。自以為暴富，杜門，不出為傭。家人促之，輒云：「有此壯膽物，何屑為人役？此後須人求我，我更何求於人？」呼銀為「小老虎」，閒時把玩或拋向空中以為戲。一日，誤落頭上，患風身斃，醫藥棺殮，洽敷其用。

《醉茶志怪》卷二〈小老虎〉

這兩則寓言，均由日常事件提煉而成，具有比較濃郁的生活氣息。前一則寓言提醒世人切莫忽視小事情、小問題，因為不在意，有時候小事甚至可能釀成大禍，甚至到了不可收拾的程度。後一則寓言說明禍福可以相互轉換。如果好事處理不當，就可能變為壞事，甚至帶來風險。又如：

俗以喜人面諛者曰「戴高帽」。有京朝官出仕於外者，往別其師。師曰：「外官不易為，宜慎之。」其人曰：「某備有高帽一百，逢人則送其一、當不至有所齟齬也。」師怒曰：「吾輩直道事人，何須如此？」其人曰：「天下不喜戴高帽如吾師者，能有幾人歟？」師頷其首曰：「汝言亦不為無見。」其人出，語人曰：「吾高帽一百，今止存九十九矣。」

《一笑》「高帽子」

仙洲言：甲乙比屋而居，甲婦善詞令，逑好甚敦，乙婦語無倫次，時遭唾罵，頗患苦之，因刻意慕擬甲婦，將取悅於其夫也。一晚甲歸，婦適浴，淋漓水濕，不便著衣，遂赤身啟戶。甲讓之，低聲曰：「我知道是你。」甲乃一笑置之。乙婦竊窺之，竊幸已得秘要。他日乙夜歸，剝啄聲急，其婦故緩裳衣，掬水遍澆其體，乃始從容啟扉。乙久待不至，已有怒意，及見如此光景，遽破口大罵，婦窘甚，遂噭然曰：「我知道是你！」乙愈怒曰：「然則你說是誰也？」大肆捶楚，體無完膚。夫同比五字，輕重不同，而語意各異。可見取法於人，貴有斟酌，失重失輕，不為乙婦之續者鮮矣。

《燕南瑣憶·甲乙二婦》

這兩則寓言，較之上面那兩則寓言更富有哲理性。前一則寓言說明為人處世，時時刻刻都須當嚴格要求自己，保持頭腦清醒。否則，一旦放鬆警惕，就可能在不知不覺中做出自己否定自己的事情。後一則寓言說明學習他人的優點、長處，一定要抓住要領，掌握精髓。否則，便不可能達到目的，甚至誤入歧途，留下笑柄。

這個時期的寫實性人事寓言，寫為人處事應適可而止，不能貪得無厭的《聊齋誌異·藥僧》、寫與人為善者，自己終將受益的《北墅奇書·推車漢與衣繭袍者》、寫凡事當循循善誘，用謊言騙哄他人，難以持久的《續子不語·沙彌思虎》、寫辦事提出要求易，真正做到難的《笑得好·滅火性》、寫辦事要講究方法，以一樣方法應對不同事物不會有好結果的《諧鐸·壯夫縛虎》、寫養尊處優必然消磨鬥志，看問題以偏概全是不足取的《耳食錄·天下無良貓》、寫遇事須當冷靜分析，不可輕易懷疑他人的《耳食錄·張小姐》、寫某些看起來非比平常之龐然大物，也可能虛有其表的《新鐫笑林廣記·焦面鬼》、寫安貧樂賤者可以自在如常，一旦為錢財所累則不得安寧的《小豆棚·賣菜李老》、寫世人不能憑主觀臆斷辦事，必須深入瞭解和分析，切忌誇誇其談的《閱微草堂筆記·河中石獸》、寫被豢養小狼終存噬主之心，對其切不可存任何幻想的《閱微草堂筆記·狼子野心》、寫世人凡事不可貪得無厭，錯過機會將後悔莫及的

《咫聞錄・蚌中珠佛》、寫說法者言行不一、勢必陷入尷尬境地的《誌異續編・心頭火》、寫凡事與人方便，自己方便，寬厚待人者必得善報的《埋憂集・無錫老人》、寫塵世間無人不可為善，無時不可為善的《北東園筆錄・馬翁》、寫為人恃勇輕敵者，很可能遭遇不測的《蟲鳴漫錄・武舉女》、寫人們遇事不認真調查，匆忙下結論，很可能出差錯，造成嚴重後果的《蟲鳴漫錄・鼠竊卵》、寫在人際交往中同樣一句話，因對方理解不同，其效果可能截然不同的《右台仙館筆記・何必塗面來》、寫為人處事只有臨危不懼才可能隨機應變，化險為夷的《此中人語・童子獲虎》、寫得到意外之財不一定是好事，或許因此倒黴，甚至遭遇不測的《醉茶志怪・小老虎》等。

第二節　清代的擬人寓言

一、清代的動物寓言

清代的擬人寓言，以動物寓言居多。清代動物寓言的故事主角，大多數是人們常見的動物，諸如貓、鼠、雞、狗、鴿、猴、虎、獅、狸、鸛、獺、龜、蛇、魚、蜂、蟹、蚊、蠅、蠍子、麻雀、孔雀、鷓鴣、杜鵑、蝴蝶、蜘蛛、壁虎、蜈蚣、蚯蚓、揚子鱷等。它們往往通過生動的故事情節來闡發各種富有哲理性的見解，讓世人從中獲益。不少動物寓言內涵豐富，其寓意可以從不同的視角去理解、領悟，見仁見智。

這個時期的動物寓言佳作，趣味盎然，令人回味。譬如：

> 天津某寺，鸛鳥巢於鴟尾。殿承塵上，藏大蛇如盆，每至鸛雛團翼時，輒出吞食淨盡。鸛悲鳴數日乃去。如是三年，人料其必不復至，而次歲巢如故。約雛長成，即徑去，三日始還。入巢啞啞，哺子如初。蛇又蜿蜒而上。甫近巢，兩鸛驚，飛鳴哀急，直上青冥。俄聞風聲蓬蓬，一瞬間，天地似晦。眾駭異，共視一大鳥，翼蔽天日，從空疾下，驟如風雨，以爪擊蛇，蛇首立墮，連催殿角數尺許，振翼而去。鸛從其後，若將送之。巢既傾，兩雛俱墮，一生

一死。僧取生者置鐘樓上。少頃，鸛返，仍就哺之，翼成而去。

《聊齋誌異》卷八〈禽俠〉

一蜈蚣盤旋蚓穴之上。蚓匿穴中，忽探首拔去蜈蚣一足。蜈蚣怒欲入穴，而穴小不能容。正傍徨旋繞，蚓復乘間拔其一足。蜈蚣益怒，而無如之何，守穴口不肯去。蚓都涉及遂漸拔其足。閱一時許，則蜈蚣已無足，身雖未死而不能轉動，橫臥於地，如僵蠶焉。蚓乃公然出穴，噬其腹而吸食之。

《庸庵筆記》卷四〈物性相制〉「蚓食蜈蚣」

這兩則動物寓言，均涉及弱者對抗強者的題旨，都具有一定的思想意義。前一則寓言說明倚強凌弱者有恃無恐，不可一世。但強中更有強中手，為惡者最終要遭到懲罰，絕不會有好下場。後一則寓言說明在不可一世的強者面前，弱者只要敢於反抗，善於鬥爭，很可能會制服強者，取得最終勝利。又如：

江邊有老鴉與烏龜結拜兄弟，各爭為兄。龜設計哄鴉云：「我與你賭過江，先過者為兄。」鴉暗想，此江一飛即過，龜爬的幾日，也不得過，乃依從。鴉即一翅飛過江左，叫曰：「烏龜何在？」龜即應曰：「在此！」鴉奇龜何法過江得快，因說：「如今再飛過江右，先到者為兄。」龜又許之。鴉又挺翅一飛而過在江右，叫曰：「烏龜何在？」龜即應曰：「在此！」鴉因疑惑，乃約曰：「如今再賭到江左去，先到者一定為兄，更無他說。」龜又允，鴉因飛至江心，忽叫：「烏龜何在？」江左江右齊應曰：「在此！」原來是江左一龜，江右又一龜也。鴉凝睛定翅，罵曰：「你兩個烏龜，哄得我一個好呢？」

《笑得好》二集〈鴉龜爭兄〉

百鳥飛鳴林木間，或棲止於屋上．雞見而妒羨之，以為同是羽類，我何獨不能高翔。乃竭力振翮，居然飛至屋上，喔喔長啼，自鳴得意。主人見之，以為不祥，捉而殺之。將殺未殺之際，他雞嘲之曰：「何苦強欲高飛，致罹殺身之禍。」此雞笑曰：「若真一孔之見哉，我今雖被殺，然已得見屋上之風景；若汝等伏處櫪下，眼界不開．而將來仍不免一殺，何若我之得開眼界而死者哉。」

《俏皮話・雞》

這兩則寓言，都從為人處世的修養來闡發主題思想。前一則寓言說明合作者應當相互尊重，精誠團結，而不該爭強好勝，相互算計。否則，無法與人共事，彼此貌合神離是不會有好結果的。後一則寓言有兩層意思，一方面說明為人處世須當從實際出發，不可好高騖遠，作不切實際的事情。否則，很可能自尋煩惱，甚至深陷困境。另一方面說明，犯了錯誤，有了過失，應當及時總結經驗教訓，認真反思，而不可進行強辯，死不認帳。

此外，像說明以智取勝，就會收到很好效果的《聊齋誌異・大鼠》、告誡世人不可因一時勝利而放鬆戒備，否則可能大禍臨頭的《七經紀聞・狸與鴿》、說明入侵者可以得逞於一時，但終將被懲處的《諾皋廣志・鸛復仇》、說明眾志成城，牢不可破，一旦有隙可乘便會潰敗的《里乘・魚城》、說明只要方法得當，就可能以弱勝強的《庸庵筆記・物性相制・蜘蛛與蛇》、說明遇事性急蠻幹，勢必被動，甚至付出沉重代價的《庸庵筆記・物性相制・壁虎與蠍》、提醒世人當有自知之明，萬萬不可自吹自擂的《俏皮話・記壁虎》、告誡世人切莫因偶然得手而忘乎所以的《俏皮話・記鼠》、說明如果存心進行打擊報復，總是會找到各種藉口的《俏皮話・鳳凰孔雀》、說明為惡之人只有洗心革面方可自保其身的《南皋筆記・雞鼠語》等，也通過動物世界的各種趣事來揭示有關社會、人生的哲理。

在這個時期的動物寓言中，有相當一部分作品以詼諧逗趣見長，帶有不少笑話色彩，頗具藝術魅力。譬如：

貓兒眼睛半閉，口中呼呀呼呀的坐著。有二鼠遠遠望見，私謂曰：「貓子今日改善念經，我們可以出去得了。」鼠才出洞，貓子趕上，咬住一個，連骨俱吃完。一鼠跑脫向眾曰：「我只說他閉著眼念經，一定是個良善好心，那知道行出來的事，竟是個吃人不吐骨頭的。」

《笑得好》初集〈吃人不吐骨頭〉

老虎欲吃猢猻，猻誑曰：「我身小，不足以供大嚼。前山有一巨獸，堪可飽餐，當引導前去。」同至山前，一角鹿見之，疑欲啖己，乃大喝云：「你這小猢猻，許我拿十二張虎皮送我，今只拿一張來，還有十一張呢？」虎驚遁，罵曰：「不信這小猢猻如此可惡，倒要拐我抵銷舊帳！」

《新鐫笑林廣記》卷七〈抵償〉

這兩則寓言，都從有關弱者與強者的題材來展開故事，闡發寓意。前一則寓言一方面說明，識人觀變應該作深入瞭解，不能被表面現象迷惑。否則，很可能上當吃虧，甚至付出沉重代價。另一方面說明，偽善者偽裝得再好，遲早也會被人識破。後一則寓言說明，只有臨危不懼，處于劣勢的弱者才可能急中生智，想出對付強敵的辦法，化險為夷。又如：

喜鵲與烏龜結盟，喜鵲為弟，烏龜為兄。把兄謂把弟曰：「我二人如此莫逆，我想帶你到水晶宮看看龍門貝闕，異寶奇珍。」喜鵲說：「我也想帶你到雲霄殿看看廣寒兜率，月姊嫦娥。」烏龜說：「你何不先帶我上天，然後我再帶你下海。」喜鵲應允，烏龜爬在喜鵲背上。喜鵲雙翅飛起，偏遇打彈弓的，開弓一彈，正中把兄尊蓋，翻身掉將下來。喜鵲不見了把兄，飛到各處找尋。找了半天，忽見把兄掉在煙囪上，四腳懸空，仰頭觀望。上前問曰：「把兄受驚！你天也沒有上成，在此空了半日，想必腹中饑餓？」烏龜說：「我卻不餓，在此雖沒得吃，還有幾口煙過癮。」

《嘻談初錄》卷下〈龜鵲結盟〉

蝶翩翩飛舞花間，顧影自憐，日以尋香摘蕊為事。忽蠶蛾飛至，欲近與蝶語，蝶譏之曰：「吾與汝雖似同類，然吾文采斕斑，翩翩多致，醉香飽豔，傅粉塗金，文人引入詩章，畫家摹為粉本。其視汝之笨拙肥重，無所見長者，為何如也。」蠶蛾默然遂退。他日蛾與蝶皆死，同見冥王，冥王察得蛾能布散蠶種，吐絲成帛，衣被蒼生，命轉生為富家子，以酬其功。蝶徒以文采媚人，一無所長，且專以醉香迷色為事，罰令轉世為娼，俾仍以媚人業，且不失其迷醉本色。

《俏皮話・蛾蝶結果》

這兩則寓言在探討為人處世的道理時，寓意較深，頗有見地。前一則寓言一方面說明處理重要事情，必須深思熟慮，計畫周詳，切忌輕舉妄動，以免造成損失。另一方面說明，一旦出了問題，造成損失，就應當認真總結經驗教訓，而不可等閒視之。後一則寓言說明華而不實者自鳴得意，藐視他人，結局可悲；樸實無華者默默無聞，卓有貢獻，前程光明。

這個時期的動物寓言，像勸告怨天尤人者須得往寬處想，切莫鑽牛角尖的《笑倒・驢馬相爭》、說明好友之間應當互諒互讓，而不能勾心鬥角，彼此算計的《笑得好・鴉龜爭兄》、說明勢利眼心腸小、眼光淺，只重衣冠不重人的《笑得好・麻雀宴請》、提醒世人要警惕笑面虎耍花招，以免上當受騙的《新鐫笑林廣記・祝壽》、提醒世人切莫被表面現象迷惑，以至喪失警惕的《新鐫笑林廣記・心狠》、告誡人們，朋友之間應力避互相猜忌和傷害的《新鐫笑林廣記・嘲惡毒》、提倡朋友之間應當以誠相待，而不能捉弄對方的《嘻談錄・蚊蟲結拜》、既提醒善良之人，定要防範借拉關係坑害朋友，又說明惡人橫行霸道，遲早會遭到報應的《嘻談錄・蜂雀結拜》、告誡追逐個人名利者，莫要因爭強好勝而成為犧牲品的《俏皮話・狼施威》、說明過分貪圖享樂者，很可能遇到意外打擊的《俏皮話・蛇》、說明清高之士何能與逐臭之夫為伍的《俏皮話・蒼蠅被逐》、說明倘若自己沒有主見，就會意被人左右而無所適從的《俏皮話・鷓鴣杜鵑》、告誡世人不要以為自己有所仗恃便可以放肆的《俏皮話・論象》等動物寓言，也都立意不俗，而且幽默詼諧，頗為有趣。

二、清代的其他擬人寓言

清代的其他擬人寓言，數量較少。其故事主角大都為人體器官、日常用品、勞動工具、衣物服飾、礦產金屬等。它們雖然大多沒有生命，或者沒有獨力性，但經過擬人化的描寫，往往生動活潑，具有個性，給人留下較為鮮明的印象。譬如：

> 鼻與眉爭座位，鼻曰：「一切香臭，皆我先知，我之功大矣。汝屬無用之物，何功之有，輒敢位居我上？」眉曰：「是則然矣，假如鼻頭坐上位，世上有此理否？」
>
> 《新鐫笑林廣記》卷七〈爭座〉

> 松木謂樟木曰：「我所出之松香，其氣香，汝所出之樟腦，其味辣，汝不及我多多矣。」樟木曰：「汝只被人解作板片，鋪作地板，供人踐踏。我卻雕作神像，受人叩拜，汝如何及得我。」松木曰：「我雖受人踐踏，卻也有做棟樑的時候，汝雖受人叩拜，不過被通人呼作木偶。何況還有做成高底，為女子填腳的時候呢。」
>
> 《俏皮話・木嘲》

> 火石與火鐮，相撞相擊而生火。火石曰：「此我蘊蓄之火也，於鐮無與焉。」火鐮亦曰：「此我擊撞而出之火也，於石何與焉？」於是鐮與石，各自以為是，背道而馳。一日，石欲得火，撞於他物之上，百撞不得火也。鐮欲得火，擊於他物之上，其不得火也亦如石。於是知相依之可貴，相與言和，復歸一處，寸步不離。以為如是，則隨時可得火矣。火絨聞之，趨而遠避。鐮與石相撞相擊，火星四射，而旋起旋滅，有如電光，卒不得燃。君子於此，嘆剛柔相濟之功也。
>
> 《俏皮話・火石》

這三則寓言，分別以人體器官、植物、生活用具為故事主角，無不以處理好人際關係為關注點。第一則寓言說明爭名爭利者總以為自己高人一等，目空一切，不可能和合作夥伴搞好關係，定然受到白眼。第二則寓言說明待人接物，當以寬厚為本，彼此尊重。如果自以為是，互相蔑視，很可能成為孤家寡人。第三則寓言說明社會成員各有分工，彼此之間往往有著相互依存的關係，和則相得益彰，分則兩敗俱傷。

這個時期的其他擬人寓言，像勸告世人不可隨便拉幫結派的《笑倒・連宗》、提醒世人遇事不應當互相推諉的《新鐫笑林廣記・鞋襪訐訟》、告誡世人切不可爭強好勝的《新鐫笑林廣記・軟硬》、提倡交友須切合實際，不可任意高攀的《嘻談錄・通譜》、倡導和解，反對爭名奪利的《嘻談錄・鼻硬》、說明互相拆臺，害人害己的《俏皮話・手足》、感嘆世間褒貶不當，待遇不公的《俏皮話・銅訟》、勸人處世當有自知之明，不可存非分之想；只有謙虛處世，方可立於不敗之地的《俏皮話・空心大老官》、感嘆世道變壞，非具有歹毒之性者難以生存的《俏皮話・無毒不丈夫》等篇什，也有一定的代表性。

第十五章　清代的民間故事類型

清代歷時近三百年，是中國古代民間故事全面發展的鼎盛時期。中國古代民間故事類型在這個時期，除繼續推動先前各個時期形成的眾多故事類型進一步演變、發展外，又出現了將近一百五十個新的故事類型。這一批新出現的故事類型，門類相當齊全，大多數頗為活躍。這是一個兼有總結與過渡特點的承上啟下時期。在這個時期近三百年間，中國古代民間故事類型的產生、發展最終畫上了一個句號，并且以文獻記載的形態定格。但是，中國民間故事類型並沒有因這個時期的終結而不復發展、演變。就總體而言，中國民間故事類型在現當代時期進入了一個大發展的新階段，其發展的勢頭遠遠勝過古代任何一個時期。而現當代的大發展卻是以古代民間故事類型為基礎的。沒有古代民間故事類型這個牢固的基礎，就不可能出現現當代民間故事類型的蓬勃發展。清代則是中國民間故事類型由古代階段跨入現當代階段的過渡時期。

清代與民間故事類型關係密切的書籍頗多，主要有褚人穫纂輯《堅瓠集》（忘八無恥型故事、官多法亂型故事、壽誕題詩型故事、見雞行事型故事首見於此書），蒲松齡撰《聊齋誌異》（水災救母型故事、捨命護金型故事、斫蟒救親型故事、馬曳賊亡型故事首見於此書），陳皋謨纂輯《笑倒》（誤哭遭打型故事、滿盤都是型故事、望孫出氣型故事、插草標型故事、腳像觀音型故事、連偷罵型故事初見於此書），石成金撰《笑得好》（貪官誓聯型故事、爛盤盒型故事、再出恭型故事、吃人不吐骨型故事、今年好晦氣型故事、活脫話型故事、笑話一擔型故事、驅鬼符型故事、長生藥型故事、瞌睡法型故事、不利語型故事、出門一時好型故事、趙錢孫李型故事、三字同形型故事首見於此書），袁枚撰《子不語》（誤殺奇案型故事、騙人參型故事、售牆行騙型故事、九九翁娶親型故事、沙彌思虎型故事、雷擊皮鼓型故事首見於此書），遊戲主人輯《新鐫笑林廣記》（他更有理型故事、打噴嚏型故事、母豬肉型故事、跳蚤藥型故事首見於此書），慵訥居士撰《咫聞錄》（巧辨子型故事、審笆斗型故事、審案濟困型故事、巧辨子型故事、犀牛毛型故事、娶木偶型故事、神言發跡型故事首見於此書），青城子撰《誌異續編》（八錢宴客型故事、激怒痘髮型故事、換畫騙局型故事、倍與之錢型故事首見於此書），吳薌厈撰《客窗閒話》（謀夫疑案型故事、父似董卓型故事、移屍免禍型故事、妙計換人型故事、再打三斤型故事、烏須藥型故事首見於此書），采蘅子撰《蟲鳴漫錄》（盛暑披裘型故事、戲僧罰資型故事、零買缸型故事、戲父遺矢型故事、鼠竊卵型故事、舉手褲落型故事、甲乙爭妻型故事首見於此書），獨逸窩退士輯《笑笑錄》（報荒減糧型故事、戴高帽型故事、聖賢愁型故事、嘲太監型故事首見於此書），小石道人輯《嘻談錄》（蘿蔔對型故事、恭喜也罷型故事、官讀別字型故事、讀白字型故事、白字先生型故事、先生妙喻型故事、求你別寫型故事、老前輩型故事、五大天地型故事、堂屬問答型故事、問猴妙答型故事、半「魯」席型故事、糊塗蟲型故事、匾嘲二匠型故事、嘲醫詩型故事、不改父業型故事、誆騙老虎型故事、城鄉蚊子型故事、一厚一薄型故事、懶人吃餅型故事、瞎子吃魚型故事首見於此書），徐珂編《清稗類鈔》（是狼是狗型故事、過去未來妙品型故事、門中一龜型故事、請上坐型故事、改字免死型故事、咬舌案型故事、巧審「善人」型故事首見於此書），李鐸撰《破涕錄》（清和橋型故事、父子騎驢型故事、先生我兒型故事、狗爹媽型故事首見於此書）。

這個時期與民間故事關係密切的書籍尚有趙吉士輯《寄園寄所寄》（「旦白堂」型故事、巧制官衣型故事、嘲死禿型故事首見於此書），鈕琇撰《觚賸》（佛寺人蛸型故事、虎口餘生型故事首見於此書），王士禛撰《池北偶談》（仙佛留像型故事、妾擊賊型故事首見於此書），許仲元撰《三異筆談》（吃糞解「毒」型故事、出遊現醜型故事首見於此書），錢泳撰《履園叢話》（什麼東西型故事、平上去入型故事首見於此書），程趾祥撰《此中人語》（不知修（羞）型故事、死魚復活型故事首見於此書），丁治棠撰《仕隱齋涉筆》（改石滾型故事、訂貨騙局型故事首見於此書），劉鐵冷撰《鐵冷叢談》（被子官司型故事、落臼關型故事首見於此書），憨齋士纂輯《笑林博記》（粗心婦型故事、父滿門型故事首見於此書）以及屈大均撰《廣東新語》、陳夢雷等原輯《古今圖書集成》、東軒主人撰《述異記》、張潮輯錄《虞初新志》、無名氏撰《施公案》、李元度撰《先正事略》、沈起鳳撰《諧鐸》、清涼道人撰《聽雨軒筆記》、樂鈞撰《耳食錄》、紀昀撰《閱微草堂筆記》、俞蛟撰《夢廠雜著》、余金輯《熙朝新語》、諸聯撰《明齋小識》、朱梅叔撰《埋憂集》、許秋垞撰《聞見異辭》、胡式鈺撰《竇存》、許奉恩撰《里乘》、陸長春撰《香飲樓賓談》、黃協塤撰《鋤經書舍零墨》、胡文炳編撰《折獄高抬貴手補》、昭槤撰《嘯亭雜錄》、高繼衍撰《蝶階外史》、黃鈞宰撰《金壺七墨》、老人南山撰《香草談薈》、俞樾撰《茶香室續鈔》與《一笑》、李元伯撰《南亭筆記》與《南亭四話》、李慶辰撰《醉茶志怪》、李霖撰《燕南瑣記》、小橫香室主人編《清朝野史大觀》、梁溪坐觀老人編述《清代野記》、拾遺室主人編《閑中話》、吳個廠撰《笑話大觀》、楊汝泉編《滑稽故事類編》等。

第一節　清代寫實故事類型

在清代新出現的民間故事類型中，寫實故事方面的故事類型最為豐富，達八十多個，占總數的二分之一強。這些新出現的故事類型，門類相當齊全，涉及社會生活和家庭生活的許多方面。其中頗為引人注目的是諷刺故事、案獄故事、詩對故事和機智故事四種故事類型，前三種故事類型的數量與明代大致相同，繼續保持了蓬勃發展的態勢，後一種故事類型在寫實故事方面的故事類型中第一次形成強勢，更值得關注。

這個時期新出現的諷刺故事方面的故事類型，觸及面更廣，亦頗為辛辣、有趣。它們既有嘲諷貪官污吏腐敗與昏庸的貪官誓聯型故事、再出恭型故事、五大天地型故事、堂屬問答型故事、糊塗蟲型故事、死要錢型故事、烏須藥型故事；又有譏刺為富不仁者劣跡與醜態的見雞行事型故事、吃人不吐骨型故事、娶木偶型故事、「旦白堂」型故事；還有嗤笑世人各種缺點、毛病的戴高帽型故事、望孫出氣型故事、母豬肉型故事、懶人吃餅型故事、粗心婦型故事、父子騎驢型故事。

這一類故事類型，大多頗受民眾喜愛，不脛而走。其中，有的在這個時期已多有記載，至現當代流傳亦廣。譬如，見雞行事型故事，這個時期分別見於《堅瓠集》、《新鐫笑林廣記》、《滑稽故事類編》、《笑林博記》等，現當代仍在四川、陝西、河南、山西、寧夏、上海等地流傳。又如，五大天地型故事，這個時期分別見於《嘻談錄》、《笑林廣記》、《清稗類鈔》等，現當代仍在北京、上海、江蘇、浙江、福建、湖南、四川、貴州、陝西、湖北、河南、河北、山東、山西等地的漢族和個別少數民族聚居區流傳。有的故事類型，這個時期記載不多，到了現當代却流傳廣泛。譬如，粗心婦型故事，這個時期僅於《笑林博記》，現當代在江蘇、上海、安徽、四川、陝西、寧夏、河北、黑龍江等地的漢族和個別少數民族聚居區流傳。

這個時期新出現的案獄故事方面的故事類型，有浮脂辨盜型故事、曬銀字型故事、誤殺奇案型故事、審笆斗型故事、巧辨子型故事、審案濟困型故事、謀夫疑案型故事、義犬告狀型故事、謀殺奇案型故事、一女三配型故事、還叩頭型故事、鄉人拭糞型故事、斗米斤雞型故事、咬舌案型故事、巧審「善人」型故事、被子官司型故事等十六個，從不同側面揭露古代社會末期的各種社會矛盾和社會問題，表現了廣大民眾渴求懲惡揚善、扶危濟困、伸張正義的願望，以及對於富有智慧和同情心的清官廉吏的期盼，使中國古代案獄題材的故事類型更加充實、完善。

這一批故事類型大都廣為人知，二三百年來一直流傳不衰。試看，誤殺奇案型故事自《子不語》首次錄寫後，在《耳食錄》、《北東園筆錄》、《蝶階外史》、《塗說》、《醉茶志怪》、《香草談薈》、《札記小說》、《清朝野史大觀》、《清稗類鈔》等書中均有記載，多有變異，現當代仍在江蘇、浙江、四川、河北、山西、遼寧、吉林等地的漢族和個別少數民族聚居區流傳。審笆斗型故事分別見於《咫聞錄》、《中國偵探案》等書，現當代仍在廣東、安徽、浙江、福建、河南、河北、山西、寧夏、吉林等地的漢族和個別少數民族聚居區流傳。一女三配型故事先後見於《南亭筆記》、《中國偵探案》、《不用刑審判書》、《清稗類鈔》、《雜談掇拾》（病堯撰）、《新世說》、《大清見聞錄》等書，異文迭出，現當代仍在上海、江蘇、福建、河南、河北、山西、四川、湖北、廣東、廣西、海南、內蒙古等地的漢族和一些少數民族聚居區流傳。

這個時期新出現的詩對故事方面的故事類型，數量不少，亦不乏精彩的內容。吟詩故事類型有壽誕題詩型故事、八錢宴客型故事、聖賢愁型故事、柳絮飛來型故事、不知修（羞）型故事、嘲醫詩型故事、清和橋型故事、拆字酒令型故事、三字同形型故事；對聯故事類型有忘八無恥型故事、什麼東西型故事、貪官誓聯型故事、蘿蔔對型故事、是狼是狗型故事、請上坐型故事、不改父業型故事、父滿門型故事、端午妙對型故事。它們無論是比較文雅的，還是比較粗俗的，往往都明白曉暢，饒有興味，在不同程度上展現出民眾的藝術才華，並且閃爍著針砭時弊，嘲弄權貴，笑對人生的智慧火花，因而廣為傳播，風靡全國。其中，出現較早的故事類型，有不少屢見於文獻記載，至今仍然流傳甚廣。譬如，壽誕題詩型故事先後見於《堅瓠集》、《增訂解人頤廣集》、《清朝野史大觀》、《笑話大觀》、《笑林博記》等，現當代流布於河北、河南、湖北、四川、上海、江蘇、浙江、江西、福建的地。又如，聖賢愁型故事先後見於《笑笑錄》、《嘻談錄》、《笑林廣記》、《笑話大觀》等，現當代流布於四川、雲南、湖南、湖北、江西、福建、廣西、浙江、上海、江蘇、安徽、山東、山西、河北、黑龍江、吉林、內蒙古、寧夏、甘肅、青海、陝西等地。再如，什麼東西型故事先後見於《履園叢話》、《笑笑錄》、《清朝野史大觀》、《清稗類鈔》、《大清見聞錄》、《南亭四話》、《畏廬瑣記》等，現當代流布於山西、河北、河南、湖北、湖南、四川等地。有的故事類型雖然出現較晚，見諸文字記載者較少，但在現當代卻廣為流傳，知名度頗高。譬如，清和橋型故事這個時期僅見於《破涕錄》，現當代流布於湖南、湖北、江西、上海、安徽、廣西、雲南、河南、陝西、青海、甘肅、寧夏、內蒙古等地。

這個時期新出現的機智故事方面的故事類型，數量甚多，遠遠超過此前的任何一個時期，計有報荒減糧型故事、馬曳賊亡型故事、妾擊賊型故事、倍與之錢型故事、半「魯」席型故事、吃糞解「毒」型故事、出門一時好型故事、戲僧罰資型故事、媒氏巧言型故事、出遊現醜型故事、訂貨騙局型故事、戲父遺矢型故事、零買缸型故事、改石滾型故事、門中一龜型故事、狗爹媽型故事、系褲帶型故事等近二十個。這些故事類型，從各種不同的角度展現出故事主人公的智慧與謀略。它們多數涉及反抗掠奪、懲治奸徒。嘲諷不良世風等內容，具有一定的積極社會意義；也有一部分涉及捉弄婦女、欺負弱者的內容，格調不高，無積極意義可言。這個時期新出現的機智故事類型，有不少在當時已多有記載，到現當代流傳更為廣泛。譬如，吃糞解「毒」型故事，這個時期先後見於《三異筆談》、《庸閑齋筆記》、《仕隱齋涉筆》、《清朝野史大觀》、《大清見聞錄》、《滑稽故事類編》等書，現當代仍在河南、山西、陝西、四川、湖北、湖南、貴州、寧夏、江蘇、浙江、上海、江西、福建、廣東、臺灣、廣西、雲南等地的漢族和某些少數民族聚居區流布。有一些故事類型，在這個時期記載不多，但在現當代卻廣為流傳。譬如，半「魯」席型故事，這個時期僅見於《嘻談錄》、《笑林廣記》，現當代則在湖北、湖南、浙江、北京、河北、河南、陝西、廣西的漢族和個別少數民族聚居區地流傳。此類機智故事類型，現當代大多附著在各種機智人物書生身上，因而流布日廣其思想傾向隨之發生不同程度的變化，往往增加了一定的積極意義。

除了上述四類之外，這個時期新出現的寫實故事方面的故事類型，尚有兩類比較引人注目，即與訟師有關的故事類型和與騙子有關的故事類型。前者有盛暑披裘型故事、父似董卓型故事、移屍免禍型故事、妙計換人型故事、改字免死型故事、咎由自取型故事等；後者有騙人參型故事、售牆行騙型故事、換畫騙局型故事、名醫遇騙型故事、訂貨騙局型故事、落臼關型故事等。其中，有不少故事類型清代以來一直流傳較廣。譬如，移屍免禍型故事，這個時期先後見諸《客窗閒話》、《折獄龜鑑補》、《清朝野史大觀》、《清稗類鈔》、《中國惡訟師》等，現當代流傳於浙江、上海。江蘇、福建、廣東、江西、安徽、湖北、四川、陝西等地。又如，落臼關型故事，這個時期僅見於《鐵冷叢談》，現當代流傳於湖北、四川、雲南。廣西、福建、浙江、江蘇等地的漢族和某些少數民族聚居區。

在這個時期新出現的寫實故事方面的故事類型裡面，尚有關於家庭、親友、工匠、僧侶、盜賊等內容的故事類型，數量不大，卻有一些比較有名的故事類型。譬如，父子同拜堂型故事、日久見人心型故事、水災救母型故事、巧制官衣型故事、沙彌思虎型故事、獲盜銀型故事。其中，有不少故事類型至今仍廣為流傳。試看，父子同拜堂型故事，這個時期分別見於《埋憂集》、《里乘》、《清稗類鈔》、《稀奇古怪不可說》等書，現當代流傳於北京、河北、山西、甘肅、四川、湖北、江西、浙江、上海等地。巧制官衣型故事，這個時期分別見於《寄園寄所寄》、《歸田瑣記》、《履園叢話》、《清稗類鈔》等書，現當代流傳於江蘇、浙江、廣西、河北、青海等地的漢族和個別少數民族聚居區。

第二節　清代其他故事類型

這個時期新出現的民間笑話方面的故事類型，數量雖然不及明代多，但亦有三十多個，占總數將近五分之一、而且一不少藝術品質較高，膾炙人口。像嘲諷笑話方面的爛盤盒型故事、他更有理型故事、再打三斤型故事、懶人吃餅型故事、官讀別字型故事、白字先生型故事、趙錢孫李型故事；勸戒笑話方面的滿盤都是型故事、望孫出氣型故事、驅鬼符型故事、不利語型故事、求你別寫型故事、恭喜也罷型故事、懶人吃餅型故事；諧趣笑話方面的腳像觀音型故事、活脫話型故事、笑話一擔型故事、一厚一薄型故事、懶人吃餅型故事、瞎子吃魚型故事，都有一定的代表性。其中，有不少故事類型流布時間較長，至今仍然為人們津津樂道。譬如，不利語型故事，這個時期先後見於《笑得好》、《嘻談錄》，《笑林廣記》、《笑林博記》等書，現當代流傳於四川、陝西、山西、內蒙古、河北、河南、湖北、江蘇、上海、浙江、福建等地。又如、官讀別字型故事，這個時期先後見於《嘻談錄》，《笑林廣記》、《笑話大觀》等書，現當代流傳於河南、河北、天津、內蒙古、四川、陝西、貴州、福建等地。

清代新出現的幻想故事、民間寓言、民間傳說方面的故事類型，共計二十多個，比明代稍多一點，但數量仍然很有限。不過，在每一類中都有一些知名度比較高的故事類型，它們至今仍然在許多地區流傳。試看：

幻想故事方面的型神言發跡型故事，這個時期僅見於《咫聞錄》，現當代廣泛流傳於新疆、西藏、青海、甘肅、寧夏、陝西、山西、河南、上海、浙江、福建、江西等地的漢族和一些少數民族聚居區。桃花女鬥法型故事，這個時期僅見於《聞見異辭》，現當代流傳於黑龍江、河北、山西、河南、湖北、海南等地。

人事寓言方面的戴高帽型故事，這個時期見於《笑笑錄》、《見聞瑣錄》、《一笑》、《笑林博記》等書，現當代流傳於上海、浙江、江西、湖南、湖北、河北、天津、黑龍江、內蒙古、山東、四川、陝西、寧夏等地的漢族和個別少數民族聚居區。動物寓言方面的城鄉蚊子型故事，這個時期先後見于《嘻談錄》，《笑林廣記》、《笑話大觀》等書，現當代流傳於河北、山東、上海、浙江、福建、湖北等地。

名臣傳說方面的老頭子型故事，這個時期先後見於《嘯亭雜錄》、《椒生隨筆》、《清朝野史大觀》、《清稗類鈔》、《清代名人軼事》、《破涕錄》、《滑稽故事類編》等書，現當代流傳於現當代流傳於陝西、河北、河南、山東、上海、湖北等地。個個草包型故事，這個時期先後見於《鋤經書舍零墨》、《嘻談錄》，《笑林廣記》、《清朝野史大觀》、《清稗類鈔》、《新世說》、《清代野史》、《清代名人軼事》、《破涕錄》、《滑稽故事類編》、《笑林博記》等書，現當代流傳於江蘇、上海、浙江、安徽、江西、山東、河北等地。地方傳說方面的望娘灘型故事，這個時期先後見於《廣東新語》，《井蛙雜記》、《古今圖書集成》等書，現當代流傳於四川、雲南、貴州、廣西、湖南、湖北、上海、浙江、河南、陝西等地。

第十六章　清代的民間故事採錄與編選

第一節　清代的民間故事採錄

清代是中國古代採錄民間故事的頂峰時期，成就甚為突出。這個時期湧現的熱心採錄民間故事的文化人和收有民間故事的著作，遠超過歷史上的任何一個時期。清代熱心采錄民間故事的文化人，涉及許多方面。他們既有有一定社會地位的官吏兼學者、文學家，譬如《觚賸》的作者鈕琇、《池北偶談》的作者王士禛、《子不語》的作者袁枚、《夜譚隨錄》的作者和邦額、《閱微草堂筆記》的作者紀昀、《誌異續編》的作者青城子（宋永岳）、《三異筆談》的作者許仲元、《墨餘錄》的作者毛祥麟、《庸庵筆記》的作者薛福成、《右台仙館筆記》的作者俞樾；又有小說作家，譬如《堅瓠集》的作者褚人穫、《聊齋誌異》的作者蒲松齡、《笑得好》的作者石成金、《小豆棚》的作者曾衍東、《瀛壖雜志》的作者王韜、《夜雨秋燈錄》的作者宣鼎、《三借廬筆談》的作者鄒弢、《南亭筆記》的作者李伯元、《趼廛筆記》的作者吳趼人；文學家，譬如《因樹屋書影》的作者周亮工、《蔗尾叢談》的作者李調元，還有終身未仕的文人，譬如《述異記》的作者東軒主人、《螢窗異草》的作者長白浩歌子、《聽雨軒筆記》的作者清涼道人（徐承烈）、《明齋小識》的作者諸聯、《埋憂集》的作者朱翊清、《醉茶志怪》的作者李慶辰，以及未入流的小官、閑官、幕客，譬如《諧鐸》的作者沈起鳳、《耳食錄》的作者樂鈞、《夢廠雜著》的作者俞蛟、《咫聞錄》的作者慵訥居士、《守一斋笔記》的作者金捧閭、《履園叢話》的作者錢泳、《客窗閒話》的作者吳薌厈、《里乘》的作者許奉恩、《仕隱齋涉筆》的作者丁治棠。這些熱心採錄民間故事的文化人繼承了我國自先秦以來的優良傳統，從不同的管道發現並將各種口耳相傳的民間故事錄寫下來，收進他們的著作中，使大量的清代民間故事得以保存和流傳，為後世留下了一筆豐厚的民間文學遺產。

清代熱心採錄民間故事的文化人在錄寫民間故事時，雖然有詳有略，不盡相同，但是他們大多能夠以平實的語言來錄寫民間故事，比較忠實地保持其原貌，一般都不妄加改動。從忠實記錄民間故事的視角來考察，像《述異記》、《子不語》、《聽雨軒筆記》、《耳食錄》、《咫聞錄》、《誌異續編》、《聞見異辭》、《蝶階外史》、《蟲鳴漫錄》、《右台仙館筆記》、《此中人語》等書，都值得稱道。《閱微草堂筆記》在記錄民間故事方面有許多優點和長處，總的講來還是比較忠實的，但採錄者有在錄寫民間故事時發議論的癖好，甚至借作品中的人物之口發議論，不能不帶來一定的負面影響。

清代採錄民間故事諸家著作，各有特點，大致分為三類：第一類以採錄民間故事為主要目的，即《子不語・序》所說「廣采遊心駭耳之事，妄言妄聽，記而存之」。此類著作有《述異記》、《子不語》、《聽雨軒筆記》、《耳食錄》、《閱微草堂筆記》、《咫聞錄》、《誌異續編》、《祇可自怡》、《北東園筆錄》、《聞見異辭》、《蝶階外史》、《蟲鳴漫錄》、《庸庵筆記》、《右台仙館筆記》、《此中人語》、《醉茶志怪》等。

第二類既收所採錄的民間故事，又收短篇小說（它們大多以民間故事為創作題材），譬如《聊齋誌異》、《螢窗異草》、《夜譚隨錄》、《諧鐸》、《里乘》、《夜雨秋燈錄》。其中，《聊齋誌異》最具有代表性。該書的作者蒲松齡是清代最為傑出的短篇小說家，又是一位在採錄傳說、故事方面卓有建樹的民間文學家。在《聊齋誌異》中，他錄寫的《王六郎》、《斫蟒》、《新郎》、《妾杖擊賊》、《泥書生》、《趙城虎》、《餺飥媼》、《罵鴨》、《縊鬼》、《狼》、《狐懲淫》、《鬼令》、《三朝元老》、《禽俠》、《藏虱》、《布商》、《馮木匠》、《張氏婦》、《狐女》、《鬼隸》、《毛大福》、《青城婦》、《杜小雷》、《太原獄》、《新鄭訟》等，都是頗有特色的民間故事篇什。而《嬌娜》、《畫皮》、《嬰寧》、《聶小倩》、《庚娘》、《宮夢弼》、《公孫九娘》、《促織》、《續黃粱》、《蓮花公主》、《翠雲仙》、《邵九娘》、《梅女》、《小翠》、《嫦娥》、《神女》、《席方平》、《胭脂》等，則是他創作的短篇小說，但差不多都與民間故事有一定關係。

第三類所採錄的民間故事與其他內容並存。譬如《池北偶談》、《觚賸》、《履園叢話》、《竹葉亭雜記》、《明齋小識》、《埋憂集》、《瀛壖雜誌》、《金壺七墨》、《三借廬筆談》、《庸閑齋筆記》、《庸庵筆記》、《仕隱齋涉筆》。此類著作，有的所採錄的民間故事不算太多。以《池北偶談》為例，全書共二十六卷，第一至四卷〈談故〉，第五至十卷〈談獻〉，清代典章、制度等；第五至十卷〈談獻〉，記述明代中葉至清初的各類名人等；第十至十九卷〈談藝〉，評論詩文、書畫等；第二十至二十六卷〈談異〉，記述民間故事、軼聞，大約占全書四分之一的篇幅。有的所採錄的民間故事則比較多。譬如，《庸庵筆記》共六卷，第一、二卷為史料，占全書三分之一篇幅；第三至六卷為民間故事、軼聞，占全書三分之二的篇幅。又如，《仕隱齋涉筆》共八卷，第一、二、三、四、六、七卷均記述民間故事、軼聞，第五、八卷分別記述奇異物種（其中還包含一些軼聞）、燈謎、詩綜、聯語等。民間故事、軼聞占全書將近四分之三的篇幅。

清代的民間故事採錄，大多具有較強的地方性。許多收有民間故事的著作，所採錄的民間故事都以一地或者二、三地的作品為主，兼及其他地方的作品。試看：

《述異記》的故事主要採錄自浙江（很可能是採錄者東軒主人的家鄉）各地，包括杭州、山陰、臨安、餘杭、蕭山、紹興、錢塘、嘉興、嘉善、秀水、德清、淳安、富陽、湖州、平湖、東陽、寧波、鄞縣、桐鄉、海鹽、崇德、永寧、台州、嚴州、海甯、蘭溪等地。此外，尚采自江蘇、上海、江西、福建、廣東、廣西、貴州、山東、山西、陝西、湖北、北京、河北等地的故事。

《子不語》的故事主要採錄自袁枚的家鄉浙江和他為官、生活數十年的江蘇兩地。江蘇的作品來自蘇州、江甯（今南京）、江都、揚州、鎮江、無錫、常州、常熟、句容、溧水、溧陽、沭陽、六合、江陰、丹陽、丹徒、南通、華亭、如皋、武進、吳江、高郵、鹽城、淮安、宿遷、海州、徐州、豐縣等地；浙江的作品來自杭州、錢塘、紹興、會稽、山陰、蕭山、湖州、嘉興、慈溪、台州、上虞、平湖、余姚、天臺、麗水、石門、烏程等地。此外，尚采自北京、四川、湖北、湖南、陝西、甘肅等地的故事。

《聽雨軒筆記》的故事主要採錄自清涼道人（徐承烈）家鄉浙江的德清、武康、杭州、紹興、山陰、會稽、臨安、餘杭、錢塘、嘉興、富陽、定海、歸安、嵊縣、慈溪等地。此外，尚采自他遊歷所至的江蘇、廣西、廣東、湖北、湖南等地的故事。

《閱微草堂筆記》的故事主要採錄自紀昀的家鄉河北獻縣以及河北中部的河間、青縣、南皮、滄州、故城、肅寧、南宮、景州、涿州、蠡縣、寶坻、霸州、文安、交河等地，紀昀為官的北京和新疆烏魯木齊、昌吉、巴里坤、伊犁、喀什、瑪納斯等地。此外，尚采自天津、山東、河南、甘肅、雲南、西藏、福建、江蘇、浙江、陝西、山西等地的故事。

《咫聞錄》的故事主要採錄自慵訥居士的家鄉浙江（杭州、臨安、山陰、嘉興、溫州、鎮海、海寧、慈溪、潛縣、奉化、鄞縣、定海、義烏、秀水等）和他旅居地廣東（羊城、潮州、韶州、澄海、惠來、興寧、化縣、南海、瓊州、雷州、合浦、海豐、電白等）。此外，尚采自江蘇、上海、甘肅、陝西、河南、廣西、雲南、四川、貴州、福建、山東、安徽、江西、北京、山西、河北、湖南、湖北等地的故事。

《右台仙館筆記》的故事主要採錄自俞樾的家鄉浙江（杭州、紹興、山陰、會稽、寧波、嘉興、湖州、金華、臨安、余姚、鄞縣、桐鄉、慈溪、定海、蕭山、德清、海鹽、淳安、黃岩、嵊縣、義烏、衢州、樂清等）和他罷職後長期生活的江蘇（南京、蘇州、揚州、江寧、鎮江、常州、無錫、太倉、泰興、高郵、吳縣、吳江、丹徒、淮安、徐州、南通等）和上海。此外尚采自湖北、北京、天津、河北、河南、山東、安徽、湖南、福建、廣東、江西、山西、貴州、四川、雲南、廣西等地的故事。

《仕隱齋涉筆》的故事採錄自丁治棠的家鄉和從事教育工作的四川各地，包括合州、重慶、巴縣、儀隴、成都、夔府、長壽、大足、寧遠、遂寧、內江、涪州、酉陽、新繁、岳池、蜀州、三台、順慶、敘永等。

《南皋筆記》的故事以作者楊鳳輝的家鄉四川為主，涵蓋成都、灌縣、汶川、崇慶、邛崍、雅安、浦江、建昌、古藺、江油、茂州、松州、蓬州、涪陵、秀山等地。此外，尚有少量作品采自福建、廣東、江西、湖南、湖北、河南、北京、河北等地的故事。

這個時期在採錄少數民族故事方面有一定的收穫，很值得關注和肯定。其中，既有採錄自西北地方的少數民族故事，包括蒙古族故事，譬如《閱微草堂筆記》卷十〈烏對戶啼〉（薩音綽克圖講述）與〈殭屍求瘞〉（額爾赫圖講述），《閱微草堂筆記》卷十二〈薩音綽克圖與狐友〉，《閱微草堂筆記》卷二十三〈僕與鬼鬥〉（丹巴多爾濟講述）與〈二狐復仇〉（丹巴多爾濟講述）；維吾爾族故事，譬如《閱微草堂筆記》卷十三〈喀什漢畫〉；藏族故事，譬如《閱微草堂筆記》卷十五〈西藏毛人〉。也有來自西南地區的少數民族故事，包括羌族故事，譬如《南皋筆記》卷一〈石精〉、《南皋筆記》卷三〈桃關水災記〉；藏族故事，譬如《南皋筆記》卷二〈克梗克梗〉、〈喇嘛僧〉與〈狗人〉，《南皋筆記》卷三〈活佛〉。

第二節　清代的民間故事結構模式

清代採錄的大多數民間故事，不但保存了質樸生動的藝術特色，而且保存了結構模式的多樣性。在清代民間故事中所展示出來的民間故事結構模式，包含二段體、三段體、四段體、五段體、六段體等幾種，其中以二段體和三段體兩結構模式最為常見。

一、二段體的結構模式

二段體是這個時期的民間故事慣常採用的一種結構模式，數量較大，譬如：

> 有某公者，嘗自外入，見其妻共男子款語，大怒，更不審視，遽上堂叱曰：「何物狂子，白晝公然調人婦！」妻詬曰：「瞽耶？何妄言之甚！」某因諦之，妻弟也，惶恐笑謝。後其妻私一少年，值某於寢門，奔去。某愕然，徐憶前事，以為妻弟也，詰妻曰：「舅一何匆遽？」妻因紿曰：「恐復見叱耳。」某信之，亦便不憶

面目之不似。

《耳食錄》二編卷八〈忘誤〉「妻弟」

甲向乙借貸若干金，言定二分息，限日清償。詎借去之後，即避而不面，乙屢往索取無著，不得已乃致函詰責。甲乃先還十餘元，過數月，又還若干元，自是以為例。積一年餘，始還清借本，利息一毛不拔。告乙曰：「吾本錢分文未欠，所叨光者利息耳。」乙甚銜之，乃向甲借一件寧綢袍，借後亦避而不面。過數月，始以寧綢一尺許還之，致書謂之曰：「所借尊衣，請先還一袖。」過數月，再以三尺許還之，曰：「今茲再還一襟。」亦積二年餘，始以一袍之表裡料作還清。告甲曰：「所借尊衣，不少分寸，所叨光者成衣匠之價耳。」

《俏皮話・不少分寸》

這兩則故事，都包含一個二段體的結構模式。前一則故事的二段體為：1，某入門見其妻與一男款語後大怒，知為妻弟遂笑謝；2，某入門遇其妻所私少年出，竟誤以為妻弟而不深究。後一則故事的二段體為：1，甲向乙借貸竟分多次還款，拖延年餘始還清本錢；2，乙向甲借袍遂分多次還綢，積二載餘才湊成做袍綢料。

這個時期還出現一些複合二段體結構模式，譬如：

張李二人同行，見一抬轎富翁，許多奴僕，張遂拉李向人家門後躲避曰：「轎中坐的是我至親，我若不避，他就要下轎行禮，彼此勞動費事。」李曰：「這是該的。」避過復同前行。少頃，見一騎馬顯者，衣冠齊整，從役多人，張又拉李向人家門後回避曰：「這馬上騎的是我自幼極厚的好友，我若不避，他見我就要下馬行禮，彼此勞動費事。」李曰：「這也是應該的。」避過復同前行。偶然見乞丐花子，破衣破帽的叫花走來，李乃拉張向人家門後躲避曰：「此窮花子是我至親，又是我好友，我要回避他，不然他看見我要面愧。」張駭然問曰：「你怎麼有這樣親友？」李曰：「但是富貴好些的，都是你拾了去，只好剩個窮花子與我混混。」

《笑得好》初集〈剩下窮叫花與我〉

人家有一妻一妾，前後半夜分認。上半夜至妻房，妻騰身跨上夫肚行事，夫問：「何為？」曰：「此倒澆蠟燭也。」其妾早在門外竊聞之矣。下半夜乃同妾睡，恣意歡娛，妾快甚，不覺失聲曰：「我死也！」妻亦在外潛聽之矣。次早量米造飯，妻曰：「今日當減一人飯米？」妾曰：「為何？」妻曰：「昨晚死了一個人。」妾亦微笑曰：「依我看來，今日還該添一人才是。」妻問何故，答曰：「聞得有個澆蠟燭的師父在此。」

《新鐫笑林廣記》卷六〈澆蠟師〉

這兩則故事都包含兩個二段體的結構模式。前一則故事的前半部分包含一個二段體：1，張某假意躲避乘轎富翁，謊稱為其至親；2，張某假意躲避騎馬顯者，謊稱其為好友。前一則的後半部分的李某假意躲避窮叫花子，謊稱為其至親好友，又與前半部分構成一個二段體。後一則故事前半部分與後半部分各由一個二段體組成。前半部分：1，妾在門外竊聽；2，妻在門外竊聽。後半部分1，妻嘲諷妾；2，妾嘲諷妻。

這個時期採用二段體結構模式的故事，尚有《笑倒・鐵匠吟詩》（1，士人吟詩；2，鐵匠吟詩）、《笑倒・禮帖》（1，甲送禮書帖云「微禮四色」，下注「見二色，賒二色」；2，乙還禮書帖云「微禮四色」，下注「二色准前欠，今賒二色」）、《笑倒・誤哭遭打》（1，無賴往哭老翁而被喪家留飲；2，無賴往哭少婦而被喪家痛打）、《笑得好・夢鼓上擲骰》（1，徒弟為人詳夢；2，師傅為人詳夢）、《笑得好・答令尊》（1，邻居了借物，父答「也有在家的，也有不在家的。」2，客問令尊在家否，子答「也有在家的，也有不在家的。」）、《笑得好・黑齒妓白齒妓》（1，黑齒妓答問，儘量閉口加以掩飾；2，白齒妓答問，故意張口盡露其齒）、《笑得好・蠢才》（1，主家以番桃乾點茶，弟問：「此何物？」兄答：「蠢才。」2，主家以橄欖點茶,，弟又問：「此何物？」兄又答：「蠢才。」）、《新鐫笑林廣記・母豬肉》（1，一人聞聽賣主稱其家並非母豬肉而不買；2，一人懷疑其家所售為母豬肉而不買）、《新鐫笑林廣記·兩企慕》（1，一山東人往看蘇州大橋而聽蘇州人吹噓大橋如何高；2，一蘇州人往看山東大蘿蔔而聽山東人吹噓蘿蔔如何大）、《客窗筆記·梁家潭》（1，鬥水怪僧在潭中伸手索第一道符，立刻與之，隨即雷奔電激；2，鬥水怪僧在潭中伸手索第二道符，不敢與之，隨即波平浪靜）、《鏡花水月·盂蘭會》（1，楊大膽背鬼；2，鬼背楊大膽）、《誌異續編·鄉人》（1，一小康鄉人入城食賑災粥，回家時頭上竟插有「饑民」黑旗；2，該鄉人向賑局捐數石大米，回家時頭上已無「饑民」黑旗）、《埋憂集·負債鬼》（1，甲掩覆一棺遺駭，竟以占卜致富；2，乙掩覆一棺遺駭，往學占卜而無人問津）、《明齋小識·種銀子》（1，僧以一錠銀與騙子下種，至期啟視，得銀十錠；2，僧傾其所有換銀下種，騙子隨即逃走，一無所獲）、《里乘·夙願》（1，犬齧衾枕衷衣報冤，隨即跳躍而斃；2，蛇繞甕數匝不得報冤，憤然自裂而亡）、《嘻談錄·捏虱》（1，甲擲身上之虱曰：「我當是虱，原來不是」；2，乙拾地上之虱曰：「我當不是，原來是虱」）、《嘻談錄·和尚嫖妓》（1，嫖妓時師爺闖入，和尚藏身床下；2，嫖妓時老爺闖入，師爺藏身門後）、《嘻談錄·化子叫城》（1，化子見一刑名師爺在城外叫門，守者急忙開門；2，化子冒充刑名師爺在城外叫門，受到守者責怪）、《鸝砭軒質言·鬼拜人》（1，揚州某人寓一宅後，有駝背傴鬼來拜夫人，令其昏厥；2，揚州某人遷入他宅後，該駝背傴鬼又來拜夫人，令其氣絕）等。

二、三段體的結構模式

三段體亦是這個時期的民間故事慣常採用的一種結構模式，數量較大，包含縱向三段體與橫向三段體兩種形態。譬如：

> 一人家貧而不善飲，每出啖糟餅二枚，便有酣意。適遇友人問曰：「爾晨飲耶？」答曰：「非也，吃糟餅耳。」歸以語妻，妻曰：「呆子，便說吃酒，也妝些體面。」夫領之。及出，仍遇此友，問如前，以吃酒對。友詰之：「酒熱吃乎？冷吃乎？」答曰：

「是爆的。」友笑曰：「仍是糟餅。」既歸，而妻知之，咎曰：「汝如何說爆，須云熱飲。」夫曰：「我知道了。」再遇此友，不待問即誇云：「我今番的酒，是熱吃的。」友問曰：「你吃幾何？」其人伸手曰：「兩個。」

《新鐫笑林廣記》卷十〈吃糟餅〉

訓蒙先生愛讀白字。東家議明，每年租谷三石，火食四千，如教一個白字，罰谷一石；如教一句白字，罰錢二千。到館後，與東家街上閑走，見石刻「泰山石敢當」，先生誤認「秦川右取堂」。東家說：「全是白字，罰谷一石。」回到書館，教學生讀《論語》，「曾子曰」讀作「曹子曰」，「卿大夫」讀作「鄉大夫」。東家說：「又是兩個白字，三石租谷全罰，只剩火食錢四串。」一日，又將「季康子」讀作「李麻子」，「王日叟」讀作「王四嫂」。東家說：「此是白字兩句，全年火食四千，一併扣除。」先生作詩以嘆，曰：「三石租谷苦教徒，先被『秦川右』取乎。一石輸在『曹子曰』，一石送與『鄉大夫』。」又曰：「四千火食不為少，可惜四季全扣了。二千贈與『李麻子』，二千給與『王四嫂』。」

《嘻談初錄》卷上〈白字先生〉

一窮人娶親，一切喜事所用，無一不是賒借而來。對新人曰：「我為你多方設措，費盡苦心。今日見面，要與你暢所欲為，方酬我艱難辛苦。」於是攜手上床，寬衣。下要雲雨，忽聽有人叫門。披衣下床，出來一問，卻是討首飾錢的，答以「明日再來。」關門上床，下欲行事，門外又有人來叫，趕緊下床，到門前一問，說是討酒席錢的，答以「改日送去。」又關門上床，剛要動手，又聽叩門，窮人把婦人往旁邊一推，大怒曰：「我不想接了一個婦人，倒像摟著一個帳主。」

《嘻談初錄》卷下《窮人娶親》

這三則故事都包含一個三段體的結構模式。第一則故事的三段體的結構模式為：1，第一次答友人問；2，第二次答友人問；3，第三次答友人問。第二則故事的三段體的結構模式為：1，先生將「泰山石敢當」誤認為「秦川右取堂」，罰穀一石；2，先生將「曾子曰」讀作「曹子曰」，「卿大夫」讀作「鄉大夫」，將三石穀罰光；3，先生將「季康子」讀作「李麻子」，「王日叟」讀作「王四嫂」，扣除全年火食四千。第三則故事的三段體的結構模式為：1，一人叫門討首飾錢，新郎答以明日再來；2，一人叫門討酒席錢，新郎答以改日送去；3，一人叫門討債，新郎發怒將新娘推到一旁。

這個時期還出現一些複合三段體結構模式，譬如：

吳姓兄弟，逸其名，俱業儒。兄勤學，已入泮矣。其弟每見小說中神仙怪異事，輒欲一遇，求授飛升之術。一夜，燈下與兄論及神仙事，兄戒之曰：「天下豈有神仙？凡書中所言仙怪，非附會即托言，慎毋為小說所惑。」弟終不以為然。

歸室後，獨自瞑想黃山夙多靈異，遂決意裹糧往，冀遇仙也。心專意堅，有進無退，不覺行至黃山，見一道人，盤膝坐石上，無數猿猴，捧獻山果。私忖曰：「此必仙也。」因跪求收為弟子。道人許之，喚一猿至，曰：「汝可引此人至洞。」言畢，道人冉冉騰空去。於是隨猿攀藤附葛，幾墮岩下。許久至洞，道人已先在，無數山鳥，銜奇花異草，獻列於前。道人曰：「汝以後可呼猿為兄，呼鳥為友。汝來學道，若輩皆汝之助。」某謹受教，徐喚猿、鳥曰：「若初來不知坐功，可拾仙草來，為若夜臥之具。」其猿、鳥聞言競去。須臾，堆地下數尺厚，柔細而軟，光滑而香，不知何名。又命猿鳥曰：「若不能服氣，可啖以仙果。」猿鳥唯唯聽命。於是道人無事，或凌空而去，或瞑目而坐，已則倦臥仙草，饑食仙果，日以為常。常見道人，以左手擊右手背，三呼曰「來」，則猿齊至；以右手擊左手背，三呼曰「來」，則鳥齊至。試竊效為之，果應聲而至，凡有役使，亦應念而往。喜甚，默念道人招呼猿、鳥之法，已得之矣，唯凌空飛舉，不得其法。遂跪求之，道人曰：

「此易耳。」命伊口念起者三、以手批頰者三、道人又以手批其頰者三、果翛然沖舉，但丈餘高即下耳。道人曰：「習久自能高飛。」此遠自邇高自卑之說也，復跪叩曰：「此時有師批頰，離師將若何？」道人曰：「可求人代批，久則不須人批，亦不須自批矣。」遂欣然辭師下山。

及抵家，其兄正在室中，挾冊長吟，對兄高聲曰：「吾已得仙道矣。」兄訝其語不倫，曰：「兄不信。」試為之，盤足於地，以左手擊右手背，三呼曰「來」，良久寂然。兄問曰：「此何為者？」曰：「吾招猿兄也。今不見來，想為吾師招去。」且招鳥友，又以右手擊左手背，三呼曰「來」，又寂然。兄驚曰：「弟發狂耶！」其妻聞言，亦倚門而觀，顧妻與兄曰：「鳥友又不至，亦必為吾師招去矣，我高飛與爾等看如何？」乃呼起者三、自以手批頰者三、命妻三批己頰，妻不允，復求兄批，兄亦不允，不覺大怒曰：「我不過暫求爾等批，久則不須人批，自能飛也。」兄曰：「汝真發狂矣。」曰：「並非發狂，我因專心求仙，故裹糧至黃山，幸遇仙人授以諸法。不意今日歸家，試之皆不靈，我將復往求之。」兄曰：「昨夜因弟酷信神仙事，已歷歷戒之，今何更作此荒唐語？試問一夜之隔，所謂往黃山者，從何來耶？」其妻倚門笑曰：「夢未醒耶？昨夜汝進室，口中喃喃不已，不知作何語，俄而酣睡，直至今晨始醒，遂蹶然起，襪不暇著，即趨往廳來。吾以為有何急務，不意乃在此說夢。襪在床側，胡不去著耶！」自顧果未著襪，沉吟久之，兄曰：「讀書人宜明理，何致作此妄語，貽人非笑。」曰：「非妄也。」遂將往黃山遇道人，招呼猿、鳥及飛舉諸事，一一述之。兄曰：「此皆妄想所致，倘不聽餘言，恐從此入魔，終身不復有為矣。」其弟如醉如癡，追思前事，竟不知是夢是真。此蓮塘許公為余言，云聞其兄親述如此。

《誌異續編》卷一〈學仙〉

這一則故事中包含彼此有關聯的兩個三段體。前一個三段體的結構模式為：1，故事主角在黃山呼猿，尚靈驗；2，故事主角在黃山呼鳥，尚靈驗；3，故事主角在黃山沖舉，尚靈驗。後一個三段體的結構模式為：1，故事主角回家後呼猿，不靈驗；2，故事主角回家後呼鳥，不靈驗；3，故事主角回家後欲沖舉，無結果。

這個時期採用三段體結構模式的作品，尚有《笑得好・願變父親》（1，一欠債人表示來生變馬與債主騎坐，以還宿債；2，一欠債人表示來生變牛代債主耕田，以還宿債；3，一欠債人表示來生變債主父親勞苦一世，以還宿債）、《新鐫笑林廣記・醫女接客》（1，冥王審問醫生；2，冥王審問妓女；3，冥王審問兒偷）、《新鐫笑林廣記・捶碎夜壺》（1，甲稱其妻對婢女吃醋；2，乙稱其妻對美僕吃醋；3，丙稱其妻對夜壺吃醋）、《新鐫笑林廣記・呆郎》（1，呆婿稱這樹大起來車輪也做得；2，呆婿稱這盆大起來石臼也做得；3，呆婿稱這屁大起來霹靂也做得）、《新鐫笑林廣記・贊馬》（1，長婿贊馬；2，次婿贊馬；3，三婿贊馬）、《新鐫笑林廣記・鬼臉》（1，閻王審問裁縫；2，閻王審問紮花人；3，閻王審問糊鬼臉者）、《新鐫笑林廣記・不利語》（1，大女婿評新房；2，二女婿評新房；3，三女婿評新房）、《新鐫笑林廣記・說大話》（1，僕言三清殿與我家租房一般；2，僕言龍衣船與我家帳船一般；3，僕言牯腹牛與我家主人肚皮一般）、《嘻談錄・背送》（1，塾師開館日久，未見送學生者；2，塾師懸《三字經》於門外，仍未見送學生者；3，塾師出招帖情願背接背送，學生接踵而至）、《嘻談錄・京官慳吝》（1，京官騎馬時跟班在前，挨罵；2，京官騎馬時跟班與其並行，挨罵；3，京官騎馬時跟班在後，仍然挨罵）、《嘻談錄・聖賢愁》（1，呂洞賓指「聖」字吟詩；2，鐵拐李指「賢」字吟詩；3，白吃者指「愁」字吟詩）、《嘻談錄・先生妙喻》（1，長工與先生比並，稱工價一樣；2，奶媽與先生比並，稱都是哄孩子的；3，妓女與先生比並，稱都用嘴掙錢）、《南皋筆記・普賢洞記》（1，道士授黃金白璧，遯生不受；2，道士授為帝王者之書，遯生不受；3，道士授劍助其成大道，遯生乃拜受）等。

三、多段體的結構模式

清代民間故事裡面的二段體、三段體之外的多段體，包含四段體以及五段體、六段體等結構模式，以四段體居多，其餘則很少。譬如：

一老二少，三人同行，共宿逆店。飯後閒談，此少謂彼少曰：「我把你好有一比。」彼少曰：「比作何來？」此少曰：「你好比我的女人。」彼少大駭，問：「此話從何說起？」此少曰：「我與你同店共宿，燈下談心，頗不寂寞，與在家無異，豈不是與我女人一般。」彼少曰：「我把你也有一比，好比一個驢。」此少曰：「此比太覺不倫。」彼少曰：「我與你結伴同行，一路攜手言歡，到店中竟不覺疲倦，豈不是與驢一樣。」二少謂老翁曰：「我二人把你也有一比，把你比作烏龜。」老翁笑曰：「你二位因何有此妙喻？」二少曰：「龜為卜，我等少不更事，時時請教於你，猶如問卜決疑一般，你與烏龜何異？」老翁說：「我把你二人也有一比。」二少曰：「如何比？」老翁曰：「好比我兩個兒子。」二少曰：「比的太豈有此理！」老翁說：「若論我的年紀，比起來已經甚像了。要論你二位這談吐，竟把老人家比作烏龜，我若是烏龜，你二人不是兩個龜兒子。」

《嘻談續錄》卷下〈罕譬奇喻〉

六弟兄同居旅店，老大登廁，見糞坑內有一柿子，訝之曰：「是誰的心落在這裡？」適店東看見，亦誤認是心，來問老大。老大說：「不是我的心，我的心是黑的，不能那樣赤。」又問老二、老二說：「也不是我的心，我的心不在胸中，現在肋下。」又雙問老三、老三說：「更不是我的心，我的心是兩個聯在一處，人人常說我二心，我何曾是一個心！」又問老四、老四說：「我的心早已丟了，至今尚未去尋。所謂『有放心而不知求者』，即是我。」問老五、老五說：「我的心早壞了，若不是膽包著，早掉了。」又問老六、老六說：「我生下來說沒有心，故人常罵我『天生來沒良心』，我何曾有過心！」

《嘻談初錄》卷下〈問心〉

這兩則故事分別包含兩種結構模式。前一則故事包含一個四段體：1，此少將彼少比作妻子；2，彼少將此少比作驢子；3，二少將老翁比作烏龜；4，老翁將二少比作兒子。後一則故事包含一個六段體：1，老大答問；2，老二答問；3，老三答問；4，老四答問；5，老五答問；6，老六答問。

這個時期採用多段體結構模式的作品，尚有《子不語・獵戶除狐》（四段體：1，道士施法除狐，無濟於事；2，法官施法除狐，無濟於事；3，謝某施法除狐，無濟於事；4，獵戶出鳥槍除狐，立即見效）、《新鐫笑林廣記・誤聽》（1，乙將甲說的「不要踏空」誤聽成「不要偷葱」；2，丙將乙說的「不要偷葱」誤聽成「不要盜鐘」；3，官老爺將三人說的話語誤聽成「衙門朝東」；4，官奶奶將眾人說的話誤聽成「要我嫁老公」）、《誌異續編・趣僕》（四段體：1，以「兩個黃鸝鳴翠柳」為名做一菜肴；2，以「一白鷺上青天行」為名做一菜肴；3，以「窗含西嶺千秋雪」為名做一菜肴；4，以「門泊東吳萬裏船」為名做一菜肴）、《明齋小識・庸醫》（五段體：1，庸甲將某婦定為暑症，治而不癒；2，庸醫乙將某婦定為濕症，治而不癒；3，庸醫丙將來某婦定為虛症，治而不癒；，4，庸醫丁將某婦定為臌症，治而不癒；，5，庸醫戊將某婦定為痧症，婦竟生子）、《嘻談錄・蘿蔔對》（四段體：1，以「蘿蔔」對「核桃」；2，以「蘿蔔」對「綢緞」；3，以「蘿蔔」對「鼓鐘」；4，以「蘿蔔」對「岳飛」）、《嘻談錄・儒醫》（四段體：1，某醫春天下鄉與教書先生對對子；2，某醫夏日下鄉與教書先生對對子；3，某醫秋天下鄉與教書先生對對子；4，冬日某醫下鄉與教書先生對對子）、《嘻談錄・傻子赴席》（四段體：1，傻子將茶碗說成「古碗」；2，傻子將菜盤說成「古盤」；3，傻子將丈母娘的大肚子說成「古肚」）；4，傻子將老丈人的那話說成「古槌」）、《嘻談錄・饞婦看雪》（五段體：1，饞婦第一次看是否下雪，稱「落下一羅白麵」；2，饞婦第二次看雪，稱「有薄脆那麼厚」；3，饞婦第三次看雪，稱「有雙麻兒那麼厚」；4，饞婦第四次看雪，稱「有燒餅那麼厚」；5，饞婦第五次看雪，稱「有蒸餅那麼厚」）、《俏皮話・畜生別號》（四段體：1，狗以廟前匾額「化及冥頑」為別號；2，馬以某碑下「根深蒂固」為別號；3猴以某人處匾額「無偏無黨」為別號；4，豬遍覓無所見，乃以三者別號末一字「頑固黨」為別號）等。

第三節　清代的民間故事異文

清代民間故事的採錄者眾多，有關的著作層出不窮，各種民間故事的異文被採集和刊行也就不足為奇了。清代各種民間故事的異文數量很大，異文的構成情況不盡相同，歸納起來主要有以下幾種：1，收錄於同一著作的異文；2，見諸同一採集者不同著作的異文；3，同一時間段的不同採集者收錄的異文；4，非同一時間段的採集者收錄的異文；5，由於改寫而產生異文。

一、收錄於同一著作的異文

這個時期的此類異文，數量不太多。譬如，關於「畫上美人」的故事有：

> 門人伊比部秉授言：有書生赴京應試，寓西河沿旅舍中。壁懸仕女一軸，風姿豔逸，意態如生。每獨坐，輒注視凝思，客至或不覺。一夕，忽翩然自畫下，宛一好女子也。書生雖知為魅，而結念既久，意不自持，遂相與笑語嬿婉。比下第南歸，竟買此畫去。至家懸之書齋，寂無靈響，然真真之喚弗輟也。三四月後，忽又翩然下。與話舊事，不甚答。亦不暇致詰，但相悲喜。自此狎媟無間，遂患羸疾。其父召茅山道士劾治。道士熟視壁上，曰：「畫無妖氣，為祟者非此也。」結壇作法。次日，有一狐殪壇下。知先有邪心，以邪召邪，狐故得而假借。其京師所遇，當亦別一狐也。
>
> 《閱微草堂筆記》卷十九「書生與仕女軸」

> 田白岩言：有士人僦居僧寮，壁懸美人一軸，眉目如生，衣褶飄揚如動。士人曰：「上人不畏擾禪心耶？」僧曰：「此天女散花圖，堵芬木畫也。在寺百餘年矣，亦未暇細觀。」一夕，燈下注目，見畫中人似凸起一二寸。士人曰：「此西洋界畫，故視之若低

昂，何堵芬木也。」畫中忽有聲曰：「此妾欲下，君勿訶也。」士人素剛直，厲聲叱曰：「何物妖鬼敢媚我！」遽掣其軸，欲就燈燒之。軸中絮泣曰：「我煉形將成，一付燭融，則形消神散，前功付流水矣。乞賜哀憫，感且不朽。」僧聞儆擾，亟來視。士人告以故。僧憬然曰：「我弟子居此室，患瘵而死，非汝之故耶？」畫不應，既而曰：「佛門廣大，何所不容。和尚慈悲，宜見救度。」士怒曰：「汝殺一人矣，今再縱汝，不知當更殺幾人。是惜一妖之命，而戕無算人命也。小慈是大慈之賊，上人勿吝。」遂投之爐中。煙焰一熾，血腥之氣滿室，疑所殺不止一僧矣。後入夜，或嚶嚶有泣聲。士人曰：「妖之餘氣未盡，恐久且復聚成形。破陰邪者惟陽剛。」乃市爆竹之成串者十餘，總結其信線為一、聞聲時驟然爇之，如雷霆砰磕，窗扉皆震，自是遂寂。除惡務本，此士人有焉。

《閱微草堂筆記》卷二「美人軸」

這兩則異文，相同則處主要在於：1，故事主角均為書生，畫上美人均曾變活，它們均為精怪；2，前一則中的第二次出現的精怪與後一則中的精怪均被誅滅。不同則處主要在於：1，前一則中的畫上美人與書生有一段情緣，畫上美人給人留下了美好的印象；後一則卻沒有這種情緣，畫上美人一直是以邪惡的形象出現的；2，前一則有前後兩個時段之分，出現了真假兩個畫上美人，後一則沒有時間段之分，在書生之外又增加了和尚這個次要人物。

此外，尚有關於「地師風水」的故事，有《新鐫笑林廣記》卷三的〈地師〉和〈風水〉等。

二、見諸同一採集者不同著作的異文

這個時期的此類異文，數量稍多。譬如，關於「蛇人得救」的故事有：

蛇人之捕蛇也，視其穴，即知蛇之大小，毒之淺深，塗藥於手，探穴以求之，猶提鱔耳。新會某蛇人，誤探一毒蛇穴，大窘，手不得出，痛欲死，頓失音，雖欲號救，不可得矣。適一童子過，見其狀，訝曰：「若為蛇所苦耶？」領之。「欲求救耶？」亦領之。曰：「余苦無藥，奈何？」蛇人以目顧田畔，童子視之，一笠在焉，曰：「此中有藥耶？」又領之。視其笠，無他物；反覆視之，於破處得一紙包，發之，則蜰蟲數枚，死且癟矣。蜰蟲，俗稱臭虱者也。問此即藥耶？領之，張其口。問可食耶？領之，乃納其口中，蛇人嚼之，若有餘味焉。咽下，良久，猛提其蛇出，曰：「孽畜幾敗我！」

《趼廛筆記・蛇人》

粵中某蛇人，提籠戴笠，徘徊野外，將以捕蛇也。睹路旁一蛇穴，大喜，蹲而察之，遽伸右手探穴，觸蛇舌，大痛驟腫，不一瞬腫及肩，舌強不能言，淚簌簌下，左手亦驟麻木，不能屈伸，默念吾殆死矣。忽一牧童騎牛過其前見之，審視曰：「捕蛇耶？」微領之。「中蛇毒耶？」亦微領之。「藥烏在？」則微舉左手指其笠。童取笠下，遍察之，則笠簷破處，紙裹在焉，發之，則蜰蟲盈裹，死且僵矣。笑曰：「是即藥耶？」亦微領之。「服耶？敷耶？」則微張其口，童撮而喂之且罄，蛇人色漸變，自肩以下腫亦驟消。良久突起立，提蛇出穴曰：「孽畜幾誤我！」視之盈咫之赤練蛇也。

《劄記小說・捕蛇者・粵中蛇人》

「蛇人得救」的這兩則異文的相似度，遠高於「畫上美人」的那兩則。這兩則異文，出場人物（捕蛇者、施救童子）與故事情節（捕蛇中毒、童子施救過程、最後提出毒蛇），乃至特效藥和藏藥處均極其相似。不同點僅在於某些細節（手踵痛的情況等）。

此外，尚有關於「一文錢」的故事，有《趼廛筆記・一文錢》和《劄記小說・販蠟客》；關於「李乙復仇」的故事，有《趼廛筆記・記李某復仇事》和《劄記小說・李乙》；關於「義犬噬虎」的故事，有《趼廛筆記・說虎》和《劄記小說・說虎》等。

三、同一時間段的不同採集者採錄的異文

這個時期的此類異文，數量頗多。譬如，關於「小獵犬」的故事有：

山右衛中堂為諸生時，厭冗擾，徙齋僧院。苦室中蟹蟲蚊蚤甚多，竟夜不成寐。食後，偃息在床。忽見一小武士，首插雉尾，身高二寸許，騎馬大如蠟，臂上青鞲，有鷹如蠅，自外而入，盤旋室中，行且駛。公方疑注，忽又一人入。裝亦如前，腰束小弓矢，牽獵犬如巨蟻。又俄頃，步者、騎者，紛紛來以數百輩，鷹亦數百臂，犬亦數百頭。有蚊蠅飛起，縱鷹騰擊，盡撲殺之。獵犬登床緣壁，搜噬虱蚤，凡罅隙所伏藏，嗅之無不出者，頃刻之間，決殺殆盡。

公偽睡睨之，鷹集犬竄於其身。既有一黃衣人，著平天冠，如王者，登別榻，繫駟葦篾間。從騎皆下，獻飛獻走，紛集盈側，亦不知作何語。無何，王者登小輦，衛士倉皇，各命鞍馬；萬蹄攢奔，紛如撒菽，煙飛霧騰，斯須散盡。

公歷歷在目，駭詫不知所由。躡履外窺，渺無跡響。返身周視，都無所見；惟壁磚上遺一細犬。公急捉之，且馴。置硯匣中，反覆瞻玩，毛極細茸，項上有小環。飼以飯顆，一嗅輒去。躍登床榻，尋衣縫，嚙殺蟣虱，旋復來伏臥。逾宿，公疑其已往；視之，則盤伏如故。公臥，則登床簀，遇蟲則啖斃，蚊蠅無敢落者。公愛之，甚於拱璧。一日，晝臥，犬潛伏身畔。公醒轉側，壓於腰底。公覺有物，固疑是犬，急起視之，已匾而死，如紙剪成者然。然自是壁蟲無噍類矣。

《聊齋誌異》卷四〈小獵犬〉

八座某公不第時，夏日常晝臥，忽見一小人騎而入，人馬皆可寸餘，腰弓矢，臂鷹，鷹大如蠅。繼至一人，亦如之，牽獵犬，大如巨蟻。二人繞屋盤旋，久之，甲士數千沓至，星旄雲罕，繽紛絡繹，分左右盂合圍，大獵室中，蚊蠅無噍類。其伏匿者，輒緣壁

隙抉出之。一朱衣人下輦，坐別榻，眾次第獻俘獲已，遂上輦肅隊而出，甲士皆從，如烟霧而散。起視一無所睹，惟一小獵犬徬徨壁間，取之篋中，馴甚，飼之不食，臥則伏枕畔，見蠅蚋，輒噬去之。事見蒲秀才松齡《聊齋誌異》。

《池北偶談》卷二十六〈小獵犬〉

這兩則異文，出場人物與故事情節極其相似，只是繁簡有別，某些細節有一定的出入。兩者顯然源於同樣一個故事——後者或許以簡潔的筆法記錄了是這個故事，或許是根據前者縮寫。

此外，尚有關於「林四娘」的故事，有《池北偶談》卷二十一〈林四娘〉、《聊齋誌異》卷二〈林四娘〉和《虞初新志》卷五〈林四娘記〉；關於「蔣太史」的故事，有《池北偶談》卷八〈蔣虎臣〉和《聊齋誌異》卷八〈蔣太史〉；關於「妾擊賊」的故事，有《池北偶談》卷二十六〈賢妾〉和《聊齋誌異》卷四〈妾杖擊賊〉；關於「亡八無恥」的故事，有《堅瓠廣集》卷四〈黃六王八〉和《聊齋誌異》卷八〈三朝元老〉；關於「張不量」的故事，有《曠園雜誌・張不量田》和《聊齋誌異》卷九〈張不量〉；關於「義犬噬盜」的故事，有《聊齋誌異》卷九〈義犬〉和《諸皋廣志・義犬》；關於「貪官誓聯」的笑話，有《笑得好》初集〈誓聯〉和《看山閣閒筆》卷十五〈誓聯〉；關於「尕雄」的故事，有《子不語》卷六〈喀雄〉和《夜譚隨錄》卷二〈噶雄〉；關於「孝女」的故事，有《子不語》卷六〈孝女〉和《夜譚隨錄》卷八〈孝女〉；關於「佟犄角」的故事，有《子不語》卷十五〈佟犄角〉和《夜譚隨錄》卷七〈佟犄角〉；關於「鐵公雞」的故事，有《子不語》卷二十三〈鐵公雞〉和《夜譚隨錄》卷十一〈鐵公雞〉；關於「瘍醫」的故事，有《子不語》卷二十上〈瘍醫〉和《夜譚隨錄》卷九〈霍筠〉；關於「假鬼喊冤」的故事，有《續子不語》卷五〈唐公判案〉和《閱微草堂筆記》卷三〈假鬼喊冤〉等。

四、非同一時間段的採集者收錄的異文

這個時期的此類異文，數量也很多。譬如，關於「閻王聘師」的故事有：

李通判者，山西汾州人。其前世為鄉學究，年逾五旬，閒居晝臥，夢二卒持帖到門云：「吾府延君教授，請速往。」挾之上馬，不移時，至一府第，如達官家。青衣者引之入，重闥煥麗，曲檻紆迴，最後書室三楹。坐頃，兩公子出拜，錦衣玉貌，皆執弟子禮，日夕講課不輟。書室外院地逼廳事，時聞傳呼鞭笞之聲，特不見主人為怪，且不曉是何官秩，請於二子。二子曰：「家君即出見先生矣。」

未幾，主人果出，冠帶殊偉，晤語間禮意款洽。學究因言：「晚輩承乏幕下，久且閱歲，不無故園之思。」主人微哂曰：「君至此，已不可歸。然自後當有佳處，幸勿復多言。」學究淒然不樂，竟忘其身在冥府也。一日主人開宴，邀學究共席。辭以寒素，不宜與先輩抗禮。強之乃行。廳事設有四筵，掃徑良久，一僧肩輿而至，極騶從之盛，曰「大和尚」。又一僧至如前，曰「二和尚」。直據南面兩筵。學究、主人依次列坐。主人與二僧語，學究皆不解。肴果亦並非人間物。酒半，忽見一梯懸於堂簷，二僧出躡之，冉冉而去。主人促學究從而上，攀援甚苦，倏然墮地，則已托生本州李氏矣。

襁褓中能語如成人，但冥府有不言之約，不敢道前世事。生四歲握筆為制義，評騭其父文，可否悉當。後登崇禎一榜，順治初通判揚州。天兵南下，出迎裕王，王手掖之，如舊相識，曰：「當時事猶能記憶耶？」一笑馳去。潛窺裕王狀貌，即所見二和尚也。而大和尚未知出世為何如人。

《觚賸》卷五〈李通判〉

仁和臨平鎮某生，貧而無館。除夕，至小港閒步，忽見一舟來，繫樹下。有一役持柬疾走，訪某名。某云：「何事？」役云：「我主人欲延某為師。」某云：「即我也。」接其大字柬，姓吳名奎文，兼出聘金二十兩。詣其家，某約於明春赴館。役云：「主人迫欲請，不能待。」隨登舟。

至其家，恍惚閭門第巍煥，堂皇宏敞，但不設坐。俄而主人冕服出迎。至書館，即入內，命其徒出拜。閒翻架上書，皆非人世所有。問徒所從學，乃詩、古文也。一日，其徒他出赴宴，囑其師云：「堂側廊房有門，封固不宜窺伺。」某心疑懼，至更餘，步至其所，啟門一縫，窺見主人端坐中堂，兩廊皆胥役，門外有悲戚聲，俱縲絏待審者，已而次第拷訊。某驚怖欲絕。次日，其徒至館，云：「昨囑師勿往觀，不意夜間潛窺，今緣盡不能復留矣。」某問故，卒不言，即贈半載脩金五十兩，送之歸。師弟亦流涕不忍別。

至河幹，乘舟仍在，其送者亦即前役也。比登岸，舟與役俱不在。

《曠園雜誌・冥府延師》

廣東周生家貧，以授徒糊口，簞瓢陋巷晏如也。一日暮眺江流，見一船狀類官宦。方駐足間，船中人招之曰：「先生快登舟，主人候久矣。」周不覺入其艙。忽聞狂風怒號，與波浪聲相應，啟窗窺之，白練滔天，銀濤萬丈，不知身在何方矣。周大駭，詢諸舟子，答曰：「我主人聞君博學，請往課其子耳。」周復欲問，時船已觸岸。

導周至一宅，甲第大闢，與王侯無異。周入其室，即有一生執贄見禮，蓋已為西席矣。周居其中怏怏不得志，且主人並未謀面，姓氏亦不得知，屢詢於生而終未得見。

閱半載餘，忽思歸，因謂生曰：「余每欲旋里，嘗以未睹尊公芝範為憾，盍於明日導餘一拜乎。」生躊躇久之，曰：「明日五更共往可耳。」及時，生與周歷數重門，至一處畫棟雕樑，巍峨顯赫，若宮殿然。自窗隙視之，中坐一人，冕旒蟒玉，面如黑漆，須及於胸，兩眼碧光，與燈光相映射，陰風颯颯，冷氣襲人，不禁毛骨悚然。諦視兩旁差役，則牛馬其首而人其身也。鐵索琅璫，滿堂響震，而拷掠之聲，與呼痛之聲，亦復不絕於耳。周懼極，戰慄不能言。生乃扶周回書室，而謂之曰：「家父本系閻君，故未與先生相接禮。今已示知，未免有明冥之異，況先生本有歸志，請整歸鞭以遂桑梓之願可乎？」即出白金三百兩，為周送行。周甚喜，遽謝別。

方周之出外也，妻子並未知之。許久不歸，疑周已死，特未得實情，故未舉哀。今見周回，喜出望外，無殊隔世重生。周為述閻君一事，皆為之驚異不已焉。

《此中人語》卷一〈閻王〉

這三則異文，出場主要人物與主要故事情節（派人迎請；閻君府第執教；返回故里）大體上相似。但是在具體情節乃至細節方面，卻有許多差異，諸如故事主角被請去授徒是否夢境；前往的方式（騎馬或乘船）不同；閻君是否出面接待；是否曾經觀看閻君審案（獨自偷窺還是學生領去）；有無宴請；歸家的因由與方式等等。

此外，尚有關於「相國孫」的故事，有《池北偶談》卷二十二〈相國孫〉和《埋憂集》卷一〈扛米〉；關於「柔佛巴魯神」的故事，有《述異記》卷下〈肉身土地〉和《談虎・鄧公廟》；關於「替鬼做媒」的故事，有《子不語》卷四〈替鬼做媒〉和《履園叢話》卷十五〈鬼婚〉；關於「熊太太」的故事，有《子不語》卷十九〈熊太太〉和《埋憂集》卷一〈熊太太〉；關於「紹興奇案」的故事，有《聽雨軒筆記》卷一〈紹興奇案〉和《右台仙館筆記》卷十〈張世昌婦案〉；關於「姘婦奇智」的故事，有《咫聞錄》卷九〈巧脫〉和《妙香室叢話》卷十二〈淫婦奇智〉；關於「富兒怪病」的故事，有《誌異續編》卷一〈富室兒〉和《里乘》卷一〈富翁子〉；關於「除夕贈金」的故事，有《履園叢話》卷十七〈除夜贈金〉和《見聞異辭》卷二〈吉穴〉；關於「神仙遺矢」的故事，有《熙朝新語》卷十五〈三遺其矢〉和《香飲樓賓談》卷一〈金陵道士〉；關於「救人善報」的故事，有《妙香室叢話》卷十三〈救人獲報〉和《里乘》卷一〈姑蘇某翁〉；關於「仙丐」的故事，有《香飲樓賓談》卷一〈仙丐〉和《此中人語》卷四〈賣茶嫗〉等。

五、由於改寫而出現異文

這個時期的此類異文，數量也很多。譬如，關於「妾名忠孝」的故事有：

> 有一士人年老，納二寵，托其友命名。友以忠娘、孝娘名之，其人曰：「忠孝誠美，然以名妾則非稱。」友曰：「有出處：孝當竭力，忠則盡命。」
>
> 《寄園寄所寄》卷十二「忠娘與孝娘」

> 有一人貪色致病。家有館賓乃明達高人，勸以保養精神，為卻病延年之要法，奈屢戒不從。一日自曰：「我不幸患病，必須娶一妾沖喜，才得病好。」乃娶一妾入門，請名於館賓，館賓曰：「當名曰孝姐。」其病亦添。病者曰：「須再娶一妾沖喜，定然病癒。」因又娶一妾，復請命於館賓。館賓曰：「當名忠姐。」不數日，而病者死矣。家人問其命名之意，曰：「你不知道《千字文》上說得好，『孝當竭力，忠則盡命』。」
>
> 《笑得好》二集〈忠則盡命〉

> 一老翁，年逾耳順，猶御女不輟。新買二妾，求先生起一美名。先生說：「一個名忠，一個名孝。」老翁說：「『忠』、『孝』二字太道學，不甚風雅。請問，二字出於何典？」先生曰：「《千字文》有之，『孝當竭力，忠則盡命』。」
>
> 《嘻談續錄》卷下〈妾名忠孝〉

這三則異文，第一則係清代最初的形態[4]十分簡約。第二、三則係根據第一則改寫而成，其出場人物與故事情節基本上相似，又各有變化，其差

[4] 這一個民間故事類型最早見於明代，分別為《古今譚概》微詞部第三十〈忠孝奴〉與《廣笑府》卷六〈忠則盡命〉。

別顯而易見。第二則增加了老翁生病和亡故的情節，比較有趣。第三則有所改動，增加了感情色彩，更為逗笑。

此外，尚有關於「夢銀得銀」的故事，有《池北偶談》卷二十五〈尤生〉和《熙朝新語》卷七〈尤生鄉試〉；關於「丟蝨子」的故事，有《笑倒・蝨子》、《笑得好》二集〈丟虱〉和《嘻談初錄》卷下〈捏虱〉；關於「賞舊曆」的故事，有《笑倒・賞曆》和《笑得好》初集〈反有用〉；關於「獨腳褲」的故事，有《笑得好》初集〈獨腳褲子〉和《新鐫笑林廣記》卷九〈獨管褲〉；關於「打半死」的故事，有《笑得好》初集〈打個半死〉和《新鐫笑林廣記》卷九〈打半死〉；關於「鬍鬚與眉毛」的故事，有《新鐫笑林廣記》卷四〈聯宗〉和《嘻談續錄》卷下〈通譜〉；關於「搽藥」的故事，有《新鐫笑林廣記》卷五〈搽藥〉和《嘻談續錄》卷上〈搽藥〉；關於「仙畫」的故事，有《北東園筆錄》續編卷二〈仙畫〉和《妙香室叢話》卷十四〈仙畫〉等。

第四節　清代的民間故事講述人

清代民間故事的採錄者在錄寫故事時，繼承了唐宋以來的優良傳統，往往比較重視交代講述人以及講述故事的相關情況。這方面的資料，對於後人研究清代民間故事，瞭解民間故事的流傳範圍、傳承方式、思想傾向、藝術特色等頗有裨益，值得珍視。

清代記載民間故事講述人及相關情況的著作較多，計有《池北偶談》、《虞初新志》、《堅瓠集》、《觚賸》、《述異記》、《聊齋誌異》、《子不語》、《夜譚隨錄》、《聽雨軒筆記》、《耳食錄》、《閱微草堂筆記》、《咫聞錄》、《誌異續編》、《竹葉亭雜記》、《明齋小識》、《埋憂集》、《北東園筆錄》、《客窗閒話》、《聞見異辭》、《金壺七墨》、《庸閑齋筆記》、《里乘》、《香飲樓賓談》、《蟲鳴漫錄》、《夜雨秋燈錄》、《三借廬筆談》、《庸庵筆記》、《右台仙館筆記》、《此中人語》、《醉茶志怪》、《鸝砭軒質言》、《拍案驚異》、《仕隱齋涉筆》、《中國偵探案》、《趼廛筆記》、《箚記小說》、《南皋筆記》等。其中，有的著作偶有民間故事講述人的記載，譬如《堅瓠集》、《述異記》、《虞初新志》、《咫聞錄》、《誌異續編》、《竹葉亭雜記》、《明齋小識》、《埋憂集》、《客窗閒話》、《聞見異辭》、《金壺七墨》、《庸閑齋筆記》、《香飲樓賓談》、《蟲鳴漫錄》、《三借廬筆談》、《此中人語》、《醉茶志怪》、《鸝砭軒質言》、《仕隱齋涉筆》、《中國偵探案》、《趼廛筆記》、《箚記小說》、《南皋筆記》。有的著作對於民間故事講述人的記載較多，譬如《池北偶談》、《聊齋誌異》、《子不語》、《閱微草堂筆記》、《里乘》、《右台仙館筆記》，其中以《池北偶談》、《子不語》、《閱微草堂筆記》、《右台仙館筆記》最為突出。

《子不語》全書共二十四卷，每一卷的不少故事都記有講述人。書中所記的故事講述人，大多為採錄者袁枚的官場同僚，或者文化界好友。講述人為官場同僚者，譬如，卷一〈西山王二〉的講述人熊翰林滌齋，卷三〈年子〉的講述人鹽城令閻公，卷四〈奉新奇事〉的講述人彭芸楣少司馬，卷八〈黑煞神〉的講述人江甯太守章公攀桂，卷十四〈蠱〉的講述人雲南總兵華封，卷十六〈萬佛崖〉的講述人章淮樹觀察，卷十七〈虎銜文昌頭〉的講述人嚴侍讀冬友，卷十八〈狐丹〉的講述人錢竹初明府，卷十九〈熊太太〉的講述人學士春台，卷二十一〈黎人進舍〉的講述人厓州刺史陳桂軒，卷二十四〈牛乞命〉的講述人天臺縣令鐘公醴泉。講述人為文界好友者，譬如，卷二〈羅剎女〉的講述人張廣基，卷五〈某侍郎異夢〉的講述人裘文達，卷六〈祭雷文〉的講述人黃湘舟，卷八〈高相國種須〉的講述人高文端，卷十三〈江秀才寄話〉的講述人戴震，卷十八〈吳二姑娘〉的講述人金棕亭，卷二十二〈鬼搶饅頭〉的講述人文林，卷二十三〈木犬能吠〉的講述人葉文麟，卷二十四〈殭屍夜肥晝瘦〉的講述人俞蒼石，卷二十四〈皮蠟燭〉的講述人張秀墀。此外，也有講述人系採錄者的家人、親戚，譬如，卷二十一〈菩薩答拜〉的講述人祖母柴太夫人，卷八〈禿尾龍〉的講述人陶悔軒方伯。

《閱微草堂筆記》全書共二十四卷，每一卷的許多故事都記有講述人。全書所記講述人數量之多，遠遠超過《子不語》，並且能夠比較充分地顯示出民間故事的傳承關係。《閱微草堂筆記》的講述人主要包括以下幾部分人：一、紀昀的家族成員與親戚，計有父親、祖父、母親、叔父、兄弟、曾伯祖、族祖、從叔、從伯、從兄、從姪、從孫、族叔、族兄、外祖母、舅父、姨母、姨丈、表兄、表叔、外叔祖、從舅等；二、紀昀相識的各級官吏，計有大學士、御史、提督、太守、太常、太僕、王爺、貝勒按察使、少司寇、觀察、司農、翰林院供事、閣學、軍台、參將、副都統、藩司、運使、守備、同知、通判、主事、千總、把總、縣令、縣丞、編修、教諭、教授、助教、驍騎校、巡檢、佐領、軍校、軍吏等；三、紀昀的師友、門生；四、少數民族：五、其他各色人等，計有醫生、儒生、員外、琴工、卜者、旅店主、道士、僧人、尼姑、佃戶、乳媼、保姆、僕人、奴子、轎夫、賣花婦、司炊、侍姬母、遣犯、流人等。

講述人為家族成員者，譬如，卷三〈為母求藥〉的講述人為先太夫人，卷八〈汲水女子〉的講述人為族兄次辰，卷十一〈偽鬼真與鬼〉的講述人為族叔行止，卷十四〈神佑孝婦〉的講述人為族姪竹汀，卷十四〈狐賣甲乙〉的講述人為從姪汝夔，卷二十二〈二少年〉的講述人為從叔梅庵。

講述人為親戚者，譬如，卷八〈王州牧愛女〉的講述人為舅父張健亭，卷九〈嗜雞報〉的講述人為姨母王氏，卷十〈某孝廉〉的講述人為表兄劉香畹，卷十五〈某甲買妾〉的講述人為表叔王月阡，卷十八〈狐報冤〉的講述人為表兄安伊在，卷二十三〈再娶元配〉的講述人為姨丈衛可亭。

講述人為各級官吏者，譬如，卷一〈鬼技窮乃滅〉的講述人為司農曹竹虛，卷五〈洞中六女〉的講述人為烏魯木齊把總蔡良棟，卷十〈烏對戶啼〉的講述人為驍騎校薩音綽克圖，卷十〈布商韓某〉的講述人為禦史汪香泉，卷十二〈狐女救狐〉的講述人為觀察盧撝吉，太守太守張墨谷，卷十五〈妖獸幻形〉的講述人為烏魯木齊軍校王福，卷十八〈停柩遇火〉的講述人為太常呂含暉，卷二十一〈士人與狐女〉的講述人為編修程魚門，卷二十一〈杜翁〉的講述人為軍吏巴哈布，卷二十一〈屠人改業〉的講述人為閣學汪曉園，卷二十三〈僕與鬼鬥〉的講述人為蒙古王爺喀喇衾公丹公。

講述人為師友、門生者，譬如，卷三〈縊鬼待替〉的講述人為何勵庵，卷七〈二鬼覓替〉的講述人為先師裘文達，卷十二〈惡少得報〉的講述人為法南野，卷十三〈狐救民婦〉的講述人為王符九、卷十三〈東昌一書生〉的講述人為董秋原，卷十四〈書生與狐女〉的講述人為胡厚庵，卷十六〈假狐女〉的講述人為董曲江，卷十八〈狐友〉的講述人為賈公霖，卷十九〈書生與仕女軸〉的講述人為門人伊秉綬，卷十九〈殺蛇之報〉的講述人為楊雨亭，卷二十〈狐戲某生〉的講述人為李南澗，卷二十一〈求狐被戲〉的講述人為高冠瀛，卷二十三〈不言「畏」字〉的講述人為戴東原，卷二十三〈侑酒小妓〉的講述人為先師李又聃。

講述人為少數民族的，譬如卷十〈烏對戶啼〉的講述人為蒙古族薩音綽克圖，卷十二〈薩音綽克圖與狐友〉與卷二十三〈僕與鬼鬥〉的講述人為蒙古族丹巴多爾濟。

講述人為其他各色人等者，譬如，卷二〈假冒狐女〉的講述人為賣花老婦，卷三〈馬落坡賣面婦〉的講述人為乳媼廖氏，卷四〈蛇齧惡媳〉的講述人為侍姬母沈媼，卷七〈選人與館母〉的講述人為琴工錢生，卷四〈虎神〉的講述人為司炊張媼，卷十五〈西藏毛人〉的講述人為烏魯木齊遣犯剛朝榮，卷十八〈長姐〉的講述人為轎夫劉福，卷十九〈小庵幽魂〉的講述人為慧燈和尚，卷二十三〈翁仲兇淫〉的講述人為老僕劉廷宣。

在《閱微草堂筆記》的講述人中，比較突出的為採錄者紀昀的父親姚安公、前輩董曲江、先師李又聃、朱青雷、戴遂堂、友人戴東原、舅父張健亭、先師裘文達、表兄劉香畹、楊槐亭等，其中以姚安公最為引人注目。紀昀的父親紀容舒，因官姚安知府，尊稱姚安公。在此書中，由他講述的故事有十則，即卷二的〈鬼誤〉、卷五的〈以財為命〉、卷七的〈董某家老牛〉、卷八的〈扶乩治病〉、〈客作遇夜神〉、〈鼓妖〉和〈薑三莽〉、卷十二的〈老儒鎮狐祟〉、卷十四的〈惜硯致禍〉、卷二十一的〈爭論罹難〉、卷二十二的〈房主移家〉等。

《右台仙館筆記》全書共十六卷，除少數幾卷外，各卷的許多故記有講述人。其講述人主要包括以下幾部分人：一、官員；二、友人；三、門人；四、家眷；五、僕傭。講述人為官員者，譬如，卷五〈傭媼與藍衫婦〉的講述人為吉安典史周君，卷九〈請狐仙〉的講述人為縣令李麟生，卷十三〈蜥蜴與蜈蚣〉的講述人為觀察汪耕餘，卷十四〈狐為祟〉的講述人為司馬湯伯述，卷十六〈人不如犬〉的講述人為石門吳又樂大令。

講述人為友人者，譬如，卷二〈貴州某縣令〉的講述人為吳文南，卷七〈臨危鎮定〉的講述人為丁濂甫，卷八〈豕言〉的講述人為閔小圃，卷八〈小吳王女〉的講述人為朱孔彰，卷十二〈乍浦海市〉的講述人為暴式昭，卷十二〈石臼〉的講述人為毛永年，卷十三〈虎口救母〉的講述人為張子厚。

講述人為門人者，譬如，卷六〈批神頰〉的講述人為王夢薇，卷六〈夜半鬥鬼〉的講述人為司馬晴江，卷七〈駐雲壇〉的講述人為鄔梅仙。

講述人為家眷者，譬如，卷二〈鱉寶〉的講述人為大兒媳樊氏，卷十三〈馬氏婦〉的講述人為孫婦彭氏。

講述人為僕傭者，譬如，卷六〈分外之財〉的講述人為傭媼何氏，卷八〈女化男〉的講述人為傭媼宋氏，卷十六〈遷墳〉的講述人為邵氏舊僕。

在《右台仙館筆記》的講述人中，比較突出的為門下士宋伯言、大兒媳樊氏、友人徐誠庵、秀才沈祖煒、侍郎彭雪琴、門下士高海垞、觀察杜筱舫、廣文陳子愚、門下士童米生等。其中以宋伯言、樊氏、徐誠庵、沈祖煒較為突出。宋伯言講述的故事，計有卷十〈失之交臂〉、〈三槐墳〉、〈女鬼救人〉、〈易屍發奸〉、〈死而為牛〉、〈捎金〉、〈秦檜夫婦跪像〉、〈石獅為祟〉等。樊氏講述的故事，計有卷六〈某氏女〉、〈鱉寶〉、〈還魂〉，卷十〈術者捉妖〉、卷十四〈大蛺蝶〉等。劉斗山講述的故事，計有卷九〈劉氏女〉、〈淘金奇遇〉、〈奶奶廟〉、〈董叟〉、〈毒藥鬼〉等，沈祖煒講述的故事，計有卷八〈食蛟〉，卷十四〈花版蛇〉，卷十五〈玉如意〉、〈吞舟之魚〉、〈群龍奪珠〉等。

其他諸書，有關講述人與流傳情況尚有不少值得注意之處，試看：

《池北偶談》卷二十卷〈義虎〉末尾記有「宋荔裳琬作〈義虎行〉。王於一（猷定）作〈義虎傳〉紀其事。」卷二十二〈靖州雞鵝〉末尾記有「有吳君者，從軍湖南，至寺親見之，蠢動俱含佛性，信然。」卷二十四〈邵進士三世姻〉末尾記有：「邵（同年濟甯邵士梅，字嶧，順辛卯舉人，登己亥進士）記其言，康熙己未在京師時，屢為予及同年傅侍御彤臣扆、潘吏部陳伏飂言言之。」

《聊齋誌異》卷一〈新郎〉開頭記有「江南梅孝廉耦長，言其鄉孫公，為德州宰，鞫一奇案。」

《虞初新志》卷四〈義虎記〉開頭記有「辛丑春，余客會稽，集宋公荔裳之署齋，有客談虎，公因言：」卷十七〈名捕記〉開頭記有「金壇王伯弢孝廉自言：」末尾又記有：「姚伯祥曰，此昔伯弢授於予，予為之記，所謂舌端寫生手也。」

《觚賸》卷五〈判官薦才〉開頭記有：「項城王爾固允貞，好學能詩，以副車貢入太學，與余友善。自言：」

《聽雨軒筆記》卷一〈紹興奇案〉末尾記有：「甲申六月，予客紹興永壽堂，沈康勤為予言此，至系何時之事，及其村名，已不復記矣。雨窗枯坐，書此以資談柄。」卷一〈泗州漁人〉開頭記有：「乾隆庚子六月，馮在田先生自江南歸，閑中偶及所聞異事云：」卷一〈蚌精〉末尾記有：「其家言此缸埋自前明，貯以濁水，經宿則清而且甘，闔家用以烹茶，不憶怪藏其下也。景山公聞之駭然。昔公與先大父退圃公山莊話及，予侍側默識之，倐三十八年矣。茲集舊聞，憶而紀之。」卷二〈慈相奇鬼〉開頭記有：「乾隆辛巳秋，予同馮在田先生至慈相寺上房面壁窩看桂花。僧鶴齡話及：」卷三〈顯魂寄歸〉末尾記有：「予表姪嵇雯川與陳（鳳鳴）有葭莩親，素悉其事。辛亥冬日於樹德堂閑敘，偶談及此，歸而紀之。」

《耳食錄》卷二〈子無賴〉末尾記有：「此庚戌春間事。東鄉王肖山來都，於途次聞之，為余言。」卷十〈髑髏〉開頭記有：「余偕數君子看花豐台，飲於賣花翁，座中相與說鬼。羅兩峰述一髑髏事，亦可發一噱也。」

《咫聞錄》卷四〈延安府署樓〉開頭記有：「壬戌夏月，予時病瘧，杜門懸車。大雨時行，終夜不止；天曉晴霽，日上三竿，起而坐食。適姚農山來訪，予曰：『良友遠來，有異聞乎？盍為我言之，以供他日西窗剪燭之談劇也。』姚以事有奇異，喟然曰：」卷六〈徐兄李弟〉末尾記有：「此事予童時聞諸人言，雖近於誕，然誠偽之分，善惡之報，昭昭不爽，亦可為嗜友騙者戒焉。」

《諾異續編》卷一〈某醫〉末尾記有：「此乾隆五十六年，在吳門聞杭州沈公國禎言如此。今不能舉其姓名矣。」

《聞見異辭》卷二〈救縊投軍〉末尾記有：「羅嘗在蔣制軍席間自述生平如此。朱明府半塘，時在蔣幕中。渠姪稼軒上舍為余言之。」

《里乘》卷二〈程貪封公〉末尾記有：「憩棠先生巡撫吾皖時，予館於署中，親其予言之。」卷八〈某令〉末尾記有：「此吾邑張德昭在甘肅所目見，為予言之，並云：『現某人幕友已漸頹敝矣。』」

《箚記小說‧說虎》末尾記有：「光緒丁酉，襄滬報筆政，客挾筆來求售，為余言此事。察其顏色，談虎有餘栗，而談犬猶有餘哀也。惜餘忘其姓字也。」

第五節　清代的民間故事編選

清代編選的筆記小說集、笑話集，有不少以民間故事、民間笑話為主要內容，或者包含一定數量的民間故事、民間笑話，計有《遣愁集》、《堅瓠集》、《寄園寄所寄》、《虞初新志》、《笑倒》、《笑得好》、《新鐫笑林廣記》、《熙朝新語》、《北東園筆錄》、《雨窗消意錄》、《妙香室叢話》、《記聞類編》、《笑笑錄》、《嘻談錄》、《笑林廣記》、《薈蕞編》、《後聊齋誌異》等。其中，在保存和傳播民間故事、民間笑話方面影響較大、作用顯著的為《堅瓠集》、《虞初新志》、《笑得好》、《新鐫笑林廣記》、《笑笑錄》、《嘻談錄》等。

一、《堅瓠集》與《虞初新志》

1、《堅瓠集》

褚人穫纂輯《堅瓠集》，是清代初年最有影響力的筆記小說集之一。

褚人穫，字稼軒，一字學稼，號石農，康熙間長洲（今江蘇蘇州）人。清代小說家。撰有《堅瓠集》、《隋唐演義》、《讀史隨筆》、《退佳瑣錄》、《聖賢群輔錄》等。《堅瓠集》規模宏大，卷帖浩繁，「搜錄秦漢，以迄故明，歷代軼事，并訪諸故老之舊文，摘其佳事佳話之尤者，次為一編。」[5]「於古今軼見異聞事，所載略備。」[6]該書成書於康熙三十四年（1695）至四十二年（1703）間，由正集（一至十集，各四卷）、續集（四卷）、廣集（六卷）、補集（六卷）、秘集（六卷）、餘集（四卷）組成，共六十六卷。全書數量極大，除少量為作者自己錄寫的外，絕大部分選自歷代以筆記、野史為主的各種著作近千種，其中已佚著作達二百餘

[5] 孫致彌：《堅瓠集‧總序》。

[6] 孫致彌：《堅瓠續集‧序》。

種。計有先秦兩漢的《荀子》、《墨子》、《山海經》、《淮南子》、《說苑》、《史記》、《越絕書》、《論衡》、《漢書》、《水經》等，魏晉南北朝的《笑林》、《博物志》、《西京雜記》、《搜神記》、《拾遺記》、《三國志》、《後漢書》、《魏書》、《水經注》、《五行記》、《述異記》、《世說新語》、《續齊諧記》、《歲時記》等，隋唐五代的《啟顏錄》、《冥報記》、《朝野僉載》、《隋書》、《南史》、《廣異記》、《國史補》、《集異記》、《酉陽雜俎》、《本事詩》、《獨異志》、《開城錄》、《樂府雜錄》、《封氏聞見記》、《尚書故實》、《原化記》、《錄異記》、《天寶遺事》、《玉堂閒話》、《稽神錄》、《北夢瑣言》、《賈氏談錄》等，宋元的《清異錄》、《太平廣記》、《太平御覽》、《南唐近事》、《茅亭客話》、《西齋話記》、《江鄰幾雜誌》、《儒林公議》、《湘山野錄》、《青瑣高議》、《澠水燕談錄》、《東坡志林》、《仇池筆記》、《後山叢談》、《畫墁錄》、《明道雜誌》、《青箱雜記》、《墨客揮犀》、《邵氏聞見錄》、《泊宅編》、《唐語林》、《侯鯖錄》、《麈史》、《群居解頤》、《墨莊漫錄》、《春渚紀聞》、《雞肋編》、《松漠紀聞》、《西溪叢語》、《能改齋漫錄》、《漁隱叢話》、《睽車志》、《夷堅志》、《容齋隨筆》、《老學庵筆記》、《陸放翁集》、《姑蘇筆記》、《乾淳歲時記》、《揮麈錄》、《諧史》、《貴耳集》、《吹劍錄》、《全唐詩話》、《鶴林玉露》、《湘素雜記》、《游宦紀聞》、《武林舊事》、《善謔集》、《葦航紀談》、《齊東野語》、《癸辛雜識》、《豹隱紀談》、《楮室記》、《行營雜錄》、《續夷堅志》、《玉堂嘉話》、《平江紀事》、《山房隨筆》、《誠齋雜誌》、《硯北雜誌》、《宋史》、《稗史》、《輟耕錄》等，明代的《古穰雜錄》、《水東日記》、《雙槐歲抄》、《客坐新聞》、《石田雜記》、《菽園雜記》、《枝山前聞》、《志怪錄》、《猥談》、《東穀贅言》、《七修類稿》、《碧裡雜存》、《馬氏日抄》、《代醉編》、《近峰聞略》、《揮塵新談》、《豫章漫抄》、《春風堂隨筆》、《都公談纂》、《聽雨紀談》、《真珠船》、《綠雪亭雜言》、《西樵野記》、《丹鉛總錄》、《戒庵老人漫筆》、《幽怪錄》、《熙朝樂事》、《委巷叢談》、《庚巳編》、《說聽》、《山中一夕話》、

《艾子後語》、《高坡異纂》、《祐山雜說》、《何氏語林》、《留青日箚》、《焦氏筆乘》、《莘野纂聞》、《從信錄》、《廣聞錄》、《帝京景物略》、《駒陰冗記》、《水南翰記》、《耳談》、《厚德錄》、《說圃識餘》、《三餘贅筆》、《百可漫志》、《農田餘話》、《漱石閒談》、《挑燈集異》、《湧幢小品》、《見聞錄》、《虎薈》、《紫桃軒雜綴》、《塵餘》、《五雜俎》、《明世說新語》、《小窗清紀》、《露書》、《捧腹編》、《耳新》、《孤樹裒談》、《無用閒書》、《異識資諧》、《昨非庵日纂》、《虞山詩人傳》、《桐下聽然》、《葵軒瑣記》、《詢芻錄》、《吳中雜識》、《拙庵雜俎》、《湖海搜奇》、《古今譚概》等，清代的《孑庵雜錄》、《湖壖雜記》、《大有奇書》、《北墅手述》、《說鈴》、《筠廊偶筆》、《聞見卮言》、《樵書》、《客窗涉筆》、《聖師錄》、《近世存疑》、《宋稗類鈔》、《今世說》、《明世說》、《明朝小史》、《解人頤》等，以及《廣莫野語》、《萬花金穀》、《山天樓隨筆》、《女史》、《雲穀臥餘》、《太平清話》、《長洲野志》、《藝林學山》、《藝苑卮言》、《月下閒談》、《見聞錄》、《見聞實錄》、《見聞搜玉》、《見識編》、《白醉瑣言》、《白鶴外史》、《堯山堂外紀》、《西園雜記》、《西神脞說》、《西樓野記》、《夷門廣牘》、《江南野史》、《伍蓉庵漫錄》、《艮齋雜說》、《自警編》、《關西故事》、《紀昌雜錄》、《吳中舊事》、《劉氏鴻書》、《異識資諧》、《買愁集》、《閒居筆記》、《余氏辨林》、《秋水涉筆》、《林居漫錄》、《怡庵雜錄》、《乘異錄》、《益智錄》、《野獲編》、《雨窗雜錄》、《金陵瑣事》、《金載遺事》、《廬山雜記》、《茗齋隨筆》、《螢雪叢說》、《珂雪齋隨筆》、《復齋漫錄》、《閩耕餘錄》、《賈子說林》、《懸笥瑣探》、《諧語》、《群談采餘》、《毗陵閒筆》、《碣石剩談》、《葭鷗雜識》、《唐拾遺》、《海錄碎事》、《鴻書》、《解頤日抄》、《暇弋篇》、《蓬軒吳紀》、《憩鶴雜錄》、《醒睡編》、《鶡冠子》、《戴鬥夜談》、《一統志》、《八閩志》、《眉山志》、《青田志》、《趙州志》、《鎮江府志》、《池州府志》、《淅川縣誌》等。

由於《堅瓠集》的編纂與刊行，使得一大批有特色的民間故事得以保存和流傳。譬如，在正集十集卷四中，收有〈愧作梁山〉（出《國史補》）、〈優人諧戲〉（出《群居解頤》）、〈犬吠張三嫂〉（出《青箱雜記》）、〈罔兩鴨〉（出《稗史》）、〈方士大言〉（出《艾子後語》）、〈黠鬼賺牛頭〉（出《捧腹編》）、〈妓家祝獻文〉（出《山中一夕話》）、〈一聯構讖〉（出《廬山雜記》）、〈馮婦解〉（出《堯山堂外紀》）、〈不妄諛〉（出《虞山詩人傳》）、〈無邊風月〉與〈壽誕題詩〉（出《葵軒瑣記》）等，以及編者褚人穫採錄的〈新春雨雪〉、〈食蠱蟆〉、〈攬田〉等故事。又如，在廣集卷六中，收有〈感孕〉（出《搜神記》）、〈生啖�〉（出《錄異記》）、〈玉龍膏〉（出《西溪叢語》）、〈買地券〉和《白玉笙簫》（出《癸辛雜識》）、〈蝗〉（出《續夷堅志》）、〈宋三秀才〉（出《雙槐歲抄》）、〈物搏虎〉（出《馬氏日抄》）、〈騾女配人〉（出《揮塵新談》）、〈積物發火〉（出《綠雪亭雜言》）、〈竹間頭地中手〉和〈鸚鵡山茶〉（出《庚巳編》）、〈楊妃入月痕〉和〈進士除知州〉（出《高坡異纂》）、〈借目光〉（出《帝京景物略》）、〈地羊驛幻術〉、〈魚僧〉、〈鍋精〉、〈再生〉、〈續斷指〉、〈奇絲夫人〉、〈海上探珠人〉、〈魯公斷案〉和〈張居士〉（出《耳談》）、〈馬封翁盛德〉（出《厚德錄》）、〈燈中犬嗥〉和〈聞子中還魂〉（出《挑燈集異》）、〈張小鬼〉和〈鄭氏白犬〉（出《白醉瑣言》），以及編者褚人穫採錄的〈物異〉、〈義貓〉等故事。

更為可喜的是，在《堅瓠集》中，保存了一批由褚人穫自己錄寫的清代初年的民間故事，包括順治年間和康熙年間的故事。流傳於順治年間的故事，譬如正集首集卷三的〈搭題〉、正集六集卷三的〈廣寒遷客〉、續集卷三的〈冰雷繪梅〉、續集卷四的〈烏諭〉和〈插不臘〉、廣集卷二的〈王文安前因〉、廣集卷四的〈惡人受報〉、補集卷一的〈曲巷高門行〉、補集卷二的〈天絲飛颺〉、補集卷五的〈花案〉、秘集卷二的〈李朱神判〉、秘集卷五的〈七字勾向左〉和〈縫婢陰〉等；流傳於康熙年間的故事，譬如正集首集卷二的〈烏啄蝗歌〉、正集四集卷三的〈長洲酷吏〉、正集五集卷二的〈假娶謔詞〉、正集十集卷一的〈戲臺對聯〉、正集十集卷二的〈試題作詩〉和〈一東韻秀才〉、正集十集卷四的〈新春雨雪〉、廣集卷一的〈啟棺出女〉、廣集卷四的〈水能辟邪〉、廣集卷六的〈物異〉、補集卷六的〈陸雲士詞〉、秘集卷三的〈鬥姆救焚〉、秘集卷四的〈縣令主婚〉、秘集卷六的〈查勘司〉和〈兌卷〉、餘集卷二的〈雪天掘蛟〉和〈金石〉、餘集卷四的〈金姑娘娘〉等。

2、《虞初新志》

張潮輯錄《虞初新志》，是清代初年又一部影響力比較大的筆記小說集。

張潮（1650－1707以後），字山來，號心齋，安徽徽州府歙縣人，客居江蘇揚州。清代文人、小說家。撰有《聊復集》、《心齋詩抄》、《心齋雜俎》、《貽清堂集》，編纂有大型叢書、《檀幾叢書》、《昭代叢書》等。《虞初新志》，編纂時間長達十幾年，大約為康熙二十二年（1683）至四十一年（1702）。全書二十卷，共收入明末清初八十多家的二三百篇作品，有的選自各種筆記集、小說集、詩文集，有的選自各種手授抄本。該書收有許多民間故事，其中有不少是膾炙人口的名篇，包括卷一的〈義猴傳〉（出宋曹《會秋堂文集》），卷四的〈義虎記〉（出王猶定《文津選本》）、〈神鉞記〉（出徐芳《諾皋廣志》），卷五的〈林四娘記〉（出林雲銘《損齋焚餘》）、〈雷州盜記〉（出徐芳《諾皋廣志》），卷六的〈鬼孝子傳〉（出宋曹《會秋堂文集》），卷七的〈化虎記〉（出徐芳《諾皋廣志》）、〈義犬記〉（出徐芳《諾皋廣志》），卷九的〈劍俠傳〉（由「劍俠」、「女俠」兩則組成，出王士禛《漁洋文略》）、〈毛女傳〉（陳鼎《留溪外傳》），卷十的〈鬼母傳〉（出李清《古今文繪》），卷十一的〈義牛傳〉（出陳鼎《留溪外傳》），卷十二的〈劉醫記〉（出陳玉《學文堂集》）、〈孝犬傳〉（出陳鼎《留溪外傳》），卷十三的〈記縊鬼〉（出王明清《讀律佩觽》），卷十五的〈述怪記〉（繆彤）、〈啞孝子傳〉（王潔）、〈孝丐傳〉（王晫），卷十六的〈記古鐵條〉（詹鐘玉），卷十七的〈名捕傳〉（姚伯祥）等。《虞初新志》，是明清兩朝各種「虞初系列」選本中最有名、影響最大的一種。這些故事，因為收進此書而得以擴大其流傳範圍和影響。

二、《笑得好》、《新鐫笑林廣記》、《嘻談錄》

1、《笑得好》

收入石成金撰《傳家寶》中的《笑得好》，是清代初年最有影響力的一部笑話集。

石成金（1659或1660－1739以後），字天基，號學海，又號覺道人。江蘇揚州人。清代小說家。撰有《傳家寶》、《雨花香》、《通天樂》等。

《笑得好》裡面的作品以採錄為主，也有一部分作品出自明代及清初的笑話集，入選時經過石成金的加工、潤飾。出自明代及清初笑話集的作品，譬如初集〈我不見了〉由明代的《應諧錄》、《雪濤小說》等幾種笑話故事集的相關作品改寫而成，〈切莫動手〉由明代的《時興笑話》、《笑府》等笑話集的相關作品改寫而成，〈裝做米〉由《艾子後語・米言》改寫而成，〈死錯了人〉由《時興笑話》卷上〈錯死〉改寫而成，〈打個半死〉由《笑府》卷上〈打半死〉改寫而成，〈出氣〉由《笑倒・望孫出氣》改寫而成；二集〈不識自妻〉由《艾子後語・病忘》改寫而成；〈瞎子墮橋〉由《應諧錄・盲苦》改寫而成，〈醫駝背〉由《雪濤小說・催科・治駝背》改寫而成，〈剪箭管〉由《雪濤小說・任事・剪矢管》改寫而成，《市中彈琴》由《雪濤諧史・等桌子》改寫而成，《剔燈棒》由《笑禪錄》「世世用不盡的對象」改寫而成，〈搬老君佛像〉由《解慍編》卷九〈被人搬壞〉改寫而成，〈鋸酒杯〉由《時興笑話》卷上〈小杯〉演化而來，〈丟虱〉由《時興笑話》卷上〈蝨子〉改寫而成。

石成金在《笑得好》中錄寫的笑話，有不少非常精彩，在後世廣為流傳，譬如初集的〈誓聯〉、〈爛盤盒〉、〈再出恭〉、〈吃人不吐骨〉、〈題呼〉、〈不打官事〉、〈答令尊〉、〈笑話一擔〉、〈驅鬼符〉、〈長生藥〉，二集的〈瞌睡法〉、〈講趙錢孫李〉、〈三字同形〉。

2、《新鐫笑林廣記》

遊戲主人輯《新鐫笑林廣記》，是清代中葉最有影響力的一部笑話集。

《新鐫笑林廣記》為乾隆四十六年（1781）刻本，全書十二卷，共八百多則，是清代中葉最有影響的一部笑話集。《新鐫笑林廣記》裏面的作品，過半數來自明代及清初的笑話集，另外一部分則由編者采錄，其中多數為葷笑話，比較系統地展示出清代葷笑話的面貌和特色。《新鐫笑林廣記》是以明．馮夢龍輯《笑府》為藍本編輯而成的。《笑府》有不同的版本，其分卷各不相同。二卷本《笑府》分為八類，卷上有腐流、殊稟、形體、刺俗、方術五類，卷下有謬誤、閨風、雜語三類，《新鐫笑林廣記》分為十二卷，分類、名稱既有沿襲，又有調整，分為古豔、腐流、術業、形體、殊稟、閨風、世諱、僧道、貪吝、貧窶、譏刺、謬誤等十二部。

《新鐫笑林廣記》所收明清笑話集的作品，絕大多數出自《笑府》，譬如卷一古豔部的〈屬牛〉、〈太監參風〉、〈武弁夜巡〉、〈訓子〉，卷二腐流部的〈頌屁〉、〈腹內全無〉、〈讀破句〉、〈夢周公〉，卷三術業部的〈冥王訪名醫〉、〈願腳踢〉、〈彊蠶〉、〈游水〉、〈木匠〉、〈待詔〉，卷四形體部的〈瞽笑〉、〈兄弟認匾〉、〈金漆盒〉，卷五殊稟部的〈善忘〉、〈恍惚〉、〈品茶〉、〈燒令尊〉、〈鹹蛋〉、〈買海蛳〉，卷六閨風部的〈搶婚〉、〈謝周公〉、〈後公種韭〉、〈咬牙〉，卷七世諱部的〈嗻糠〉、〈倒做龜〉，卷九貪吝部的〈打半死〉、〈兄弟種田〉、〈合夥做酒〉、〈許日子〉、〈不留客〉、〈喜屬犬〉，卷十貧窶部的〈留茶〉、〈被屑掛須〉、〈吃糟餅〉、〈遇偷〉、〈被賊〉，卷十一譏刺部的〈譏人弄乖〉，卷十二謬誤部的〈僭稱呼〉、〈看鏡〉、〈高才〉、〈說大話〉、〈謊鼓〉等等，皆出自《笑府》。

《新鐫笑林廣記》中出自明代其他笑話集的作品，譬如卷一古豔部的〈避暑〉由《解慍編》卷二〈有天無日〉改寫、〈書低〉由《續金陵瑣事》卷下〈書低〉改寫、〈借牛〉由明．浮白主人輯《笑林．借牛》改寫，〈江心賦〉由《解慍編》卷七〈江心賊〉改寫，卷二腐流部的〈抄祭文〉由《雪濤諧史．他家死錯了人》改寫，卷三術業部的〈鋸箭竿〉由《時興笑話》卷上〈外科〉改寫，卷五殊稟部的〈葡萄架倒〉由《解慍編》卷六〈葡萄架〉改寫，〈盜牛〉由《精選雅笑．盜牛》改寫，《糴米》由《笑林．叉袋》，〈浼匠遷居〉由《精選雅笑．遷居》改寫，卷六閨風部的〈兩坦〉由《古今談概》貪穢部第十五〈如意〉改寫，卷七世諱部的〈爭坐〉由《解慍編》卷八〈眉爭高下〉改寫，卷八僧道部的〈驅蚊〉由《解慍編》卷四〈書符驅蚊〉與《精選雅笑・蚊符》改寫，卷九貪吝部的〈一毛不拔〉由《時興笑話》卷上〈一毛不拔〉改寫，〈七德〉由《解慍編》卷五〈七德雞〉改寫，〈下飯〉由《精選雅笑・醃魚》改寫，〈好酒〉由《時興笑話》卷下〈好酒〉改寫，〈截酒杯〉由《時興笑話》卷上〈小杯〉改寫，卷十一譏刺部的〈搬是非〉由《笑贊・搬壞三聖》改寫，卷十二謬誤部的〈賣糞〉由《精選雅笑・換糞》改寫，〈利市〉由《時興笑話》卷上〈利市〉改寫，〈蘇空頭〉由《時興笑話》卷下〈蘇空頭〉改寫。

《新鐫笑林廣記》中出自清初笑話集的作品，譬如卷一古豔部的〈田主見雞〉由《堅瓠十集》卷四〈攬田〉改寫，〈講解〉由《笑得好》二集〈講趙錢孫李〉改寫，卷五殊稟部的〈望孫出氣〉由《笑倒・望孫出氣》改寫，〈怯盜〉即《笑倒・怯盜》，卷八僧道部的〈掠緣簿〉由《笑得好》二集〈虎訴苦〉改寫，〈問禿〉由《笑得好》初集〈禿字〉改寫，〈謝符〉由《笑得好》初集〈驅鬼符〉改寫，卷九貪吝部的〈莫想出頭〉由《笑得好》初集〈獨腳褲子〉改寫，〈滑字〉由《笑倒・滑字》改寫，卷十一貪吝部的〈聯宗〉由《笑倒・連宗》改寫，卷十二謬誤部的〈連偷罵〉由《笑倒・連偷》改寫，〈手氏〉由《笑倒・手氏》改寫，〈兩夫〉由《笑倒・兩夫》改寫。

3、《嘻談錄》

小石道人輯《嘻談錄》，是清代後期最有影響力的一部笑話集。

《嘻談錄》初刻於光緒八年（1882），分為詩文、流腐、閨風、貧窶、術業等五類，共一百九十四則；《嘻談續錄》分為謬誤、形體、詼諧、殊稟等四類，共一百六十二則。在《嘻談錄》中，有一部分作品是小石道人採錄或者撰寫的，另一部分則是由明以前的笑話集、明清兩代的笑話集改寫或演化而來。

《嘻談錄》中由明以前的笑話集、明代和清初的笑話集改寫或演化而來的作品，譬如，《嘻談初錄》中的〈偷酒〉由《啟顏錄・瀉蜜食餡》演化而來，〈一字笑話〉由《都公談纂・一字笑話》演化而來，〈三笑詩〉

由《七修類稿》卷五十〈三笑事〉演化而來，〈題真〉由《駒陰冗記・鄭唐詼諧・精老烏龜》和《古今談概》儇弄部第二十二〈皇老烏龜〉等演化而來，〈廚子能詩〉由《誌異續編》卷二〈趣僕〉改寫，〈捏虱〉由《時興笑話》卷上〈蝨子〉、《笑得好》二集〈丟虱〉等演化而來，〈小恭五兩〉由《笑得好》初集〈再出恭〉演化而來，〈竹苞堂〉由《鋤經書舍零墨》卷一〈竹苞堂〉演化而來。《嘻談續錄》中的〈我何在〉由《應諧錄・僧在》改寫，〈插草標〉由《笑倒・插草標》改寫，〈破傘〉由《笑倒・破傘之喻》改寫，〈妾名忠孝〉由《笑得好》二集〈忠則盡命〉改寫，〈搽藥〉由《新鐫笑林廣記》卷五〈搽藥〉改寫，〈聖賢愁〉由《皆大歡喜・一毛不拔》演化而來。

《嘻談錄》中由小石道人採錄或者撰寫的笑話故事，有不少藝術質量頗高。譬如，《嘻談初錄》卷上的〈先生妙喻〉、〈蘿蔔對〉、〈白字先生〉、〈恭喜也罷〉、〈喜寫字〉，〈嘻談初錄〉卷下的〈半魯〉，〈嘻談續錄〉卷上的〈五大天地〉、〈堂屬問答〉、〈問猴〉、〈蚊蟲結拜〉、〈不改父業〉、〈官讀別字〉、〈黃鼠狼〉、〈糊塗蟲〉、〈大嘮小嘮〉、〈讀白字〉，〈嘻談續錄〉卷下的〈瞎子吃魚〉、〈懶婦〉等都相當精彩，有的堪稱清代笑話名篇。

三、《笑林廣記》與《笑笑錄》

1、《笑林廣記》

程世爵編纂《笑林廣記》，是光緒年間的一部有一定影響力的笑話集。

《笑林廣記》刊刻於光緒二十五年（1899），不分卷，共三百四十五則。此書實際上系《嘻談錄》的翻版，其作品幾乎都是從《嘻談錄》中搬來的，所不同的是：一、此書將《嘻談錄》的編排順序打亂，按作品標題的字數排列，〈老門〉至〈脫褲〉共七十六則為二字標題者，〈債精傳〉至〈首縣對〉共一百一十九則為三字標題者，〈酒樓題壁〉至〈懼內啁骨〉共一百五十則為四字標題者。二、《嘻談錄》中的〈官讀別字〉、〈富家傻子〉、〈有本有利〉、〈仙方治病〉、〈妾名忠孝〉、〈二老新婚詩〉、〈舉子慰足詞〉、〈張三是這個〉、〈能吃不能幹〉、〈像人不像人〉、〈同音不同字〉等十一則未收入此書。三、收入此書的兩則作品，個別文字有改動：《嘻談初錄》卷上〈攮刀把〉中的「刀把」，在此書中一律改為「刀欛」；《嘻談續錄》卷上〈大嗙小嗙〉，在此書中一律改為「大騙」、「小騙」。由於程世爵本《笑林廣記》的刊行，《嘻談錄》中的作品流傳更廣，影響更大。

2、《笑笑錄》

獨逸窩退士輯《笑笑錄》，是光緒年間的一部頗有影響力的笑話故事集。

《笑笑錄》的編輯工作歷時三十載，選取上自唐宋，下迄清末兩百餘種著作與報章。全書共六卷，第一卷選自唐宋的《朝野僉載》、《隋唐嘉話》、《小名錄》、《松窗雜記》、《尚書故實》、《諧噱錄》、《聞奇錄》、《唐摭言》、《唐語林》等十多種著作；

第二卷選自宋元的《南部新書》、《幕府燕閑錄》、《湘山野錄》、《夢溪筆談》、《冷齋夜話》、《澠水燕談錄》、《春渚紀聞》、《鐵圍山叢談》、《錢氏私志》、《默記》、《西溪叢語》、《清波雜誌》、《捫虱新話》、《獨醒雜誌》、《芥隱筆記》、《白獺髓》、《老學庵筆記》、《揮塵餘話》、《揮塵後錄》、《揮塵三錄》、《鶴林玉露》、《游宦紀聞》、《齊東野語》、《癸辛雜識》、《歸潛志》、《湛淵靜語》、《宣和遺事》等近四十種著作。

第三卷選自宋元明的《太平廣記》、《清異錄》、《艾子雜說》、《東坡題跋》、《山谷題跋》、《道山清話》、《春渚紀聞》、《閑燕常談》、《懶真子》、《雞肋編》、《曲洧舊聞》、《中吳紀聞》、《吹劍錄》、《稗史》、《玉堂佳話》、《山居新話》、《拊掌錄》、《輟耕錄》、《客坐新聞》、《枝山前聞》、《畜德錄》、《玉堂叢語》、《都公談纂》、《北窗瑣語》、《通鑑紀事》、《談藪》、《伯虎紀事》、《續亙史》、《敝帚齋余談》、《調謔編》、《清言》、《蓬軒別紀》、《耳新》、《開卷一笑》、《夢憶》、《解頤贅語》、《胡盧編》、《世說補編》、《笑史》、《寄園寄所寄》、《蚓庵瑣語》、《嘯紅筆記》、《東皋雜錄》等七十多種著作；

第四卷選自明清的《玉芝堂談薈》、《皇華紀聞》、《分甘餘話》、《夫子亭雜錄》、《居易錄》、《筠廊隨筆》、《皇華紀聞》、《分甘餘話》、《夫子亭雜錄》、《堅瓠集》、《隨園隨筆》、《閩小記》、《丹午雜記》、《茶餘客話》、《墨餘書異》、《古今詩話》、《滇行紀程》、《梅花草堂筆談》、《天香樓偶得》等二十多種著作；

第五卷選自清代的《醒世姻緣傳》、《諧鐸》、《隨園詩話》、《鏡花緣》、《兩般秋雨庵隨筆》、《涼棚夜話》、《浪跡叢談》、《巧對錄》、《歸田瑣記》、《夜航船》、《履話叢園》、《明齋小識》、《吳下諺聯》、《蝶階外史》、《吹影編》、《補紅樓夢》、《皆大歡喜》、《春宵囈語》等二十多種著作。

第六卷選自清代及近代的《耳食錄》、《夢廠雜著》、《聊齋續編》、《勸戒三錄》、《塗說》、《冷廬雜識》、《寄蝸殘贅》、《青樓夢》、《池上草堂筆記》、《客窗閒話》、《墨餘錄》、《金壺七墨》、《恩補齋隨筆》、《潛庵漫筆》、《見聞偶筆》、《見聞偶筆》、《庸閑齋筆記》、《雲笙雜抄》、《桐陰清話》、《印雪軒隨筆》、《上海縣誌》、《廣新聞》、《彙報》、《申報》二十多種書報等。

此書的問世，進一步擴大了民間笑話、故事的影響；更為可喜的是，它保存了一些瀕臨失傳的民間笑話、故事，譬如卷四的〈告荒〉（出《丹午雜記》）、卷四的〈向釀〉（出《梅花草堂筆談》）、卷五的〈騙帽〉（出《吹影編》）、卷五的〈一毛不拔〉（出《皆大歡喜》）、卷五的〈醫生對〉（出《巧對錄》）、卷六的〈雞卵〉（出《勸戒三錄》）、卷六的〈倍與之錢〉（編者採錄）、卷六的〈高帽子〉（出《潛庵漫筆》）。

後記

拙著《中國民間故事史》是祁連休、呂微主編多卷本《中國民間文學史》的一個分卷。

撰寫這部《中國民間故事史》，需要閱讀的古籍文獻非常之多，涉及面很廣，工作量相當大。它從資料準備開始到最後脫稿，前前後後十年光景，付出了很多心力。拙著儘管不是國內的第一部中國民間故事發展史，可是，它不但涉及許許多多過去不大受關注的古籍文獻，而且涉及一些過去不曾論述過的方面，同時在寫法上也做了不少新的嘗試。凡此種種，筆者都希望它能夠在中國民間故事史研究上有所拓展，有所前進。然而，由於水準、精力和時間等等的限制，拙著必定存在某些疏漏與不足，尚祈學界同仁和讀者不吝指正。

這部《中國民間故事史》能夠在寶島臺灣付梓，實在令人高興。在此，我要衷心感謝精心出版這部著作的臺灣秀威資訊科技有限公司和為在台出版這部著作奔波、操勞的東華大學劉秀美副教授，還要衷心感謝多年來一直支持、幫助我的中國社會科學院多卷本《中國民間文學史》課題組諸好友、同事以及始終在寫作上協助我、在生活上關照我的賢內助馮志華。

筆者2010年10月16日

主要引用書目

二畫

二酉委譚	明・王世懋	說郛續本
七修類稿	明・郎瑛	中華書局本
九朝野記	明・祝允明	叢書集成初編本

三畫

三借廬筆談	清・鄒弢	筆記小說大觀本
三異筆談	清・許仲元	中華書局本
大唐新語	唐・劉肅	筆記小說大觀本
子不語	清・袁枚	筆記小說大觀本
小豆棚	清・曾衍東	上海大達圖書供應社本
山居新話	元・楊瑀	四庫筆記小說叢書本

四畫

五雜俎	明・謝肇淛	中華書局本
分門古今類事	宋・委心子	四庫筆記小說叢書本
太平廣記	宋・李昉等	中華書局本

五畫

世說新語	南朝宋・劉義慶	四庫筆記小說叢書本
仕隱齋涉筆	清・丁治棠	四川人民出版社
北東園筆錄	清・梁恭辰	筆記小說大觀本
北窗炙輠錄	宋・施德操	四庫筆記小說叢書本
可書	宋・張知甫	四庫筆記小說叢書本
古小說鉤沉	魯迅	人民文匯出版社本
古今說海	明・陸楫	四庫筆記小說叢書本
古今譚概	明・馮夢龍	文學古籍刊行社本

右台仙館筆記	清・俞樾	上海古籍出版社本
史記	漢・司馬遷	中華書局校點本
左傳		十三經注疏本
玄中記	晉・郭璞	古小說鉤沉本
玉堂閒話	五代・王仁裕	說郛本
玉堂叢語	明・焦竑	中華書局校點本
玉照新志	宋・王明清	四庫筆記小說叢書本
艾子後語	明・陸灼	古今說部叢書本
艾子雜說	宋・蘇軾	顧氏文房小說本

六畫

全唐小說	王汝濤	山東文藝出版社本
列子		諸子集成本
列異傳	三國魏・曹丕	古小說鉤沉本
夷堅志	宋・洪邁	中華書局校點本
曲洧舊聞	宋・朱弁	四庫筆記小說叢書本
此中人語	清・程趾祥	筆記小說大觀本
江淮異人錄	宋・吳淑	四庫筆記小說叢書本
池北偶談	清・王士禛	四庫筆記小說叢書本
老學庵筆記	宋・陸遊	中華書局校點本
耳食錄	清・樂鈞	筆記小說大觀本
耳新	明・鄭仲夔	說庫本
耳談	明・王同軌	金陵世德堂本
行營雜錄	宋・趙葵	說郛本
西樵野記	明・侯甸	說郛續本
迂仙別記	明・張夷令	古今譚概本

七畫

何氏語林	明・何良俊	四庫筆記小說叢書本
呂氏春秋		諸子集成本
妙叢香室語	清・張培仁	筆記小說大觀本
志怪	晉・祖台之	古小說鉤沉本
快雪堂漫錄	明・馮夢禎	說郛續本
戒庵老人漫筆	明・李翊	中華書局校點本
我佛山人短篇小說集	清・吳趼人	花城出版社本

折獄高抬貴手	宋・鄭克	叢書集成本
投轄錄	宋・王明清	宋人小說本
見聞紀訓	明・陳良謨	說郛續本
酉陽雜俎	唐・段成式	中華書局校點本
里乘	清・許奉恩	筆記小說大觀本
邵氏聞見後錄	宋・邵博	中華書局校點本
邵氏聞見錄	宋・邵伯溫	中華書局校點本

八畫

事林廣記	元・陳元靚	鄭氏積誠堂刊本
夜雨秋燈錄	清・宣鼎	筆記小說大觀本
夜譚隨錄	清・和邦額	筆記小說大觀本
庚巳編	明・陸粲	中華書局校點本
東坡志林	宋・蘇軾	中華書局校點本
東軒筆錄	宋・魏泰	中華書局校點本
枝山前聞	宋・祝允明	叢書集成初編本
河東記	唐・薛漁思	說郛本
法苑珠林	唐・釋道世	四部叢刊初編本
虎苑	明・王稚登	說郛續本
金壺七墨	清・黄鈞宰	筆記小說大觀本
青斧高議	宋・劉斧	上海古籍出版社本
青溪暇筆	明・姚福	說郛續本
拊掌錄	元・輾然子	說郛本
茅亭客話	宋・黃休複	四庫筆記小說叢書本
述異記	南朝齊・祖沖之	古小說鉤沉本
述異記	清・東軒主人	說庫本

九畫

南唐近事	宋・鄭文寶	四庫筆記小說叢書本
南皋筆記	清・楊鳳輝	筆記小說大觀本
南部新書	宋・錢易	說庫本
南墅閒居錄	宋・佚名	說郛本
咫聞錄	清・慵納居士	筆記小說大觀本
宣室志	唐・張讀	四庫筆記小說叢書本
客坐新聞	明・沈周	說郛續本

客座贅語	明・顧起元	中華書局校點本
客窗閒話	清・吳薌	筆記小說大觀本
幽怪錄	明・田汝成	說郛續本
幽明錄	南朝宋・劉義慶	古小說鉤沉本
春渚紀聞	宋・何薳	中華書局校點本
昨非庵日纂	明・鄭暄	筆記小說大觀本
昨夢錄	宋・康譽之	說郛本
洛中紀異錄	宋・秦再思	分門古今類事本
癸辛雜識	宋・周密	中華書局校點本
風俗通義	漢・應劭	四庫筆記小說叢書本
香乘	明・周嘉胄	筆記小說大觀本
香飲樓賓談	清・陸長春	筆記小說大觀本
祐山雜說	明・馮汝弼	說郛續本

十畫

原化記	唐・皇甫氏	說郛本
原李耳載	明・李中馥	中華書局校點本
唐國史補	唐・李肇	四庫筆記小說叢書本
唐語林	宋・王讜	四庫筆記小說叢書本
唐闕史	唐・高彥休	四庫筆記小說叢書本
埋憂集	清・朱梅叔	筆記小說大觀本
晏子春秋		諸子集成本
殷芸小說	南朝梁・殷芸	上海古籍出版社本
笑府	明・馮夢龍	明清笑話四種本
笑林	三國魏・邯鄲淳	古小說鉤沉本
笑林	明・浮白主人	破愁一夕話本
笑笑錄	清・獨逸窩退士	筆記小說大觀本
笑得好	清・石成金	傳家寶本
笑禪錄	明・潘游龍	說郛續本
笑贊	明・趙南星	明刊趙南星全集本
能改齋漫錄	宋・吳曾	四庫筆記小說叢書本
高坡異纂	明・楊儀	說郛續本
涑水紀聞	宋・司馬光	四庫筆記小說叢書本
陶朱新錄	宋・馬純	四庫筆記小說叢書本

十一畫

國老談苑	宋・張耒	四庫筆記小說叢書本
國語		國學基本叢書本
堅瓠集	清・褚人獲	筆記小說大觀本
庸庵筆記	清・薛福成	筆記小說大觀本
庸閑齋筆記	清・陳元其	筆記小說大觀本
情史	明・馮夢龍	會文堂書局本
啟顏錄	隋・侯白	上海古籍出版社本
清尊錄	宋・佚名	古今說海本
清朝野史大觀	近人小橫香室主人	上海書店本
清稗類鈔	近人徐珂	中華書局本
淮南子		諸子集成本
異苑	南朝宋・劉敬叔	四庫筆記小說叢書本
異聞總錄	宋・佚名	筆記小說大觀本
聊齋誌異	清・蒲松齡	上海古籍出版社本
雪濤小說	明・江盈科	上海古籍出版社本
雪濤諧史	明・江盈科	雪濤小說本
桯史	宋・嶽珂	說郛本
菽園雜記	明・陸容	中華書局校點本

十二畫

博物志	晉・張華	四庫筆記小說叢書本
博異志	唐・鄭還古	叢書集成本
寓圃雜記	明・王錡	中華書局校點本
智囊補	明・馮夢龍	商務印書館本
湘山野錄	宋・釋文瑩	中華書局校點本
湖海新聞夷堅續志	元・佚名	中華書局校點本
猥談	明・祝允明	說郛續本
發蒙記	晉・束晳	說郛本
雅謔	明・浮白齋主人	明末杭州刊雪濤諧史本
集異記	唐・薛用弱	四庫筆記小說叢書本
觚賸	清・鈕鏽	筆記小說大觀本
搜神後記	晉・陶潛	中華書局校點本
搜神記	晉・干寶	中華書局本

搜神記（句道興本）		敦煌變文集本
搜神記（稗海本）		搜神後記本
道山清話	宋・王暐	四庫筆記小說叢書本
遁齋閑覽	宋・陳正敏	說郛本

十三畫

湧幢小品	明・朱國禎	筆記小說大觀本
新序	漢・劉向	四部叢刊本
新鐫笑林廣記	清・遊戲主人	光明日報出版社本
粵劍編	明・王臨亨	中華書局校點本
群居解頤	宋・高懌	說郛本
虞初新志	清・張潮	筆記小說大觀本
解慍編	明・樂天大笑生	明嘉靖刻本
該聞錄	宋・李畋	說郛本
稗史	元・仇遠	說郛本
稗史彙編	明・王圻	北京出版社本
夢溪筆談	宋・沈括	四庫筆記小說叢書本
夢廠雜著	清・俞蛟	上海古籍出版社本
幕府燕閑錄	宋・畢仲詢	說郛本

十四畫

摭青雜說	宋・佚名	說郛本
漢書	漢・班固	中華書局校點本
漁樵閒話	宋・蘇軾	說郛本
熙朝新語	清・余金	上海古籍書店本
疑獄集	五代・和凝	復旦大學出版社本
睽車志	宋・郭彖	四庫筆記小說叢書本
精選雅笑	明・醉月子	明末雅俗同觀本
誌異續編	清・青城子	筆記小說大觀本
語怪編	明・祝允明	說郛續本
說苑	漢・劉向	龍溪精舍叢書本
說庫	近人王文濡	浙江古籍出版社本
說郛三種		上海古籍出版社本
說聽	明・陸粲	說庫本

齊諧記	南朝宋・東陽無疑	古小說鉤沉本
廣笑府	明・馮夢龍	襟霞閣主人重刊本
廣異記	唐・戴孚	中華書局本
駒陰冗記	明・闌莊	說郛續本
隨隱漫錄	元・陳世崇	筆記小說大觀本

十五畫

嬉談錄	清・小石道人	光緒甲申刊本
履園叢話	清・錢泳	筆記小說大觀本
稽神錄	五代・徐鉉	四庫筆記小說叢書本
蝶階外史	清・高繼衍	筆記小說大觀本
談叢	明・江盈科	雪濤小說本
談藪	宋・龐元英	說郛本
賢弈篇	明・劉元卿	寶顏堂秘笈本
賢博編	明・葉權	中華書局校點本
輟耕錄	元・陶宗儀	四庫筆記小說叢書本
醉翁談錄	宋・羅燁	上海古典文學出版社本
醉茶志怪	清・李慶辰	齊魯書社本
閱微草堂筆記	清・紀昀	筆記小說大觀本
墨子		諸子集成本
墨余錄	清・毛祥麟	筆記小說大觀本
憨子雜組	明・屠本畯	世界文庫本

十六畫

戰國策		國學基本叢書本
澠水燕談錄	宋・王闢之	中華書局校點本
獨異志	唐・李冗	中華書局校點本
獨醒雜誌	宋・曾敏行	四庫筆記小說叢書本
諧史	宋・沈俶	古今說海本
諧鐸	清・沈起鳳	筆記小說大觀本
霏雪錄	明・鎦績	四庫筆記小說叢書本
獪園	明・錢希言	明萬曆刻本
還魂志	隋・顏之推	四庫筆記小說叢書本

十七畫以上

應諧錄	明・劉元卿	說郛續本
韓非子		諸子集成本
韓詩外傳		中華書局校點本
歸田錄	宋・歐陽修	中華書局校點本
蟲鳴漫錄	清・采蘅子	筆記小說大觀本
醫閭漫記	明・賀欽	說郛續本
瀟湘錄	唐・柳祥	說郛本
類說	宋・曾慥	四庫筆記小說叢書本
籍川笑林	宋・佚名	類說本
續玄怪錄	唐・李複言	中華書局校點本
續夷堅志	金・元好問	中華書局校點
續明道雜誌	宋・張耒	說郛本
續博物志	宋・李石	稗海本
續齊諧記	南朝梁・吳均	四庫筆記小說叢書本
鐵圍山叢談	宋・蔡絛	中華書局校點本
權子	明・耿定向	說郛續本
聽雨軒筆記	清・清涼道人	筆記小說大觀本
靈鬼志	晉・荀氏	古小說鉤沉本

語言文學類 PG0697

中國民間故事史
——清代篇

作　　者 / 祁連休
責任編輯 / 孫偉迪
圖文排版 / 邱瀞誼
封面設計 / 王嵩賀

發 行 人 / 宋政坤
法律顧問 / 毛國樑　律師
印製出版 / 秀威資訊科技股份有限公司
114台北市內湖區瑞光路76巷65號1樓
電話：+886-2-2796-3638　傳真：+886-2-2796-1377
http://www.showwe.com.tw
劃撥帳號 / 19563868　戶名：秀威資訊科技股份有限公司
讀者服務信箱：service@showwe.com.tw
展售門市 / 國家書店（松江門市）
104台北市中山區松江路209號1樓
電話：+886-2-2518-0207　傳真：+886-2-2518-0778
網路訂購 / 秀威網路書店：http://www.bodbooks.com.tw
國家網路書店：http://www.govbooks.com.tw
圖書經銷 / 紅螞蟻圖書有限公司
114台北市內湖區舊宗路二段121巷28、32號4樓
電話：+886-2-2795-3656　傳真：+886-2-2795-4100

2012年2月BOD一版
定價：450元

國家圖書館出版品預行編目

中國民間故事史. 清代篇 / 祁連休著. -- 一版.
-- 臺北市 : 秀威資訊科技, 2012.02
面； 公分. -- (語言文學類 ; PG0697)
BOD版
ISBN 978-986-221-895-2(平裝)

1. 民間故事 2. 文學評論 3. 中國

539.52 100025953

讀者回函卡

感謝您購買本書，為提升服務品質，請填妥以下資料，將讀者回函卡直接寄回或傳真本公司，收到您的寶貴意見後，我們會收藏記錄及檢討，謝謝！
如您需要了解本公司最新出版書目、購書優惠或企劃活動，歡迎您上網查詢或下載相關資料：http:// www.showwe.com.tw

您購買的書名：＿＿＿＿＿＿＿＿＿＿＿＿＿＿＿＿＿＿＿＿

出生日期：＿＿＿＿年＿＿＿＿月＿＿＿＿日

學歷：□高中（含）以下　□大專　□研究所（含）以上

職業：□製造業　□金融業　□資訊業　□軍警　□傳播業　□自由業
□服務業　□公務員　□教職　□學生　□家管　□其它＿＿＿

購書地點：□網路書店　□實體書店　□書展　□郵購　□贈閱　□其他

您從何得知本書的消息？

□網路書店　□實體書店　□網路搜尋　□電子報　□書訊　□雜誌
□傳播媒體　□親友推薦　□網站推薦　□部落格　□其他＿＿＿＿＿

您對本書的評價：（請填代號　1.非常滿意　2.滿意　3.尚可　4.再改進）

封面設計＿＿　版面編排＿＿　內容＿＿　文／譯筆＿＿　價格＿＿

讀完書後您覺得：

□很有收穫　□有收穫　□收穫不多　□沒收穫

對我們的建議：＿＿＿＿＿＿＿＿＿＿＿＿＿＿＿＿＿＿＿＿

＿＿＿＿＿＿＿＿＿＿＿＿＿＿＿＿＿＿＿＿＿＿＿＿＿＿

＿＿＿＿＿＿＿＿＿＿＿＿＿＿＿＿＿＿＿＿＿＿＿＿＿＿

＿＿＿＿＿＿＿＿＿＿＿＿＿＿＿＿＿＿＿＿＿＿＿＿＿＿

請貼
郵票

11466
台北市內湖區瑞光路 76 巷 65 號 1 樓
秀威資訊科技股份有限公司 收
BOD 數位出版事業部

....

（請沿線對折寄回，謝謝！）

姓　名：＿＿＿＿＿＿＿＿＿＿ 年齡：＿＿＿＿ 性別：□女 □男

郵遞區號：□□□□□

地　址：＿＿＿＿＿＿＿＿＿＿＿＿＿＿＿＿＿＿＿＿＿＿＿

聯絡電話：(日) ＿＿＿＿＿＿＿＿＿＿＿ (夜) ＿＿＿＿＿＿＿＿＿＿＿

E-mail：＿＿＿＿＿＿＿＿＿＿＿＿＿＿＿＿＿＿＿＿＿＿＿